내가 못된 고양이라고?
천만에!

STARTING FROM SCRATCH
Copyright (c) Pam Johnson-Bennett, 2007
Korean translation rights (c) Simile Books, 2017
All rights reserved.

This edition published by arrangement with Linda Roghaar Literary Agency, LLC through Shinwon Agency.

이 책의 한국어판 저작권은 신원에이전시를 통한 Linda Roghaar Literary Agency와의 독점계약으로 씨밀레북스가 소유하고 있습니다. 저작권법에 의해 한국 내에서 보호를 받는 저작물이므로 무단전재와 무단복제를 금합니다.

내가 못된 고양이라고? 천만에!
성묘 문제행동 바로잡기 재훈련 가이드

2017년 12월 20일 초판 1쇄 찍음
2017년 12월 25일 초판 1쇄 펴냄

기획 | 씨밀레북스
책임편집 | 김애경
지은이 | 팸 존슨 베넷
옮긴이 | 이수현·김민식
펴낸이 | 김훈
펴낸곳 | 씨밀레북스
출판등록일 | 2008년 10월 16일
등록번호 | 제311-2008-000036호
주소 | 강원도 춘천시 후석로 287(후평동)
전화 | 033-257-4064 **팩스** | 02-2178-9407
이메일 | cimilebooks@naver.com
웹사이트 | www.similebooks.com

ISBN | 978-89-97242-02-09 13490

이 책은 저작권법에 따라 보호받는 저작물이며,
무단전재와 무단복제는 법으로 금지돼 있습니다.
※값은 뒤표지에 있습니다.

성묘 문제행동 바로잡기 재훈련 가이드

내가 못된 고양이라고?
천만에!

팸 존슨 베넷 지음
이수현·김민식 옮김

▮ prolog ▮

못된 고양이란 없다,
무지한 보호자가 있을 뿐

이 책은 새끼고양이의 훈련에 관한 서적이 아니며, 고양이를 선택하는 방법이나 고양이에게 필요한 영양 또는 예방접종 등에 대해서도 알려주지 않는다. 이 책은 크고 작은 행동문제를 갖고 있는 성묘에 중점을 두고 있으며, 수 년 동안 문제를 겪고 있는 보호자, 또는 앞으로 문제가 발생하지 않도록 미리 예방하고 싶은 보호자에게 도움이 되는 내용을 다루고 있다. 행동문제는 건강문제에 비해 더 많은 고양이가 버려지게 되는 원인이기 때문에, 여러분과 여러분의 고양이가 원활하고 바람직한 관계로 되돌아갈 수 있도록 도와주는 올바른 도구를 갖는 것이 무엇보다 중요하다.

    필자가 진행하는 행동컨설팅의 대부분은, 고양이가 진정으로 필요로 하는 것이 무엇인지, 고양이들이 소위 '잘못된 행동'에 의해 소통하려는 것이 무엇인지를 이해하지 못해 빚어진 결과에 따르는 것이다. 행동문제를 겪고 있는 경우, 너무나 많은 보호자들이 고양이와 함께하는 즐거운 삶을 단념한 채 앞으로도 계속해서 고생할 것이라고 생각한다. 많은 경우 이러한 문제는, 고양이보호자가 고양이를 어떻게 훈련시켜야 하는지에 대해 정확한 정보를 전혀 얻지 못한 데서 비롯된다.

    고양이는 개가 아님에도 불구하고 아직도 개를 대하는 방식으로 고양이를 다루는 보호자들이 많다. 고양이를 소중한 가족구성원으로 사랑할 수 있고 또 사랑해야 하겠지만, 먼저 그들은 개도 인간아이도 아니라는 것을 인식하는 것이 중요하다. 고양이는 그들만의 의사소통방식이 있으며 정서적, 신체적, 의학적으로 특별한 욕구를 가지고 있다. 고양이가 행동을 통해 의사를 소통하는 방식을 이해하고 문제를 해결하기 위해 그 지식을 효과적으로 사용할 수 있다면, 고양이와의 관계가 얼마나 더 좋아질지 상상만 해도 즐거운 일이다. 놀랍게도 고양이의 언어를 해석하는 것은 전혀 어렵지 않다.

여러분이 이 책을 구입했다면, 여러분의 고양이가 현재 행동문제를 드러내고 있거나, 또는 문제가 시작되기 전에 경고신호를 읽는 법을 확실하게 배우고 싶어서일 것이다. 행동문제를 겪고 있는 경우 무엇이 잘못됐는지 생각해보자. 이는 보호자의 잘못이 아니며, 고양이의 잘못은 더더욱 아니다. 그동안 고양이를 훈련시킬 수 있다는 생각은 불가능한 것처럼 보였고, 고양이는 '냉정하고 독립적이며 훈련시킬 수 없다'는 주제와 관련해 끝없는 농담의 대상이 돼왔다. 그래서 많은 사람들은 고양이와 함께 살게 된다면 그들에게 주어진 좋지 않은 상황을 그냥 받아들여야 한다고 생각한다.

행동문제는 종종 고양이보호자들이 근본적인 원인을 오해하고 그 '잘못된 행동'이 고의적이라고 가정함으로써 더욱 악화된다. 이 책을 읽는 독자 여러분은 고의적이고 의도적으로 '잘못된 행동'을 시도하는 고양이는 없다는 것을 반드시 기억하기 바란다. 여러분의 고양이는 문제에 직면하면 고양이로서 그가 알고 있는 바에 따라 그 문제를 해결하려고 한다. 이것이 바로 올바른 해결책을 제시하기 위해 행동의 근본원인을 찾는 것이 중요한 이유다. 문제의 진정한 원인을 찾기 위해 보호자의 사고를 전환하는 것이 필요하며, 그뿐만 아니라 그것이 진짜 행동문제인지 아니면 더 나은 대안을 필요로 하는 정상적인 행동인지를 판단해야 한다. 두 경우 모두 필자는 해결책을 제안하는 데 최선을 다할 것이다. 이 책은 보호자가 무엇이 잘못됐는지 알아내기 위해 탐색작업을 할 때 가이드라인을 제시하고 행동교정을 위한 계획을 세워줄 것이다.

고양이의 행동문제를 얼마나 오랫동안 겪고 있었는지에 상관없이, 그 문제를 바로잡는 데 필요한 조치를 취해야 한다. 문제가 너무 깊게 뿌리박혀서 완전히 바로잡을 수 없다 해도, 무엇이 원인인지 좀 더 잘 이해할 수 있어야 하고 상황을 개선해야 한다. 여러분이 고양이와의 관계에 있어서 어느 시점에 있는지 상관없이 충분히 개선할 수 있다. 과거에 부적절한 기법을 사용했거나 고양이를 체벌했다면, 관계개선을 위한 적절한 계획을 시도할 필요가 있을 수도 있다. 오랫동안 문제를 안고 있었다면 원래의 원인을 어떻게 찾을 수 있을지 걱정되겠지만, 이 책은 그 과정을 안내할 것이다. '처음부터 다시 시작하기(Starting from Scratch)' 기법은 여러분이 잘못된 길을 계속 걷는 것을 멈추게 하고, 여러분의 고양이와의 행복한 삶으로 향하는 바른 길로 인도하는 방법이다.

팸 존슨 베넷

Contents

prolog 못된 고양이란 없다, 무지한 보호자가 있을 뿐 _ 004

제1장 내 고양이와 다시 가까워지기 - 고양이의 마음을 읽는 법 _ 013

01 잘못 이해하고 있는 고양이의 행동 _ 015
보호자의 얼굴을 외면하는 행동 | 얼굴에 엉덩이를 들이미는 행동 | 사람이나 물건에 몸을 문지르는 행동 | 드러누워 복부를 노출하는 행동

02 고양이의 신체능력과 의사소통 _ 021
추적과 놀라운 도약능력 | 상호교감에 대한 의사소통 | 공격과 방어에 대한 의사소통 | 신호와 메시지의 표현

03 고양이의 신체구조와 신체언어 _ 025
귀의 특성과 기능 및 역할 | 눈의 특성과 기능 및 역할 | 수염의 특성과 기능 및 역할 | 코의 특성과 기능 및 역할 | 입의 특성과 기능 및 역할 | 혀의 특성과 기능 및 역할 | 꼬리의 특성과 기능 및 역할 | 발성의 특성과 기능 및 역할

제2장 주변 환경 상태 점검과 평가 - 행동문제의 원인이 되는 환경 수정 _ 035

01 실외생활의 위험성에 대한 점검 _ 037
실내생활 고수 α 실외생활의 허용 | 자동차사고 및 영역이탈의 위험 | 다른 고양이와의 충돌 위험 | 기생충 감염 및 전염병의 위험 | 먹잇감 및 독성물질로 인한 위험 | 햇빛 및 날씨로 인한 위험 | 포획 및 학대가능성의 위험 | 짝짓기로 인한 부상 및 개체과잉문제 | 효율적인 식단조절의 어려움 | 건강상태 모니터링의 어려움 | 여러 가지 행동문제발생의 위험 | 실내생활로 전환시키기

02 고양이와 수직공간에 대한 고민 _ 047
생활공간에 대한 사고방식의 전환 | 수직공간의 의미 | 수직공간의 중요성 | 수직공간의 준비 | 수직공간의 확장(캣트리, 창문전망대)

03 은신처 및 기타 환경에 대한 점검 _ 055
보안영역이 되는 은신처 | 탈출구 역할의 터널 | 스크래칭 및 등반을 위한 옵션 | 행동문제의 기본, 화장실 환경 | 먹이급여장소의 점검 | 취침공간과 관련한 문제

04 고양이집 꾸미기,환경풍부화 _ 059
등반로 및 전망대의 설치 | 사냥본능을 자극하는 환경 | 흥미를 돋우는 먹이급여방법 | 고양이용 식물과 분수식 급수대 | 오락용 고양이DVD의 활용 | 재미와 휴식을 주는 터널 및 자루 | 환경조성과 안전성 | 편안함을 주는 친숙함 만들기

제3장 놀이요법(Play Therapy)의 효과적인 활용 - 행동교정을 위한 놀이와 재미 _ 071

01 놀이요법의 필요성과 효과 _ 073

신체적, 정서적, 정신적 측면의 효과 I 행동교정 및 유대강화에 대한 효과 I 비만고양이의 행동문제와 놀이요법

02 상호교감장난감의 올바른 선택 _ 077
상호교감놀이와 장난감 I 상호교감장난감 선택 시 주의할 점(사냥기법에 따른 다양한 유형의 장난감, 고양이의 성격과 활동을 고려한 장난감, 목적에 적합하게 디자인된 장난감, 고양이의 기질과 성격을 고려한 장난감) I 상호교감장난감의 유형

03 상호교감놀이요법의 다양한 기술 _ 083
사냥방법을 모방하는 놀이기술 I 먹이추적본능을 자극하는 놀이기술 I 상호교감장난감을 사용하는 방법 I 상호교감놀이요법의 규칙 I 상호교감놀이요법 실행 일정 I 다묘를 위한 상호교감놀이시간

04 재훈련을 위한 상호교감놀이요법 _ 091
유지관리버전의 놀이요법 병행 I 방향전환을 위한 놀이요법(스프레이 행동이 나타날 경우, 고양이들 사이에 문제가 있을 경우, 방향전환용 장난감의 보관) I 놀이요법 시행 시 주의할 점

05 혼자 지내는 시간을 위한 단독놀이 _ 97
단독놀이 시 주의할 점 I 단독놀이장난감의 종류(기본적인 유형의 장난감, 소리가 나는 유형의 장난감, 은신처 유형의 장난감, 움직이는 유형의 장난감) I 캣닢(catnip, 개박하)

06 클리커 트레이닝의 효과와 진행 _ 103
클리커 트레이닝의 의미 I 클리커 트레이닝의 보상 I 클리커 트레이닝의 단계 I 클리커 트레이닝의 확장 I 다묘 가정에서의 클리커 트레이닝 I 기본훈련 이외의 트릭 훈련

제4장 오래된 습관과 심각한 문제행동 재훈련 - 문제에 대한 접근방식의 전환 _ 115

01 '성묘 행동문제 바로잡기'의 올바른 재훈련 _ 117
긍정적인 단계에 집중하기 I 보호자와 고양이 간 신뢰재구축

02 조금 성가신 문제행동의 교정 _ 121
조리대에서 돌아다니는 행동(고양이를 이끄는 조리대의 매력, 재훈련기법, 재훈련 시 주의해야 할 점) I 문으로 돌진하는 행동(실내전환단계의 일반적인 행동, 공식적인 인사장소 만들기, 불 분사하기, 주의전환시키기) I 식물을 씹는 행동(고양이에게 닿지 않는 곳에 두기, 식물에 억지력 세팅하기) I 커튼을 타고 올라가는 행동 I 모니터 위에 올라가는 행동 I 화장지를 풀어헤치는 행동 I 변기 물에 매력을 느끼는 행동 I 수도꼭지에 집착하는 행동 I 야간소음과 새벽잠을 깨우는 행동(야간소음에 대한 대처, 새벽잠을 깨우는 행동에 대한 대처) I 올리버트위스트증후군(적절한 영양프로그램 제공, 가족구성원 모두의 협력 필요, 식사시간 동안 고양이를 위한 활동 세팅)

03 좀 더 심각한 문제행동의 교정 _ 145
지루함을 느끼는 고양이(환경개선과 놀이시간 일상의 최적화) I 우울증을 앓는 고양이(우울증의 원인과 증상, 자신감회복 및 먹이추적본능 자극) I 슬픔에 빠진 고양이(슬픔의 이해와 애도기간 제공, 평상심 유지와 건강점검, 애도기간 중 피해야 할 것) I 두려움이 많은 고양이(탈감작과 역조건화, 놀이요법을 통한 공포감 없애주기) I 사람에 대한 공포가 있는 고양이(두려움을 유발하는 원인 파악, 편안한 안전지대의 확장, 도우미와 함께하는 재훈련과정, 환경에 대한 사전수정) I 분리불안을 보이는 고양이(분리불안의 증상과 치료, 환경적 풍부화 조성)

04 여러 가지 강박적인 문제행동의 교정 _ 165
심인성(心因性) 탈모증 | 강박적인 핥기 | 울음입증, 씹기, 이식증(환경적 자극과 주의전환, 질병유무 파악 및 식단의 변화, 억지력 세팅 및 대체재 제공) | 고양이지각과민증(Feline hyperesthesia syndrome-FHS)

05 약 싫어하는 고양이 효과적으로 치료하기 _ 173
처방약물형태의 선택 | 알약 먹이기(필포켓 및 약총 이용하기, 테이블 및 V자세 이용하기, 코팅해 먹이기, 클리커 트레이닝 병행하기) | 물약 먹이기 | 연고 또는 크림 바르기 | 안약 투여하기 | 귀 약물 사용하기

제5장 화장실과 관련한 문제행동 재훈련 - 화장실로 다시 이끄는 기술 _ 183

01 화장실 관련 문제를 대하는 자세 _ 185
근본적인 건강문제 파악 | 인내심과 신념 필요

02 현재 화장실 세팅의 냉정한 재평가 _ 189
고양이가 원하는 것이라고 우리가 가정하는 것 | 고양이가 보호자가 알기를 정말로 바라는 것 | 화장실문제발생의 근본적인 이유 | 스프레이 행동 및 무분별한 배뇨행동 | 행동교정실행 전 필요한 물건들(얼룩제거 및 냄새중화효소제품, 적외선등 및 마스킹테이프, 펠리웨이)

03 스프레이 행동의 원인과 재훈련 _ 195
스프레이 행동의 다양한 원인(서열과 관련한 스프레이 행동, 가구 및 환경변화로 인한 스프레이 행동, 두 마리 이상에서 나타나는 스프레이 행동, 새로운 가족으로 인한 스프레이 행동, 실내와 실외를 오가는 고양이의 스프레이 행동 | 스프레이 행동에 대한 재훈련(새 물건으로 인한 스프레이 행동 재훈련, 아기의 탄생으로 인한 스프레이 행동 재훈련, 이사로 인한 스프레이 행동 재훈련, 대상지역과 고양이의 관계 변화시키기, 먹이기법을 이용한 스프레이 행동 재훈련, 장난감을 사용한 스프레이 행동 재훈련, 실내와 실외를 오가는 고양이의 재훈련)

04 무분별한 배뇨행동의 원인과 재훈련 _ 207
무분별한 배뇨행동의 원인 찾기(화장실청결상태의 불량, 화장실모래에 대한 혐오, 부적절한 화장실 유형, 화장실위치에 대한 혐오, 급격한 환경의 변화, 동료고양이와의 관계) | 무분별한 배뇨행동에 대한 재훈련(청결상태 불량으로 인한 문제일 경우, 화장실모래혐오로 인한 문제일 경우, 화장실유형으로 인한 문제일 경우) | 화장실위치혐오로 인한 문제일 경우 | 자기영역 주장 및 과밀로 인한 문제

05 화장실 밖에 배변하는 행동 _ 225
근본적인 건강문제의 확인 | 화장실환경 상태 점검 및 관리 | 대변마킹 미드닝 행동 | 양변기훈련에 대한 문제점

제6장 가구에 대한 스크래칭 행동 재훈련 - 스크래칭에 대한 이해와 스크래처의 세팅 _ 231

01 고양이에게 스크래칭이란 _ 233
스크래칭의 의미와 필요성(발톱제거수술의 실상과 위험성, 네일캡(nail caps)의 사용) | 스크래칭 재훈련을 위한 인식 | 현재 스크래처 세팅 상태 점검(스크래처의 재질 및 내구성, 스크래처의 높이 및 위치와 개수, 스크래칭 시 보호자의 행동)

02 스크래칭 행동 재훈련 준비와 과정 _ 243
가구보호를 위한 여러 가지 억제책(양면테이프 붙이기, 시트 씌우기, 매트 깔기, 피해야 할 것) | 올바른 스크래처의 선택(사이잘로 감은 스크래칭 포스트, 캣트리, 골판지 스크래칭 패드, 자작 스크래칭 포스트) | 스크래처의 올바른 위치 | 스크래칭 재훈련과정 | 스크래칭 재훈련을 위한 유용한 팁(스크래칭을 위한 옵션의 제공, 낡은 스크래처의 점진적인 교체)

제7장 까다로운 식성과 관련된 문제행동 재훈련 - 올바른 식시습관 및 영양의 공급 _ 253

01 식사습관 및 급여방식의 점검과 평가 _ 255
먹이그릇의 점검과 평가(먹이그릇의 크기와 모양, 먹이그릇의 재질) | 물그릇의 점검과 평가 | 먹이급여방식의 점검과 평가(자유급식의 장점과 단점, 계획급식의 장점과 단점)

02 까다로운 식성 재훈련 준비와 과정 _ 261
까다로운 식사증후군과 고정된 먹이선호 | 자유급식을 실시하고 있는 경우 | 먹이의 유형을 전환하려는 경우 | 먹이그릇에 위협을 가하는 경우 | 고양이마다 식단이 다른 경우 | 비만고양이를 위한 식사시간 재훈련(품종에 따른 적정체중 점검, 체중감량프로그램 실시, 운동을 위한 놀이요법 실시, 퍼즐피더의 사용) | 건강한 영양계획의 수립

제8장 공격성과 관련된 문제행동 재훈련 - 공격성의 유형 및 원인과 대책 _ 273

01 공격적인 행동의 의미와 메시지 _ 275
공격적인 행동의 의미와 원인 | 물기(biting)가 보내는 메시지 | 무는 행동 재훈련 시 유의할 점

02 공격성의 유형과 유형별 재훈련 _ 279
공포에 의한 공격성(특징 및 증상, 대처 및 재훈련, 특정 대상에 의한 공격성) | 쓰다듬기에 의한 공격성(특징 및 증상, 대처 및 재훈련, 쓰다듬기 스타일 재평가) | 방향전환 공격성(특징 및 증상, 대처 및 재훈련, 실외고양이에 대한 대처) | 텃세에 의한 공격성(특징 및 증상, 대처 및 재훈련, 재훈련 시 유의할 점) | 놀이 공격성 | 포식성 공격성 | 고양이 간 상호공격 | 지위와 관련된 공격성 | 통증에 의한 공격성 | 모성에 의한 공격성 | 특발성 공격성

03 '처음부터 다시 시작하기' 재소개기법 _ 299
재소개기술의 단계별 진행(싸움을 하는 고양이들 격리, 펠리웨이 사용 및 환경수정, 놀이 및 냄새인식단계, 짧은 소개 및 먹이주기단계, 그룹놀이요법단계, 주의분산과 방향전환, 클리커 트레이닝의 적용) | 재소개기술에 대한 다른 사용법 및 변형

04 전문적인 도움이 필요한 경우 _ 307
공인 행동전문가의 도움 | 정신약리학적 개입

제9장 모두가 행복한 유대관계 쌓기 - 고양이와 다른 가족들 _ 311

01 고양이에 대한 공포가 있을 때 _ 313

새로운 고양이를 들이는 문제 | 새 고양이에 대한 적절한 소개(새 고양이의 보호구역 마련, 높은 영역과 은신처 제공, 보호자의 평상심 유지, 후각적 정보수집단계, 시각적 정보수집단계, 주의분산용 장난감 구비)

02 개에 대한 공포가 있을 때 _ 325
개와 고양이의 현재 상태 확인 | 개에 대한 기본훈련 실시 | 고양이에 대한 기본훈련 실시 | 평화로운 공존을 위한 환경수정 | 새, 햄스터, 기타 작은 반려동물

03 아기의 탄생이 위기를 초래할 때 _ 333
아기의 출생 전 준비해야 할 것(화장실과 낮잠공간의 변경, 아기용 가구의 배치와 적응, 아기침대를 낮잠공간으로 사용할 때) | 아기가 태어난 후의 변화와 대처(아기에 대한 접근 제한, 아기의 모습과 소음, 낯선 방문객의 증가, 아기와 보내는 시간의 공유, 정기적인 상호교감놀이시간 제공, 먹이급여장소 점검, 고양이 만지는 법 가르치기) | 어린아이와 고양이(고양이 안는 기술 가르치기, 기본적인 신체언어 가르치기, 연령에 맞는 책임감 부여하기, 공격성을 드러내는 경우, 상호교감놀이과정의 공유)

04 두 가족의 결합으로 인한 관계 _ 345
고양이의 상황에 대한 이해 | 변화에 대비한 계획 세우기 | 소개와 상황에 적합한 환경수정

05 고양이와 배우자와의 관계 _ 349
고양이를 싫어하는 배우자(고양이에 대한 배우자의 인식 확인, 부적절한 행동 및 문제에 대한 교정, 타협이 필요한 사항 논의 및 대처, 고양이에 대한 긍정적 인식 심어주기) | 배우자를 싫어하는 고양이(하지 말아야 할 것, 먹이제공담당 역할 맡기기, 신뢰구축과 쓰다듬어주기, 배우자와 함께하는 상호교감놀이)

제10장 즐거운 여행을 위한 올바른 행동교정 - 여행에 대한 인식과 적응 _ 361

01 고양이의 관점에서 여행 생각하기 _ 363
고양이에 있어서 여행의 의미

02 캐리어에 대한 인식 심어주기 재훈련 _ 365
적절한 캐리어 준비(견고한 캐리어, 크기가 적당한 캐리어) | '처음부터 다시 시작하기' 재훈련 과정(캐리어에 익숙해지게 하기, 캐리어에 들어가게 만들기, 캐리어에 들어간 채로 이동하기, 짧고 긍정적인 여행 시도하기) | 비상 시 캐리어에 들어가게 하는 기술

03 장거리 자동차여행 시 필요한 용품들 _ 373
목걸이(인식표) 착용 | 장거리여행에 맞는 캐리어 | 화장실모래 및 관련 도구 | 적절한 먹이와 물 | 그루밍 도구 및 처방약 | 상호교감놀이용 장난감 | 고양이의 의료기록사본 | 호텔에 숙박할 경우

04 비행기를 이용할 때 필요한 사항들 _ 379
적절한 행동교정 실시 | 비행기예약 및 증빙서류 준비 | 반려동물반입 제한사항 확인 | 항공사승인 캐리어 확인

05 펫시터에게 맡기는 경우 주의해야 할 것들 _ 383
잘 아는 사람에게 부탁하라 | 고양이의 성격과 특성을 고려하라 | 관리 특이사항에 대해 알려주라 | 고양이의 신뢰를 얻도록 하라 | 고양이의 일상을 일관되게 유지하라 | 다른 동물의 냄새가 나지 않게 하라 | 고양이가 공격적인 경우

06 반려동물호텔에 맡기는 경우 주의해야 할 것들 _ 389
반려동물호텔의 특징 및 현황 | 반려동물호텔 선택 시 살펴볼 것 | 반려동물호텔에 위탁 시 가지고 갈 것(모래와 먹이, 장난감, 은신처, 펠리웨이, 처방약) | 반려동물호텔 직원들에게 알려줄 것 | 반려동물호텔에 두 마리 이상 위탁할 경우 | 반려동물호텔에서 집으로 돌아왔을 때

07 성묘에 대한 리드줄 훈련 _ 395
고양이에 있어서 리드줄 훈련의 의미 | 훈련 전 올바른 장비 갖추기 | 하네스에 익숙해지게 하는 훈련 | 하네스 및 리드줄 착용 후 실내훈련 | 하네스 및 리드줄 착용 후 실외로 나가기

08 새 집으로 이사하는 경우 주의해야 할 것들 _ 401
이사 준비단계에서 주의할 것(구매자의 방문과 이에 대한 대처, 짐 꾸리기와 이에 대한 대처, 실내외 고양이와 이에 대한 대처) | 이사 당일 주의할 것 | 새 집에 도착 후 주의할 것(이전 동물의 냄새 제거, 보호구역과 영역의 확장)

09 동물병원 방문에 대한 스트레스 줄이기 _ 407
동물병원에 대한 두려움 | 고양이전용 동물병원 선택하기 | 캐리어 및 자동차에 대한 재훈련 | 기회의 시간대 확인

제11장 그루밍 적응을 위한 단계별 행동교정 - 브러시와 브러싱에 대한 적응_ 411

01 고양이와 그루밍에 대한 이해와 적응 _ 413
고양이 관점에서 현재 그루밍 방법 살펴보기 | 고양이와 보호자가 그루밍 시간을 보는 방법 | 그루밍 재훈련을 위한 준비(그루밍 장소의 선택, 신뢰구축을 위한 쓰다듬기, 그루밍 장갑을 이용한 쓰다듬기)

02 즐거운 그루밍을 위한 행동 재훈련 _ 419
부드러운 브러시를 이용한 브러싱 | 슬리커 브러시를 이용한 브러싱 | 고무 브러시를 이용한 브러싱 | 장모종 고양이를 위한 빗질 | 뭉친 털 풀어주기 | 발톱손질(긍정적이고 점진적인 진행, 적절한 도구 사용, 손질 시 주의할 것, 정기적인 손질) | 귀 청소 | 치아 관리(적절한 도구 사용, 긍정적이고 점진적인 진행, 구강세정제의 사용) | 목욕시키기(올바른 목욕도구 준비, 본격적인 목욕시키기, 목욕 후 털 말리기) | 헤어볼,Hairball(헤어볼의 생성과 영향, 헤어볼 방지를 위한 제품, 식이섬유의 공급 증가)

제12장 노묘(老猫)와 관련된 문제행동과 대처 - 고양이의 행복한 노후 준비하기 _ 435

01 노묘의 행동 및 신체적 변화 _ 437
건강의 변화 및 대처 | 행동의 변화 및 대처 | 체중의 변화 및 대처 | 노묘에 흔히 발생하는 문제행동과 대처(화장실문제와 올바른 대처, 고양이인지장애와 올바른 대처)

02 노묘의 건강을 위한 일상적인 관리 _ 443
치아 및 눈의 건강관리 | 식수의 적절한 공급 | 쾌적한 환경 제공하기 | 세심한 그루밍 관리 | 동료고양이들과의 관계 | 건강과 복지를 위한 모니터링 | 노년 함께 즐기기

- 고양이가 말하고자 하는 것에 대해 보다 잘 이해하기 위해 조금만 시간을 할애한다면, 소위 '잘못된 행동'이라 불리는 것들을 완전히 새로운 관점에서 볼 수 있는 좋은 기회를 갖게 될 것이다.

제장

내 고양이와
다시 가까워지기

- 고양이의 마음을 읽는 법 -

01

잘못 이해하고 있는 고양이의 행동

여러분은 자신의 반려묘에 대해 얼마나 알고 있는가. 함께 지내온 세월이 얼마나 됐든 상관없이, 고양이의 마음속에서 어떤 일이 일어나고 있는지, 또는 고양이가 여러 가지 행동을 통해 무엇을 말하려고 하는지 제대로 안다고 믿고 있는가. 이러한 질문에 고개를 끄덕이며, "오랜 시간 서로 부대끼며 살아왔기에 너무도 잘 알고 있다"고 생각하고 있을지도 모르겠다. 또 자신의 고양이가 특정 상황에서 어떻게 행동할지, 어떤 것에 대해 부정적으로 반응할지 여부를 예측할 수 있다고 자신 있게 말할지도 모른다.

자신의 반려묘의 성격을 "지나치게 까다롭다, 성깔이 있다, 심술궂다, 무뚝뚝하다, 못됐다"라고 단정적으로 쉽게 말할 수도 있는데, 그것이 사랑과 애정을 담은 표현일 수도 있다. 자신의 고양이가 애정에 굶주려 있는지, 소심하고 겁이 많은지, 활발하고 지나치게 까부는지, 집안에서 대장행세를 하는지, 장난기가 너무 심한지, 아니면 마치 소파에 누워 하루 종일 TV만 보는 게으름뱅이 같은 모습을 보이는지 되새겨보자. 이 글을 읽으면서 고양이의 머릿속에서 도대체 무슨 일이 벌어지고 있는지 감조차 잡을 수 없다고 생각할 수도 있고, 그러한 자신의 모습에 당혹감과 좌절감을 느낄 수도 있다.

그동안 진행해온 수많은 컨설팅에서 필자가 느낀 것은, 보호자들이 자신의 고양이가 특정 행동을 통해 무엇을 말하고자 하는지 제대로 알지 못한다는 것이다. 고양이보호자들은 종종 고양이의 행동을 잘못 이해함으로써 문제를 효과적으로 해결하지 못하는 결과를 초래하곤 했다. 고양이는 놀라울 정도로 뛰어난 의사소통능력을 가지고 있으며, 고양이의 마음과 행동은 완벽하게 유기적으로 작용한다. 고양이가 말하고자 하는 것에 대해 보다 잘 이해하기 위해 조금만 시간을 할애한다면, 소위 '잘못된 행동'이라 불리는 것들을 완전히 새로운 관점에서 볼 수 있는 좋은 기회를 갖게 될 것이며, 오랫동안 함께 지내온 사랑스러운 반려묘에 대해 새롭게 인식하게 될 것이다.

| 보호자의 얼굴을 외면하는 행동

고양이가 무릎에 앉을 때면 등을 돌리고 다른 곳을 바라보는 모습에 몇 번이고 불만을 토로한 보호자도 있을 것이다. 보호자와 항상 눈을 맞추기를 원하는 개의 모습을 보던 사람이라면, 이처럼 고양이가 눈길을 피하는 것을 버릇없는 행동으로 받아들였을지도 모른다. 그러나 실제로 고양이의 이러한 자세는 매우 긍정적인 것이다.

고양이가 등을 돌리고 앉는다는 것은 그렇게 취약한 자세로 있어도 마음이 지극히 편하다는 의미이며, 이는 보호자에게 절대적인 신뢰를 보여주는 행동이다. 또한, 그러한 자세를 취함으로써 공격의사가 없다는 메시지를 전달하고, 보호자도 자신이 느끼는 것처럼 안정감을 느끼게 하려는 것이다. 고양이가 개나 인간의 방식으로 신뢰를 보여주기를 기대하는 사람도 있지만 이는 무리이며, 고양이보호자로서 신뢰를 표현하는 고양이만의 고유한 방식에 대해 좀 더 잘 이해하려는 노력이 필요하다.

고양이는 또한 주변 환경에 매우 민감하게 반응하는 타고난 사냥꾼이기도 하다. 보호자의 무릎에 앉아 있을 때 자신의 모든 감각기관이 전방을 향하길 원하는데, 이는 눈앞에 있는 먹잇감의 아주 작은 움직임도 놓치지 않으려는 사냥꾼의 본능에서 비롯된 행동이다. 고양이가 실제로 사냥을 한 적이 전혀 없다 하더라도 포식자로서의 본성이 내재돼 있다는 것을 항상 염두에 둔다면, 이처럼 특정한 방식으로 자세를 취하는 이유가 무엇인지에 대해 보다 잘 이해할 수 있게 될 것이다.

| 얼굴에 엉덩이를 들이미는 행동

고양이가 보호자의 무릎 위에 서서 뒷다리와 엉덩이, 즉 후반신을 얼굴에 들이미는 것 또한 일반적으로 잘못 해석되고 있는 행동 중 하나다. 이 자세는 보호자의 입장에서 불쾌하고 무례하게 보일 수도 있지만, 실제로는 적절한 고양이행동수칙을 따르고 있는 행동이다. 고양이세계에서 친숙한 고양이끼리는 서로 코를 맞대고 냄새를 맡은 다음, 항문냄새를 맡기 위해 서로에게 접근한다. 보호자의 눈에는 항문에 대고 냄새를 맡는 행동이 역겹게 보일 수도 있지만, 고양이에 있어서는 매우 중요한 예절이다. 인간과 달리 고양이는 의사소통 및 사회구조의 형성과 유지에 있어서 냄새를 중요한 수단으로 여긴다. 인간은 언어를 사용하고 시각에 크게 의존하는 동물이기 때문에, 이와 같이 고양이가 후각을 이용해 나타내는 행동에 대해 깊은 오해를 하게 된다.

고양이들이 냄새를 사용하는 방법과 이유에 대해 우리가 추측하는 것들 중에는 부정확한 내용이 많다. 스프레이 행동(spraying, 소변을 뿌리는 행동)을 보이는 경우 '이 녀석이 영역을 표시하는 것'이라는 생각을 가장 먼저 떠올릴 것이다. 그러나 이러한 행동이 항상 영역을 표시하기 위한 것만은 아니다. 소변마킹(urine marking)은 영역표시뿐만 아니라 은밀한 공격성의 형태로도 사용되는 복잡한 방식의 의사소통법이다. 자신의 영역 내에서 얼마나 많은 적과 맞닥뜨릴 가능성이 있는지 확실하지 않을 때, 스프레이 행위를 함으로써 다른 고양이들이 자신의 존재에 대해 파악할 수 있도록 한다.

고양이는 또한 다른 고양이에 대해 자세히 파악하기 위해 그 고양이가 남긴 소변마킹에서 수집된 정보를 이용한다. 인간의 눈에는 그저 골칫거리인 행동으로 보이는 것이 고양이에게는 필수적인 정보교환인 셈이다. 스프레이 행동은 또한 고양이가 자신의 냄새와 보호자의 냄새를 조합함으로써 마음을 안정시키는 방법이기도 하다. 자신감이 있는 고양이만 스프레이를 하는 것이 아니라 소심한 고양이도 스프레이를 할 수 있으며, 수컷과 암컷 모두 스프레이를 할 수 있다는 점을 염두에 둬야 한다. 따라서 고양이를 여러 마리 기르면서 스프레이 문제를 겪고 있는 경우, 그와 같은 행농을 한 것이 수컷이라고 단정 짓지 않도록 한다. 실제로는 암컷의 소행일 수도 있다.

| 사람이나 물건에 몸을 문지르는 행동

고양이가 사람 또는 물건에 대고 몸을 문지를 때, 이 역시 단지 '자신의 영역을 표시하는 행동'이라고 생각할 수 있다. 실제로 고양이가 특정 대상에 몸을 문지르는 이유는 여러 가지가 있다. 어디에, 어떻게 문지르느냐에 따라 고양이가 전달하고자 하는 감정은

각각 다르다. 조용히 다가가 머리를 낮추고 보호자의 몸에 부드럽게(때로는 약간 거칠게) 박치기를 하는 것처럼 보이는 경우가 있는데, 이는 번팅(bunting, 의도적으로 문질러서 냄새를 남기는 행동)이라 불리는 행동이다. 번팅은 다른 반려동물동료나 인간가족을 대상으로 표현하는 행동으로서 고양이가 자신의 애정을 보여주는 매우 정중한 방법이다.

고양이가 자신의 뺨을 물건에 쓰윽 문지르는 행동을 봤을 때도 영역표시를 하고 있다고 생각할 것이다. 이러한 행동 또한 영역표시를 하고 있는 것이 맞다. 그러나 고양이가 이러한 유형의 마킹을 할 때, 소변마킹으로 표현하고자 하는 것과 무엇이 다른지 잘 모르는 보호자도 많다. 고양이가 물체에 안면을 마찰시키면서 페로몬(pheromones)[1]을 방출하게 되는데, 이렇게 방출되는 안면페로몬은 '친숙한(familiar)' 페로몬이다. 고양이가 물건에 얼굴을 문지르는 경우, 이는 자신이 친숙한 환경에 있다는 사실을 재확인하기 위해 조용한 방식으로 마킹을 하는 것이다. 얼굴 문지르기와 관련된 감정은 소변마킹과 연관된 극도의 긴장감 및 불안감과는 전혀 다른 것이다.

여러분이 주방으로 걸어가고 있을 때, 고양이가 다리 사이를 왔다 갔다 하면서 정강이를 따라 자신의 옆구리를 문지르는 바람에 넘어질 뻔한 적이 있을 것이다. 이때 고양이가 무언가 먹을 것을 줄지도 모른다는 생각에 그저 기분이 좋아서 그러는 것이라고 생각할 수 있다. 저녁식사를 기대하고 있기 때문에 확실히 신이 난 것은 맞지만, 옆구리를 문지르는 행동은 고양이가 가정 내에서의 자신의 사회적 지위를 인정하고, 여러분이 자신보다 서열이 더 높은 멤버임을 안다는 것을 보여주는 정중한 형태의 마킹이다. 아마도 여러분은 자신의 고양이가 매일 여러분에게 얼마나 많이 존경심을 보여주는지 전혀 인식하지 못하고 있었을 것이다.

드러누워 복부를 노출하는 행동

등을 바닥에 대고 배를 노출하는 것도 잘못 이해되고 있는 고양이의 기본적인 행동 중 하나다. 많은 사람들은 이 행동을 고양이가 배를 문질러달라고 요구하는 것, 또는 개의 경우와 마찬가지로 복종의 신호를 보이는 것으로 이해하지만, 이는 잘못된 해석이다.

---

[1] 같은 종 내에서 다른 개체에 대한 통신수단으로 사용되는 활성물질의 총칭을 이른다. 페로몬은 행동적 혹은 생리적 특정 반응을 일으키게 하는데, 성적 행동, 집합, 경고행동과 기타 행동에 영향을 끼친다.

이 경우 배를 문지르거나 쓰다듬는다면, 십중팔구 발톱에 할퀴게 될 것이고 날카로운 이빨에 물릴 수도 있다. 드러누워 복부를 노출하고 있는 자세는 고양이가 가진 모든 무기(발톱과 이빨)를 동원할 수 있게 해주는 궁극적인 방어자세라고 할 수 있다. 즉 복부를 노출하는 것은 싸우고 싶지는 않지만, 상대방이 공격을 계속한다면 모든 무기를 사용하겠다는 메시지를 보내는 것이다. 일반적으로 노출된 배를 쓰다듬을 경우, 고양이의 기분이 어떤 상태인지에 상관없이 자동적으로 반응을 촉발시키게 된다.

   몸을 쭉 뻗고 휴식을 취할 때도 복부를 노출한 모습을 보일 수 있다. 만약 조용한 환경에서 이러한 자세를 취한다면, 그렇게 취약한 모습을 보일 정도로 주변 환경에 편안함을 느끼고 있다는 것을 뜻한다. 이때 고양이는 신뢰, 애정, 휴식 또는 사랑의 감정을 표현하고 있을 수도 있는데, 보호자가 배를 쓰다듬는다면 그 편안함의 수준도 순식간에 변해버릴 수 있다. 새끼고양이는 종종 방어를 해야 한다고 느낄 때뿐만 아니라 놀이를 하는 동안에도 복부를 드러내는 자세를 보인다. 새끼고양이는 자신의 신체능력과 의사소통방법에 대해 학습할 때 모든 종류의 혼합된 신호를 사용하는 경향이 있다.

02

고양이의 신체능력과 의사소통

고양이가 자신이 느끼는 감정을 전달하기 위해 몸으로 나타내는 많은 신호들이 있다. 이러한 신호들에 좀 더 익숙해지면, 물고 할퀴거나 보호자에게서 달아나도록 만드는 오해들을 줄일 수 있다. 비록 고쳤으면 하는 몇 가지 성가신 행동문제를 제외하고는 자신의 고양이와 훌륭한 관계를 유지하고 있다 하더라도, 고양이가 의사소통을 하는 방법에 익숙해지면 둘 사이의 유대감을 더욱 강화시키는 데 도움이 될 것이다. 의사소통은 모든 관계에 있어서의 핵심적인 요인이며, 고양이와 원활하게 의사소통이 이뤄진다면 행동문제를 훨씬 더 쉽게 해결할 수 있게 될 것이다.

| 추적과 놀라운 도약능력

고양이의 신체는 매우 웅장하고 효율적인 기계라고 할 수 있다. 고양이의 신체는 느슨하게 연결된 척추뼈를 가지고 있어 매우 유연하며, 인간의 신체보다 훨씬 많은 뼈로 구성돼 있다. 고양이가 매우 좁은 공간으로 비집고 들어가는 모습을 보고 그것이 어떻게 가능한지 궁금해한 적이 있을 것이다. 인간의 쇄골이 뼈에 부착돼서 고정돼 있는 것과는 대조적으로, 고양이의 쇄골은 근육에 부착돼 있어서 이와 같이 움직이는 것이 가능하다. 또 고양이는 인간과 달리 발 전체를 움직여 걷는 것이 아니라 발가락으로 걷기 때문에 마치 스프린터(sprinter, 단거리주자)와 같은 탄력적인 움직임을 보인다. 이러한 움직임은 먹잇감을 조용히 신속하게 추적해야 하는 사냥꾼에 있어서는 매우 중요한 요소다. 한편, 견갑골(어깨뼈)의 위치는 오랫동안 성큼성큼 걷는 것이 가능하도록 해주며, 이는 사냥할 때 상당한 이점을 제공한다. 사냥꾼으로서 고양이의 사냥능력은, 자신의 감각을 먹잇감에 고정시켜 유지하고 시야에서 놓치지 않는 집중력에 따라 좌우된다. 고양이가 무언가를 추적하려 할 때 가만히 지켜보면, 견갑골은 상하로 움직이지만 머리는 그대로 고정된 채 여전히 목표물을 응시하는 모습을 볼 수 있을 것이다. 또한, 지면에서 떨어진 높은 횃대(perch)[2]로 점프를 하는 고양이의 놀라운 능력은 사냥에 유용할 뿐만 아니라, 잠재적인 적으로부터 벗어날 필요가 있을 때 안전하게 지켜주는 역할을 한다. 참고로 고양이는 자신의 키보다 5배 높이까지 점프할 수 있다.

| 상호교감에 대한 의사소통

고양이의 신체언어는 고양이가 보호자와 상호교감을 원하는지, 또는 혼자 있고 싶어 하는지 여부를 표현한다. 또한, 고양이가 불확실하고 위협받고 있다고 느끼는지, 또는 그냥 편안하게 느꼈는지 여부를 알 수도 있다. 꼬리를 등 위로 높이 올리고 자신감 넘치는 걸음걸이로 다가온다면, 이는 보호자와의 상호교감을 원한다는 의미다. 이때 꼬리 끝이 약간 말려 있거나 다정한 인사를 하는 것처럼 꼬리를 썰룩거릴 수도 있다.

꼬리는 똑바로 세워져 있을 때 상대에게 쉽게 보일 수 있기 때문에, 풀이나 덤불속을 걸을 때 밀접한 상호교감을 원하거나, 또는 최소한 상호교감이 허용된다는 것을 다른 고양이에게 나타내기 위해 이와 같은 자세를 취하기도 한다. 반면 꼬리를 자신의 몸에 단단히 감싼 채 웅크리는 자세를 취할 때도 있다. 이러한 자세를 취하는 동안 고양이는 눈을 똑바로 맞추는 것을 피한다. 이 자세는 고양이가 보호자와 상호교감을 원치 않는다는 것을 말하는 것이며, 두려움을 느끼고 있거나 보호자의 눈에 띄지 않으려는 것일 수도 있다. 혼자 있고 싶다는 메시지를 보내는 이러한 자세를 잘 이해하고 그 감정을

---

2 원서에서는 책의 전반에 걸쳐 perch(걸터앉는 또는 높은 곳, 주로 횃대로 번역된다)라는 표현을 사용하고 있으며, 가정에서 반려묘가 올라가 좌정할 수 있도록 설치해주는 모든 개별구조물들을 perch(퍼치)라 통칭하고 있다. 본서에서는 무리가 없는 한 고양이가 올라가 쉴 수 있는 '나무판'의 의미로 기본적으로 선반(또는 높은 위치)이라는 표현을 사용하도록 하고, 내용에 따라 의미가 좀 더 자연스럽게 전달돼야 할 경우에는 전망대(또는 고양이전망대)라는 명칭을 사용하도록 한다.

배려해준다면, 고양이에게 자신이 원치 않을 때는 보호자가 접근하지 않으리란 것을 알게 함으로써 보호자의 주변을 더욱 신뢰하도록 만들 수 있다.

| 공격과 방어에 대한 의사소통

신체언어는 궁극적으로 '거리 증가' 또는 '거리 감소'라는 두 개의 메시지로 요약된다. 고양이는 '거리 증가' 메시지를 통해 '저리 가' 또는 '더 이상 어떠한 상호교감도 원치 않는다'는 것을 표현한다. '거리 감소' 메시지는 '가까이 오라'는 초대의 의미를 나타낼 수 있고, 또는 무관심을 의미할 수도 있다. '거리 감소' 자세는 만약 자신에게 다가오는 동료고양이가 그의 경계를 넘어선다면 '거리 증가' 자세로 변할 수 있다.

다묘 가정에서 고양이들 중 한 마리가 다리를 뻣뻣하게 뻗고, 다른 고양이 쪽으로 얼굴을 향하고 선 자세를 취한 모습을 본 적이 있을 것이다. 이때 머리는 아래로 낮춰져 있고 동공은 수축돼 있으며, 귀는 머리 뒤로 수평을 이루고 수염은 전방을 향해 곤두서 있다. 이러한 자세는 '공격적 공격성(offensive aggression)'을 드러내는 것이다. 다른 고양이는 상대방을 똑바로 쳐다보지 못하고 몸을 옆으로 돌리고 있는데, 이는 방어적인 자세다. 이때 털을 곤두세우며 '할로윈 고양이(Halloween cat)' 자세를 취할 수 있는데, 가능한 한 크고 위협적으로 보이기 위해 등과 꼬리를 아치형으로 구부린다.

옆으로 돌아선 자세는 몸을 크게 보이게 하는 동시에, 전투를 하지 않겠다고 말하는 것이기도 하다. 이는 단지 상대가 돌아서서 후퇴하기를 바라며, 또한 상대방이 계속 다가온다면 분명히 전투를 마다하지 않을 것이라는 의사를 표현하는 것이다. 이렇듯 고양이가 나타내는 특정 자세에 익숙해지면, 누가 공격적이고 누가 방어적인지 판단하는 데 도움이 되는 힌트를 발견할 수 있을 것이다.

| 신호와 메시지의 표현

신호는 균일하고 일관적일 수도 있고, 또는 상반되는 메시지를 포함할 수도 있다. 조화로운 신호를 보낼 때는 신체부위(꼬리, 귀, 수염, 눈)가 그 신호와 일치되기 때문에 고양이가 전달하고자 하는 메시지가 무엇이든 확실하게 나타난다. 상반되는 신호를 보낼 때는 언제든지 도망갈 기회를 노리면서 자신의 발을 한 방향으로 향하게 할 수 있는데, 머리 또는 신체언어는 완전히 다른 무언가를 말하고 있다. '공포에 의한 공격성'은 이처럼 상반되는 메시지가 표현되는 좋은 예라고 할 수 있다. 고양이의 발성을 포함해 눈, 귀, 수염 그리고 머리는 전투를 할 수 있는 위치에 놓여 있지만, 몸과 발은 그곳에서 당장 벗어날 수 있는 기회를 노리면서 옆으로 돌리고 있기 때문이다. 자신이 아무런 위협도 가하지 않는다는 것을 다른 고양이가 인식하기를 바라는 경우, 오해의 소지가 없도록 하기 위해 반복적인 메시지를 보낼 수도 있다.

다묘 가정에서 두 마리의 고양이가 잠재적으로 적대적인 대치상태에 있을 때, 각각 정지된 채 자세를 그대로 유지하고 있는 모습을 본 적이 있을 것이다. 두 고양이는 어떤 위치에 있더라도 행동을 멈추고 서로를 응시할 수 있다. 한 마리가 그 순간에 발톱을 드러냈을 수도 있는데, 일시 정지한 동안 발은 허공에 그대로 멈춰 있다. 적대적 대치상태에서 이와 같이 멈춰 있는 자세는 상대에게 더 많은 정보를 수집할 수 있는 시간을 제공한다. 고양이는 물리적 충돌이 생기는 것을 선호하지 않는 경향이 있기 때문에, 이러한 자세는 두 고양이에게 재고 또는 후퇴할 수 있는 시간을 주게 된다.

03
고양이의 신체구조와 신체언어

고양이의 자세뿐만 아니라 귀, 꼬리, 수염, 눈 등 신체구조의 기능 및 역할과 발성을 잘 관찰하면, 이를 바탕으로 고양이와의 관계를 더 좋은 방향으로 발전시킬 수 있다. 고양이가 명확한 신호라고 생각하는 것을 보호자가 제대로 인지할 수 있기 때문에 고양이는 실망감을 느끼지 않아도 된다. 고양이는 보호자의 역할에 대해 좀 더 자각하게 되고, 보호자는 지금까지 함께해온 자신의 고양이에 대해 앞으로도 더 많은 것을 알 수 있게 될 것이다. 자녀가 있는 경우라면 고양이의 신호를 판독하는 방법을 가르침으로써 고양이가 자녀들이 접근하는 것을 원치 않을 때 다가가지 않도록 지도할 수 있다.

고양이의 신체언어를 판독할 때는 고양이가 당시 처해 있는 환경적 상황을 고려해야 한다. 예를 들어, 동공의 크기가 갑자기 바뀌는 경우 그것이 기분의 변화로 인한 것일 수도 있지만, 창 밖에 있는 새를 발견했기 때문일 수도 있다. 어떠한 행동에는 반드시 이유가 되는 외부적인 요인이 있으므로 신체언어를 해석하는 과정에서 고양이가 처해 있는 환경을 연관시켜 생각해야 한다.

| 귀의 특성과 기능 및 역할

고양이의 귀는 30개 이상의 근육을 포함하고 있다. 고양이는 이 근육을 각각 독립적으로 회전시킬 수 있으며, 이러한 능력 덕에 소리의 위치를 정확히 파악할 수 있다. 보호

--- **M｜E｜M｜O** 신체언어 이해하기 ---

신체자세 및 위치 / 동공의 크기 및 모양 / 귀의 위치 / 수염의 위치 / 발성 / 경우에 따른 입모(立毛, 털 세움) 정도 / 당면한, 직접적인 환경상황

자의 무릎에 앉아 얼굴과 귀를 앞으로 향하고 있을 때도, 어느 방향에서든 누군가 걸어 들어온다면 한쪽 귀를 소리가 나는 방향으로 향하게 하고, 다른 쪽 귀는 다른 방향에서 벌어지는 일에 계속 주파수를 맞출 수 있다. 원뿔 모양의 귀는 소리를 포착하고 깔때기처럼 집중시키는데, 유연성이 거의 없고 컵 모양을 하고 있는 인간의 귀에 비해 훨씬 더 효율적으로 기능한다. 고양이의 청력은 매우 민감하며, 인간이나 심지어 개보다 높은 주파수의 소리를 들을 수 있다. 고주파 음을 들을 수 있는 이러한 능력은, 사냥꾼인 고양이에 있어서 쥐를 비롯한 다른 잠재적인 먹잇감에게서 나는 아주 작은 소리를 포착하기 위해 꼭 필요한 것이다.

고양이의 귀에는 공중에서 균형을 유지하는 데 도움을 주는 역할을 하는 기관이 있다. "고양이는 높은 곳에서 떨어져도 항상 넘어지지 않고 네 발로 안전하게 착지한다"는 말을 들어봤을 것인데, 사실 언제나 그런 것은 아니다. 착지할 때 몸을 바르게 잡기 위해서는 일정 시간 공중에서 머물러야 한다. 바닥까지의 거리가 너무 짧으면 몸을 바로잡는 데 필요한 시간이 부족하고, 거리가 너무 길면 심각하거나 치명적인 부상을 당할 수도 있다. 고양이의 균형감각은 먹잇감을 덮치고 높은 곳으로 도약을 하거나, 가느다란 나뭇가지에서 균형을 잡을 때 순간적으로 방향을 바꾸는 동안 이를 유지하는 데 도움을 주는 내이(內耳, inner ear)의 효율성에 의존한다.

귀는 또한 현재의 기분을 파악할 수 있는 힌트를 제공하기도 한다. 두 귀를 꼿꼿이 세운 채 전방을 향했을 때는 일반적으로 무언가에 주의를 기울이고 흥미를 보인다는 것을 나타낸다. '비행기날개자세'로도 알려져 있는 T자 모양의 자세를 취하는 경우, 이는 두려움을 느끼고 있거나 자극 또는 공격성이 증가되고 있다는 것을 의미할 수도 있다. 귀가 감염됐거나, 또는 귀진드기가 있을 때도 이러한 자세를 취할 수 있다.

귀를 머리의 측면으로 돌려 수평을 이루고 있는 경우, 방어적 혹은 공격적 심리상태에 놓인 것일 수 있다. 귀가 완전히 뒤로 회전했지만 귓바퀴 내부가 일부 보이면(귀의 원추모양 부분), 극도의 '공격적 공격성'을 드러내는 것일 수도 있다. 귀를 이렇게 수평이 되게 함으로써 다른 고양이와 싸움을 하는 동안 부상을 당하지 않도록 자신을 보호한다. 좌절감을 느낀다는 표시로 귀를 갑자기 씰룩거리기도 한다. 한쪽 귀는 전방을 향하

고 다른 쪽 귀는 측면으로 수평을 이루고 있는 경우, 위협적인 상황에 처해 있는지 여부에 대해 정확히 파악하지 못한 상태임을 나타내는 것일 수 있다.

눈의 특성과 기능 및 역할

고양이는 새벽과 황혼녘에 가장 활동적인 야행성 사냥꾼으로서 양안시(兩眼視, binocular vision)[3]와 함께 전방으로 향한 눈을 가지고 있으며, 시야는 인간에 비해 넓다. 눈은 빛의 양을 최대화시키기 위한 반사층을 갖추고 있으며, 이 반사층이 첫 번째 투과에서 흡수되지 않은 빛을 반사시키는 역할을 한다. 이것이 고양이의 눈을 더욱 효율적으로 기능하도록 만드는데, 깜깜한 실외에서 또는 어두운 방에 갑자기 빛이 들어올 때 고양이의 눈이 반짝거리는 현상은 바로 이 반사층이 작용하기 때문이다.

고양이는 색각(色覺, color vision, 색채를 구별하는 감각)을 가지고 있는데, 이는 청색, 회색, 황색, 녹색에 한정돼 있다. 야행성 사냥꾼으로서 고양이에게 가장 중요한 것은 색상이 아니라 움직임이기 때문에, 가정에서 고양이의 먹이추적본능을 유발하기 위해서는 먹잇감의 움직임이 시야를 가로지르게 하거나 멀리 떨어지게 해야 한다. 또한, 고양이는 눈의 안쪽 모서리에서 확장된 얇은 순막(瞬膜, third eyelid)[4]을 가지고 있다. 이 순막은 사냥을 하면서 덤불 사이를 지나갈 때 눈을 보호해주는 역할을 하며, 눈에 여분의 윤활제를 제공하기도 한다. 눈이 다쳤을 경우 상처가 치유되는 동안 추가적으로 보호기능을 하기 위해 순막이 보일 수 있으며, 몸이 아플 때도 종종 보이는 경우가 있다. 따라서 순막이 보인다면, 고양이의 몸이 현재 안 좋은 상태이거나 눈에 상처를 입은 것일 수도 있으므로 즉시 수의사의 진료를 받아봐야 한다.

고양이의 눈은 기분과 관련한 중요한 힌트를 제공할 수도 있다. 흥분상태이거나 무언가에 관심이 있을 때, 동공이 일반적으로 원형으로 나타난다. 상황에 따라 동공은 공포나 '방어적 공격성(defensive aggression)'을 나타낼 수도 있는데, 동공이 완전히 팽창된

---

[3] 단안시(單眼視)에 대응하는 용어로서 양쪽 안구의 협조적인 작용에 의해 두 눈으로 동일한 점을 주시해 하나의 물체로 보게 된다. 즉 양쪽 눈의 망막에 맺힌 대상물을 각각이 아닌 하나로 그리고 입체적으로 보이게 하는 눈의 기능을 말한다. [4] 제3의 눈꺼풀, 즉 제3안검이라고 이른다. 고양이 등의 포유동물이나 조류, 어류, 양생류에서 볼 수 있는 반투명의 막으로 각막을 뒤덮고 보호하는 역할을 한다. 사람의 경우는 반달주름이라고 해서 흔적으로 볼 수 있다.

다면 심한 두려움을 느끼고 있거나 '방어적 공격성'이 증가된 것일 수도 있다. 수축된 동공은 '공격적 공격성'을 드러내고 있다는 것을 의미할 수도 있고, 또는 특히 장난감이나 잠재적인 먹이가 시야에 들어온 경우 포식자모드에 들어간 것일 수도 있다. 동공의 크기는 주변 환경의 광량(光量, 빛의 양)에 영향을 받으므로 고양이의 기분을 해석하려고 할 때는 항상 동공의 상태를 고려해야 한다. 약간 타원형을 띠는 동공은 일반적으로 휴식을 나타낸다. 눈꺼풀이 축 늘어져 있거나 심지어 반쯤 감겨 있는 경우, 잠든 것이 아니라면 매우 편안한 상태라고 볼 수 있다.

| 수염의 특성과 기능 및 역할

고양이의 수염은 여러 가지 기능을 하는 매혹적인 장치로서 입 양쪽에 각각 네 줄씩 나 있으며, 위의 두 줄은 아래의 두 줄과 독립적으로 움직일 수 있다. 수염의 모낭은 매우 민감하며, 혈관과 말초신경에 둘러싸여 있다. 사냥을 할 때 진동 또는 공기흐름의 변화를 파악하기 위해 수염을 전방으로 펼치며, 먹이를 포착했을 때는 먹이의 움직임을 감지하는 데 사용한다. 고양이는 먹이가 안면이나 입 가까이에 있는 경우, 이를 잘 볼 수 없기 때문에 수염에 의존해 먹이의 움직임을 감지한다. 어둠 속에서도 수염을 사용해 공기의 흐름을 감지함으로써 주변의 물건을 탐색할 수 있다. 수염은 또한 좁은 장소에 안전하게 비집고 들어갈 수 있는지 여부를 판단하는 데 도움을 주는 중요한 도구다. 일반적으로 고양이의 수염은 신체의 가장 넓은 부분과 길이가 동일하며, 고양이가 비만인 경우 신체의 폭이 수염의 범위를 훨씬 초과하기 때문에 이 능력을 상실한다.

눈 위에도 수염이 나 있는데, 이 수염은 속눈썹이 연장된 것과 같은 형태로서 덤불 속을 걷거나, 또는 무언가 위험한 것이 눈 근처에 있을 때 눈을 깜빡이게 함으로써 보호하는 역할을 한다. 또한, 관자놀이에도 수염이 있다. 눈 위, 관자놀이, 입 주변에 있는 수염은 환경을 측정하는 능력과 먹이 또는 위험의 존재를 감지하는 능력을 최대화시킨다. 앞다리의 뒤쪽에도 약간의 수염이 있는데, 이 수염은 고양이가 발톱으로 먹이를 잡았을 때 매우 유용하게 사용된다. 발목뼈의 수염은 먹이의 움직임을 감지할 수 있기 때문에 먹이가 여전히 도망치기 위해 발버둥 치는지 여부를 알 수 있게 해준다. 사냥을 할 때 먹이의 모습과 소리가 먼저 부각될 수 있지만, 일단 고양이가 먹잇감과 접촉하게 되면 촉각이 먹이사냥의 중심이 된다. 눈과 마찬가지로 수염도 고양이가 느낄 수 있는 기분에 대한 약간의 힌트를 제공한다. 고양이가 편안할 때는 수염이 옆으로 확장되며, 먼이가 나

--- MIEIMIOI **주의해야 할 수염의 특성** ---

고양이의 수염을 자르거나 당기면 절대 안 된다. 고양이의 수염은 극도로 민감하기 때문에 자를 경우 방향을 찾는 능력에 크게 영향을 끼칠 수 있고, 고통과 극도의 스트레스를 유발할 수 있으므로 주의해야 한다.

타나거나 보호자가 작은 장난감을 보여주는 경우에는 가능한 한 모든 정보를 파악하기 위해 갑자기 전방으로 펼쳐질 수 있다. 동료고양이와 적대관계에 있는 경우, '공격적 공격'의 초기단계 동안 전방으로 펼쳐지게 된다. 수염을 얼굴과 수평이 되게 하는 경우 '방어적 공격성'을 나타내는 것이며, 전면전이 벌어지면 두 고양이의 수염은 일반적으로 각각 얼굴과 수평을 이룬다.

| 코의 특성과 기능 및 역할

고양이의 코는 개의 코만큼 민감하지는 않지만, 인간의 코에 비하면 훨씬 민감하다. 고양이는 인간에 비해 냄새에 민감한 세포를 수백만 개나 더 많이 가지고 있다. 고양이가 먹이를 맛보기 전에 냄새를 맡는 모습을 지켜봤다면(특히 먹이를 가열해 제공했을 경우), 코를 이용해 미세한 온도변화를 감지한다는 것을 알 수 있을 것이다. 심지어 보호자가 고양이 몰래 먹이에 넣은 극소량의 약물까지도 감지할 수 있다.

고양이의 후각은 먹이가 안전한지 여부를 판단할 수 있게 해주기 때문에 야생에서 생존하는 데 필수적인 감각이다. 야생에서 사냥을 하는 고양이는 막 잡은 신선한 먹이를 선호하는데, 이미 죽은 먹이를 먹어야 한다든가 어쩔 수 없이 쓰레기통을 뒤져 먹이를 취해야 하는 경우, 민감한 후각을 이용해 먹이가 상했는지 여부를 판단할 수 있다. 만약 습식사료를 딱딱하게 굳을 때까지 그릇에 남겨둔 적이 있다면, 고양이의 코가 그 먹이의 풍미와 안전성까지 파악할 수 있다는 점을 생각해보기 바란다.

고양이는 서골비기관(vomeronasal organ) 또는 야콥슨기관(Jacobson's organ)이라 불리는 아주 특별한 기관을 갖추고 있는데, 이 기관으로 냄새를 맡고 맛을 볼 수 있다. 냄새는 혀에서부터 입천장까지 흘러, 입천장과 비강 사이에 위치하고 있는 서골비기관으로 전송된다. 서골비기관의 주요 기능은 다른 고양이의 페로몬을 심층 분석하는 것이

> **M I E M I O** 야콥슨기관(Jacobson's organ)
>
> 서골비기관(Vomeronasal organ, VNO)은 많은 동물들에서 발견되는 보조적인 후각기관이다. 보습코연골기관 또는 야콥슨기관(Jacobson's organ)이라고 한다. 이 기관은 1813년 덴마크의 외과의사 루트비히 야콥슨(Ludwig Lewin Jacobson, 1793-1843)에 의해 최초로 발견된 페로몬 수용기관이다.

다. 중성화수술을 하지 않은 수컷의 경우, 이 서골비기관을 이용해 다른 고양이의 소변에 있는 페로몬을 분석함으로써 수컷 또는 암컷의 소변인지 여부를 판단한다. 만약 암컷의 소변일 경우 다시 발정기인지 여부를 판단한다. 또한, 페로몬 분석을 통해 소변마킹을 남긴 고양이의 사회적 지위를 판단할 수 있다. 심층 분석해야 할 필요가 있는 흥미로운 냄새나 친숙하지 않은 냄새를 느낄 때도 이 기관을 사용하는데, 얼굴 표정이 입을 약간 벌리고 찡그린 것처럼 나타나기 때문에 이 기관을 사용하고 있는 때를 알 수 있다. 이러한 표정을 짓는 것을 플레멘반응(flehmen reaction)이라 부른다.

| 입의 특성과 기능 및 역할

고양이는 절대육식동물로서 생존을 위해 반드시 고기를 먹어야 한다. 고양이는 채소를 섭취해 베타카로틴을 비타민A로 전환시키는 기능을 할 수 없기 때문에 동물섭취를 통해 비타민A를 얻어야 한다. 사람은 건강이나 기타 이유로 채식 위주의 식단을 선택할 수 있지만, 고양이의 경우 육식을 하지 않으면 심각한 건강합병증을 초래하게 된다.

육식동물의 이빨은 뼈에서 고기를 찢어 떼어내도록 설계돼 있다. 따라서 육식동물인 고양이는 잡식성 동물이나 초식동물처럼 먹이를 으깨어 먹지 못한다. 마치 독이빨 같은 모양의 송곳니는 먹잇감을 '물어서 죽이는' 역할을 수행한다. 이론적으로 고양이가 먹이를 물고 늘어질 때 송곳니가 먹이에 제대로 박혔다면 척수를 절단하게 되는데, 실제로 사냥을 하는 동안 이런 일이 쉽게 일어나지는 않는다.

| 혀의 특성과 기능 및 역할

고양이보호자라면 고양이의 혀가 얼마나 거친 구조를 갖고 있는지 잘 알고 있을 것이다. 고양이가 핥을 경우 마치 사포 또는 벨크로로 훑는 것 같은 느낌을 받게 되는데, 고양이의 혀가 거친 이유는 목구멍 방향으로 구부러진 미늘(가시)이 자리 잡고 있기 때문이다. 이 미늘은 육식동물인 고양이가 먹잇감의 뼈에서 살을 뜯어내는 데 도움이 되는 역할을 하며, 자신의 털을 손질하고 죽은 털과 이물질을 제거하는 데도 도움을 준다. 그러나 미늘은 이처럼 긍정적인 역할만 하는 것이 아니라 단점도 가지고 있다. 뒤쪽으로 구부러진 이 미늘로 인해 입안에 있는 것을 뱉어내지 못하기 때문에 그루밍할 때 털을 삼키게 된다. 따라서 고양이가 실, 고무밴드 또는 노끈과 같은 물건을 가지고 놀 경우, 입에서 뱉어내지 못하고 결국 삼키게 되기 때문에 질식할 위험이 있다. 물을 먹을 때는 혀를 숟가락처럼 만들어 여러 번 핥아서 삼키며, 혀를 이용한 셀프그루밍을 통해 털에서 침이 증발하도록 함으로써 체온을 떨어뜨린다.

고양이가 얼마나 자주 털을 손질하는지를 고려한다면 털에 달콤한 냄새가 남아 있다는 것은 놀라운 일인데, 이는 타액에 탈취성분이 포함돼 있기 때문이다. 그루밍은 죽은 털을 제거하고 보기 좋게 하기 위한 것뿐만 아니라 생존에도 반드시 필요한 행위다. 고양이는 먹이를 먹고 나면 모든 흔적을 제거하기 위해 그루밍을 하는데, 이는 포식자인 자신이 가까이 있는 영역에서 다른 잠재적인 먹잇감에게 경고가 되는 것을 방지하기 위함이다. 그루밍을 통해 먹이의 흔적을 제거하는 것은 또한 자신의 존재를 노출시키지 않음으로써 더 큰 포식자에게 희생되는 일을 막아준다.

| 꼬리의 특성과 기능 및 역할

꼬리는 척추의 연장선상에 있으며, 척추의 약 1/3을 차지하고 있다. 고양이는 몸의 균형을 맞추는 데 꼬리를 사용하며, 울타리를 뛰어넘거나 고속으로 방향전환을 할 때 꼬리가 평형추 역할을 해서 무게중심을 이동시킬 수 있다. 꼬리는 또한 다른 고양이와의 잠재적인 물리적 충돌의 가능성을 줄이는 데 도움이 되는 중요한 의사소통장치이기도 하다. 꼬리는 멀리서도 보이며, 접근해오는 고양이가 꼬리의 자세를 판독할 수 있다.

꼬리는 고양이의 현재 기분을 알 수 있게 해주는 훌륭한 지표가 되기도 하므로 꼬리의 자세에 세심한 관심을 기울인다면 물리거나 긁히는 일이 줄어들 것이다. 꼬리를 수직으로 곤추세우고 약간 말린 모양을 하고 있는 경우 일반적으로 친근감을 나타내며, 걸으면서 꼬리를 반쯤 내린 자세에서 수평을 유지하는 경우 편안하다는 것을 나타낸다.

그러나 아주 낮게 내린 자세일 경우 공격성을 나타낼 수 있다. 여러분은 '행복한 개의 꼬리 흔들기'라는 이미지를 갖고 있을 것이다. 개와 연관 지었을 때 그 의미가 항상 정확한 것은 아니지만, 많은 사람들이 고양이가 꼬리를 흔드는 것이 개의 경우와 동일한 의미를 나타낸다고 추정한다. 이와 같은 추정으로 접근하는 경우, 거의 언제나 스크래치를 당하는 결과를 초래하게 된다. 고양이가 꼬리를 채찍질 하듯이 좌우로 흔드는 것은 불안감을 나타내며, 그 불안감이 클수록 꼬리를 흔드는 것이 더욱 강해진다.

다묘 가정에서 고양이들끼리 매우 가깝고 친숙한 경우, 한 마리가 자신의 꼬리로 다른 고양이를 감싼 채 함께 잠을 자고 있는 모습을 종종 볼 수 있다. 이처럼 다정한 자세는 상대를 완전히 신뢰한다는 것을 나타낸다. 자신의 꼬리로 다른 고양이의 주위를 감싸고 있는 고양이는 어떠한 위협도 느끼지 않는다고 말하고 있는 것이며, 매우 취약한 자세로 쭉 뻗어 있거나 다른 고양이에게서 고개를 돌려 외면하고 있다면 상대를 완전히 신뢰한다는 것을 말한다.

| 발성의 특성과 기능 및 역할

인간은 본디 말을 하는 데 매우 많은 시간을 보내는 동물이지만, 고양이도 역시 발성을 하며 꽤 많은 어휘를 가지고 있다. '야옹' 하는 울음소리, 짧게 떨리는 소리, 기분이 좋을 때 내는 그르렁거리는 소리, 쩍쩍거리는 소리, 중얼거리는 소리, '하악' 하는 소리, 으르렁거리는 소리 등을 내는데, 이러한 소리들은 고양이의 발성 레퍼토리 중 극히 일부일 뿐이다. 어떤 소리들은 동료와의 의사소통을 위해 엄격하게 제한돼 있는 반면, 어떤 소리들은 우리 인간에게 보내는 것이며, 재잘거리는 것과 같은 일부 소리는 단지 좌절감 또는 흥분의 전위행동(displacement behavior, 轉位行動)[5]인 것으로 보인다.

그르렁거리는 소리는 고양이와 의사소통을 하는 데 있어서 매우 잘못 이해되고 있는 유형의 발성이다. 많은 사람들은 작은 모터보트에서 나는 것과 같은 이 기분 좋은 소리를 들을 때마다 고양이가 행복하고 만족한 상태라고 추정한다. 확실히 편안하고 행복하며 만족스러울 때 그르렁거리는 소리를 내기는 하지만, 행복한 기분과는 전혀 관

---

[5] 싸움을 하던 닭이 갑자기 땅을 쫀다든가, 텃세권의 경계에서 위협하고 있던 가시고기가 돌연히 거꾸로 서서 모래바닥에 구멍을 파는 따위의 행동을 하는 것, 또는 그러한 행동을 말한다. 갈등이나 욕구불만에 차 있는 동물이 나타내는, 평소와는 전혀 다른 행동이다.

계없는 상황에서도 이 소리를 낸다. 아프거나 다쳤을 때 스스로 치유시키는 메커니즘으로써 그르렁거리는 소리를 낼 수도 있는데, 많은 고양이들이 질병 말기 또는 죽음에 가까워졌을 때 그르렁거리는 것으로 알려져 있다. 공격자에 의해 궁지에 몰렸을 때 상대를 진정시키기 위한 노력의 일환으로 그르렁거릴 수도 있고, 새끼가 딸린 어미고양이의 경우 어린 새끼가 젖꼭지를 찾는 것을 돕기 위해 그르렁거리는 소리를 낸다. 갓 태어난 새끼고양이는 듣지는 못하지만, 어미가 내는 소리의 진동을 느낄 수 있다.

입을 닫은 채 몇 가지 중얼거리는 소리를 낼 수도 있다. 입을 벌리고 수많은 모음을 만들어낼 수 있으며(가장 중요한 것은 '야옹-meow' 하는 소리다), 이때는 강렬한 소리가 난다. 이러한 소리들을 주의해서 들으면, 고양이가 만들어내는 어휘를 인식해서 해석할 수 있다. 입을 닫고 내는 중얼거리는 소리는 인사말처럼 사용될 수도 있으며, 혹은 고양이가 보호자의 무릎에 웅크리고 앉을 때 그르렁거리는 소리를 내기 바로 전에 나오는 소리일 수도 있다. 고양이가 창밖을 내다보다가 새를 발견했을 때, 매우 빠르게 재잘거리는 소리를 내는 것을 볼 수 있다. 이 소리는 흥분을 나타내며, 원하는 대상에 도달할 수 없는 상황에 대해 약간의 불만스러움을 표현하는 소리이기도 하다.

보호자가 방으로 들어갈 때 떨리는 목소리를 내는 것을 들을 수도 있는데, 이는 쨱쨱거리는 소리보다는 약간 더 듣기 좋은 행복한 소리다. 기본적인 '야옹' 소리는 인사말로 또는 요구사항이 있을 때 사용될 수도 있으며, 집안에 있는 다른 고양이의 위치를 찾으려 할 때 야옹 소리의 변형된 형태인 '앙' 소리를 낼 수도 있다. 헤어볼(hairball, 毛球)을 토하는 경향이 있는 경우 구토하기 바로 직전에 신음하는 소리를 들을 수도 있다.

'하악' 하는 소리는 동물병원의 진찰대에 올려놨을 때만 들었을 수도 있고, 여러 상황에서 '공포에 의한 공격성'을 나타내는 고양이라면 정기적으로 들리는 소리일 수도 있다. 혀를 아치형으로 만들어서 입 밖으로 공기를 밀어낼 때 만들어지는 소리로 뱀이 내는 '쉿' 소리와 비슷하며, '방어적 공격성'을 나타내는 발성이다. 일부 고양이들은 '하악' 소리를 내기 직전 또는 직후에 짧게 성난 소리를 더하기도 하는데, 이는 깜짝 놀랐을 때 자주 내는 '펑' 하는 소리다. 으르렁거리는 소리는 입을 벌리고 내는 낮은 소리로 '방어적 공격'과 '공격적 공격' 모두에 사용되며, '뒤로 물러나라'는 최후의 경고신호다. 고양이가 규칙적으로 내는 소리에 주의를 기울이면 동일한 패턴을 사용하고 있다는 것을 알게 될 것이며, 곧 고양이가 말하고자 하는 것을 해석할 수 있을 것이다.

- 문제행동을 교정하는 데 있어서 간과되는 중요한 요소는 고양이가 현재 살고 있는 환경에 대한 점검이다. 환경에 대한 고려 없이 '성묘 행동문제 바로잡기' 재훈련계획은 완성될 수 없다.

제 2 장

주변 환경 상태 점검과 평가

- 행동문제의 원인이 되는 환경 수정 -

01

실외생활의
위험성에 대한 점검

문제행동을 교정하는 데 있어서 종종 간과되는 중요한 요소는 고양이가 현재 살고 있는 환경에 대한 점검이다. 환경이 어떻게 세팅돼 있는가에 따라 고양이가 느끼게 되는 자극 또는 지루함, 안전수준, 동료고양이들과의 소통방법 그리고 인간가족과 함께하는 데 선택할 수 있는 사회적 방법 등에 영향을 미친다. 또한, 환경적 선택은 고양이의 신체건강에도 영향을 미치게 된다는 것을 염두에 둬야 한다.

행동교정프로그램을 성공적으로 완료하기 위해서는 고양이가 살고 있는 환경에 대한 솔직한 재평가가 우선돼야 하며, 보호자의 입장에서 환경을 훌륭하게 세팅했다고 생각되더라도 항상 개선의 여지가 있다는 점을 명심해야 한다. 이 장을 읽으면서 고양이의 삶을 더욱 윤택하게 만들어주기 위해, 혹은 현재 겪고 있는 행동문제를 해결하기 위해 환경을 적절하게 개선할 수 있는 몇 가지 방법을 찾을 수 있을 것이다. 환경에 대한 세심한 고려 없이 '성묘 문제행동 바로잡기' 재훈련 계획은 완성될 수 없다는 것을 반드시 기억하기 바란다.

| 실내생활 고수 or 실외생활의 허용

고양이를 '실내에서만 기를 것인가' 또는 '실외생활을 허용할 것인가'에 대한 선택은 중요한 문제이기 때문에 이 부분부터 논의를 시작해야 한다. 이 문제는 고양이보호자

들 사이에서 의견이 분분한 주제다.[1] 고양이에게 실외생활을 허용할 것인지 여부, 또는 언제 실외로 내보낼 것인지에 대해 보호자가 내리는 결정은, 결과적으로 고양이의 행동문제발생에 기여할 수 있다는 점을 알아야 한다. 실외생활에는 많은 잠재적인 문제가 도사리고 있으며, 각각의 문제는 고양이의 행동에 영향을 미치게 된다.

    실외생활을 허용하는 방식은 여러 가지다. 낮에는 실외에서 돌아다니도록 두고 밤에만 실내에서 생활하게 하는 경우도 있고, 그 반대로 허용하는 경우도 있다. 어떤 보호자는 자신이 감독하는 동안에만 실외로 내보내기도 하고, 어떤 보호자는 리드줄(leash) 훈련을 해서 하네스(harness)를 맨 상태에서만 야외활동을 시킨다. 놀랍게도 고양이를 한정된 영역에 잡아두기 위해 데크 난간에 줄로 묶어놓은 장면을 목격한 적도 있다. 야외사육장을 마련해 실외로 내보내는 시간에 그곳에 가둬두는 보호자들도 많다.

    많은 보호자들이 고양이에게 최선의 이익이 되는 방법으로 결정을 내린다고 생각하지만, 그러한 결정의 대부분은 충분한 정보 없이 이뤄지는 경우가 많다. 이는 단순히 흑백논리로 따질 수 있는 문제가 아니며, 고양이에게 실외생활을 허용하기로 결정할 경우 그 결정에 따르는 위험성을 알아야 한다. 또 현재 살고 있는 지역, 고양이의 성격과 건강 그리고 나이를 고려해야 하며, 그와 같은 결정에 대한 진정한 동기가 무엇인지 생각해봐야 한다. 여기서 강조하는 내용들에 공감이 잘 되지 않는다면, 필자가 '고양이는 실내에서 길러야 한다'는 생각에 대한 확고한 지지자라는 것을 염두에 두고 읽어나가기 바란다. 고양이를 실외에 나가도록 허용하는 경우, 고양이가 직면하는 위험뿐만 아니라 외부에 존재하는 모든 것이 현재의 행동문제에 어떻게 영향을 미치는지 알아야 한다. 먼저 실외에 도사리고 있는 위험에 대해 살펴보자.

| 자동차사고 및 영역이탈의 위험

고양이에게 실외생활을 허용하기로 결정한 동기가 햇빛과 신선한 공기를 맘껏 즐기게

---

[1] 원서의 전반에 걸쳐 반려묘의 실외생활을 전제로 한 내용이 언급되고 있다. 우리나라에서는 근래에 고양이와 함께 산책을 즐기는 등 외출을 허용하는 경우가 있기는 하나 보호자의 철저한 통제 하에 이뤄지며, 주거환경의 특성 상 '반려묘'를 실외에서 기른다거나 혼자 실외로 나가도록 허용하는 가정은 흔치 않다. 이러한 우리나라의 실정에 맞춰 관련 내용을 모두 수정할 경우, 원문의 내용이 상당 부분 제대로 전달되지 않을 우려가 있어 최대한 살리게 된 점을 염두에 두고, 이와 관련한 것들은 필요에 따라 참고하도록 한다.

하고, 고양이의 본능적인 사냥욕구를 충족시켜주고자 하는 마음에 기반을 뒀을 수도 있다. 이론적으로는 멋지게 들리는 생각이지만, 보호자가 바라는 것들이 충족되기 위해서는 고양이가 많은 대가를 지불해야 할 수도 있다. 우선 보호자가 살고 있는 지역이 어디냐에 따라서 자동차에 의한 부상이나 사망의 위험에 놓이게 된다.

또 고양이가 거리에 익숙한 상태라 하더라도, 먹이를 추적하거나 공격자를 피해 달아나야 하는 경우에는 익숙한 거리에서 벗어날 수 있다. 과거에는 익숙했다 하더라도 나이가 들고 감각이 둔해지면서 그러한 능력이 떨어진다는 점을 명심해야 한다. 비록 매우 민첩하고 똑똑한 고양이라 할지라도 개, 다른 고양이 그리고 고양이를 괴롭히는 잔인한 사람들과 직면할 위험도 있다. 고양이는 단거리선수의 폐활량을 가지고 있기 때문에 장거리를 달리지 못하며, 개가 추적하면 곧바로 따라 잡힐 위험도 있다.

| 다른 고양이와의 충돌 위험

고양이는 영역적 동물이기 때문에 텃세를 부리는 습성이 있으며, 실외로 나갈 때마다 근처에서 배회하고 있는 거칠고 맹렬한 고양이들과 마주쳐야 할지도 모른다. 여러분의 고양이가 실외에서 돌아다니는 것을 막으려는 고양이가 있을 수도 있다.

보호자는 고양이를 실외로 내보내기 위해 문을 열 때마다 '고양이가 행복해한다'고 생각할 수도 있지만, 실제로는 실외에서 자신을 기다리고 있는 것들에 대해 불안해하고 있을 수도 있고, 반대로 오히려 거칠고 맹렬하게 변할 수도 있다. 어느 쪽이든 실외에 내보내는 것은 고양이를 위험에 처하게 한다. 비록 최근까지 필요한 예방접종을 모두 마쳤다 하더라도 여전히 실외에서 얻을 수 있는 수많은 질병이 존재하며, 더구나 예방접종을 제대로 마치지 않았다면 이러한 질병에 매우 취약해지게 된다.

다른 고양이들과 접촉하면서 싸움으로 이어져 부상을 입을 수도 있다. 일반적으로 물린 상처가 계속될 때 농양(膿瘍)이 생성되는데, 고양이는 이 농양에 매우 취약하다. 고양이의 송곳니는 상당히 날카롭고, 좁지만 깊게 찔린 상처를 만든다. 상처 부위의 표면이 그대로 아물면 세균이 피부 밑에 남게 되는데, 염증이 피부 밑에서 퍼지면서 상처 부위에 극심한 통증을 느낄 수 있으며, 결국 고름으로 부풀어 오르게 된다. 그 부위를 쓰다듬거나 만졌을 때 고통스러워 울부짖을 수도 있고, 발열이 될 수도 있다.

이때는 즉시 외과적 처치를 통해 농양을 뽑아내고 세척해야 한다. 수의사는 내부에서 상처가 치유될 수 있도록 수술로 농양을 제거하고 봉합하며, 항생제를 처방한다. 농양은 통증이 심하며 회복이 더딘데, 불행하게도 실제로 농양을 앓고 결국 생명을 위협할 수 있는 상황이 될 때까지 보호자가 부상을 인식하지 못하는 경우가 많다.

| 기생충감염 및 전염병의 위험

실외에 있는 동안 기생충에 감염될 위험이 있으며, 보호자의 주거지역이 어디인지에 따라 벼룩, 진드기, 모기가 고양이의 건강에 악영향을 끼칠 수 있다. 일반적으로 많은 고양이들에 있어서 벼룩에 물리는 경우 알레르기반응이 나타나고, 물린 자리가 탈모로 이어진다. 벼룩은 또한 촌충의 숙주이기 때문에 고양이에게 벼룩이 있을 경우 촌충에 감염될 가능성이 있다. 고양이 털을 육안으로 살펴봤을 때 아무것도 관찰되지 않는다는 이유로, '내 고양이에게는 벼룩이 없다'고 생각하는 우를 범하는 보호자들이 많다. 고양이의 깔끔한 성격과 셀프그루밍(self-grooming)을 하는 습성 탓에 벼룩을 발견하는 것이 쉽지 않다는 점을 명심해야 한다. 벼룩에 심하게 감염되면 빈혈이 발생할 수 있으며, 특히 어린 고양이와 노묘 또는 허약한 고양이의 경우 주의해야 한다.

고양이가 진드기에 물리면 진드기로부터 전염되는 질병에 걸릴 위험이 있으며, 모기는 심장사상충을 옮길 수 있다. 심장사상충에 있어서는 개들이 좀 더 일반적인 감염 대상이기는 하지만, 고양이도 역시 취약하다. 따라서 고양이를 단 몇 분이라도 실외에 둘 경우 벼룩, 진드기, 심장사상충으로부터 보호할 수 있는 조치를 취해야 한다는 것을 명심하도록 한다. 여러분의 고양이에게 적합한 예방약품이 무엇인지 수의사에게 문의하면, 고양이의 건강과 체중 그리고 나이를 기반으로 가장 안전하고 효과적인 약품을 선택하는 데 도움을 줄 것이다. 반려동물용품점이나 슈퍼마켓에서 처방전 없이 살 수 있는 일반의약품은 구매하지 않도록 주의해야 한다.

| 먹잇감 및 독성물질로 인한 위험

고양이는 실외에 있는 동안 사냥하는 것을 좋아할 수도 있는데, 이때 사냥한 먹이를 먹는 것과 관련된 위험이 존재한다는 사실을 염두에 둬야 한다. 실외에서 확보한 먹이는 기생충과 질병을 매개할 수 있으며, 먹잇감이 섭취했을 수도 있는 독성도 함께 섭취하게 될 위험이 있다. 털에 독성물질이 묻었을 경우, 고양이의 깔끔한 그루밍 습성으로 인해 털을 손질하는 과정에서 독성물질에 중독될 위험이 있다. 이웃집 차고를 기웃거리다가 무언가를 문지르거나, 또는 화학물질을 엎질러 털에 묻힐 수도 있는데, 이때 그 물질을 제거하기 위해 털을 손질하면서 독성물질을 섭취하게 된다.

| 햇빛 및 날씨로 인한 위험

실외에서 생활하는 동안 날씨와 관련된 위험도 따르게 된다. 여름철의 매우 더운 날씨에, 더위를 피해줄 시원한 환경에 머물지 못하고 물을 섭취하지 못할 경우 열사병에 걸리기 쉽다. 고양이의 귀와 코에는 털이 적게 나 있기 때문에 햇볕으로 인한 화상을 입을 위험도 있으며, 햇빛에 반복적으로 노출되면 피부암으로 이어질 가능성도 있다. 아스팔트나 콘크리트 같이 뜨겁게 달궈진 표면을 걷는 경우 발바닥에 화상을 입을 수도 있으며, 화상까지는 아니더라도 통증을 유발할 수 있다. 겨울철의 추운 날씨에는 동상에 걸리기 쉬우며, 특히 귀 끝이 매우 취약하다. 발바닥은 동상에도 걸리기 쉽고, 차가운 얼음 표면과의 접촉으로 인해 극도의 불편함을 겪게 된다.

 차가운 날씨와 관련한 또 다른 위험은 바로 부동액중독이며, 매년 겨울 많은 고양이들이 부동액중독으로 사망한다. 자동차는 고양이에게 치명적인 부동액을 누출하는 것으로 악명이 높다. 라디에이터에 부동액을 보충할 때 밖으로 흘러내리는 경우가 흔한데, 이때 부동액에 함유돼 있는 에틸렌글리콜(ethylene glycol, 가장 간단한 2가 알코올의 일종) 성분의 달콤한 맛이 동물들을 유혹한다. 겨울에는 자동차엔진도 치명적인 위험을 초래한다. 고양이는 추위를 피하기 위해 따뜻한 자동차엔진으로 기어 들어가는데, 엔진 옆에서 잠을 자고 있다가 시동이 걸리는 순간 끔찍한 일을 당하게 된다.

| 포획 및 학대가능성의 위험

여러분은 고양이가 실외생활을 한껏 즐기는 것을 원할 수도 있지만, 여러분의 이웃은

그러한 마음을 이해해주지 않을 수도 있다. 자신의 마당에서 설치고 다니는 남의 고양이가 못마땅하게 여겨질 수도 있으며, 정원에 배변 또는 스프레이 행동을 하는 것에 대해 강력하게 항의를 할 수도 있다. 사실 이러한 행동은 고양이를 좋아하는 사람들에게조차도 쉽게 용납되지 않는 것들이다. 또 이웃집에서 고양이를 기르고 있는 경우, 여러분의 고양이가 침범할 때마다 그 고양이가 격하게 반응할 수도 있다.

어떤 이웃은 여러분의 고양이가 성가시게 하는 행동에 대해 단지 불만을 토로하는 것으로 끝날 수도 있지만, 어떤 이웃은 좀 더 과격한 조치를 취할 수도 있다. 쫓기거나(어쩌면 교통이 복잡한 도로로) 물세례를 받을 수도 있고, BB총(또는 더 심한 것)에 맞을 수도 있으며, 독성물질에 중독되거나 포획돼 동물보호소로 보내질 수도 있다. 비록 여러분의 이웃이 고양이를 해치려 하지는 않는다 하더라도, 실외에는 동물학대를 즐기는 잔인한 사람들(청소년 및 성인)도 있다. 고양이가 너무 멀리 돌아다니는 경우 고양이를 탐내는 누군가에게 잡혀갈 수도 있으며, 사회적이고 친근한 성격인 경우 누군가에 쉽게 포획돼 그 사람의 가족이 될 가능성도 있다. 극단적인 경우 고양이수집증후군(cat-hoarding syndrome)이 있는 사람에게 포획될 수도 있다.

| 짝짓기로 인한 부상 및 개체과잉문제

중성화수술을 받지 않은 고양이에게 실외생활을 허용할 경우 개체과잉문제를 증가시키게 된다. 또한, 더 많은 싸움에 직면하게 되고, 질병에 걸릴 위험도 더욱 높아지게 된다. 짝짓기를 위해 암컷을 서로 차지하려는 수컷들의 싸움은 상당히 살벌하며, 짝짓기 의식 자체는 매우 폭력적이다. 암컷 고양이는 여러 마리의 수컷들과 짝짓기를 하는 처지에 놓일 수도 있으며, 이는 부상과 질병의 확산에 대한 여러 가지 가능성을 만든다.

| 효율적인 식단조절의 어려움

고양이는 자신이 잡을 수 있는 것은 무엇이든 자유롭게 사냥하고 먹기 때문에, 고양이를 실외에 둘 경우 식단에 포함시킬 수 있는 것과 그렇지 않은 것을 보호자가 통제할 수 없다. 또한, 이리저리 돌아다니다 남의 집 마당에 비치된 먹이그릇에서 음식물을 섭취

할 수도 있다. 그 지역에서 배회하는 길고양이들을 위해 이웃이 놓아둔 음식은 여러분의 고양이에게는 적합하지 않을 수도 있으며, 질병을 보유하고 있을지도 모르는 다른 고양이들과 먹이그릇을 공유함으로써 침을 통해 해당 질병이 전염될 수도 있다. 비만이 문제인 고양이의 경우, 식사시간 사이에 여러 집을 돌아다니면서 간식을 섭취한다면 체중관리프로그램을 효과적으로 수행할 수 없다.

| 건강상태 모니터링의 어려움

건강상태를 모니터링할 수 없다는 것도 실외생활의 단점이다. 고양이는 무언가 잘못됐다고 말로 표현할 수 없기 때문에, 화장실에서 일어나고 있는 일은 고양이의 건강상태를 모니터링하는 데 도움이 되는 매우 유용한 정보다. 실외에서 배설하는 경우 배설물 상태나 배변습관을 볼 수 없으므로 잠재적인 건강문제에 대해 경고를 받지 못한다. 또한, 고양이는 요로문제에 민감한 동물인데, 실외에서 배설을 한다면 요도가 완전히 막혀 생명을 위협하는 응급상황에 놓이게 된다 해도 보호자가 이를 확인하기 어렵다.

수컷 고양이의 요도는 길고 좁기 때문에 요도가 막히는 것은 특히 수컷 고양이에 있어서 매우 심각한 문제다. 방광에 결석이 형성되고 요도를 통과하지 못하면 완전히 막히게 되는데, 이는 단시간에 고통스러운 죽음을 초래할 수 있는 절대적인 비상상황이다. 또 고양이가 변비에 걸려 배변하는 데 어려움을 겪는다거나 심한 설사를 한다 해도 보호자는 이를 제대로 확인할 수 없다. 실내에서 사용할 수 있는 화장실이 비치돼 있다 하더라도, 고양이가 실내와 실외를 오가며 생활하는 경우 건강과 관련해 어떤 문제가 벌어지고 있는지 완전하게 모니터링할 수 없다.

| 여러 가지 행동문제발생의 위험

앞서 언급한 위험들 외에도, 실외생활은 현재의 행동문제에 영향을 미칠 수 있다는 점을 염두에 둬야 한다. 실외에서 시간을 보내다 실내로 들어왔을 때 스프레이 행동을 보인다면, 이는 실외의 다른 고양이와의 만남이 원인으로 작용한 것일 수도 있다. 친숙한 영역 주변을 확고히 하는 방법으로 스프레이를 할 수 있으며, 실외의 고양이들과 신체

적으로 접촉하게 되는 것을 불편하게 여긴 탓에 좀 더 은밀한 공격방법으로서 스프레이를 행사할 수도 있다. 다묘 가정에서 실내와 실외를 오가는 고양이가 실내생활을 하는 고양이에게 공격하는 일이 발생했다면, 다른 실외고양이들에 충분히 맞설 만한 자신감이 없어서 서열이 낮은 집안의 동료고양이를 공격하는 방법을 택한 것일 수도 있다. 실외에 나가 있는 동안 다른 고양이를 봤다거나 그 고양이와 마주친 후 실내로 들어온다면, '방향전환에 의한 공격성'을 드러낼 가능성도 있다.

    모든 고양이가 실외생활에 적응할 수 있도록 정서적으로 준비가 돼 있는 것은 아니다. 겁이 많거나 낯선 환경에 있는 걸 무서워하는 고양이의 경우, 실외로 나가게 되는 것을 두려움과 연관시켜 행동문제를 발현시킬 수 있다. 필자는 그동안 겁이 많은 고양이를 기르고 있는 보호자들을 많이 만나봤다. 이들은 낮 동안에 고양이를 실외에서 생활하도록 했는데, 문제는 고양이가 실외에 있는 것에 공포를 느낀다는 사실을 보호자가 전혀 인식하지 못한다는 것이었다. 보호자가 직장에 나가 있는 동안 실외로 내보내진 고양이들은 숨어 있을 장소를 찾았고, 어떤 고양이는 옆집에 있는 커다란 개 때문에 마당으로 나가는 것이 무서워서 뒤뜰 베란다에 숨어 있기도 했다.

    실내환경이 친숙하다는 사실은 고양이에게 대단한 위안이 되는 것이다. 고양이는 낮잠에서 깨어나서 무언가 낯선 냄새를 접한다거나, 또는 누군가 모퉁이를 돌아 나올지도 모른다는 것에 대해 걱정하지 않아도 된다는 사실을 알고 싶어 한다. 실외환경은 지속적으로 변화하며, 많은 동물의 냄새, 날씨변화, 낯설고 갑작스러운 소음 등이 존재하는 곳이다. 이러한 환경에 자연스럽게 적응하는 자신감 넘치는 고양이도 있겠지만, 그렇지 않은 고양이도 많다는 사실을 기억하도록 한다.

    실질적으로 고양이가 보호자를 훈련시키게 되는 상황에 처할 수도 있다. 고양이는 보호자의 사정이 어떤지에 상관없이 자신이 밖으로 나가고 싶을 때 이를 요구하면서 울어대고, 보호자가 자신의 요구에 주의를 기울이게 하기 위해 문을 긁거나 심지어 방충망 위로 기어 올라갈 수도 있다. 또한, 문이 열려 있는 기회를 엿보고 원할 때마다 튀어나가는 행동을 할 수도 있다(도어 다터, door darter). 고양이가 지속적으로 실내와 실외를 왔다 갔다 하면서 생활하고 있는 경우, 잠깐이라도 문 밖으로 나가고 싶어 어쩔 줄 몰라 하는 모습을 보인다. 고양이가 원할 때 밖으로 내보내지 않으면 곧바로 물렸던 경험을 가지고 있는 보호자도 있을 것이다.

| 실내생활로 전환시키기

현재 고양이에게서 나타나고 있는 행동문제가 실내와 실외를 번갈아가면서 생활한 탓이라고 생각되거나, 실내에서 생활하도록 하는 것이 안전하다고 확신하는 경우, 실내생활로 전환시키는 문제에 대해 크게 걱정하지 않아도 된다.

문이 열릴 때마다 슬프게 울부짖거나 지속적으로 탈출을 시도하는 바람에 전환과정이 불가능한 것으로 보여 어쩔 수 없이 실외생활을 계속 허용해왔을 수도 있는데, 고양이를 실내에 머물도록 재훈련을 시키는 방법이 있으므로 염려하지 않아도 된다. 고양이가 안전하게 머물면서, 필요하고 원하는 모든 것을 가질 수 있도록 실내를 실외처럼 흥미로운 장소로 만들어주면 된다. 흥미롭고 안전한 실내환경을 제공하지 못한다면, 고양이에게 전환계획을 따를 수 있게 만드는 동기가 없어지므로 우선 실내에 편안한 안식처를 만들어주는 것이 중요하다. 일단 고양이가 필요로 하는 것이 무엇인지 파악했으면, 실질적인 전환을 위한 행동교정기법을 사용할 수 있다.

고양이가 실내에서만 생활하든 실내와 실외를 오가며 생활하든 상관없이, 자극적이고 안전한 실내환경은 언제나 필수적인 요소다. 앞서 언급한 바와 같이, 환경은 행동문제를 발생시키거나 해결하는 데 핵심적인 역할을 한다. 이후 섹션에서는 실내환경에 필수적인 구성요소들을 살펴보도록 하겠다. 실외생활을 하는 고양이를 실내에서만 생활하도록 전환시킬 계획이라면, 먼저 다음에 열거된 방법으로 실내환경을 준비한 다음, 이 책의 뒷부분에 있는 행동교정기법을 참고하도록 한다. 제4장에서 고양이가 문 앞에서 징징거릴 때 주의를 전환시키는 방법과 문으로 돌진하는 것을 방지하는 방법에 대해 자세하게 설명한다.

02

고양이와
수직공간에 대한 고민

고양이가 실외로 나갈 때는 일반적으로 머릿속에 두 가지 중요한 생각을 갖게 되는데, 하나는 즐거운 기대감이고 다른 하나는 불안감이다. 즐거운 기대감은 성공적인 사냥의 가능성에서 비롯된다. 고양이는 사냥을 위해 태어난 동물이며, 실외에는 그들의 먹이추적본능을 자극하는 수많은 생물들이 존재한다. 불안감은 다른 고양이 또는 다른 경쟁자나 포식자를 맞닥뜨릴 수 있는 가능성에서 비롯된다. 고양이의 성격이 자신감이 있든 그렇지 않든 상관없이 미지의 것들과 연관된 불안감을 느끼게 되며, 실외환경은 미지의 것들로 가득 차 있다.

| 생활공간에 대한 사고방식의 전환

우리가 하고자 하는 일은 고양이에게 좋은 경험을 제공하는 재미있고 자극적인 실내환경을 조성하는 것이며, 더불어 큰 불안감을 유발하는 부정적 요소들을 제거할 것이다. 고양이의 재미를 위해 '살아 있는 생쥐나 귀뚜라미를 집안에 들여야 하나'라는 걱정을 할 필요는 없다. 고양이의 먹이추적본능은 올바른 놀이유형을 통해 자극이 되고 만족될 수 있다. 이 부분은 나중에 다루도록 하겠다. 우선 무대를 세팅하고, 우리가 생각하는 가상의 실외환경을 위한 틀을 구축해야 한다. 이를 위해서는 생활공간에 대한 여러분의 사고방식을 과감하게 전환시키는 것이 필요하다.

| 수직공간의 의미

인간은 수평적 측면에서 환경을 생각하는 경향이 있으며, 인간의 오랜 반려동물인 개의 세계 역시 매우 수평적이다. 방안을 둘러보면 필자가 말한 의미를 알 수 있을 것이다. 가구는 모두 바닥에 배치돼 있고, 우리는 수평으로 방을 통과한다. 개를 기르고 있는 경우 개는 아마도 바닥에 편안한 침대를 가지고 있거나, 보호자와 함께 침대 또는 소파 위에 웅크리고 있는 것에 만족할 것이다. 이제 벽을 한번 바라보자. 아마도 그곳에는 미술작품이 걸려 있거나 거울 또는 벽걸이 TV가 달려 있을 것이다.

여러분은 수평적 공간을 조심스럽게 극대화시키고, 인간에게 적합한 일반적인 방식으로 수직공간을 사용하고 있다. 그러나 고양이는 자신의 삶을 수평적 세계에 한정시키지 못한다. 고양이의 세계는 매우 수직적이며, 자신의 키보다 5배 넘는 높이로 점프하는 능력을 가지고 있다. 고양이는 먹잇감을 살피거나, 또는 잠재적인 위험이 있는지 확인하고자 할 때, 시야를 넓히기 위해 높은 곳으로 올라가는 습성이 있다.

| 수직공간의 중요성

집안에서 고양이를 발견할 수 있는 보다 일반적인 장소들을 생각해보면, 대부분 바닥에서 떨어져 있다는 것을 알 수 있다. 냉장고 위에 있는 것을 즐기기도 하는데, 이와 같은 장소는 개의 경우 전혀 닿을 수 없는 곳이다. 고양이는 자신의 놀이공간을 확장시킬 수 있으며, 가구 등에 걸터앉기도 한다. 전형적인 휴식공간은 책장이며, 책장 선반에 웅크리고 앉아 있는 것을 좋아한다. 여러분이 이 책을 구입한 이유들 중 하나가 주방조리대 또는 식탁 위를 걸어 다니는 행동을 멈추게 하는 방법을 찾기 위한 것이었을 수도 있다. 그러나 고양이가 이와 같이 높은 장소에 올라가고 싶어 하는 것이 잘못된 것은 아니며, 고양이로서의 본성에 충실한 행동을 하고 있는 것이라는 점을 명심한다.

이처럼 고양이에게 수직공간은 매우 중요하며, 수직공간은 문제행동을 교정하는 데 있어서도 중요한 역할을 한다. 고양이는 자신의 환경과 매우 밀접하게 연관돼 있기 때문에 불안감을 초래하는 환경, 또는 충분한 자극이 없는 환경이 원치 않는 행동을 유발하는 데 영향을 미칠 수 있다. 방 주위와 벽을 다시 살펴보자. 사용되지 않는 약간의 수직공간이 있을 것인데, 이를 수정할 용의가 있다면 벽을 허물거나 집을 증축하는 일 없이 고양이의 영역을 실제로 두세 배 정도 늘릴 수 있다. 수직공간을 약간만 증가시켜주면 실내환경을 더욱 더 매력적으로 만드는 데 큰 도움이 될 것이다.

| 수직공간의 준비

고양이가 보호자가 원치 않는 특정 공간에서 시간을 보내는 것을 좋아한다면, 허용되는 수직공간을 증가시킴으로써 매우 매력적인 옵션을 만들어줄 수 있다. 현재 고양이가 즐겨 사용하는 수직공간을 살펴보면 그 공간을 좋아하는 이유를 알 수 있다.

조리대에 올라가기를 좋아하는 경우, 이는 방으로 들어가는 사람을 볼 수 있는 개방된 장소이기 때문이다. 조리대가 있는 곳은 또한 창이 있을 것이고, 조리대에 올라가는 것은 밖을 살펴볼 수 있는 가장 좋은 방법이다. 조리대에 남아 있는 음식은 조리대에 올라가도록 강한 동기를 부여할 수 있다. 여러 마리의 고양이를 기르고 있는 경우, 모두가 식사를 위해 주방으로 들어올 때 조리대는 고양이가 가장 안전하게 느끼는 장소일 수도 있다. 일부 다묘 가정에서 고양이의 먹이급여공간은 적대적인 장소가 된다.

창을 등진 소파 뒤쪽에서 잠자는 것을 좋아한다면 그곳이 매우 편안하거나, 또는 햇빛 아래에서 휴식을 취하고 창밖을 내다볼 수 있기 때문에 선호하는 것일 수 있다. 책장 선반에 웅크리고 앉아 있는 경우 자신의 뒤로 아무도 몰래 다가올 수 없는, 낮잠을 자기에 안전하고 외진 장소를 찾고 있는 것이다. 냉장고 꼭대기에 앉아 있는 것도 좋아하는 일인데, 집안에서 고양이가 닿을 수 있는 가장 높은 곳이기 때문이다.

다묘 가정에서 수직공간은, 고양이들이 확립한 지위를 좀 더 쉽게 유지해줄 수 있기 때문에 평화를 유지하는 데 도움이 되는 역할을 한다. 서열이 높은 고양이는 영역을 감독하기 위한 방법의 일환으로 가장 높은 자리를 요구할 수 있으며, 가장 높은 자리에 앉아 있는 것은 다른 고양이들에게 누가 보스인지 알도록 해주기 때문에 서열을 보여줄 수 있다. 서열이 높은 고양이가 가장 높은 자리에 접근할 수 있다면, 공격이나 싸움을 시도하기보다는 그 상황(가장 높은 자리에 접근할 수 있는)을 이용하는 데 만족할 수 있다. 겁이 많은 고양이의 경우, 사정거리에서 벗어나 누가 주위에 있는지 좀 더 쉽게 관망하기 위해 높은 장소에 올라가는 것을 선호할 수도 있다.

여러 가지 형태의 등반로를 만들어주면 필요로 하는 수직공간의 수준을 높일 수 있으며, 이러한 방식으로 고양이들의 영역을 창조적으로 넓혀줄 수 있을 것이다.

수직공간의 확장

수직공간을 생각할 때 단지 높은 곳에만 초점을 맞춰서는 안 된다. 특히 다묘 가정이라면 높은 장소, 중간 장소, 낮은 장소 등 모든 수준의 수직공간을 고려해야 한다. 서열 순위가 중간이면서 중간 높이의 위치를 더욱 편안하게 느끼는 고양이가 있을 수도 있다. 매우 소심하고 수줍음이 많은 고양이는 낮은 바닥에 은신처를 여러 개 갖는 것을 선호하거나 약간 높은 곳을 좋아할 것이다. 일부 겁이 많은 고양이들은 높은 위치에 올라가는 것을 더욱 안전하게 느낀다. 고양이를 여러 마리 기르고 있든 단 한 마리를 기르고 있든 상관없이, 고양이는 자신의 영역에 이러한 확장성을 갖는 것을 좋아한다는 점을 염두에 두도록 한다. 영역의 확장은 고양이에게 더욱 안전한 장소를 만들어줄 수 있을 뿐만 아니라 운동과 놀이를 위한 많은 옵션들을 제공할 것이다.

캣트리(cat tree)[2]

수직영역을 확장시키는 쉬운 방법 중 하나는 캣트리를 이용하는 것이다. 여러 개의 선반(퍼치)을 갖춘 캣트리는 두 마리 이상의 고양이가 가까운 공간을 서로 공유하도록 할 수 있다. 캣트리를 창가에 배치하면 두세 마리의 고양이가 사회적 서열을 유지하면서 창밖의 전망을 즐길 수 있기 때문에 더욱 효과적이다. 한 마리만 기르는 경우에도 여러 개의 선반을 갖춰주면, 꼭대기에 있는 전망대에 쉽게 올라갈 수 있기 때문에 유용하다. 캣트리는 반려동물용품점, 온라인쇼핑몰에서 쉽게 구매할 수 있다. 다양한 가격대의 상품이 시판되고 있으며, 얼마나 정교하게 제작됐는지에 따라 가격이 달라진다.

    일부 온라인쇼핑몰에서는 선반의 스타일 및 커버 유형뿐만 아니라 구매자가 원하는 높이를 직접 선택할 수 있도록 하고 있다. 캣트리를 구매할 때는 겉모양에 현혹되는

---

[2] 고양이들이 올라가 쉬거나 놀 수 있도록 여러 가지 아이템(선반, 해먹 등)들로 구성해 만든 인공구조물을 말한다. 우리나라에서는 주로 캣타워(cat tower)라는 이름으로 유통돼 고양이보호자들 사이에서 통상적으로 캣타워라 이르고 있는데, 요즘은 캣트리와 캣타워라는 명칭을 혼용하고 있다. 본서에서는 캣트리로 통칭한다.

일이 없도록 주의해야 하며, 고양이에게 가장 중요한 것은 안정성과 편안함이므로 견고한 기반을 가진 캣트리를 선택하는 것이 바람직하다. 고양이가 캣트리 위로 뛰어올랐을 때 기둥이 흔들리거나 넘어지지 않도록 견고해야 하며, 캣트리 위에 올라 낮잠을 자는 데 많은 시간을 보내는 고양이에게는 편안함이 매우 중요하다.

캣트리는 평평한 선반에서 정교한 소형탑에 이르기까지 다양한 아이템으로 구성돼 있다. 가능하면 U자형의 선반을 갖춘 캣트리를 선택하도록 한다. 고양이는 무언가를 뒤로 하고 쉴 수 있을 때 더욱 안전하게 느끼는 경향이 있기 때문에, 선반이 평평하면 사방에 대해 취약하게 느낄 수도 있다. 막혀 있는 탑 유형의 전망대는 고양이가 좋아하는 전망을 명확하게 볼 수 없게 만들며, 너무 작은 경향이 있다. 선반이 정교할수록 캣트리 비용이 높아지는데, 단순하고 U자형 선반을 갖춘 튼튼한 캣트리가 효과적이다.

일부 캣트리는 작은 고양이에게 적합한 선반을 갖추고 있으므로 캣트리를 구매할 때는 고양이의 크기를 고려한다. 체중이 많이 나가는 고양이의 경우, 편안하게 쉬기에 충분한 크기의 선반이 필요하다. 고양이의 성격도 고려해야 한다. 은신처를 선호하는 소심한 고양이에게는 적어도 하나 이상의 파고다 유형 선반 또는 반밀폐된 전망대를 갖춘 캣트리가 이상적이다. 선반의 크기가 고양이의 크기에 적합한지 확인한다.

캣트리를 처음 구매할 때는 다소 비싸다고 생각될 수도 있지만, 좋은 품질의 캣트리는 수명이 매우 길기 때문에 결과적으로는 훨씬 경제적이다. 필자가 보유하고 있는 캣트리는 15년이 넘었지만 여전히 튼튼하고 실용적이다. 캣트리의 또 다른 이점은 동시에 두 가지 기능을 할 수 있다는 점이다. 여러 개의 선반공간이 제공될 뿐만 아니라, 캣트리를 지지하고 있는 기둥은 일반적으로 높고 두꺼워서 매우 효과적인 스크래칭 포스트(scratching post-고양이가 발톱으로 긁을 수 있도록 만들어놓은 나무기둥)가 된다. 어떤 캣트리는 로프로 감싼 기둥을 갖추고 있는데, 매우 이상적인 형태라고 할 수 있다. 보호자가 직접 로프나 사이잘삼(sisal)으로 기둥을 감싸서 사용할 수도 있다.

집안에 개나 어린아이가 있는 경우, 또는 고양이가 손님이 방문했을 때 숨는 경향이 있을 경우, 캣트리는 안전함을 제공해주는 고양이만의 장소가 될 수 있다. 캣트리의 높이가 충분히 높으면 중소형 개는 닿지 않게 되므로 역시 안전하게 이용할 수 있다. 캣트리는 또한 어린아이에게 출입금지구역 역할을 한다. 필자는 아이들이 아주 어렸을 때부터 '고양이가 캣트리에 있을 때는 혼자 있고 싶어 하는 것'이라고 가르쳤다.

FOR ANIMAL'S GOOD LIFE
ADULT CAT'S BEHAVIOR PROBLEM

일단 고양이가 안정감을 느끼기 시작하고, 불안할 때는 캣트리 꼭대기의 선반에 있으면 안전하다는 것을 알고 나면, 침대나 소파 밑으로 숨기보다는 방이나 거실 주위에서 머무는 일이 많아질 것이다. 캣트리는 집안에 있는 나머지 가구들과는 달리 오직 고양이의 냄새만 남아 있다는 점에서 부가적인 안정감을 제공해준다. 집안에 손님이 방문했을 때, 고양이는 캣트리에 조용히 앉아 자신이 안전한 곳에 있다는 사실에 안도감을 느끼면서 방문객을 관찰할 수 있다. 캣트리가 충분히 높은 경우 캣워크(catwalk, 천장 가까이에 설치된 좁은 통로)를 만들어주거나 벽에 선반을 추가해줄 수 있으며, 이렇게 선반을 추가하면 캣트리에서 캣워크까지 쉽게 올라갈 수 있다.

창문전망대(window perch)[3]

캣트리를 마련할 예산이 없거나 공간이 매우 협소한 경우라면, 창문전망대를 고려하는 것도 좋다. 창문전망대가 캣트리만큼 충분한 높이를 제공하지는 못하겠지만, 수직공간을 늘려줄 수 있다. 고양이가 좀 더 편안하게 느낄 수 있도록 선반이 충분히 넓은 것으로 준비해주면 좋다. 여러 가지 스타일의 창문전망대가 시판되고 있으며, 발열소자를 포함하고 있는 것도 있다. 벽에 안전하게 부착할 수 있는 제품을 선택하도록 한다.

두 마리 이상의 고양이를 기르고 있고 창문공간이 충분한 경우, 두 개 이상의 전망대를 설치해서 전망대 하나에 아늑하게 함께 앉거나 각각 하나씩 선택할 수 있는 옵션을 제공하도록 한다. 다묘 가정의 경우 더 많은 선택권을 제공할수록 고양이들 사이에 발생할 수 있는 긴장감은 줄어들게 되며, 이는 스크래처, 화장실, 먹이그릇, 선반 등 집안환경에 있는 다른 많은 요소들에도 적용된다. 고양이들이 서로 공유하기를 원한다면 스스로 선택할 수 있도록 해줘야 한다. 고양이들끼리 사이가 좋은 경우 무언가를 공유하는 것이 그렇게 큰 문제는 아니지만, 긴장감이 형성돼 있거나 한 마리 혹은 그 이상이 행동문제를 겪고 있는 경우에는 옵션을 많이 제공할수록 문제해결에 도움이 된다.

수직공간을 늘리기 위해 보호자가 원하는 대로 창의력을 발휘할 수 있으며, 필요한 예산범위 내에서 작업을 진행할 수 있다. 창문 옆에 두고 사물함용도로 사용하는 테이

---

[3] 원서에서 소개하고 있는 윈도우퍼치는 창문에 부착해 고양이가 창밖의 전망을 관찰하며 낮잠을 즐기는 등 휴식을 취할 수 있는 구조물을 이른다. 우리나라에서는 현재 윈도우베드(window bed), 창문베드, 창문해먹 등 여러 가지 이름으로 시판되고 있다.

블도 창문전망대 역할을 할 수 있다. 원하는 만큼 정교한 것, 또는 기본적인 것을 만들 수 있는데, 가장 중요한 것은 올라가는 영역이 견고하고 안전하며 편안해야 하고, 흥미로운 장소에 위치해야 한다는 것이다. 또 집안에 있는 각각의 고양이들에게 충분히 제공해야 한다. 제한적인 공간에서 방 주위를 둘러 캣워크를 만들고, 벽에 등반로를 설치해 캣워크로 연결되도록 설치한 보호자들을 본 적이 있다. 그렇게까지 창의적일 필요는 없으며, 벽에 일반적인 선반을 설치함으로써 간단하게 여러 개의 전망대를 만들 수 있다. 모든 선반이 편안함을 느끼기에 충분히 넓은지 그리고 안전한지 여부만 확인하면 된다. 선반에는 미끄럼방지를 위해 양탄자 또는 카펫 등을 씌우도록 한다.

특히 다묘 가정의 경우는 중간 수준의 수직영역을 사용할 수 있도록 만들어주는 것이 좋다. 바닥과 떨어졌지만 상단의 전망대만큼은 높지 않은 위치, 또는 아늑한 장소가 있는지 확인해서 이 작업을 실행하도록 한다. 캣트리를 소유하고 있다면, 중간 수준의 수직영역은 창문전망대가 될 수도 있고, 혹은 고양이가 가구 위에 오르는 것을 허용하는 경우 소파 또는 의자 뒤의 공간이 될 수도 있다.

가구 위에 오르는 것을 허용하지 않는다면, 허용되는 중간 수준의 수직공간을 만들어줘야 한다. 수직공간은 한 곳에 한정돼서는 안 되며, 집안의 모든 공간을 수정할 필요는 없지만 고양이가 시간을 보내는 장소에는 더 많은 수직공간들이 갖춰져 있어야 한다. 거실에 캣트리가 있다면, 집안의 다른 영역에 몇 개의 창문전망대를 설치할 수 있다. 현재 겪고 있는 행동문제가 많을수록, 특히 그것이 여러 마리의 고양이와 관련된 행동문제인 경우 훨씬 더 많은 수직공간이 필요하다.

03
은신처 및 기타 환경에 대한 점검

고양이가 느끼는 환경적 매력을 극대화시키기 위해서는, '고양이는 자신이 원치 않는 관심을 끌지 않고 방을 탐색할 수 있도록, 보이지 않거나 또는 안전한 영역이 될 수 있는 곳을 원한다'는 점도 고려해야 한다.

| 보안영역이 되는 은신처

아늑하고 작은 은신처는 고양이가 낮잠을 즐기기에 아주 좋은 장소이며, 은신처가 편안하고 안전하다면 침대 밑에 숨어들 필요성을 느끼지 않게 된다. 소심한 고양이의 사회화 훈련을 위해 집안의 주요 부분으로 좀 더 자주 나오게 하는 것을 원한다면, 고양이에게 안전한 옵션을 만들어주는 것부터 실천해야 한다.

고양이가 은신처를 선호하는 유형이라면, 구석에 있는 의자 뒤나 선반 위 또는 안전하다고 느낄 수 있는 특정 장소에 A자형 구조물이나 반밀폐형 침대를 비치해주도록 한다. 침대를 배치할 때는 갇혀 있는 느낌이 들지 않도록 쉽게 드나들 수 있어야 한다는 점에 유의한다. 반려동물용품점에서 반밀폐형 고양이침대를 쉽게 구할 수 있으며, 종이가방과 수건을 이용해서 간단하게 직접 만들 수도 있다. 종이가방의 입구를 벌려 모양을 잡을 수 있도록 가장자리 주위를 몇 번 접어준 다음, 옆으로 눕히고 수건을 덧대주면 훌륭한 은신처가 된다. 골판지상자를 이용해도 좋다.

탈출구 역할의 터널

터널은 소심하거나 서열이 낮은 고양이에게 낮은 수준의 탈출로를 만들어줄 수 있는 좋은 옵션이며, 모든 고양이들에게 재미와 흥미를 느끼게 하는 아이템이다. 고양이가 중앙보다는 방 주변을 따라 오가는 경향이 있다면, 이는 위협을 느끼고 있기 때문일 수도 있고, 혹은 다묘 가정의 경우 서열이 낮기 때문일 수도 있다. 서열이 높은 고양이는 중앙 공간을 차지하는 경향이 있고, 서열이 낮은 고양이는 주변을 따라 이동하는 것을 더 편안하게 느끼는 경향이 있다. 심지어 지금 있는 곳에서 다른 곳으로 옮겨갈 때도 가구 뒤쪽을 통해 몰래 이동하는 것을 볼 수 있다. 이 경우 더 많은 옵션을 제공해준다면, 불안감 및 다른 고양이들에 의한 대립 가능성을 줄여줄 수 있다.

고양이터널은 반려동물용품점이나 온라인쇼핑몰에서 쉽게 구할 수 있다. 보호자가 원하는 길이로 조립할 수 있도록 조각으로 따로따로 판매되는 것, 또는 모서리를 꼬불꼬불하게 구부러지도록 만들 수 있는 것 등 다양한 스타일의 제품이 시판되고 있으므로 적당한 것을 구입하도록 한다. 터널을 직접 만들 때는 견고한 골판지나 PVC를 이용해 본체를 만들고, 천이나 카펫으로 감싸주면 간단하게 완성된다. 폭이 좁은 상자나 종이가방을 연결해서 기본적인 터널을 만들 수도 있다. 종이가방의 모양이 흐트러지지 않게 고정시키려면 가방 안쪽에 스티로폼(또는 다른 적당한 것)을 덧댄 다음, 이를 접착하거나 상단과 내부에 벨크로(velcro, 일명 찍찍이)를 부착하면 된다.

터널을 직접 만들 경우 터널 중간에 탈출구를 뚫어주는 것을 잊지 않도록 한다. 고양이가 터널 안에서 안전하지 않다고 느꼈을 때, 또는 두 마리가 각각 반대방향에서 동시에 터널로 들어가는 경우 어느 쪽이든 밖으로 나갈 수 있는 탈출구를 제공해야 한다. 거듭 말하지만, 고양이를 위해 만들어주는 옵션이 많으면 많을수록, 보호자가 원치 않는 행동이 발생할 가능성은 줄어들게 된다는 점을 명심하도록 한다.

주변으로 오가는 고양이를 위해서는 터널을 가구 뒤에 배치해주면 좋다. 벽에서 앞으로 약간만 소파를 당겨 뒤쪽으로 터널을 넣어주면, 다른 고양이에게 들키지 않고 안전하게 지낼 수 있을 것이다. 이동할 수 없는 가구(대형가구 또는 붙박이가구) 앞에 터널을 배치할 수도 있는데, 이는 소심한 고양이에게 행동교정프로그램을 시행할 때 일시적인 옵션이 될 수 있다. 고양이가 좀 더 안전하다고 느끼게 됨에 따라 가족들에게 불편한 터널을 제거할 수 있을 것이다. 그러나 필요한 경우 방안 어딘가에 재배치할 수 있기 때문에 고양이는 항상 터널을 사용할 수 있는 옵션을 가지고 있게 된다.

| 스크래칭 및 등반을 위한 옵션

스크래칭과 등반 두 가지는 고양이의 일상생활에 있어서 필수적인 부분이다. 고양이는 발톱관리, 근육 스트레칭 그리고 정서적 해소를 위해 스크래칭 행위가 꼭 필요하며, 높은 곳을 좋아하는 습성 때문에 등반활동 또한 필요하다. 가구를 긁어대는 문제로 골치를 앓고 있는 경우, 혹은 금지된 구역에 올라가는 것으로 고민하고 있는 경우, 이 문제를 해결할 수 있는 방법은 이러한 행동을 허용하는 적절한 옵션을 제공해주는 것이다. 고양이의 입장에서 자연스럽고 일반적인 행동을 보호자가 거부하려 한다면, 스스로 행동문제를 유발하는 데 일조하는 셈이 된다는 점을 명심하기 바란다.

여러분과 여러분의 고양이가 수용할 수 있는 장소로 행동을 전환시키는 것은 매우 쉽다. 위에서 설명한 바와 같이, 등반활동은 캣트리 그리고 접근 가능한 높은 영역을 제공함으로써 해결할 수 있고, 스크래칭 문제는 흥미로운 스크래처를 설치해주면 된다. 고양이를 허용 가능한 장소로 전환시키는 억지력을 만드는 데 도움이 필요하다면, 제6장의 가구 스크래칭 섹션에서 세부적인 정보를 참고하도록 한다. 조리대와 같이 금지된 영역에서 허용 가능한 영역으로 전환시키는 데 도움이 필요하면, 제4장을 참고한다.

| 행동문제의 기본, 화장실환경

고양이의 주거영역에서 환경적 문제가 가장 많이 발생하는 곳이 어디인지 알고 싶다면, 멀리 볼 필요도 없이 일반적으로 화장실을 살펴보면 된다. 환경이 고양이에게 얼마나 흥미로운지를 평가하기 위해 집안을 둘러보면서, 화장실 세팅을 자세하게 살펴볼 필요가 있다. 화장실은 고양이세계에서 매우 중요한 부분이며, 안전하고 매력적인 화장실을 갖춰주지 않으면 행동문제 측면에서 도미노현상이 발생할 수 있다. 화장실을 유지 관리하는 문제는 고양이와 함께하는 삶에 있어서 별로 즐거운 부분이 아닐 수도 있지만, 어떠한 식으로든 이를 무시한다면 고양이에게 고통을 주게 된다.

| 먹이급여장소의 점검

먹이와 관련된 행동문제를 보이는 경우, 혹은 다묘 가정인 경우, 약간의 환경수정이 필요할 수도 있다. 환경수정의 범위는 고양이에게 먹이를 주는 장소부터 사용되는 식기에 이르기까지 다양할 수 있으며, 때때로 아주 작은 조정이 큰 차이를 가져올 수 있다는 것은 놀라운 일이다. 창의적인 먹이급여장소 세팅을 위한 아이디어와 식사시간과 관련한 문제에 대한 세부적인 해결방안은 제7장을 참고한다.

| 취침공간과 관련한 문제

어떤 보호자들에게는 취침시간이 '고양이와의 유대관계를 강화시키고, 함께 휴식을 취하는 시간'일 수도 있고, 또 어떤 보호자들에게는 '누가 침대에서 잠을 자게 되는가'라는 영역다툼의 시간일 수도 있다. 또한, 거듭되는 기상과 야간소음, 고양이 간 싸움의 시간이 될 수도 있다. 환경적인 관점에서 보면, 고양이의 성격에 맞춰 만족스러운 야간환경을 조성해줄 필요가 있다. 야간에 수면방해가 있었다면, 그러한 행동을 유발하는 요인이 무엇인지 살펴서 재훈련을 위한 효과적인 옵션을 만들 수 있다.

예를 들어, 다묘 가정에서 두 마리가 침대를 서로 먼저 차지하기 위해 다툰다면, 그들 중 한 마리에게 매력적인 두 번째 취침장소를 만들어줄 필요가 있다. 침실에 여유공간이 있다면 캣트리를 설치하거나, 또는 창문전망대를 설치함으로써 이 문제를 해결할 수 있다. 대부분의 고양이들이 따뜻한 침대를 좋아하므로 발열 또는 온열식 고양이침대를 마련해주는 것도 괜찮다(보통의 히팅 패드는 사용하지 않도록 한다). 겨울철에 이러한 특정 행동문제를 겪는 경우, 온열고양이침대는 탁월한 선택이 될 수도 있다.

고양이가 보호자의 취침시간에 침대에 올라오는 것 자체가 고민인 경우, 방문을 잠가버리는 대신 집안의 다른 영역에 고양이만의 흥미로운 영역을 만들어주도록 한다. 앞서 언급했듯이 이 부분은 캣트리가 많은 도움이 될 수 있다. 일단 고양이에게 매력적인 옵션을 만들어주는 것이 좋고, 재훈련을 시행할 때는 일관성을 유지하는 것이 매우 중요하다. 평일 야간에 고양이가 침대에 오르는 것을 허용하지 않는다면, 주말이나 휴일에도 이를 허용해서는 안 된다.

03

고양이집 꾸미기
환경풍부화

지금까지 행동문제에 영향을 미칠 수 있는, 고양이의 현재 환경에서 부족할 수도 있는 것에 대해 대략적으로 살펴봤다. 이제 에머릴(Emeril Lagasse, 미국의 스타 셰프)이 말하는 것처럼, '한 단계 수준을 높여서(let's kick it up a notch) [4]' 누가 봐도 매력적으로 보일 수 있는 자극이 풍부한 환경을 만들어보자. 고양이집을 꾸밀 때는 보호자가 원하는 만큼 야생의 분위기를 추구하거나, 단순하고 기본적인 것에 중점을 둘 수도 있다.

솜씨가 좋다면 구성요소들 중 일부를 자신이 직접 만들 수도 있다. 고양이에게 더욱 흥미로운 삶을 만들어주기 위해 특별히 예산을 낭비할 필요는 없으며, 창의력을 약간만 발휘하면 간단한 물건을 고양이장난감 또는 가구로 쉽게 바꿀 수 있다. 두꺼운 수건을 덧댄 골판지상자는 비싼 고양이침대만큼이나 훌륭한 역할을 할 수 있는데, 고양이에게는 그 차이를 못 느끼게 하면서 보호자는 예산을 절약할 수 있는 좋은 방법이다.

고양이집을 꾸미는 궁극적인 목적은, 이웃 사람들이 "저 사람 정신이 나갔나" 생각할 정도로 여러분의 집을 과도하게 바꾸는 것이 아니라, 고양이와 가족구성원들 모두에게 효과가 있는 고양이친화적 환경을 조성하는 것이라는 점을 기억하기 바란다. 앞으로 설명할 내용에서 브랜드명을 직접적으로 언급한 부분이 있는데(국내에서 시판되지 않

---

4 'let's kick it up a notch'라는 말은 미국에서 매우 인기가 높은 스타 셰프, 에머릴이 그의 요리쇼 프로그램에서 많이 사용한 것으로 유명하다. 사전적인 의미로는 '톱니바퀴를 한 칸 더 올리자, 감아서 톱니바퀴 한 칸을 더 보내자'는 뜻이며, 일반적인 레시피에 자신만의 비법을 더해 풍미를 좀 더 향상시켜보자는 의미로 사용되고 있다.

는 제품이라도 그대로 옮긴다), 이렇게 언급하는 이유는 필자가 개인적으로 경험하고 효과를 봤던 것들이기 때문이다. 필자가 컨설팅한 보호자들도 이러한 제품들을 사용해 좋은 결과를 얻었다. 기왕 예산을 사용할 예정이라면, 처음부터 권장되는 제품을 구매하는 것이 좋은 방법이다. 자신의 상황에 더욱 효과적인 제품들을 찾아서 구매할 수도 있다.

여기서 언급하고 있는 모든 것들을 구입해서 예산을 낭비할 필요는 없으며, 여러분이 직접 제작한 것과 한두 가지 제품을 조합하면 고양이에게 필요한 것이 될 수 있다. 예산의 제한, 자신의 창의적인 기술, 환경이 어떻게 세팅돼 있는지는 오직 여러분만 알고 있으므로 쓸데없는 것에 예산을 낭비하지 않기를 바란다. 현재 진행 중인 행동문제를 교정하고 미래에 발생 가능한 행동문제를 예방하기 위해 고양이가 필요로 하는 것을 제공하도록 한다. 실외환경의 모든 좋은 점들을 포함하고 있는 실내환경을 만들어주기 위해서는 선반(혹은 전망대)을 비롯해 등반, 수면, 식사, 놀이를 위한 장소가 필요하고, 여기에 몇 가지 자극적인 요소들을 추가할 필요가 있다.

| 등반로 및 전망대의 설치

등반 및 선반 좌정을 위한 환경을 고려할 때, 캣트리는 고양이가 야생에서 사용하는 자연의 나무를 모방하는 데 이상적인 아이템이다. 캣트리를 보유하고 있지만 어디에 배치해야 할지 모르겠다면, 흥미로운 전망이 보이는 창가에 두는 것이 좋으며, 새가 드나드는 뒷마당이 보이는 곳도 좋은 장소다. 좀 더 자극적인 환경을 만들어주고 싶다면, 고양이가 즐겁게 관찰할 수 있도록 창밖에 조류먹이통을 설치해본다. 이때 조류먹이통이 실외를 돌아다니는 다른 고양이들을 끌어들임으로써 이를 지켜보는 실내고양이에게 스트레스를 유발할 수 있다는 점을 명심해야 한다. 고양이가 이웃집 풍경을 지켜보는 것을 좋아한다면, 창의 전면 가까이에 캣트리를 배치한다.

캣트리를 배치할 때는 고양이의 성격을 고려하는 것이 좋다. 고양이가 매우 소심하고 겁이 많으면 조용한 창가에 배치해야 하며, 일부 경우에는 창에서 멀리 떨어진 곳에 배치해야 할 수도 있다. 햇빛 아래서 낮잠 자는 것을 좋아하는 노묘의 경우, 햇볕이 잘 내리쬐는 장소를 선택하되, 창문에서 외풍이 유입되지는 않는지 확인해야 한다. 고양이의 기질에 대한 여러분의 지식을 잘 활용해서 이상적인 장소를 찾도록 한다.

두 마리 이상의 고양이를 기르고 있다면 두 개의 조류먹이통을 각각 다른 장소에 설치하고 한쪽 창가에는 캣트리를, 다른 쪽 창가에는 전망대(또는 창문전망대)를 배치한다. 이 방법은 고양이들 사이에 긴장감이 돌거나 한 마리가 특정 장소만 고집할 경우, 다른 고양이에게 여전히 조류 관찰을 즐길 수 있는 기회를 제공하는 방법이다.

외양과 크기 등이 집안의 인테리어를 해친다는 생각에 캣트리에 그다지 관심을 두지 않은 경우, 사람의 눈에 매력적으로 보이게끔 제작된 인테리어용 캣트리(fancy tree)를 찾아볼 수 있다. 이러한 캣트리는 초록색 가지, 짙은 갈색 줄기, 잔디색깔의 밑바닥 등 좀 더 실제 나무처럼 보이게 하는 컬러 카펫으로 덮여 있다. 그러나 이러한 캣트리가 안고 있는 문제점은 일반적으로 고양이들이 스크래칭을 하는 데는 적합하지 않다는 점이다. 고양이가 사용하기에 불편함이 없을 정도로 각각의 선반이 충분히 넓고 또 고양이가 편안할 것이라고 생각된다면 전망대로서 훌륭한 기능을 하겠지만, 이때도 여전히 스크래처를 갖추는 것이 필요하다. 미관상 매력 있는 캣트리를 만들기 위해 과도한 예산을 사용하는 것보다는, 앞서 언급했듯이 고양이가 필요로 하는 부분을 충족시키는 캣트리를 갖추는 것이 보다 효율적이다. 견고한 기본 캣트리는 또한 인간의 눈을 즐겁게 하기 위해 화려하게 만든 캣트리에 비해 저렴하다는 장점이 있다.

기본 캣트리의 외양이 마음에 안 든다면, 앞쪽에 자귀나무를 배치하거나 주변에 다양한 높이의 화초를 약간 배치해주면 좋다. 대부분의 고양이는 화초 잎을 씹어 먹는 것을 즐기는 경향이 있으므로 살아 있는 식물은 사용하지 않도록 한다. 자귀나무는 고양이에게 안전한 식물이며, 캣트리를 위장한다는 이점 외에도 캣트리 주변을 둘러싸고 있는 공간 속에서 고양이가 좀 더 숨겨진 느낌을 갖게 만들 수도 있다. 자귀나무를 배치하는 것은 소심한 고양이에게도 유용하다. 필자는 길고양이 두 마리를 구조해 집으로 데려온 적이 있는데, 그들이 좀 더 보호받고 덜 노출돼 있다고 느낄 수 있도록 도움을 주기 위해 캣트리 주변에 자귀나무를 배치했었다.

캣트리뿐만 아니라 단지 먼지만 쌓이는 비효과적인 스크래처를 사이잘 또는 로프를 감은 스크래처로 교체하도록 한다. 수평 스크래칭의 즐거움을 더해주기 위해 주변에 골판지 스크래처를 두 개 정도 배치한다. 스크래처에 대한 세부적인 내용은 제6장을 참고한다. 크라운 몰딩(crown molding, 돌림대, 천장과 벽이 접하는 부분에 부착하는 치장 부재) 또는 기타 복잡한 건축장식물이 없는 방이 있다면, 방 주변의 일부 또는 전체로 통하는 캣워크를 만드는 것을 고려해본다. 대다수의 고양이보호자에게 캣워크는 정도가 지나친 구조물일 수 있지만, 고양이를 위해 무언가 재미있고 색다른 것을 만들어주고 싶다면 공간을 증가시키기 위한 좋은 방법이 될 수 있다. 캣워크로 이어지도록 벽에 지그재그로 선반을 부착하거나 고양이 크기의 계단을 만들어준다. 다묘 가정에서는 다른 고양이에 의해 코너에 몰리지 않도록 적어도 두 개 면에 캣워크 또는 선반을 설치한다.

행동문제 해결에 도움이 될 수 있도록 집안의 다양한 영역에 선반을 배치할 수 있다. 예를 들어, 보호자가 집안 작업실에서 업무를 보는 동안 고양이가 컴퓨터 모니터 앞을 어슬렁거리거나 책상 위에서 시간을 보내는 것을 좋아한다면, 모니터 위쪽 벽에 패드를 댄 선반을 설치할 수 있다. 또한, 모니터 위쪽으로 작은 공간박스를 적절하게 설치하고 내부에 부드러운 양털을 깔아주는 것도 좋은 방법이다.

| 사냥본능을 자극하는 환경

고양이에게 실외환경이 매력적으로 보이게 만드는 주요한 요소는 자극이다. 야생에서 고양이는 하루 종일 사냥을 할 수 있는 기회가 수없이 많을 것이다. 실내에서 생활하는 고양이는 상대적으로 사냥기회나 자극적인 활동이 부족하고, 따라서 쉽게 지루함을 느낄 수 있기 때문에 실내환경에 이러한 자극을 만들어주는 것이 중요하다. 고양이에게 살아 있는 쥐를 제공할 필요는 없지만, 모의사냥시간을 제공해서 놀라운 사냥감각을 사용하고 유연한 신체를 단련할 수 있도록 해줘야 한다. 사냥을 위한 이러한 기회들은 상호교감놀이와 단독놀이의 두 가지 형태로 제공할 수 있다.

상호교감놀이는 보호자가 움직임을 통제하는 장난감(낚싯대 유형의 장난감을 비롯한 다양한 유형의 장난감)을 사용하는 활동이 포함되며, 단독놀이는 고양이가 통제하는 장난감 및 기타 활동을 포함한다. 놀이유형에 대한 자세한 내용은 제3장을 참고하도록 한다. 놀이시간은 고양이가 자신의 환경을 좀 더 즐길 수 있도록 하는 데 큰 도움이 된다. 올바른 놀이유형은, 실외생활을 하는 고양이에게 실내생활에 익숙해질 수 있도록 도움을 주려 하든, 두 마리의 고양이가 서로에 대해 더욱 관대해지도록 도움을 주려 하든 상관없이, 행동교정에 유용한 도구가 될 수 있을 것이다.

| 흥미를 돋우는 먹이급여방법

먹이급여장소에도 자극과 흥미를 줄 수 있도록 한다. 한 장소에서만 먹이를 급여하는 것보다는, 고양이가 먹이를 찾아다닐 수 있도록 작은 그릇에 건조사료를 담아 활동영역 주변에 숨겨두는 것도 좋은 방법이다. 플레이앤트리트볼(Play-N-Treat ball)과 같은 퍼즐피더(puzzle feeders)[5]를 사용해서 식사시간에 흥미를 더해줄 수도 있다.

플레이앤트리트볼은 한쪽 면에 구멍이 있는, 속이 빈 공이다. 공 안에 건조사료를 절반 정도 채워 제공하면, 고양이가 공을 굴리면서 먹이가 주기적으로 떨어지게 된다. 이러한 퍼즐피더는 개가 없는 가정에서만 사용하는 것이 좋다. 퍼즐피더로 사용될 수 있는 또 다른 제품은 픽어프라이즈(Peek-a-Prize)가 있다. 픽어프라이즈는 고양이의 발 크기만한 여러 개의 구멍을 전략적으로 배치한 나무상자로 매우 훌륭한 제품이다. 일반적으로 상자 안에는 발에 닿을 수 있도록 장난감을 넣지만, 건조사료를 넣어 퍼즐피더처럼 사용할 수 있다. 키티콩(Kitty Kong)도 퍼즐피더로 사용할 수 있으며, 특히 고양이가 플레이앤트리트볼을 다루는 데 재간이 없는 경우 유용하다. 키티콩은 한쪽 면이 개방돼 있어 건조사료를 몇 알 넣으면 즉각적이고 손쉬운 퍼즐피더를 만들 수 있다.

보호자가 직접 퍼즐피더를 제작할 수도 있다. 견고한 골판지상자를 준비해서 모든 면에 고양이 발 크기의 구멍을 여러 개 만든 다음, 뚜껑을 닫아 테이프를 붙인다. 상자 안에 건조사료를 몇 알 넣어 고양이에게 던져주면, 먹이를 얻기 위해 발로 꺼내려 할 것이다. 또한, 두루마리화장지나 종이타월에 삽입된 둥근 골판지 중앙에 구멍을 뚫어서 퍼즐피더를 만들 수도 있다. 종이를 잘라 두 개의 원을 만든 다음, 양끝에 단단하게 붙이고 그 안에 건조사료를 넣는다. 직접 만든 퍼즐피더를 고양이에게 제공하기 전에 쉽게 구르는지, 장난감이 움직일 때 바닥이나 카펫 위에 건조사료가 쉽게 떨어질 정도로 구멍이 충분히 크게 만들어졌는지 테스트를 하도록 한다.

고양이가 종이를 씹어댄다면 플레이앤트리트볼과 픽어프라이즈 또는 키티콩을 사용하고, 그렇지 않은 경우 직접 만든 퍼즐피더를 이용하면 자극과 활동을 증가시킬 수

---

5 먹이통에 구멍을 내고 그 안에 건조사료나 간식을 넣어, 고양이가 이것을 굴리면서 먹이를 꺼내 먹으며 놀 수 있도록 제조된 먹이공급기

있는 훌륭하고 저렴한 방법이 된다. 자신만의 아이디어를 이용해 퍼즐피더를 만들 수도 있으며, 단지 고양이에게 안전한지 여부와 좌절감을 주지 않는지만 확인하면 된다. 퍼즐피더가 고양이에게 도전에 대한 자극을 줘야 하지만, 불안감을 유발해서는 안 된다. 식사시간문제를 해결하는 방법에 대한 보다 자세한 내용은 제7장에서 설명된다.

| 고양이용 식물과 분수식 급수대

고양이에게 있어서 실외생활의 또 다른 재미있는 부분은 풀들을 우적우적 씹어 먹을 수 있다는 점이다. 대다수의 실내고양이들은 화초를 씹어 먹으려는 욕망을 가지고 있으며 결국 집안에 있는 식물을 씹게 되는데, 이는 매우 위험하므로 고양이용 풀을 길러 제공하는 것이 바람직하다. 반려동물용품점에서 키트를 구매할 수도 있고 귀리, 호밀 또는 밀잔디를 이용해 자신만의 키트를 직접 만들 수도 있다. 고양이가 즐길 수 있는 신선한 풀밭을 만들어보자. 이에 대한 세부적인 내용은 제4장을 참고한다.

많은 고양이들이 흐르는 물의 소리와 그 광경을 좋아한다. 흐르는 물은 놀이를 할 수 있는 기회를 제공하며, 상대적으로 산소가 풍부하기 때문에 고양이가 먹기에 좀 더 좋을 수 있다. 일반적인 물그릇뿐만 아니라 분수식 식수대를 갖추는 것도 괜찮은 방법이다. 몇몇 업체에서 분수식 식수대를 생산하고 있으며, 반려동물용품점이나 온라인쇼핑몰에서 쉽게 구입할 수 있다. 건조사료를 먹는 고양이와 노묘 또는 만성신부전, 하부요로질환, 신장염, 당뇨와 같은 질병이 있는 고양이들은 물을 더 많이 섭취해야 하는데, 분수식 식수대는 실제로 물 섭취량을 증가시킬 수 있기 때문에 유용한 제품이다.

| 오락용 고양이DVD의 활용

텔레비전이 고양이에게 오락자원이 될 수 있으며, 환경적 자극을 추가하기 위해 고양이가 흥미를 가질 수 있도록 제작된 DVD와 비디오를 활용할 수 있다. 이러한 DVD는 생쥐, 물고기, 새, 곤충 등의 먹잇감을 보여주며, 고양이의 감각에 더욱 어필하기 위해 현실적인 소리들을 포함하고 있다. 모든 고양이들이 고양이용 DVD에 흥미를 느끼는 것은 아니지만, 많은 경우 이런 유형의 DVD를 즐기는 편이다. 필자의 친구인 프랭크 비엘렉(Frank Bielec), 루 만프레디니(Lou Manfredini)와 필자가 설계한 '쾌활한 고양이 거주공간(Friskies Cat Habitat)'에서 우리는 캣트리 선반 바로 가까이에 작은 TV 화면을 설치했고, 고양이들은 선반에 앉아서 자신들만의 TV를 보며 즐겼다.

여러분은 그렇게까지 정교하게 생각할 필요는 없으며, 가끔 한 번씩 DVD를 보여주는 것만으로도 자극을 증가시킬 수 있다. 필자가 컨설팅한 보호자의 고양이들 중 대다수가 선호하는 것으로 보이는 DVD는 '비디오 캣닢(Video Catnip)'이지만, 이외에도 여러 가지 브랜드들이 있으므로 적절하게 선택하도록 한다. 보호자가 직장에 나가고 고양이가 집에 홀로 남아 있을 동안 DVD가 작동하도록 시간을 설정해주면 된다.

| 재미와 휴식을 주는 터널 및 자루

고양이의 성격이 소심하지 않아서 굳이 터널을 사용할 필요를 느끼지 않는다면, 재미를 제공해주는 용도로 사용해도 좋다. 바닥에 옆면이 부드러운 터널을 배치해서 모서리 주위를 꾸불꾸불하게 하고, 안쪽에 장난감이나 간식을 숨겨놓도록 한다. 종이가방으로 터널을 만들고, 반짝이는 공이나 캣닢을 넣은 쥐 같은 장난감을 안쪽에 숨겨주는 것도 좋다. 접착제나 벨크로를 사용해 내부 상단과 옆면에 스티로폼을 덧대면 단단하고 견고하게 만들 수 있다. 터널을 제공할 때는 흥미를 유지하기 위해 터널의 위치를 자주 바꿔주는 것이 좋다. 반려동물용품점이나 온라인쇼핑몰에서 옆면이 부드러운 터널을 구입할 수 있으며, 고양이가 모서리를 휘감고 탐험하며 재미있게 놀 수 있는 기회를 많이 제공할 수 있도록 터널의 길이를 길게 만들어주면 좋다.

터널 외에도 고양이자루는 매우 재미있고 편안한 은신처를 제공한다. 고양이자루는 단순한 종이가방을 이용해서 만들 수도 있다. 가방을 열고, 견고함을 증가시키기 위해 모서리 주변을 접어 올린 다음 옆으로 눕히고 수건을 덧댄다. 은신처로 사용하려면 다양한 수준의 종이가방을 구석에 여러 개 배치하도록 한다. 고양이가 낮은 곳에서 잠자는 것을 좋아하지 않는 한, 자루를 바닥에 두는 것은 피하도록 한다. 대부분의 고양이는 지면에서 떨어져 잠자는 것을 더 편안하게 느끼는 경향이 있다. 가방을 놀이용 고양이자루처럼 사용하려면, 수건을 치우고 그곳에 탁구공이나 기타 작은 장난감을 넣어서 고양이가 하루를 시작할 때 발견할 수 있도록 개방된 곳에 배치한다.

— MEMO 비닐봉투의 위험성 —

비닐봉투를 고양이의 장난감이나 은신처로 사용하는 경우, 고양이가 비닐 손잡이에 얽혀서 질식할 수도 있으므로 가급적이면 피하는 것이 바람직하다. 또한, 어떤 고양이들은 비닐을 씹어 먹을 수 있으며, 이는 심각한 위험을 초래할 수 있다. 종이가방만 사용하되, 손잡이가 없는지 확인하도록 한다. 손잡이가 있는 쇼핑가방을 사용하려면, 먼저 손잡이를 잘라내고 사용하는 것이 좋다.

상자는 고양이에게 좋은 장난감이므로 택배상자를 받았을 때 고양이가 즐길 수 있도록 며칠 동안은 상자를 버리지 말고 그대로 두면 좋다. 구멍을 몇 개 뚫어서 거꾸로 뒤집어 놓으면 은신처로 사용하기도 한다. 고양이가 발로 치며 놀 수 있도록 주위에 공이나 장난감을 던져주는 것도 좋은 방법이다.

| 환경조성과 안전성

고양이는 높은 곳에 올라가고 탐험하는 것을 좋아하기 때문에 가끔 꽃병이나 그림이 바닥으로 떨어지는 사고가 일어날 수도 있다. 일단 고양이에게 허용된 높은 영역을 더 많이 만들어주면, 침실 옷장이나 기타 가구 등에 올라가서 보내는 시간을 줄일 수 있을 것이다. 허용되는 영역과 허용되지 않는 영역을 인지하도록 가르치기 위해 제4장에서 설명하는 지침에 따라 훈련기법을 사용할 수 있다. 또한, 귀중한 물건을 보호하기 위해서뿐만 아니라 고양이의 안전을 위해서도, 고양이가 닿을 수 있는 장소에 깨지기 쉬운 물건들을 두지 않도록 해야 한다. 고양이친화적 환경을 조성할 때는 항상 안전을 염두에 둬야 하며, 깨질 수 있는 물건들을 어쩔 수 없이 진열해야 할 경우 밀랍으로 고정시키면 효율적이다. 상단이 무겁고 엎어질 수 있는 물건은, 고양이가 뒤쪽으로 들어가 밀어내는 일을 방지하기 위해 벽에 바짝 붙어 있는 테이블 위에 올려두도록 한다.

한편, 고양이가 매달리지 않도록 전기코드를 안전하게 고정시켜야 한다. 성묘의 경우 이와 관련한 행동교정의 단계를 넘어섰다고 생각할 수도 있지만, 환경개선을 진행하는 동안 코드가 가구 뒤쪽에 확실하게 밀어 넣어져 있는지, 또는 코드 커버를 이용해 걸레받이(baseboard)[6]에 확실하게 고정시켜뒀는지 확인해야 한다.

---

[6] 받침목이라고도 하며, 바닥과 벽의 마무리를 위해 벽면 하부와 바닥이 접한 부분에 일정한 넓이로 설치한 판을 이른다. 목재나 인조석, 판석, 타일 등을 사용하는데, 벽면의 손상방지가 주목적이지만 장식효과도 있다.

새끼고양이였을 때도 전기코드에 전혀 관심을 보이지 않았던 12살짜리 고양이의 보호자를 컨설팅한 적이 있는데, 그 보호자는 고양이가 성묘가 된 후에도 전선에 접촉하지 않도록 감독했다. 어느 날, 고양이가 방에서 장난감 쥐를 튕기며 놀다가 보호자의 컴퓨터 책상 뒤에 있는 수많은 전기코드에 엉키게 됐고, 고양이는 장난감 쥐를 잡기 위해 전선 중 하나를 씹었다. 다행히 그 고양이는 약간의 부상만 입은 채 살아남았고, 보호자는 그때부터 모든 전선이 고정돼 있는지 확인하는 습관이 들었다고 한다.

집안을 세심하게 둘러보고 매달려 있는 전선, 열려 있는 쓰레기통, 유해한 화학물질, 찢어진 방충망 등과 같이 잠재적인 위험을 초래할 수 있는 요소들을 안전하게 정리한다. 또한, 집안의 공기도 고양이집 꾸미기에 있어서 고려해야 할 사항이다. 고양이는 사람과 마찬가지로 알레르기가 있을 수 있으며, 함께 사는 보호자가 흡연을 하는 경우 간접흡연에 취약해질 수 있다. 실내공기청정기는 그러한 위험을 완전히 제거하지는 못하겠지만, 공기를 어느 정도 깨끗하게 유지하는 데 도움이 될 것이다. 공기청정스프레이는 고양이의 호흡기시스템에 영향을 미칠 수도 있으므로 사용을 제한하도록 한다.

| 편안함을 주는 친숙함 만들기

비록 여러분이 자극적이고 재미있는 환경을 만들기 위해 최선을 다했다 하더라도, 고양이는 여전히 편안함과 친숙함을 필요로 한다. 고양이는 자신의 집에서 갑자기 낯선 고양이 냄새가 난다든지, 친숙한 물체가 갑자기 사라진다든지, 잠재적으로 위협적인 물건이 나타난다든지 하는 일이 벌어지지 않으리라는 사실을 알면 편안함을 느낀다.

고양이가 자신의 영역에서 자신의 것으로, 또는 자신이 익숙한 것으로 물건을 식별할 수 있도록 하는 데 도움이 되는 방법은 냄새를 사용하는 것이다. 고양이는 종종 자신의 안면페로몬을 남기기 위해 물건에 얼굴을 문지르는데, 페로몬은 고양이에 대한 정보를 포함하고 있는 냄새화학물질이며 안면페로몬은 '친숙한' 페로몬이다. 고양이는 자신이 편안하게 느끼는 영역에 안면을 문지르는 경향이 있으므로 이를 이용하면 고양이의 환경에 보다 편안한 친숙함을 만들어주는 데 도움이 될 것이다.

방법은 두 가지가 있다. 첫째, 고양이 안면페로몬의 합성물질을 포함하고 있는 펠리웨이(Feliway)를 이용하는 것이다. 펠리웨이는 원래 소변마킹 문제가 있는 경우에 사용할 수 있도록 개발된 것으로, 고양이가 안면마킹을 한 곳에는 소변스프레이를 하지 않는 경향이 있다는 점을 이용한 제품이다. 펠리웨이를 뿌려주면 고양이가 집안에 있는 낯선 물건에 좀 더 빨리 편안함을 느낄 수 있도록 하는 데 도움이 된다. 펠리웨이는 새집으로 이사를 해서 고양이에게 모든 것이 낯설 때 종종 사용되거나, 집안에 새 가구를 들여놨을 때도 유용하게 사용된다. 집안에서 고양이가 불편하게 느낀다고 생각되는 영역(현관문 근처에 있는 것을 두려워할 수도 있다)이 있거나, 또는 새로운 물건을 들여오는 경우(심지어 캣트리도 포함될 수 있다) 펠리웨이를 사용할 수 있다.

펠리웨이를 구입하면 스프레이 병이 딸려오며, 이 병에 담아 하루에 한두 번 물건의 모서리에 조금씩 뿌려주면 된다. 이때 바닥에서 약 20cm 정도 높이에 분사하는데, 이 높이는 대략 고양이 코에서 바닥까지의 거리가 된다. 고양이가 여러 마리인 경우 각각의 고양이는 펠리웨이의 페로몬을 자신의 것으로 생각할 수 있기 때문에 다묘 가정에서도 사용할 수 있다. 펠리웨이는 또한 '컴포트존(Comfort Zone)'이라 불리는, 플러그에 꽂아 사용하는 디퓨저(diffuser)가 딸려온다. 고양이가 방 전체를 편안하게 느끼지 않거나 방안에 여러 가지 물건을 새로 들여놨을 때, 디퓨저는 최상의 옵션이 될 수도 있다. 컴포트존 디퓨저는 대략 18평 정도의 공간에서 사용 가능하며, 약 한 달 동안 효과가 지속된다. 펠리웨이는 반려동물용품점, 온라인쇼핑몰, 동물병원에서 구입할 수 있다. 실외생활을 겸하는 고양이를 완전히 실내생활을 하도록 전환시키려는 경우, 디퓨저를 이용하면 행동교정과정에 있어서 좋은 효과를 얻을 수 있다.

새로운 물건에 안면페로몬을 적용할 수 있는 또 다른 방법은 양말을 이용하는 것이다. 손에 부드럽고 깨끗한 양말을 씌운 다음, 고양이의 머리와 안면을 부드럽게 문질러 냄새를 채취한다. 이때 고양이의 입 주변에 특별히 주의를 기울인다. 고양이가 얼굴을 문지르는 것을 싫어하면 이 방법은 사용하지 않도록 한다. 냄새가 듬뿍 묻은 양말을 들고 새로운 물건의 모서리를 문질러준다. 고양이가 두 마리 이상인 경우, 각각의 고양이에게 다른 양말을 사용하며, 물건 모서리에 묻힐 때도 각각 다른 부분을 택해야 한다. 한 고양이의 냄새를 다른 고양이의 냄새가 묻힌 곳에 문지르지 않도록 한다.

마지막으로 그러나 매우 중요한 것은, 고양이집 꾸미기는 화장실 세팅에 대한 정직한 평가를 포함해야 한다는 점이다. 단지 약간의 조정이 필요할 수도 있고, 화장실을 분해해서 점검해야 할 수도 있다. 심각한 화장실문제를 겪고 있는 중이라면, 카펫을 뜯어

내거나 심하게 더러워진 가구를 교체해야 하는 귀찮은 일에 직면할 수도 있다. 더러워진 물건을 제거하고 새로운 것으로 교체하는 것만으로는 충분하지 않다는 점을 기억하도록 한다. 문제에 대한 근본적인 원인을 찾아야만, 최고의 고양이친화적 집을 만들기 위한 최상의 결정을 내릴 수 있을 것이다. 화장실에 대한 보다 자세한 정보는 제5장을 참고하도록 한다.

- 놀이는 행동교정을 위한 도구 중에서 가장 중요한 수단이므로 사소한 행동문제를 겪고 있든 주요한 행동문제를 겪고 있든 상관없이, 놀이요법은 반드시 필요한 활동으로 채택돼야 한다.

제 3 장

놀이요법(Play Therapy)의
효과적인 활용

- 행동교정을 위한 놀이와 재미 -

01
놀이요법의 필요성과 효과

행동교정을 위한 재훈련프로그램을 진행할 때, 놀이는 그다지 중요하게 생각하지 않는 요소일 수도 있다. 고양이와 함께 논다는 것을 상상조차 할 수 없을 정도로 고양이와의 관계가 단절된 지경에 이르렀을 수도 있고, 고양이가 스트레스를 너무 많이 받은 상태라 더 이상 놀이에서 즐거움을 찾지 못할 수도 있다. 행동문제가 있는 고양이를 다루면서 보호자가 놀이에는 아예 관심을 두지 않을 수도 있는데, 실제로는 행동교정을 위한 도구 중에서 가장 중요한 수단이 된다는 점을 명심해야 한다.

| 신체적, 정서적, 정신적 측면의 효과

고양이는 놀이를 좋아하는 동물이며, 놀이경험을 통해 신체적, 정서적, 정신적으로 이익을 얻는다. 타고난 사냥꾼인 고양이의 신체는 유연하고 신속하며 정밀하게 디자인돼 있기 때문에, 근육을 충분하게 풀어주고 즐거움을 느낄 수 있는 적절한 놀이시간을 제공받지 못한다면 부정적인 결과가 연쇄적으로 나타날 수 있다.

　신체적인 면에서 보자면, 고양이는 자신의 몸을 건강하게 유지하기 위해 정기적으로 일정량의 운동을 필요로 하고, 놀이를 통해 이를 해소할 수 있다. 또한, 사냥꾼으로서 고양이의 감각은 매우 날카롭기 때문에 자신의 환경에서 발생하는 모든 것들(소리, 풍경, 냄새)에 민감하며, 놀이를 통해 이러한 감각을 유지할 수 있다. 정신적인 면에서 놀이

시간은 고양이의 먹이추적본능(prey-drive)을 만족시켜줄 수 있으며, 정서적인 면에서는 보호자에 대한 신뢰감구축, 스트레스감소, 우울증극복, 행동문제개선에 도움이 된다. 필자가 말하고자 하는 놀이요법의 유형은, 단지 구석에 앉아 먼지나 뒤집어쓰고 있는 장난감쥐를 가져다 던져주는 것이 아니라 고양이의 육체적, 정신적 그리고 정서적 요구를 충족시켜주기 위해 특별히 고안된 '표적놀이요법'이다. 보호자에게는 이러한 요법이 상당히 진지한 프로그램으로 받아들여지겠지만, 고양이에게 있어서는 보호자가 그냥 집안에 재미있는 요소를 증가시킨 것쯤으로 생각될 것이다.

| 행동교정 및 유대강화에 대한 효과

고양이의 삶을 개선시키기 위한 방법으로 놀이요법을 이용하는 데는 많은 이유가 있다. 앞서 언급한 바와 같이 놀이요법은 신체적으로 여러 가지 이점을 제공하며, 이러한 이점만으로도 정기적으로 계획된 놀이요법을 시행하는 충분한 이유가 될 것이다. 추가적인 이점은 행동교정프로그램의 일환으로 사용될 수 있다는 점이다. 놀이요법은 부정적인 경험이나 장소에 대한 고양이의 생각을 변화시키는 데 강력한 수단이 될 수 있다. 예를 들어, 화장실 밖에 배설을 하는 고양이의 경우, 놀이요법을 통해 부적절하게 배설하는 장소에 대한 고양이의 느낌을 변화시켜 행동을 교정할 수 있다.

또한, 적절하게 사용된 놀이요법은 동료고양이들 사이에 발생하는 긴장감을 완화시키거나, 소심한 고양이에게 좀 더 자신감을 심어주는 데 도움이 될 수 있다. 고양이가 집안에 있는 손님들을 두려워하는 경우, 공포심을 완화시키고 편안함의 수준을 증대시키기 위해 놀이요법을 사용할 수도 있다. 파괴적인 행동 또는 보호자에게 방해가 되는 야간활동이 문제일 때, 다른 방으로 쫓아내거나 최악의 경우 파양까지 고려하는 대신 놀이요법을 통해 얼마든지 올바른 방향으로 개선할 수 있다.

필자가 고양이보호자에게 놀이요법을 가르치는 가장 큰 이유는, 고양이와 인간의 유대관계를 강화시키는 데 도움이 된다는 점 때문이다. 행동문제프로그램을 장기간 시행하고 있거나 행동교정에 부적절한 방법을 사용하고 있는 경우, 보호자와 고양이의 관계는 멀어지고 그냥 참고 지내거나 심지어 적대적인 관계가 돼 있을 수도 있다. 고양이는 자신이 쫓기거나 야단을 맞고 '타임아웃(time-out, 바람직하지 않은 행동을 하지 못하게 하는 행동교정의 한 형태)' 또는 신체적 가혹행위를 당하고 있다는 것을 알기 때문에, 보호자에 대한 두려움을 학습했을 수도 있다. 이러한 것들은 둘 사이의 관계를 손상시킬 수 있으며, 때때로 고양이와 보호자를 한 지붕 아래 동거하는 적으로 만들 수 있다. 따라서 사소한 행동문제를 겪고 있든 심각한 행동문제를 겪고 있든 상관없이, 놀이요법은 반드시 필요한 활동으로 채택돼야 한다.

| 비만고양이의 행동문제와 놀이요법

컨설팅 과정에서 필자가 만난 비만고양이들을 살펴본 바에 의하면, 대부분 운동은 거의 또는 전혀 하지 않으면서 너무 많은 먹이를 섭취하고 있다. 운동은 하지 않고 과다하게 먹이를 섭취하는 경우 관절염, 당뇨 또는 심장질환과 같은 질병을 유발할 수 있다.

또한, 고양이가 너무 비대해진 탓에 스스로 그루밍을 할 수 없는 상황이 되면, 또 다른 문제를 유발할 수도 있다. 지나치게 불어난 몸 때문에 자신이 원하는 만큼 깨끗하게 그루밍을 하지 못하는 경우, 피부 및 털에 잠재적인 문제가 생길 뿐만 아니라 우울증으로 이어질 수도 있다. 또 다리와 관절은 엄청난 체중을 감당할 수 없게 됨으로써 이와 관련한 질병이 발생할 수도 있다. 필자는 몸이 지나치게 뚱뚱해진 나머지, 축 늘어진 뱃살이 다리를 가려 발끝만 보이게 된 고양이를 만난 적도 있다.

비만은 또한 행동문제유발에 영향을 미칠 수 있다. 예를 들어, 몸이 뚱뚱한 경우 화장실 안으로 들어가는 것이 불편해지기 때문에 화장실 밖에 배설을 할 수도 있다. 화장실의 위치에 따라, 고양이가 화장실에 도달하기까지 너무 많은 에너지가 소요될 수 있고, 특히 계단을 오르내려야 한다면 더욱 힘들 것이다. 이때도 화장실 밖에 배설하는 행동문제로 이어질 수 있다. 다묘 가정에서, 예전처럼 기민하게 돌아다닐 수 없을 정도로 비만해진 고양이는 동료고양이들의 공격대상이 될 수 있는데, 이때 자신의 서열이 바뀌었다는 것을 느끼면 성격에 변화가 나타날 수도 있으며, 공격적인 고양이에게서 더 이상 도망칠 수 없게 되면 점점 더 숨으려는 경향이 나타나기 시작한다.

비만으로 인해 스스로 그루밍할 수 없게 되거나, 또는 관절염 같이 체중과 관련된 통증을 겪고 있는 경우, 심술궂고 짜증을 잘 내는 성격으로 변할 수도 있다. 이는 집안에 있는 다른 동료고양이와의 관계에 악영향을 미칠 뿐만 아니라 보호자와의 관계에도 영향을 미칠 수 있다. 먹이급여장소 주변과 관련한 상황이 체중증가에 기여할 수도 있는데, 동료고양이들이 자신의 먹이를 먹을지도 모른다는 걱정에 사로잡힌 고양이는 과체중이 될 수 있다. 이런 경우 비만이라는 문제뿐만 아니라 동료고양이와의 관계에 대한 문제도 안고 있는 것이다. 이처럼 고양이의 증가된 체중은 집안 내에서 발생하는 특정 행동문제의 징후일 수 있다는 점을 염두에 둬야 한다.

또한, 지루함이 과식을 초래할 수 있다는 것을 기억하도록 한다. 모든 고양이는 품종과 상관없이 사냥꾼으로 태어난 동물이다. 상대적으로 사냥에 더욱 효율적인 품종의 고양이도 있지만, 기본적으로 고양이라는 동물의 핵심은 타고난 사냥꾼의 본성이다. 그렇다고 고양이를 매일 밖으로 내보내 쥐, 새 또는 뱀 등을 잡아오게 해야 한다는 의미가 아니라, 먹이급여에만 너무 치중하지 말고 충분한 재밋거리를 만들어줌으로써 사냥의 기회를 제공하라는 뜻이다. 고양이가 배가 항상 부른 상태라면 먹이추적을 하지 않는다고 생각할 수도 있지만, 이는 사실이 아니다. 어떤 보호자들은 고양이에게 먹이를 준 후에만 실외에 나가도록 허용한다면, 쥐나 새 등의 먹잇감을 잡아 집으로 끌고 들어오는 일을 줄일 수 있다고 믿고 있다. 사실은 배가 꽉 찼다고 해서 고양이가 하게 될 사냥(건강한 체중의 고양이가 할 수 있는)의 빈도수가 줄어드는 것이 아니라, 실질적으로 섭취할 수 있는 먹이의 양만 줄어들게 되는 것이다.

비만고양이의 문제는, 몸이 큰 탓에 사냥을 하기 위해서는 육체적으로 너무 많은 노력을 기울여야 한다는 점이다. 거구를 끌고 다니는 것도 벅차 먹이추적은 생각할 수도 없지만, 일단 자극을 만들어주면 고양이가 다시 움직이도록 동기를 부여할 수 있다. 체중감소계획을 짤 때는 고양이의 활동을 증가시키는 것뿐만 아니라 적절한 영양적 프로그램의 조합이 필요하다. 식사시간과 관련된 체중감소프로그램 및 행동문제에 대한 보다 자세한 방법은 제7장을 참고하도록 한다. 이 장에 있는 놀이요법과 결합해 적용함으로써 여러분의 고양이가 좀 더 건강해지고 보다 좋은 행동을 할 수 있게 되길 바란다.

02
상호교감장난감의 올바른 선택

아마도 대부분의 고양이보호자들 방 한구석에는, 귀엽고 작은 고양이장난감으로 가득 채워진 대형바구니가 자리 잡고 있을 것이다. 바구니의 장난감들은 고양이에게 외면받고 먼지만 잔뜩 쌓인 채 항상 제자리에 놓여 있는 경우가 많은데, 이처럼 고양이가 사용하지 않는 이유는 바로 그 장난감들이 '죽은 먹이'이기 때문이다.

고양이가 '죽은 먹이'인 장난감들을 사용하게 만들려면, 고양이 스스로가 장난감의 움직임을 만들도록 유도해야 한다. 즉 고양이가 사냥꾼과 먹이 두 가지 역할을 해야 한다는 의미다. 사냥꾼으로서 고양이는 움직임, 소리, 광경, 냄새에 매력을 느끼기 때문에 바구니에 가만히 앉아 있는 장난감쥐는 전혀 흥미를 끌지 못한다. 바로 이 점이 상호교감놀이가 효과적인 작용을 할 수 있는 부분이다. 상호교감장난감을 이용한 놀이과정에서는 고양이 스스로 먹잇감에게 활기를 띠게 하는 작업을 할 필요가 없기 때문에 사냥꾼이 되는 상황을 온전히 즐길 수 있게 되는 것이다.

| 상호교감놀이와 장난감

자신의 고양이가 개의 경우처럼 '물건가져오기놀이'를 할 수 있다며, 얼마나 독특한지 모르겠다고 필자에게 자랑을 늘어놓는 보호자들이 많다. 보호자들은 고양이가 자신의 트릭을 포착했다는 이유로 놀라울 정도로 똑똑하다고 생각한다. 그 고양이들이 실제로 매우 똑똑한 것은 사실이지만, 그러한 행동이 그다지 특이한 것은 아니다. 보호자가 공이나 장난감을 던지는 행동을 몇 번 반복하면, 고양이는 이 '먹이'가 활기를 띠는 순간은 보호자가 가지고 있을 때뿐이라는 사실을 깨닫게 된다. 그래서 똑똑한 고양이는 입으로 장난감을 물어 와서 보호자의 발에 내려놓는다. 고양이가 이처럼 '물건가져오기놀이'에 관심을 보일 경우는 일반적으로 좀 더 양질의 놀이를 필요로 한다는 징후이며, 바로 그런 점에서 상호교감놀이가 유용한 것이다.

상호교감놀이에 사용하는 장난감은 기본적으로 보호자가 움직임을 통제할 수 있는 디자인의 제품을 포함한다. 시중에는 여러 가지 유형의 상호교감장난감들이 판매되고 있으며, 가장 기본적인 것은 막대와 줄 그리고 줄의 한쪽 끝에 장난감이 매달린 낚싯대 유형의 디자인을 갖춘 제품이다. 깃털, 장식리본 또는 딸랑딸랑 울리는 장난감이 줄 없이 부착된 막대 유형도 있으며, 어떤 것은 기다랗고 뱀 같은 천 조각이 부착된 것도 있다.

| 상호교감장난감 선택 시 주의할 점

모든 상호교감장난감이 훌륭하고 잘 만들어진 것은 아니다. 상호교감놀이요법 시간을 성공적으로 수행하기 위해서는 올바른 유형의 장난감을 선택하는 것이 우선이므로, 아래 설명하는 내용을 잘 숙지해서 장난감을 선택하는 데 도움이 될 수 있도록 한다.

사냥기법에 따른 다양한 유형의 장난감
놀이요법을 시행하는 동안 고양이는 결국 특정 장난감을 선호하게 되겠지만, 여러 가지 사냥기법을 촉발할 수 있도록 다양한 유형의 장난감을 구입하는 것이 좋다. 어떤 장난감은 새의 움직임을 모방하고 있는 반면, 어떤 장난감은 뱀을 모방할 수도 있다.

고양이가 야생에서 사냥을 할 때, 특별히 선호하는 먹잇감이 있을 수도 있지만, 먹이가 필요하다면 먹을 수 있는 것은 무엇이든 사냥을 할 것이다. 비록 새를 선호한다 하더라도 쥐나 다람쥐로 만족해야 할 수도 있는 것이다. 따라서 상호교감놀이과정을 진행할 때는 장난감의 유형을 지속적으로 변화시켜서 여러 가지 사냥기법을 훈련할 수 있도록 해주는 것이 좋다. 운동신경이 탁월한 고양이는 공중사냥에 매우 뛰어나므로 새의 움직임을 모방한 장난감이 좋으며, 새처럼 생긴 장난감을 정확하게 포획하기 위

해 높이 도약할 수 있다. 비만고양이 또는 매우 소심한 고양이는 지면에서 사냥하는 기법부터 시작해야 하므로 뱀이나 쥐의 움직임을 모방한 유형의 장난감이 가장 좋다.

고양이의 성격과 활동을 고려한 장난감
상호교감장난감을 구매할 때는 고양이의 성격과 활동방법을 신중하게 고려해야 한다. 두 마리 이상의 고양이를 기르고 있는 경우, 고양이들이 결국 서로 다른 것을 선호하게 된다는 것을 알게 될 것이다. 어떤 장난감을 선택하든 제대로 잘 만들어진 것이어야 하며, 먹이추적본능을 유발할 수 있는 방식으로 장난감을 움직일 수 있어야 한다.

막대가 너무 짧으면 고양이가 물거나 낚아채는 부분과 보호자의 손이 너무 가까워지기 때문에 물릴 염려가 있으므로 선택을 피하도록 한다. 손가락과 고양이 이빨 사이의 안전거리를 확보해주는, 끝부분에 줄과 장난감을 부착한 긴 막대 유형이 이상적이다. 막대 유형은 일단 고양이의 먹이추적본능이 나타나기 시작하면, 줄은 무시하고 장난감에 초점을 맞추게 되는 이점도 있다. 긴 막대와 줄은 고양이에게 안전지대를 유지하는 데 도움을 주는데, 소심하거나 사회화가 제대로 되지 않은 고양이를 훈련시키는 경우 안전지대를 유지하는 것은 매우 중요하다.

목적에 적합하게 디자인된 장난감
장난감이 짧아서 고양이와 너무 가까워지면, 고양이가 보호자와 눈을 맞춰야 하기 때문에 놀이시간에 집중하는 것을 방해한다. 놀이요법이 효과를 발휘하려면, 고양이의 모든 관심을 장난감으로 돌릴 수 있어야 하며, 자신의 주변에 있는 어떠한 것에 대해서도 걱정할 필요가 없어야 한다. 따라서 장난감을 선택할 때는 이러한 점을 명심한다.

인간의 관점에서 아주 재미있게 보이는 유형(작은 지팡이, 크고 밝은 깃털 등)의 장난감이라 할지라도, 그것이 과연 고양이와의 상호교감 효과를 내기에 적절한 것인지 생각해야 한다. 또 장갑처럼 손가락으로 낄 수 있도록 디자인된 장난감은 선택하지 않는 것이 좋다. 비록 스크래칭으로 인한 손상을 방지할 수 있도록 튼튼하게 제작됐다 하더라도(아직까지 그렇게 견고하게 만들어진 것을 본 적이 없다), 사용 도중 손상될 경우 보호자의 손가락이 노출됨으로써 고양이에게 혼합된 메시지를 보내게 된다. 보호자의 손가락은 결코 장난감 자체의 일부가 돼서는 안 된다.

고양이의 기질과 성격을 고려한 장난감

고양이가 원기왕성하고 활동적인 경우 큰 장난감을 선택할 수 있지만, 소심하고 우울증이 있는 경우는 쉽게 겁을 먹기 때문에 크기가 작은 것으로 시작해야 한다. 줄 끝에 먹이와 비슷한 크기 또는 좀 더 작은 장난감이 달린 유형을 선택하는 것이 좋다. 고양이는 자신과 크기가 같거나 더 큰 것은 사냥하지 않으려는 습성이 있으며, 자신이 정복할 수 있는 능력 범위 내에 있는 먹잇감을 쫓는다. 또한, 위가 작기 때문에 일반적으로 자신이 먹을 수 있는 것을 사냥한다. 따라서 겉보기에 예쁜 것보다는 놀이에 효과적인 것, 가격이 비싼 것보다는 구조가 적합한 것을 선택하는 것이 중요하다.

소심하거나 비만인 고양이 또는 놀이에 익숙하지 않은 고양이를 위해 처음에 구입했던 장난감들은, 고양이가 그 장난감에 익숙해지고 자신감을 갖게 되면서 점차 다른 유형의 것들로 바꿔줘야 한다. 고양이의 기질에 따라서는 몇 주 또는 몇 달 동안 계속해서 지상사냥 놀이방법을 선호할 수도 있으므로 자신의 고양이에 맞춰 적절한 시기에 교체해주면 된다. 고양이가 좀 더 편안함을 느끼고 활동적이 되면서 상호교감놀이요법의 여러 가지 운동방식을 병행해 사용할 수 있을 것이다.

상호교감놀이를 위해 구입한 모든 장난감은 놀이시간이 종료되면 고양이가 닿지 않는 곳에 보관해야 한다. 고양이가 끈을 씹거나 조각을 파손시킬 경우 질식할 수 있기 때문에 이러한 위험을 방지하고, 또 장난감의 특별함을 유지하기 위한 것이다. 단독놀이를 위해 제공하는 유형의 장난감들은 고양이가 자유롭게 가지고 놀 수 있도록 허용해도 되겠지만, 행동교정에 사용되는 상호교감장난감은 이와 같이 고양이의 이용을 통제함으로써 고유의 강력한 매력을 유지해야 효과를 낼 수 있다.

| 상호교감장난감의 유형

공중사냥용 상호교감장난감으로 가장 좋은 것은 낚싯대 유형이다. 오랫동안 필자가 가장 선호하는 것은 '다버드(Da Bird)'라는 제품으로, 줄 끝에 진짜 깃털을 부착한 기본적인 낚싯대 디자인의 장난감이다. 이 장난감의 뛰어난 요인은 깃털이 회전장치에 부착돼 있다는 점이며, 공중에서 움직여주면 깃털이 빙빙 날면서 실제 새가 날갯짓할 때 나는 소리를 낸다. 깃털이 달린 부분이 망가지거나 손상되는 경우 리필용을 구입해 다시 부착하면 된다. 필자가 두 번째로 선호하는 것은 '캣댄서(Cat Dancer)'라는 제품이다. 캣댄서는 낚싯대 유형의 디자인은 아니지만, 탄력성이 뛰어난 와이어를 기본으로 한쪽 끝에는 판지손잡이가 있고, 다른 쪽 끝에는 여러 개의 판지장난감이 달려 있다. 작동방식은 매우 단순해서 손잡이 끝을 잡고 검지를 와이어에 댄 채 부드럽게 움직여주면 되며, 이때 고양이의 반응이 즉각 나타난다. 캣댄서는 가격이 저렴하면서도 매우 많은 장점을 가지고 있는 훌륭한 장난감이며, 사용하다 보면 금세 알게 될 것이다.

    캣댄서와 비슷한 계열의 장난감으로 드래곤플라이(Dragonfly)라는 제품을 들 수 있는데, 이는 견고하고 유연한 와이어에 마일라(Mylar)[1] 잠자리가 달려 있는 장난감이다. 마일라는 대다수 고양이에 있어서 거부할 수 없는 매혹적인 움직임과 소리를 낸다. 드래곤플라이는 일부 반려동물용품점에서 구입할 수 있지만, 온라인쇼핑몰에서 쉽게 찾을 수 있다. 뱀 장난감의 경우 몇 가지 종류의 제품을 선택할 수 있으며, 그중 캣차머(Cat Charmer, 캣댄서를 만든 회사의 제품)는 막대에 길고 얇은 양털리본이 달린 훌륭한 기본 장난감이다. 필자도 캣차머를 보유하고 있는데, 수년 동안 고양이들의 격렬한 공격을 잘 견뎌냈을 정도로 튼튼하다. 뱀과 비슷한 모양의 장난감들도 구입할 수 있으며, 이러한 장난감을 구입할 때는 여러 번 사용하고 난 후에도 지팡이에서 분리되지 않게끔 견고하게 만들어진 것을 선택하는 것이 좋다.

이외에도 훌륭한 상호교감장난감들이 매우 많다. 필자가 언급한 제품들은 재훈련과정을 시작하면서 갖춰야 할 기본적인 장난감의 일부일 뿐이며, 고양이의 놀이기술에 익숙해지게 되면 필요한 장난감의 유형을 지속적으로 조정해 나가게 될 것이다.

---

1 미국의 뒤퐁사에서 제조하는 전기절연재료로, 1950년 후반부터 셀룰로스아세테이트필름(cellulose acetate film)을 대신해 발매된 강화폴리에스터필름이다. 폴리에틸렌테레프탈레이트(PET, polyethylene terephthalate, 에틸렌글리콜과 테레프탈산의 축합체) 폴리에스터필름(polyester film)의 상품명이다. 얇은 막으로 만들 수 있고, 기계적인 강도와 내열성이 있으며, 전기기기의 절연이나 콘덴서의 유전체(誘電體) 등에 널리 사용된다. 영국에서 제조되는 상품명은 멜리넥스(Melinex)다.

03 상호교감놀이요법의 다양한 기술

올바른 장난감을 준비했으면, 다음 단계는 그것들을 제대로 사용하는 방법을 배우는 것이다. 잘못된 방법으로 장난감을 사용할 경우(많은 사람들이 그러고 있다), 고양이의 생각을 제대로 파악할 수 없고 정서적으로 전혀 도움을 주지 못하게 된다. 잘못된 기법은, 몸을 움직이도록 유도할 수는 있겠지만 귀찮게 하거나 짜증스럽게 만드는 결과를 초래할 수 있다. 자신이 잘못된 방법으로 놀이를 하고 있지는 않은지 점검해보도록 한다.

| 사냥방법을 모방하는 놀이기술

많은 고양이보호자들이 고양이와 상호교감놀이를 할 때 두 가지의 일반적인 접근법을 사용하는데, 이 두 가지 방법은 모두 역효과를 낳는다. 첫 번째 방법은, 고양이의 면전에 장난감을 매달아놓는 것이다. 이때 고양이는 장난감을 발로 툭툭 치거나 무는 반응을 보이며, 종종 움직이지 못하게 엉덩이로 깔고 앉는 자세를 취하기도 하는데, 이는 놀이가 아니라 방어적인 반응이다. 두 번째 방법은, 장난감을 들고 너무 격렬하게 움직이는 것이다. 때로는 고양이가 입을 벌린 채 헐떡거릴 때까지 쉬지 않고 획획 움직여 장난감을 쫓게 한다. 위에서 언급한 방법이 잘못된 이유는, 두 가지 모두 부정적인 반응을 일으키기 때문이다. 놀이는 항상 즐거움이 뒷받침돼야 하며, 고양이를 성가시게 하거나 좌절감을 느끼게 해서는 안 된다.

놀이는 또한 고양이가 자연스럽게 사냥하는 방법을 모방하는 방식으로 이뤄져야 하므로 장난감의 움직임은 먹잇감의 움직임을 흉내 내야 한다. 포획되기를 바라면서 스스로 고양이 면전에 기꺼이 매달리려는 먹이는 없을 것이다. 또한, 야생에서 배고픈 고양이가 먹이를 잡으려다 기진맥진해질 수는 있겠지만, 그의 사냥기술은 보통 살며시 접근해서 갑자기 달려드는 것이지, 가슴이 벌렁거릴 때까지 추적하는 것은 아니다.

| 먹이추적본능을 자극하는 놀이기술

고양이의 사냥기술은 매우 효율적이며, 신체만큼이나 두뇌를 많이 사용한다. 자신의 고양이가 사냥하는 것을 전혀 보지 못했다 하더라도(심지어 집안에서 자그마한 거미를 잡는 것조차도), TV나 인터넷을 통해 관련 영상을 본 적이 있을 것이다. 고양이는 주변에 있는 은폐물을 이용해서 먹잇감에 조용히 다가가는데, 아주 가까이 다가갈 때까지 숨을 죽이고 상대의 눈에 띄지 않게 한다. 야생에서 고양이는 나무 뒤에 숨어 있다가 다음 나무나 덤불로 이동할 때 지면에 낮게 몸을 붙이고 살금살금 움직인다.

또한, 종종 키가 큰 풀밭에서 사냥을 하기도 하는데, 쥐와 같은 먹이를 찾는 데 이상적인 곳이기도 하지만 상대에게 들키지 않고 이동할 수 있기 때문이다. 자신의 모습이 드러나는 거리 내에 도달하면 놀라운 속도로 달려들어 먹잇감을 움켜잡는다. 사냥에 성공하면 날카로운 두 개의 송곳니를 사용해 먹이의 척수를 절단함으로써 일격에 물어 죽일[2] 수 있으며, 그렇지 않으면 앞발을 이용해 먹이를 낚아챈다. 이 사냥기법은 고양이의 놀라운 감각과 보이지 않게 접근하는 기술 그리고 속도를 기반으로 한다.

고양이와 함께하는 상호교감놀이시간을 성공적이고 유익하게 만들기 위해서는 먹이추적본능을 자극해줘야 하며, 이를 자극하는 방법은 장난감을 먹이처럼 움직이게 하는 것이다. 그동안 잘못된 방법으로 상호교감놀이를 했었다면, 이제 올바른 놀이방법을 통해 여러분과 여러분의 고양이는 새로운 재미가 있는 세계를 발견하게 될 것이다. 놀이요법은 두 가지 방식으로 기능할 수 있다. 한 가지 방식은 일반적인 유지관리를 위

---

2 일명 킬링바이트(killing bite)라고 한다. 대형고양이과 동물에서 보이는 먹이를 물어 죽일 수 있는 능력으로서, 사냥감의 '숨통을 끊는 물기' 기술이다.

한 것이며, 정기적으로 일정이 잡혀 있어야 한다. 다른 방식은 특별히 행동문제를 대상으로 하는 것이다. 먼저 상호교감놀이요법의 유지관리버전으로 시작해보자.

고양이는 확 트인 평평한 광장에서 사냥하는 것을 선호하지 않기 때문에, 일단 고양이에게 보다 자연스럽게 느껴지는 경관으로 환경을 세팅해야 한다. 여러 가지 독립형 가구들이 여기저기 배치된 방이 있다면, 이미 좋은 환경이 세팅돼 있는 것이다. 방안의 가구가 모두 벽면에 붙어 있는 경우, 방 가운데가 너무 개방돼 있어서 고양이에게는 취약한 환경이 된다. 사냥 및 놀이를 할 때는 몸을 숨길 수 있는 기회가 필요하다.

몸을 숨기는 은신처로는 덤불, 나무, 통나무, 키가 큰 풀과 같이 고양이가 사냥할 가능성이 있는 환경에 자연스럽게 존재하는 것들을 모방하도록 한다. 방 가운데 개방된 공간에 종이가방이나 상자를 배치함으로써 자연스러운 분위기를 더해줄 수 있다. 심지어 바닥에 아무렇게나 던져놓은 베개도 훌륭한 은신처 역할을 하게 된다. 앞과 뒤 그리고 아래에 숨을 수 있는, 여러 가지 은신처들을 만들어준다.

| 상호교감장난감을 사용하는 방법

다음은 장난감을 사용하는 방법을 살펴보기로 한다. 다버드(Da Bird)와 같이 공중사냥을 모방한 장난감을 사용하는 경우, 이를 쉼 없이 공중에서 흔들어대는 방법은 바람직하지 않다. 고양이에게 재미있고 만족스러운 경험이 되도록 만들기 위해서는, 공중에서 날게 하는 방법과 지면을 걸어 다니도록 하는 방법을 번갈아 사용해야 한다.

고양이가 살금살금 다가가 갑자기 덤벼들어 움켜잡는 행동은, 새가 지면에서 먹이를 먹고 있을 때 주로 나타나는 행동이다. 장난감을 가구 뒤에 숨기고 살짝 엿보이게 하면, 장난감의 미묘한 떨림조차도 고양이의 눈과 귀를 경계태세에 놓이게 할 것이다. 고양이는 먹잇감이 보일 광란의 움직임에 대비해 가까이 다가가 공격할 계획을 짠다. 자신의 고양이가 두뇌를 많이 사용하기를 원한다면, 장난감의 움직임을 일정하게 유지하지 말고 여러 형태로 움직일 수 있도록 변화를 줘야 한다. 장난감이 잠깐 정지상태에 있을 때, 고양이가 은밀한 기동작전을 펼치는 훌륭한 광경을 볼 수 있을 것이다.

캣댄서(Cat Dancer) 또는 드래곤플라이(Dragonfly)와 같은 와이어장난감을 이용해 귀뚜라미, 메뚜기 또는 파리의 움직임을 흉내 낼 수 있다. 손가락으로 와이어를 미세하게 움직이면 끝에 달린 표적장난감이 불규칙하게 흔들리는 것을 볼 수 있는데, 이는 귀뚜라미가 점프하거나 파리가 부산하게 날아다닐 때 나타나는 불규칙한 움직임과 비슷하다. 이처럼 예측할 수 없는 움직임은 고양이가 먹잇감에 집중하게 만드는 요인이다.

캣댄서를 가방이나 상자에서 튀어나왔다 들어갔다 하게 만들거나, 의자다리 뒤 또는 소파 밑으로 움직여 고양이를 돌진하게 만들 수도 있다. 이와 같은 방법을 이용함으로써 가족들을 놀라게 하지 않고 집안에서 메뚜기를 사냥하는 효과를 낼 수 있다. 캣차머(Cat Charmer)와 같은 뱀 장난감은 모서리를 미끄러지게 하거나 가구 위로 기어 다니게 하는 방식으로 사용할 수 있다. 먹이추적본능을 자극하는 것은 '공중에서 요동치는 움직임'이 아니라 '시야에서 천천히 사라지는 움직임'이라는 것을 명심한다.

필자가 열거한 세 가지 장난감을 보유하고 있지 않다면, 어떤 것이든 본인이 선택한 것을 사용하되, 사용할 때는 먹이와 유사한 움직임을 만들어줘야 한다는 것을 기억한다. 고양이버전의 숨바꼭질이라고 생각하면 된다. 빠르고 느리며, 높고 낮은 움직임을 번갈아 사용하도록 한다. 장난감이 여러분이 모방하는 먹잇감의 종류와 실제로 똑같이 보여야 할 필요는 없으며, 중요한 것은 먹잇감처럼 보이게 만드는 움직임이다.

소리를 통해 먹이추적본능을 자극할 수도 있으므로 놀이 전반에 걸쳐 소리를 자주 사용하도록 한다. 쥐가 찍찍거리는 소리나 나뭇잎이 부스럭거리는 소리는 고양이를 경계하도록 만들며, 방바닥이나 상자 속에서 장난감을 움직일 때 나는 소리로 고양이의 관심을 끌 수 있다. 캣댄서를 상자나 종이가방에서 튀어 나오게 할 때 나는 소리는 고양이가 무시하고 지나칠 수 없는 아주 매력적인 것이다. 기다란 깃털과 같이 조용한 장난감을 사용하는 경우, 부족한 소리를 보완할 수 있는 움직임을 만들어주면 좋다. 의자 아래에서 깃털이 슬며시 나오게 하거나 가볍게 흔들어 고양이의 시선을 끌 수 있다.

| 상호교감놀이요법의 규칙

상호교감놀이요법을 시행할 때는 규칙이 매우 중요하며, 이는 놀이과정을 성공적으로 이끌 수 있는 요인이다. 규칙이 유익하고 즐거우면 고양이는 계속해서 놀이를 즐기게 돼 있다. 만약 입이나 발로 장난감을 낚아채는 것을 너무 어렵게 만든다면, 놀이를 즐기는 데 방해가 될 수 있다. 가끔 보호자들은 장난감을 고양이가 닿지 않는 곳으로 움직임

으로써 불쌍한 고양이에게 좌절감을 안겨주게 되는데, 주기적으로 고양이가 장난감을 낚아챌 수 있도록 만들어주는 것이 좋다. 장난감을 낚아챈 채 달아나거나 놔주지 않는다면, 느슨하게 잡고 잠시 동안 그 상태로 즐기도록 내버려둔다. 먹이가 저항하지 않는다는 것을 알면, 잡은 것을 살짝 풀거나 입에 물고 있던 것을 떨어뜨릴 수도 있다. 그때 장난감의 움직임을 다시 살아나게 하도록 한다. 장난감을 고양이 입에서 확 잡아 빼거나 줄다리기를 하는 것은 바람직하지 않다. 이 경우 고양이가 더욱 단단히 물어버리기 때문에 이빨이 손상되거나 장난감이 부서질 수도 있다. 이 놀이는 장난감을 고양이에게서 얼마나 멀리 떼어놓을 수 있는지 확인하려는 것이 아니라, 고양이에게 놀이시간이 얼마나 유익한지 알려주는 것이라는 점을 명심하도록 한다.

놀이를 끝낼 시간이 됐을 때는 갑자기 멈춰버리지 말고, 고양이가 자신의 먹잇감에 무슨 일이 일어났는지 궁금해하면서 여전히 활기를 띠도록 여유를 두는 것이 좋다. 놀이시간이 종료되면 고양이는 편안하고 만족스러워야 하며 자신이 굉장한 사냥꾼인 것처럼 느껴야 하는데, 갑자기 장난감을 가로채는 것은 그와 같은 느낌을 갖지 못하게 만든다. 따라서 마치 먹이가 지쳤거나 부상당한 것처럼 움직임을 서서히 느리게 만드는 방법이 적절하다. 공중사냥용 장난감을 사용하는 경우에는, 새가 더 이상 날지 못하고 지면으로 낮게 깔리는 것과 같은 움직임을 만들어주도록 한다. 움직임이 점점 느려져서 결국은 먹이가 죽은 것처럼 보이면, 고양이는 심신이 이완되면서 최종 사냥단계를 완료한 것처럼 느끼게 된다.

| 상호교감놀이요법 실행 일정

필자가 컨설팅을 진행할 때, '얼마나 자주 고양이와 놀이를 하고 있는가'라는 질문을 던지면 바로 대답하지 못하고 허공만 응시하는 보호자가 많다. 물론 자신의 고양이를 위한 장난감은 많이 가지고 있겠지만, 마지막으로 상호교감놀이를 한 것이 언제인지 기억하지 못할 정도로 놀이시간을 자주 갖지 못했다는 것을 알 수 있다. 일부 보호자의 경우는 놀이시간을 가지려는 노력은 하고 있으되 일주일에 한두 번 되는 대로 놀아주고 있었는데, 이러한 방식의 놀이시간은 고양이에게 아무런 도움이 되지 못한다. 유지관리를 위한 놀이요법은 매일 두 번씩 수행하는 것이 이상적이며, 일반적으로 한 번의 놀이 시간은 약 15분 동안 지속될 수 있다. 분주하게 돌아가는 요즘 세상에 모두가 너무나도 바쁘게 살아간다는 것을 잘 알고 있지만, 하루에 그저 30분 정도만 할애하면 여러분의 고양이에게 매우 보람 있는 활동을 제공할 수 있다는 점을 기억하기 바란다. 사냥을 모방하는 놀이시간은 고양이의 일상생활의 자연스러운 부분과 발을 맞추게 된다. 이러한 시간을 정기적으로 제공하면 고양이는 자신에게 필수적인 활동과 자극을 얻게 되고, 보호자는 고양이의 건강을 유지하는 데 도움이 되는 강력한 도구뿐만 아니라 행동문제를 예방하는 데 도움이 되는 수단을 갖게 될 것이다.

놀이요법의 핵심은 일관성이며, 놀이시간은 매일 갖도록 하는 것이 바람직하다. 각자의 사정에 따라 두 번의 놀이시간을 모두 진행하지 못하는 날도 있겠지만, 고양이는 정기적인 자극과 활동을 필요로 하기 때문에 일정을 준수할수록 유익한 결과를 가져올 수 있다는 점을 명심하도록 한다. 한 번의 놀이시간에 15분 전부를 할애할 수 없는 경우, 본인이 가능한 한도 내에서 진행하는 것도 괜찮다. 고양이는 보호자가 제공할 수 있는 만큼의 시간을 즐길 것이며, 그 시간이 얼마나 긴지는 문제가 되지 않는다. 놀이에 할애하는 시간이 5분이든 30분이든 관계없이, 끝날 무렵에는 행동을 서서히 줄여 고양이를 편안하고 만족스럽게 해줘야 한다는 점을 기억하도록 한다.

놀이요법은 사냥을 모방하는 것이기 때문에, 고양이에게는 장난감먹이를 잡은 후 '파티'를 즐길 기회를 갖는 것이 특히 보람이 될 것이다. 그저 특별한 간식을 제공할 수도 있고, 하루 식사분량 중 일부를 나누어 약간의 먹이를 제공할 수도 있다. 먹이의 일부를 제공하는 것은 계획급식을 하는 경우에만 효과가 있으며, 자유급식을 하는 경우는 간식을 제공할 수 있다. 먹이를 제공하는 마지막 단계를 꼭 실행할 필요는 없지만, 체중감량프로그램을 진행 중인 경우 고양이가 '먹이를 위해 활동'하는 것에 익숙해지고 일부 칼로리를 미리 소모하게 된다면 이 단계가 도움이 될 수 있다. 또한, 두 마리와 놀이를 진행할 경우 부정적인 반응 또는 위협 없이 평행놀이(parallel play)[3]를 잘 했을 때도 훌륭한 보상이 된다. 놀이가 끝난 후에 항상 먹이를 제공하는 시간을 가질 필요는 없으며, 재훈련과정에 도움이 된다면 추가적인 행동교정도구로서 사용할 수 있다.

일단 놀이일정이 일관성 있게 진행된다면, 보호자가 장난감을 들고 있는 것만 봐도

---

3 특수교육학에서 일컫는 용어로, 상대 아동과 서로 비슷한 장난감을 가지고 아동들 틈에서 놀기는 하지만, 서로 간섭을 하거나 영향을 주지 않는다는 점에서 단순히 상대 옆에서 비슷한 놀이를 하는 것이라고 정의할 수 있다.

곧바로 달려들기 시작할 것이다. 평소 앉아만 있으려던 고양이가 장난감을 가지러 가는 보호자를 발견하고 활기를 띠는 모습을 보인다면, 보호자는 뿌듯한 보람을 느끼게 될 것이다. 장난감의 움직임이 얼마나 실감나는지에 상관없이 고양이가 전혀 반응을 보이지 않는다면, 다른 장난감을 사용해 다시 시도해보도록 한다.

어떤 고양이의 경우 반응을 일으키는 특정 장난감을 찾기 위해 유형을 바꿔가며 놀이를 시도하는 과정이 필요할 수도 있다. 반응을 전혀 하지 않는 겁 많은 고양이의 경우, 낚싯대 끝에 매달린 장난감을 떼어내고 끈만 사용해서 반응을 유도한다. 고양이가 좀 더 자신감을 갖기 시작하면, 나중에 원래 있던 장난감을 다시 달아준다. 캣닢(Catnip)에 포함된 네페탈락톤(Nepetalacton)[4]이라는 성분이 고양이의 두뇌를 자극하기 때문에, 행동이 둔한 고양이에게 놀이욕구를 촉발시키고자 할 때 캣닢을 사용할 수 있다.

| 다묘를 위한 상호교감놀이시간

다묘 가정에서 두 마리 이상의 고양이에게 한 가지 장난감을 놓고 경쟁하도록 하는 경우, 현재 가지고 있는 행동문제를 더욱 악화시키게 된다. 두 마리의 고양이를 기르고 있고 둘의 사이가 좋은 경우, 상호교감장난감 1개로 두 마리가 협력적으로 놀이를 즐길 수 있도록 시도해볼 수는 있다. 그러나 대부분의 경우 한 마리는 앉아서 다른 고양이가 장난감을 붙잡는 것을 지켜봐야 할 것이고, 이는 그 고양이에게 좌절감을 줄 수 있다. 한 마리가 평소 동료고양이에게 위협을 받고 있다면, 놀이를 진행하는 동안 그러한 행동이 드러나게 된다. 상대적으로 자신감이 있는 고양이는 놀이에 적극적으로 참여하며, 그렇지 않은 고양이는 마지못해 참여하거나 그냥 뒤에 앉아서 구경만 하게 된다. 어느 쪽이든 그 고양이에게 스트레스와 두려움을 유발할 가능성이 있다.

두 마리의 고양이를 기르고 있다면, 그들이 과거에 어떻게 놀았는지 생각해보자. 공격적인 면에서 서로 대등하게 보였는지, 아니면 한쪽이 항상 일방적이었는지 떠올려보도록 한다. 우두머리 기질이 있는 고양이에게 위협이 될 수 있는 또 다른 방법을 제공함으로써 그들의 관계에 부정적인 영향을 지속시켜서는 안 된다.

---

[4] 북아메리카산 캣닢(Nepeta cataria L. 꿀풀과)의 정유 속에 존재하고, 알칼리에 녹지 않는 중성유에 약 42% 함유돼 있다. 특유의 향기가 있고, 고양이속(-屬)의 동물을 흥분시키는 작용을 한다.

그룹상호교감놀이는 두 개 이상의 장난감을 사용하도록 한다. 집안에 다른 가족구성원이 있는 경우, 장난감을 여러분과 다른 가족이 각각 하나씩 사용함으로써 그룹놀이시간을 순조롭게 진행할 수 있다. 각자 고양이 한 마리에만 집중해 놀이를 진행하는데, 이 경우 평행놀이가 된다. 고양이들은 놀이공간에 있는 다른 동료고양이를 서로 인식하지만, 장난감 하나를 놓고 경쟁하지 않는다. 여러분이 사용하는 장난감과 다른 가족이 사용하는 장난감 사이의 거리는 고양이들이 얼마나 잘 어울리느냐에 따라 달라질 수 있다. 그러나 장난감에 몰래 다가가 갑자기 달려드는 행동을 할 때, 거리가 너무 가까우면 서로 충돌할 수가 있으므로 주의하도록 한다.

여러분 혼자 있는데 그룹놀이를 진행하고 싶은 경우, 상호교감장난감 두 개를 준비해서 한 손에 각각 하나씩 든다. 같은 종류의 장난감을 두 개 사용하면, 양손의 동작이 같아지기 때문에 놀이를 진행하기가 좀 더 쉽다. 이때 장난감의 움직임이 너무 혼란스럽지 않도록 방이 충분히 넓어야 한다. 처음에는 두 개의 장난감을 한꺼번에 다루는 것이 서툴 수도 있지만, 연습을 하면 수월하게 진행할 수 있을 것이다. 놀이 도중 한 마리가 자신의 장난감에 흥미를 잃고 다른 고양이의 장난감에 집중하기 시작하면, 다시 흥미를 가질 수 있도록 장난감의 움직임을 다른 고양이의 장난감보다 일시적으로 더욱 매혹적으로 보이게 만든다. 다른 고양이의 장난감에 달려들면, 그 고양이가 새로운 장난감에 관심을 갖도록 재빨리 유도한다. 각각의 고양이가 '자신에게 할당된 장난감만 가지고 놀아야 한다'고 너무 엄격하게 규칙을 세울 필요는 없다. 장난감 두 개를 사용할 때의 핵심은 경쟁과 위협을 방지하는 것이라는 점을 기억하도록 한다.

여러분 혼자이고 고양이는 세 마리 이상이라면, 두 개의 장난감을 사용해서 몰래 다가가고 습격하는 기회를 고르게 분배할 수 있는 최상의 방법을 찾도록 한다. 고양이들 중 한 마리가 특히 공격적이어서 다른 두 마리가 놀이를 즐기는 것을 어렵게 만들면, 지금 그룹상호교감놀이를 하는 것은 좋은 선택이 아니다. 다른 고양이들과 상호교감놀이를 하는 동안 공격적인 고양이는 다른 방에 격리시킨다. 먼저 사이가 좋은 두 마리와 그룹놀이를 하고 나서, 격리된 다른 고양이와 별도의 놀이시간을 갖도록 한다. 공격적인 고양이의 문제가 무엇이든 간에 행동교정을 수행한 다음, 다른 고양이 한 마리 또는 두 마리와 함께 그룹놀이시간에 참여시킬 수도 있다.

04

재훈련을 위한
상호교감놀이요법

상호교감놀이요법을 행동교정에 도움이 되도록 사용하는 방법은 여러 가지가 있다. 잘못된 행동을 나타내는 고양이에게 놀이시간을 제공한다는 것이 적절한 방식으로 보이지 않을 수도 있지만, 놀이요법은 실제로 고양이에게 초점을 맞춰 긴장을 완화시키는 강력한 방법이 될 수 있다는 점을 염두에 두도록 한다.

| 유지관리버전의 놀이요법 병행

우선 고양이가 어떠한 유형의 행동문제를 보인다면, 놀이요법의 유지관리버전을 매일 병행해야 한다. 때때로 하루에 두 번의 놀이시간을 갖는 것이 어려운 경우 한 번만 진행할 수도 있지만, 고양이가 행동문제를 안고 있다면 반드시 두 번의 놀이시간을 진행하기 위한 일정을 마련해야 한다. 심각한 행동문제에 대한 재훈련을 실시해야 하는 경우, 여러분은 지금 위기상황에 처해 있는 것이므로 모든 것을 멈출 필요가 있다. 여러분의 계획은 집중돼야 하고 치열해야 한다는 점을 명심하도록 한다.

종종 행동문제는 서서히 드러나고 시간이 지날수록 점차 악화되는 경향이 있다. 공공연한 공격성 또는 화장실 밖에 배설을 하는 것과 같은 심각한 문제가 발생할 때까지, 도대체 무슨 일이 벌어지고 있는지 보호자가 알아채지 못하는 경우가 매우 많다. 이는 해당 문제가 한동안 잠복해온 것이며, 문제의 해결을 위해서는 무심하고 편리한 방법을 찾으려 하지 말고 더욱 집중적인 노력을 기울여야 한다는 것을 의미한다. 또 하나 염두에 둬야 할 점은, 보호자는 '고양이의 모든 세상'이라는 것이다. 고양이의 관심, 애정표현, 먹이, 안전 등 관련된 모든 것은 보호자로부터 비롯된다. 우리 인간들은, 보호자가 하루의 일과를 마치고 집에 도착하는 시간을 고양이가 얼마나 고대하는지 쉽게 잊어버린다. 고양이와 개는 소중한 반려동물이며, 우리의 삶에 반려동물을 들이는 책임을 갖게 될 때는 그 관계에서 우리에게 주어진 몫을 다할 필요가 있다.

행동문제가 있는 고양이를 재훈련시킨다는 것은, 놀이시간을 수행하기 위해 30분 정도 TV시청을 포기하거나 밤에 잠자리에 드는 시간을 15분 정도 늦춰야 한다는 것을 의미하지만, 그에 따르는 보상은 그러한 불편함을 상쇄하고도 남을 것이다. 현재의 문제를 교정할 뿐만 아니라 미래에 행동문제가 발생하는 것을 방지하기 위한 투자라고 생각하도록 한다. 여러분의 고양이가 동료고양이들과 잘 지내고 화장실을 성공적으로 사용하며, 손님이 왔을 때 침착하거나 여러분이 원했던 행동을 나타내는 것을 보게 된다면, 재훈련과정과 상호교감놀이요법을 충실히 수행하는 데 보내는 8주(문제의 심각도와 유형에 따라 달라진다) 정도의 시간이 매우 가치 있게 느껴질 것이다.

| 방향전환을 위한 놀이요법

유지관리버전 외에도 방향전환을 위한 놀이요법을 사용할 수 있다. 이러한 유형의 놀이는 빠르고 즉각적이지만 타이밍이 매우 중요하다. 고양이가 원치 않는 행동을 막 나타내려는 신호를 보일 때 그의 관심을 장난감으로 돌려야 한다. 앞서 언급했듯이, 실제 행동이 일어나기 전에 고양이를 집중시킬 필요가 있기 때문에 타이밍이 중요하다. 타이밍을 놓치고 고양이가 이미 원치 않는 행동을 나타냈다면, 놀이요법은 그 행동을 오히려 강화하게 된다. 고양이의 머릿속에 아직 생각이 있는 동안, 또는 원치 않는 행동이 주로 발생하는 장소를 향해 걸어가는 동안 고양이의 마음을 사로잡아야 한다.

방향전환을 위한 놀이요법은 즉각적으로 먹이추적본능을 자극시키기 때문에 고양이의 사고방식을 부정적인 것에서 긍정적인 것으로 변화시키게 된다. 방향전환을 위한 놀이요법 시행 시 본격적인 놀이과정을 진행할 필요는 없다. 그저 주의를 돌리기 위해 장난감으로 먹이유사 움직임을 만든 다음 고양이가 그것을 잡게 하면 된다.

스프레이 행동이 나타날 경우

방향전환기법은 여러 상황에서 효과가 있는 행동교정기술인데, 몇 가지 전형적인 사례를 들어보기로 한다. 스프레이 행동에 대한 재훈련을 시도한다고 가정해보자. 이전에는, 고양이가 물건을 향해 걸어가고 있는 것을 발견하고 스프레이를 할 것 같다고 생각되거나, 또는 물건 앞에 멈춰 서면 소리를 지르거나 다른 곳으로 내쫓았을 것이다. 이렇게 해서 당시 스프레이 행동을 한 번은 막았겠지만, 고양이는 보호자가 보지 않을 때는 아마도 어딘가에 또 스프레이를 했을 수도 있다. 이때 보였던 보호자의 부정적인 반응은 또한 고양이에게 불안감을 유발하고 두려움을 갖게 했을 것이다.

새로운 접근법은 스트레스를 줄이고 고양이가 더 안전하게 느끼도록 안심시키기 위해 긍정적인 측면에서 생각하는 것이다. 고양이가 스프레이를 위한 목적지를 향해 걸어가고 있고 스프레이를 곧 할 것이라고 생각되면, 고양이의 주의를 장난감으로 돌리도록 한다. 방향전환기법은 먹이추적본능을 자극하게 되는데, 스프레이 행동을 하기 위한 목표지로 향했을 때 고양이의 기분은 부정적이거나 불안하기 때문에 즉시 자극적인 기대를 갖게 할 수 있다. 방향전환기법의 또 다른 중요한 측면은, 보호자가 고양이의 의도를 잘못 읽고 놀이요법을 수행했는데 스프레이를 하지 않는 경우, 결과는 그저 고양이가 약간의 보너스 놀이시간을 얻는 것이 전부라는 점이다. 고함을 지르거나 다른 곳으로 내쫓는 기법을 사용했을 때는, 고양이가 스프레이를 할 의도가 없었던 경우 얼마나 혼란스럽고 놀라게 했을지 상상해보라.

고양이들 사이에 문제가 있을 경우

방향전환기법의 효력이 나타나는 또 다른 전형적인 사례는 고양이들의 상호관계에 공을 들여야 하는 경우다. 한 마리가 정기적으로 다른 고양이를 괴롭히고 있다고 가정해보자. 보호자는 그 고양이가, 무슨 일이 일어날지 모른 채 창밖을 바라보고 있는 희생양을 향해 걸어가고 있는 것을 알아채고, 고함을 지르거나 내쫓아 그곳에서 물러나게 했다. 만약 이때 그 고양이에게 공격할 의도가 전혀 없었다면, 이러한 방법은 무고한 고양이를 당황스럽게 했을지도 모른다. 또한, 고양이들이 서로에 대한 포용심을 개발하는 데 전혀 도움이 되지 않는다. 이 경우 방향전환기법을 사용해서 고양이의 관심을 희생양 대신 장난감에게 재빨리 돌려야 한다. 비록 자신의 희생양에게 몰래 다가가려고 의도했을 수도 있지만, 장난감생쥐에게 달려드는 기회를 지나치기란 어려울 것이다. 그 결과, 공격자의 사고방식이 부정적인 것에서 긍정적인 것으로 바뀌고 희생양은 무사하게 된다. 앞서 언급한 스프레이 행동 사례와 마찬가지로 타이밍이 중요하므로 희생양을 공격하기 전에 행동의 방향을 전환시켜야 한다. 설령 고양이의 의도를 잘못 읽었다 해도, 놀이를 위한 추가적인 기회를 제공받았다는 점에서 해로울 것은 아무 것도 없다.

방향전환용 장난감의 보관

고양이의 관심을 무언가로부터 돌리거나, 막 일어날 것으로 의심되는 행동을 막기 위해 다시 집중시켜야 할 때마다 방향전환기법을 사용하도록 한다. 방향전환기법이 효과가 있도록 하기 위해서는 상호교감장난감을 편리한 위치에 미리 준비해둬야 한다. 장난감을 찾기 위해 아래층의 보관함으로 달려 내려가야 한다면, 방향전환의 기회를 놓치게 될 것이다. 따라서 필요할 때 즉각 사용할 수 있도록 재훈련시행기간 동안 집안의 다양한 장소에 상호교감장난감을 보관해두는 것이 좋다.

캣댄서(Cat Dancer)는 와이어를 감아 서랍이나 그림 뒤에 깔끔하게 보관할 수 있기 때문에 방향전환 시 적절하게 사용할 수 있는 훌륭한 도구이며, 가격이 저렴해서 여러 개를 구입해도 큰 부담이 없다. 방향전환과 관련해서는 크고 불편한 장난감을 사용할 필요는 없으며, 무엇이든 긍정적인 반응을 얻을 수 있는 것을 사용하면 된다. 고양이가 탁구공이나 마일라 공 또는 생쥐장난감을 좋아한다면, 먹이추적본능을 자극하기 위해 필요할 때 던져주거나 굴려줄 수 있도록 여러 곳에 보관해둔다.

유지관리버전의 상호교감놀이를 진행하기 시작하면서, 고양이가 거부하기 힘든 장난감이 무엇인지 좀 더 잘 알게 될 것이다. 이러한 지식을 활용해서 방향전환 시 비상용으로 사용할 수 있는 장난감을 개발해보는 것도 좋다. 필자는 언젠가 고양이용 우유용기에서 고리를 꺼내 사용했던 적이 있다. 필자는 주방에 있었고, 근처에 있던 고양이 두 마리 사이에 긴장감이 돌아 이를 완화시켜줘야 했다. 그때 냉장고를 조용히 열어 플라스틱 용기에서 고리를 꺼낸 다음 바닥에 미끄러지도록 던져줬는데, 먹이추적본능이 즉시 나타났다. 방향전환기법을 사용할 때는 장난감을 고양이에게 직접 던지지 않도록 주의해야 한다. 먹이추적본능은 고양이의 시야에서 멀리, 또는 가로지르면서 움직이는 물체에 의해 자극된다는 점을 기억하기 바란다.

| 놀이요법 시행 시 주의할 점

놀이요법은 고양이의 사고방식을 바꾸기 위해 변화를 줄 때도 사용될 수 있다. 이는 현재 고양이에게 부정적으로 보이는 무언가와 긍정적인 연관성을 만드는 것을 포함한다. 고양이가 부정적으로 생각하는 영역에서 놀이시간을 가짐으로써 이러한 연관성을 만들 수 있다. 예를 들어, 고양이가 특정 공간 또는 그 공간 내에 있는 특정 물건에 대해 두려움을 가지고 있다면, 해당 지역은 아니지만 그곳에서 가까운 장소에서 놀이과정을 진행하도록 한다. 이때 고양이가 자신의 안전지대 내에 머물 수 있도록 처음에는 충분히 멀리 떨어져야 한다. 몇 번의 과정을 진행한 다음 좀 더 가까이 이동한다. 부정적인 반응을 보이는 것을 방지하기 위해서는, 너무 조급하게 생각하지 말고 여러분이 필요하다고 생각하는 속도보다 더 천천히 다가가는 것이 좋다.

이러한 놀이과정은 규칙적인 유지관리버전이 될 수 있고, 혹은 여기에 몇 가지 과정을 추가할 수도 있다. 고양이가 특정 영역에서 스프레이 행동을 보이는 경우, 각 영역에서 놀이과정을 진행함으로써 특정 장소와의 연관성을 변화시켜야 한다. 특정 공간을 두려워하는 고양이에 있어서는 놀이시간을 통해 점진적으로 앞으로 나아가도록 해줘야 한다. 때때로 문제가 되는 것은 고양이가 특정 공간에서 밖으로 나오는 것을 두려워할 때다. 이 경우 방안에서 놀이과정을 여러 번 진행하고 나서 조금씩 문지방으로 나아갈 수 있고, 이를 넘어설 수 있다. 고양이 스스로 얼마나 빨리 나아갈지 결정할수 있도록 해주는 것이 좋다. 문제의 원인이 두려움에 기반을 둔 것이라면, 놀이요법을 최대한 점진적으로 시행하는 것이 매우 중요하다는 것을 명심하기 바란다. 진공청소기와 같은 물건에 대한 공포는 점진적인 탈감작(desensitization)[5]과 놀이요법을 통해 감소될 수 있다. 이에 대한 자세한 내용은 제4장에서 설명된다.

고양이 두 마리 사이에 긴장관계가 형성돼 있는 경우, 그룹놀이 중에 긍정적인 관계를 만들기 위한 놀이요법을 사용할 수 있다. 고양이들이 방안에 있는 서로를 인식하

---

[5] 과잉반응을 경감, 조절하기 위한 절차로 알레르기반응 외에 불안이나 긴장 등의 심리적 반응에 대해서도 사용한다. 심리적 탈감작은 공포증 치료를 위해 조건부 등의 행동요법적 기법을 응용한 것이다. 이는 문제가 되고 있는 공포반응을 일으키는 상황을 공포감이 가장 약한 상황에서 가장 강한 상황까지 단계적으로 설정하고, 우선은 가장 약한 단계의 상황설정 하에서 이완이나 자율훈련법을 사용해 공포를 조절하는 것을 학습한다. 다음에 서서히 공포의 정도가 강한 상황설정에서 같은 것을 반복하는 과정에서 점점 공포증을 일으키는 자극이 있더라도 반응하지 않는다는 것이다.

지만 각자 안전지대 내에 남아 있을 수 있도록 평행놀이를 수행한다. 고양이들은 주위에 다른 고양이가 있다는 것이 그렇게 나쁜 일은 아니라는 사실을 깨닫게 될 것이다.

놀이요법은 또한 부정적인 사건발생 이후에 고양이의 사고방식을 변화시킬 필요가 있을 때도 효과가 있다. 화장실에서 복병을 만난 것과 같은 부정적인 경험을 가지고 있는 경우, 어느 정도의 먹이추적본능을 유발하기 위해 자연스럽고 편안한 버전의 놀이요법을 수행한다. 무슨 일이 발생했는지에 따라 고양이가 놀이에 바로 뛰어들지 않을 수도 있지만, 신체언어를 통해 보호자가 편안한 상태임을 보여주고 장난감이 먹이처럼 움직인다면, 고양이의 눈이 반짝이는 것을 볼 수 있을 것이다.

주의해야 할 점은, 특정 트라우마로 인해 고양이가 공격적으로 반응하는 경우, 이 방법을 사용해서는 안 된다는 점이다. 고양이에게서 긍정적인 반응을 이끌어내려 하기 전에, 우선 고양이가 진정하고 자신의 환경에 다시 익숙해질 수 있는 시간을 줘야 한다. 순간적으로 발생한 부정적인 사건이 주요 트라우마로 남을 수 있기 때문에, 필자는 항상 고양이에게 긍정적인 분위기를 남기려고 노력한다.

이제 여러분은 놀이요법의 중요성과 그것이 재훈련과정을 촉진하는 데 도움이 될 수 있는 방법에 대해 보다 잘 이해하게 됐다. 행동교정, 운동, 탈감작화, 방향전환 등을 위해 놀이요법을 사용하는 동안 여러분의 고양이는 그저 즐기기만 하면 된다.

05

혼자 지내는 시간을 위한 단독놀이

앞서 언급했듯이, 고양이는 자극과 활동을 통해 이익을 얻는다. 따라서 보호자가 집에 없는 동안에도 이러한 이익을 얻을 수 있는 환경을 만들어주는 것이 좋다. 고양이는 일반적으로 자신의 오락의 원천인 보호자가 없는 집에서 하루에 약 9~12시간을 혼자 보낸다. 단독놀이를 하면서 고양이가 자신의 즐거움을 위한 활동을 스스로 개발함으로써 혼자 있는 시간을 최대한 활용하도록 도움을 줄 수 있다.

| 단독놀이 시 주의할 점

단독놀이가 상호교감놀이를 완벽하게 대체하지는 못하지만, 환경에서 얻는 즐거움을 대폭 늘려줄 수는 있다. 현재 가지고 있는 장난감으로 단독놀이를 시작할 수 있는데, 일단 장난감쥐와 기타 작은 장난감들을 모두 모아서 보관장소에 넣어둔다. 주변에 너무 많은 장난감이 널려 있을 경우, 그 장난감은 더 이상 특별하지 않게 된다.

한 번에 몇 개씩만 꺼내 쓰고 정기적으로 장난감을 바꿔주도록 하는데, 이러한 방법을 이용하면 다른 장난감을 내놨을 때 그것이 다시 새로운 장난감으로 보일 수 있다. 속이 노출돼 찢어졌거나 끊어질 위험이 있는 해진 장난감들은 이 기회에 버리도록 한다. 다만 그 장난감이 고양이가 좋아하는 것이고 어느 정도 고칠 수 있는 경우, 안전한지 여부만 확인되면 당분간 사용해도 괜찮다.

또한, 단독놀이를 위해 몇 가지 새로운 장난감을 구입한다. 특히 현재 보유하고 있는 장난감이 구식이고, 오랫동안 고양이가 관심을 가지지 않았다면 새로 구입하는 것이 좋다. 고양이가 발로 치며 놀 때 흥미로운 움직임을 만드는 장난감, 재미있을 것 같은 장난감을 찾아 구매한다. 예를 들어, 대다수 고양이들은 우유통 가장자리에 달린 고리를 좋아하며, 반려동물용품점에서 비슷한 유형으로 안전하게 제조된 제품을 구할 수 있다. 이러한 장난감들은 가볍고, 발로 살짝 치기만 해도 쉽게 구른다는 장점이 있다.

| 단독놀이장난감의 종류

단독놀이에 사용할 수 있는 다양한 장난감들이 시판되고 있으므로 자신의 고양이에게 적절한 것을 쉽게 구할 수 있을 것이다. 굉장한 의욕을 갖고 한꺼번에 수많은 장난감을 사들일 수도 있는데, 한 번에 몇 개씩만 꺼내고 모든 장난감을 정기적으로 바꿔가며 사용해야 한다는 것을 기억하도록 한다.

기본적인 유형의 장난감
마일라(Mylar) 주름공은 쉽게 부서지지 않고, 고양이가 건드리거나 발로 치면 상당한 소리를 내며, 바닥에 잘 굴러다닌다는 장점이 있다. 또 스타일, 직물, 크기, 형태 등에 있어서 다양하게 제조된 장난감쥐를 구입할 수도 있다. 여러 가지 종류로 구입하되, 고양이의 성격과 크기를 고려해서 선택한다. 고양이가 작은 경우 커다란 봉제쥐장난감은 구입하지 않는 것이 좋다. 깃털이 달린 장난감은 고양이에게 항상 인기가 있는 제품군이며, 일반적으로 공작깃털이 가장 선호도가 높다. 이러한 장난감을 구입할 때는 깃털이 제대로 부착돼 있는지 확인해야 한다.

소리가 나는 유형의 장난감
장난감을 선택할 때는 소리 또한 일부분 고려해야 한다. 모든 장난감이 소리를 내는 것은 아니지만, 찍찍거리는 소리를 내는 것과 잡음을 만드는 것을 선별해서 구입해야 한다. 쥐가 찍찍거리는 소리는 고양이의 사냥본능을 자극시킬 수 있다. 벨이 달린 장난감은 고양이에게 인기가 있지만, 일반적으로 먹이추적본능을 유도하는 소리를 내지는 않으며, 마일라 공이 내는 소리 또는 장난감이 바닥을 미끄러지는 것과 같은 살랑살랑 소리를 낸다. 플레이앤스퀴크(Play-N-Squeak)는 소리를 내는 칩이 내장된 봉제쥐장난감으로, 몸체를 치거나 움직일 때 찍찍거리는 소리를 낸다. 매우 잘 만들어진 장난감이며 많은 고양이들이 좋아하는데, 크기가 아주 작은 고양이에게는 너무 클 수도 있기 때문에 구입 시 이와 같은 점을 염두에 둬야 한다. 고양이가 덩치는 작은데 큰 장난감을 가지고 노는 것을 좋아하는 경우, 플레이앤스퀴크가 적합할 수도 있다.

은신처 유형의 장난감

단순해 보이는 상자와 종이봉투도 단독놀이에 사용할 수 있는 훌륭한 아이템이 된다. 고양이보호자라면 입구가 벌어진 종이봉투를 탐색하는 것이 고양이에게 얼마나 재미있는 일인지 다들 잘 알고 있을 것이다. 고양이 자신만의 종이봉투 몇 개를 제공해주면 신나게 가지고 놀 수 있다. 종이봉투를 제공할 때는 입구가 찌그러지지 않도록 가장자리를 몇 번 접어 올린 다음, 봉투 안에 장난감을 넣어주면 좋다.

상자 또한 고양이에게는 멋진 장난감이 될 수 있는데, 박스형 장난감을 구입해 제공하거나 택배상자를 이용해 직접 만들어줄 수도 있다. 상자의 뚜껑을 열어둔 채 그 안에 장난감을 넣어주거나, 상자에 구멍을 만들어 거꾸로 뒤집어서 은신처로 제공할 수도 있다. 빈 티슈박스 안에 탁구공을 넣어 제공하면 앞발로 치면서 놀 수 있다. 안에서 공이 굴러다닐 수 있는 공간을 확보하기 위해서는 작은 것보다 대형 티슈박스를 사용하는 것이 좋다. 탁구공이 바닥에 구르면서 나는 소리가 고양이의 흥미를 자극하는데, 탁구공을 가지고 놀 때 꽉 무는 경향이 없는지 확인해야 한다. 개는 탁구공을 물어 구멍을 내거나 삼킬 수 있으므로 개가 있는 가정에서는 사용하지 않도록 한다.

터널은 재미있는 놀이장소도 되고, 낮잠을 자는 은신처로 사용할 수도 있다. 퍼즐형 게임과 퍼즐피더(puzzle feeder)는 단독놀이를 위한 자극을 제공하는 데 효과가 탁월하며, 픽어프라이즈(Peek-a-Prize)와 플레이앤트리트볼(Play-N-Treat ball)을 사용해서 사냥기회 및 자극을 증가시킬 수 있다. 퍼즐피더에 대한 자세한 내용은 제2장을 참고한다.

움직이는 유형의 장난감

단독놀이에 움직이는 장난감들을 사용할 수도 있다. 패닉마우스(Panic Mouse)는 튀어 올랐다 툭 떨어지는, 와이어가 달린 전동장난감이다. 고양이의 성격에 맞춰 보호자가 속도를 조절해 제공할 수 있다는 장점을 가지고 있다. 고양이가 패닉마우스를 잡았을 때 쉽게 뒤집어질 수 있기 때문에, 가지고 놀다가 뒤집어진 경우 이를 다시 세워줄 보호자가 가까이 있을 때 사용하는 것이 효과적이다. 패닉마우스는 보호자와 함께하는 상호교감놀이를 대체할 수는 없지만, 고양이가 놀이를 필요로 하고 보호자는 무언가 다른 일을 해야 할 때 유용하게 사용할 수 있는 훌륭한 장난감이다.

움직이는 장난감을 구매하고자 할 때는 먼저 고양이의 성격을 고려해야 한다. 고양이의 성격이 소심한 경우, 이러한 장난감들에 익숙해지지 않을 수도 있으므로 수동식 상호교감장난감 또는 비위협적인 단독놀이장난감을 선택하는 것이 좋다. 필자의 고양이 중 한 마리는 기본적으로 겁이 없는 성격이고, 잠도 자지 않고 하루 종일 놀이를 할 수 있을 정도로 에너지가 넘치기 때문에 패닉마우스를 잘 사용하고 있다.

장난감을 내놓을 때는 그냥 바구니에 담은 채로 아무렇게나 던져놓지 말고, 고양이의 놀이영역 주변에 전략적으로 잘 배치해서 고양이가 스스로 장난감을 찾아낼 수 있도록 해주는 것이 좋다. 하나는 캣트리에 배치하고, 다른 하나는 의자 밑에서 살짝 엿보이게끔 배치하는 것도 좋다. 필자는 아침에 집을 나서기 전에, 고양이가 낮 시간 동안 즐길 수 있도록 집안 곳곳에 장난감을 세팅해주는 것을 좋아한다. 일과를 마치고 집에 돌아왔을 때 모든 장난감이 처음과 다른 장소에 놓여 있는 것을 보면, 필자가 집을 비운 사이 고양이가 왕성하게 활동했다는 것을 알 수 있다.

| 캣닢(catnip, 개박하)

반려동물용품점 또는 온라인쇼핑몰에서, 캣닢을 채워 넣었거나 캣닢 냄새가 나는 장난감들을 판매하고 있는 것을 많이 볼 수 있다. 이러한 캣닢 장난감을 구매할 때는, 매우 질이 낮은 수준의 캣닢을 사용해 만든 경우도 종종 있으므로 선택에 주의를 기울여야 한다. 캣닢의 품질이 좋은 것인지, 또는 고양이가 잘 반응하는 제품인지 여부를 미리 알 수 있다면 좋겠지만 여의치 않을 것이다. 만약 의심스럽다면 일반장난감을 구매해서 여러분이 직접 캣닢을 장난감에 문질러 제공하는 것도 좋은 방법이다.

── MEMO ── **캣닢의 몇 가지 사용법**

- 고양이가 흥미를 잃은 장난감에 건조된 캣닢을 문질러줌으로써 흥미를 유발한다.
- 그루밍 또는 발톱손질을 하고 난 후 캣닢을 제공함으로써 적절한 보상을 한다.
- 동물병원에서 고양이의 관심을 돌리기 위해 진료대 위에 캣닢가루를 약간 뿌려준다.
- 고양이가 스트레스를 받은 경우 이를 완화시키기 위해 캣닢파티를 열어줄 수 있다.
- 앉아서만 지내는 고양이 또는 비만고양이의 상호교감놀이시간에 사용할 수 있다.
- 스크래칭을 하도록 유도하기 위해 스크래칭 포스트 위에 캣닢을 문질러준다.
- 잠재적인 문제행동으로부터 고양이의 관심을 돌리기 위해 캣닢을 첨가한 장난감을 제공한다.
- 매우 활동적인 고양이의 경우, 캣닢을 제공해 에너지를 발산할 수 있도록 해준다.
- 일주일에 한두 번씩 캣닢파티를 열어줌으로써 재미를 북돋울 수 있다.

캣닢 또는 캣닢이 들어간 장난감은 일주일에 한두 번만 제공하는 것이 좋으며, 양질의 캣닢을 구비해두고 일주일에 한두 번 '캣닢파티'를 열어주면 좋다. 캣닢은 완전히 무해한 허브이며, 고양이가 흡입했을 때 약 15분에서 20분 정도 즐거움을 경험하게 된다.

캣닢은 고양이의 두뇌를 자극하기 때문에 스트레스감소 및 놀이시간의 활성화를 위해 사용할 수 있는 훌륭한 도구다. 휘발성오일에 함유된 네페탈락톤(nepetalactone) 성분이 기분 좋은 반응을 유발하는데, 고양이에게 제공하기 전에 건조된 캣닢을 손가락으로 문질러주면 이 오일이 방출된다. 캣닢을 제공할 때는, 캣닢에 대한 반응이 떨어지는 것을 방지하기 위해 캣닢 주위에 아무것도 남겨두지 않는 것이 좋다.

잘게 부서진 캣닢은 여러 가지 방법으로 사용할 수 있다. 깨끗한 양말 속에 캣닢을 약간 넣고 끝을 묶은 다음, 고양이에게 직접 제공할 수 있다. 장난감에 문질러주면 장난감을 좀 더 매력적으로 보이게 만들 수 있으며, 캣닢을 용기에 담아 장난감쥐 또는 주름공을 넣어두면 필요할 때 효과적으로 사용할 수 있다. 스크래칭을 유도하기 위해 스크래칭 포스트에 문질러줄 수도 있으며, 바닥 또는 종이판지 위에 뿌려놓고 고양이가 그 위에서 뒹굴면서 냄새를 맡게 할 수도 있다. 캣닢 효과가 흡입을 통해 나타나지만 핥거나 씹어 먹기도 하는데, 고양이에게 무해하므로 염려하지 않아도 된다.

캣닢은 재훈련과정에도 멋지게 사용할 수 있다. 정기적인 캣닢파티 일정 외에도, 필요한 경우 행동교정을 진행하는 동안 캣닢을 사용할 수 있다. 고양이가 긴장하거나 신경질적인 반응을 보이는 경우, 캣닢을 이용해 완벽한 놀이시간을 제공할 수 있다. 손님이 방문한 경우 심지어 방문을 마치고 돌아간 후에도 고양이가 여전히 부정적인 반응을 보이면, 캣닢을 조금 제공해주는 것이 도움이 된다.

고양이보호자들은 이 허브가 얼마나 강력하고 유용한 기능을 하는지 잊어버리는 경향이 있다. 필자는 고양이보호자들이 캣닢의 이점을 충분히 활용하지 않거나, 고양이에게 너무 많이 제공해서 효과가 없게 만드는 경우를 종종 봤다. 올바르게 사용만 한다면, 캣닢은 매우 훌륭한 도구가 될 것이다. 수컷 고양이가 있는 다묘 가정의 경우, 캣닢을 처음 사용할 때는 각각의 고양이에게 개별적으로 먼저 제공하고 나서 점차 그룹으로 사용하는 것이 좋다. 일부 수컷들은 캣닢에 너무 열정적으로 반응한 나머지 공격적으로 바뀔 수도 있으므로 주의를 기울여야 한다.

    모든 고양이가 캣닢에 반응하는 것은 아니기 때문에 자신의 고양이에게 효과가 없다고 걱정할 필요는 없다. 캣닢에 대한 반응은 유전적이며, 고양이 개체수의 약 1/3은 이 유전자가 부족하다. 참고로 캣닢 줄기가 많은 것은 일반적으로 품질이 낮은 제품이므로 캣닢을 구입할 때는 잎과 꽃잎만 사용된 것을 선택하도록 한다.

06
클리커 트레이닝의 효과와 진행

개에게 클리커 트레이닝(clicker training)을 적용한다고 들어본 적은 있겠지만, 고양이를 대상으로 클리커 트레이닝을 한다는 것은 전혀 생각하지 못한 사람들도 많을 것이다. 놀랍게도 고양이는 실제로 클리커 트레이닝이 가능한 동물이며, 이 기법은 행동문제를 해결할 때 매우 유용하게 사용할 수 있다. 클리커는 귀뚜라미(cricket)소리처럼 들리는 소리가 나는 플라스틱 조음기(noisemaker, 소리를 내는 물건)를 말하는데, 여기에 무슨 특별한 마법이 있는 것은 아니다. 단지 고양이가 쉽게 구분할 수 있는, 가정에서 들리는 일반적인 소리와는 조금 다른 소리가 난다는 것뿐이다. 보호자가 원하는 것을 클리커로 정확히 표시하고, 그런 다음 '긍정적 강화(positive reinforcement, 표시를 따랐을 때 상을 주는 방법)'를 적용함으로써 원했던 행동을 구축할 수 있다.

| 클리커 트레이닝의 의미

필자는 클리커 트레이닝이 고양이에게서 원하는 행동을 즉시 표시할 수 있다는 점 때문에 특별히 선호한다. 고양이가 나타내는 모든 행동은 결과가 있으며, 그와 같은 결과는 좋을 수도 있고 나쁠 수도 있다. 클리커 트레이닝을 통해 바람직한 행동이 좋은 결과를 가져온다는 것을 고양이에게 보여줄 수 있다. 여러분의 고양이는 매우 영리하며, 이내 좋은 결과를 가져오는 행동과 그렇지 않은 행동 사이의 연결고리를 만들 것이다.

이 훈련방법은 긍정적인 면에 초점을 맞춘다. 보호자가 원하는 행동을 수행하지 않을 경우 보상을 얻지 못하며, 고양이의 두뇌는 보상을 얻는 것이 그렇지 않은 것보다 훨씬 좋다고 재빨리 인지할 것이다. 또한, 클리커 트레이닝은 고양이가 '먹이를 위한 활동'을 하도록 유도하는데, 이는 고양이로서 매우 자연스러운 부분이다. 따라서 클리커 트레이닝은 부정적인 행동을 바꾸고 고양이가 자신감을 얻는 데 도움을 주기 위한, 스트레스는 없고 재미는 배가되는 방법이 될 수 있다. 문제해결을 위해 클리커 트레이닝을 본격적으로 적용하기 전에, 먼저 고양이에게 클리커 소리가 무엇을 의미하는지 가르쳐야 한다. 이는 생각보다 훨씬 쉬우며, 실제로 고양이에게 공을 들일 부분은 없다.

클리커 트레이닝을 시작하기 위해서는 당연히 클리커가 필요하며, 반려동물용품점과 온라인쇼핑몰에서 쉽게 구입할 수 있다. 필요할 때 금세 찾지 못할 경우를 대비해 두 개 이상 구입하도록 한다. 클리커를 잡았을 때 오목한 부분 또는 버튼(클리커 유형에 따라 다름)을 누르면 '클릭(딸깍)' 하는 소리가 난다. 필자는 특정 행동을 표시할 필요가 있는 경우 즉시 사용할 수 있도록, 허리띠에 부착된 작은 코일스프링 걸이용 끈에 클리커를 달아놓고 있다. 클리커를 찾으려고 주머니를 뒤지다 보면 너무 늦어서 보호자가 표시하고자 하는 행동이 지나가 버리게 된다.

| 클리커 트레이닝의 보상

일반적으로 클리커 트레이닝을 진행할 때 보상으로 흔히 사용하는 것은 먹이인데, 먹이는 고양이에게 동기를 부여하는 가장 기본적인 강화인자이기 때문에 자연스럽게 사용할 수 있다. 자율급식을 하는 경우라면, 클리커 트레이닝 과정을 수행할 때 배가 충분히 고프지 않은 상태일 수도 있다. 이 경우 먹이급여일정을 적절하게 변경하거나(제7장 참고) 훈련을 진행하기 한참 전에 미리 먹이를 제공하도록 한다. 먹이를 보상으로 사용하는 클리커 트레이닝 과정이 실패할 수도 있는 주된 이유는, 단순히 고양이가 배가 고프지 않은 상태에서 진행했기 때문이다. 계획급식을 하는 경우, 하루에 급여하는 먹이를 일정 비율로 나눠 클리커 트레이닝 진행 중에 일부를 제공할 수 있다.

클리커 트레이닝에 간식을 사용할 수도 있는데, 이 경우 고양이의 정상적인 영양섭취를 방해하지 않도록 작은 조각으로 나눠 제공한다. 또한, 간식을 통째로 주면 씹는 데 너무 오래 걸리기 때문에 고양이를 산만하게 할 수 있다. 시중에서 판매되는 일부 간식의 경우, 작은 조각으로 나눴다 하더라도 고양이가 씹는 데 너무 많은 시간이 소요될 수도 있으므로 클리커 트레이닝에 사용할 간식을 결정할 때는 이러한 점을 명심한다. 일반적으로 습식사료를 소량 제공하는 것이 가장 적당하지만, 자신의 고양이에게 가장 효과가 있는 먹이를 선택해 사용한다. 특별한 식이요법을 진행하고 있는 것이 아니라면, 소량의 유아식을 사용할 수도 있다. 이때 양파가루나 마늘가루가 포함된 유아식은 고양이에게 잠재적인 건강위험을 유발할 수 있으므로 피하도록 한다.

훈련과정은 고양이에게 클리커와 보상 사이의 관계를 보여주는 것으로 시작하며, 고양이는 클릭이 즉각적인 먹이보상을 의미한다는 것을 학습해야 한다. 우선 작은 먹이용기 또는 간편하게 작은 조각으로 나눈 먹이를 준비한다. 고양이에게 소량의 먹이를 제공하는 동시에 클릭을 하는데, 이때 제공되는 먹이의 양은 완두콩 크기보다 작아야 한다. 간식조각을 사용하는 경우, 손으로 직접 주거나 바닥에 던져줄 수 있다. 습식사료를 사용하는 경우는 숟가락 끝에 살짝 찍어서 제공하도록 한다. 필자는 습식사료를 제공하는 경우 일반적인 금속스푼 대신 끝이 부드러운 유아식 스푼을 사용하는데, 유아식 스푼은 고양이가 물 경우 불쾌감을 주지 않는다는 장점이 있다.

먹이를 제공할 때마다 클릭을 하는데, 한 번 제공할 때 한 번만 클릭해야 한다. 이를 '클리커 충전(charging the clicker)[6]'이라 하며, 이 과정은 고양이에게 클릭 소리가 '즉각적인 먹이보상'이라는 의미를 가르치는 것이다. 고양이가 당장은 이러한 보상을 얻는 이유가 무엇인지 알지 못하지만, 훈련과정이 어느 정도 지나면 교육효과가 나타나게 된다. 처음 시작할 때 고양이가 클리커 소리를 귀찮게 여기는 경우, 클리커 소리에 익숙해질 때까지는 주머니에 넣거나 작은 수건에 감싸서 클릭하도록 한다.

클리커를 반복적으로 클릭하는 것이 효과적으로 보일지도 모르지만, 보호자가 고양이에게 주고자 하는 메시지는 단일한 클릭 소리와 즉각적인 보상(먹이)과의 연관성이다. 또 과정이 진행되는 동안, 고양이에게 말을 하거나 주의를 다른 곳으로 돌리지 않는 것이 좋다. 이러한 초기 훈련과정은 모두 고양이, 클리커 그리고 먹이에 관한 것이다.

---

6 '클릭소리=보상'이라는 뜻으로 고전적 조건부(classical conditioning)의 원리를 의미한다. 심리학자 파블로프가 실험한 '파블로프의 개(벨소리를 들려준 후 먹이를 제공하면, 나중에 벨소리만 듣고도 곧바로 먹이를 연상해 침을 흘리게 된다는 실험결과)'의 경우도 같은 원리로 진행된 실험이다.

일단 이들 과정 중 일부를 완료하고 고양이가 클릭&보상 조합에 노출이 됐으면, 첫 번째 트릭을 시작할 수 있다. '트릭'이라는 단어의 의미를 어렵게 생각할 수도 있는데, 이는 단지 여러분의 고양이가 하게 될 기본적인 행동을 의미하며, 고양이는 특정 행동, 클릭 그리고 보상 사이의 연관성을 배울 수 있다. 트릭의 진행은 기본적으로 '고양이가 특정 행동을 취한다 → 클리커로 그 행동을 표시한다 → 그 행동에 대해 고양이에게 보상한다'라는 세 단계의 과정을 거친다.

| 클리커 트레이닝의 단계

클리커 트레이닝은 후프를 뛰어넘게 하거나 뒷다리로 서게 하는 것부터 시도하는 것이 아니라, 고양이가 자연스럽게 취하는 임의의 행동으로 시작한다. 클리커와 먹이를 손에 들고 표시하고자 하는 행동을 클릭한 다음 바로 보상한다. 예를 들어, 선 자리에 앉는 것은 고양이가 하루에도 수없이 반복하는 행동이기 때문에 클리커로 고양이가 앉는 정확한 순간을 표시할 수 있다. 그런 다음 보상을 제공하면 된다.

처음에는 고양이가 자신에게 주어진 보상이 무슨 의미인지 알지 못하지만, 몇 번 시도하고 나면 특정 행동에 대한 보상이라는 것을 자연스럽게 인식하기 시작할 것이다. 이때 고양이가 자리에 앉게끔 인위적으로 엉덩이를 누르거나 구슬리는 행동은 하지 않도록 한다. 그냥 임의의 행동을 하게 내버려두고, 고양이가 그 행동을 했을 때 보상하면 된다. 과정을 가속화하기 위해서는 고양이 머리 바로 위쪽에서 먹이를 담은 스푼 또는 간식을 들고 있다가 고양이의 등 뒤로 약간 이동한다. 이렇게 하면 고양이가 자연스럽게 올려다볼 것이고, 이때 보통 저절로 앉는 자세가 된다.

꼭 앉는 행동을 첫 번째로 시도할 필요는 없다. 옆으로 눕는 행동, 스트레칭 행동, 특정 물건을 앞발로 긁는 행동 등을 선택할 수도 있다. 여러분이 계속해서 성공적으로 표시할 수 있는 것이라면, 고양이가 취하는 행동이 무엇이든 선택해도 좋다. 이 훈련단계는 고양이에게 '보상을 얻으려면 지금 특정 행동을 취해야 한다'는 것을 가르치는 과정이며, 그 행동은 어쨌든 고양이가 항상 자연스럽게 취하는 것이기 때문에 보호자와 고양이 모두에게 부담이 없다. 지금은 임의의 행동에 대한 보상을 하고 있지만, 향후 고양이가 나타내는 긍정적이고 다양한 움직임에 대해 클릭하고 보상할 수 있도록 한다.

── MEMO ── **간식가방의 준비**

클리커 트레이닝을 진행할 때 지퍼가 달린 작은 주머니(fanny pack) 또는 허리에 찰 수 있는 훈련용 간식가방을 구입해서 사용하면 편리할 것이다. 간식가방을 준비해서 사용할 경우 집안에서의 이동이 자유롭고, 고양이가 보호자가 원하는 행동을 취했을 때 바로 그 자리에서 클릭&보상을 즉시 행할 수 있다.

너무 흥분한 나머지 모든 행동에 대해 클릭하지 말고, 고양이가 하루에 한 번 이상 나타내는 특정 행동 몇 가지를 선택해서 진행한다. 일단 고양이가 특정 행동과 클릭&보상의 연관성을 이해했다고 생각되면, 그 행동에 이름 또는 '신호'를 붙일 수 있다. 고양이가 앉았을 때 클릭하고 보상을 했다면, 이제 '앉아'라고 말하거나 손동작을 사용하거나, 둘 다 사용해도 된다. 고양이가 자신이 행하는 행동과 관련이 있는 특정 단어에 차츰 익숙해질 수 있도록 일관되게 신호를 주는 것이 좋다.

다음 단계는 특정 행동에 대해 보호자가 신호를 줬을 경우에만 클릭하고 보상을 하는 것이다. 처음에는 고양이가 똑같은 행동을 했는데 왜 보상을 못 받는 것인지 이해하지 못할 수도 있지만, 이제 고양이의 타이밍이 아닌 보호자의 타이밍에 맞춰 진행할 수 있는 트릭이라는 것을 설정할 필요가 있다. '앉아'라고 말하고 그 행동을 할 때까지 기다린 다음, 두 번째로 앉는 행동을 할 때 클릭하고 보상을 한다. 이때 타이밍이 중요하므로 반드시 정확한 순간에 클릭하고 보상을 해야 한다. 이처럼 신호를 주는 데에는 중요한 이유가 있으며, 이는 고양이가 그저 보호자에게 행동이나 트릭을 '던지는' 것이 아니라, 신호에 따라오는 '행동에 대한 보상'을 기대하게 되기 때문이다.

일단 고양이가 신호를 학습했다면, 그 행동을 나타내지 않는 경우에 신호를 반복하는 오류를 범하지 않도록 한다. 고양이가 신호를 완전히 이해하고 나면, 반응을 결정하기 전에 구두명령을 되풀이해서는 안 된다. 훈련시간을 짧게 유지해야 고양이가 훈련시간에 대해 긍정적인 느낌을 갖게 되고, 보호자도 고양이로 인해 피로해지는 것을 방지할 수 있다. 한 과정이 몇 분 이상 지속돼서는 안 된다. 고양이가 해당 과정에서 반응하지 않는다면 충분히 배가 고프지 않거나 피곤한 상태일 수도 있으며, 이때는 긍정적인 분위기로 마무리하고 나중에 다시 시도는 것이 좋다. 모든 고양이는 자신의 속도에 맞게 학습하므로 고양이가 행동을 보이지 않는다고 좌절할 필요는 없다.

고양이를 불렀을 때 다가오도록 가르치기 위해 클리커 트레이닝을 이용할 수 있다. 먹이나 간식 등을 제공하면서 이미 이러한 행동을 유도하고 있을 수도 있지만, 이제 훈

련을 계속하기 위해 클리커를 사용해야 한다. 이 작업을 정기적인 훈련과정으로 수행할 수 있으며, 또한 고양이의 저녁식사를 준비할 때 수행할 수도 있다. 대부분의 고양이는 먹이가 그릇에 부딪치는 때를 뚜렷하게 인식하고 있으므로 먹이그릇을 내려놓을 때 고양이의 이름을 부르고, 다가왔을 때 클릭하고 보상을 한다.

    클리커 트레이닝에 지시봉을 추가적으로 사용할 수 있다. 지시봉은 단순히 무언가를 가리키는 데 사용되는 막대로, 어떤 지시봉은 고양이의 주의를 끌기 위해 끝에 작은 공이 달려 있는 것도 있다. 우선 고양이의 면전에 지시봉을 보이면서 지시봉의 개념을 인식하도록 훈련시킨다. 냄새를 맡기 위해 지시봉에 접근하면(호기심이 있는 고양이는 항상 그런 행동을 한다), 클릭을 하고 보상한다. 지시봉을 멀리 움직였다가 다시 시도하는데, 여러 범위의 거리로 움직이면서 고양이가 지시봉에 코를 댈 때마다 클릭하고 보상한다. 그런 다음 보호자가 원하는 행동을 가리키는 데 지시봉을 사용할 수 있다.

    예를 들어, 고양이가 특정 장소로 걸어가거나 위로 올라가거나, 또는 돌아서기를 바란다면, 이를 훈련시키는 데 지시봉을 사용하면 도움이 될 수 있다. 지시봉을 사용해서 고양이가 후프를 통과하고, 물건 위 또는 밑으로 통과하는 등의 행동을 하도록 유도할 수도 있다. 결국 행동문제를 해결하는 데 도움이 되도록 클리커 트레이닝을 사용하는 경우, 몇 가지 재미있는 트릭을 훈련시킬 수도 있다.

| 클리커 트레이닝의 확장

고양이가 클리커 트레이닝의 개념과 방법을 이해하고 나면, 바람직한 행동을 식별하게 하고 행동문제를 교정하는 데 적용할 수 있다. 다묘 가정에서 고양이들의 사이가 좋지 않은 경우, 부정적인 행동보다는 긍정적인 행동을 보일 때 보상이 따른다는 사실에 집중하도록 만드는 데 클리커 트레이닝이 효과적이다. 또한, 고양이를 들어 올리거나 그루밍 또는 심지어 쓰다듬는 것을 받아들이도록 훈련시키려 할 때도 도움이 된다.

    클리커 트레이닝의 핵심은 훈련시간은 짧게 진행하고 적절한 보상을 하며, 일관성을 유지하는 것이다. 클리커 트레이닝은 고양이가 행동을 나타내는 바로 그 순간에 보호자가 원하는 행동을 고양이에게 정확하게 말해주기 때문에, 행동교정프로그램에 결합할 수 있는 많은 기회들을 찾을 수 있을 것이다. 클리커 트레이닝은 고양이가 완전히 이해할 수 있는 언어로 보호자가 원하는 것을 정확하게 지적하는 강력한 방법이다.

고양이에게 클리커 트레이닝의 기본을 확립시킨 이후에는, 먹이보상의 일부는 중단한다. 훈련과정에서 클리커는 그대로 사용하되, 가끔씩 먹이 대신 칭찬이나 쓰다듬어주는 것으로 보상을 대체할 수 있다. 이와 같은 간헐적인 먹이보상은, 고양이가 자신에게 보상이 주어질 것을 알고 있는 행동을 나타낼 것이기 때문에 훈련을 유지하는 데 실질적으로 도움이 된다. 클리커 트레이닝에서 일반적으로 범하는 실수는 간헐적 보상으로 나아가지 못한다는 것인데, 그렇게 되면 고양이가 좋아하는 특정 먹이가 있을 때만 보호자가 원하는 행동을 할 가능성도 있기 때문에 부메랑효과를 가져올 수도 있다. 간헐적 보상은 고양이가 특정한 행동을 계속하도록 동기를 부여하게 되는데, 이는 포커게임과 비슷하며 보상의 가능성은 플레이어가 돌아올 수 있게 해주는 것이다.

클리커 트레이닝 과정이 진행되는 동안 너무 많은 말을 하지 않도록 한다. 그냥 고양이의 이름을 부르고 구두신호를 주면 되며, 고양이가 해당 행동을 수행하면 칭찬해준다. 수다를 떨거나 유아어를 사용해서 고양이를 달래려는 행동은 삼가도록 한다. 클리커 트레이닝은 클리커로 표시하는 행동과 고양이가 집중하게 될 먹이보상을 연결해주는 것이다. 클리커 트레이닝 또는 조작적 조건형성(operant conditioning)[7]에 대해 좀 더 자세히 배우고 싶다면 관련 서적들이 많으므로 이를 참고하도록 한다. 필자는 여기에서 클리커 트레이닝으로 할 수 있는 것이 무엇인지 간략하게 소개했지만, 보호자와 고양이가 클리커 트레이닝을 정말로 즐긴다면 많은 고급행동들을 가르칠 수 있다.

| 다묘 가정에서의 클리커 트레이닝

다묘 가정에서 클리커 트레이닝을 시행하는 것은 생각보다 까다롭지 않다. 먼저 행동을 변화시키고 싶은 고양이와 함께 훈련을 시작하는데, 이때 격리된 공간에서 수행하

---

[7] 시행착오학습(trial and error learning). 무작위적이며 무의식적인 한 반응이 다른 반응과는 달리 항상 보상을 받게 됨으로써 특정 자극과 관련된 학습의 한 종류로, 특정 행동이 그 행동의 결과들과 연합돼 이뤄지는 학습을 의미한다. 1930년대의 행동심리학자인 스키너는 조작적 조건형성이 ①특정 행동, ②행동의 결과, ③해당 특정 행동의 재발 가능성의 세 요소를 가지고 있다고 정의했다. 여기서 특정 행동의 결과는 만족스럽거나 또는 불만족스러울 수 있다. 만족스러운 결과는 '강화물'이라 불리며, 특정 행동이 재발할 가능성을 증가시킨다. 반대로 불만족스러운 결과는 '처벌제'라 불리며, 특정 행동이 재발할 가능성을 감소시킨다. 즉 '강화물'은 특정 행동을 강화시키고 '처벌제'는 특정 행동을 처벌한다.

도록 한다. 일단 고양이가 반응하기 시작하면, 주변에 있는 다른 고양이와 함께 클리커 트레이닝을 시행할 수 있다. 고양이들은 매우 똑똑하고 관찰을 통해 학습하므로 다른 고양이가 훈련을 받지 않고도 신호를 포착하는 것을 발견할 수 있을 것이다. 행동문제를 갖고 있는 고양이가 여러 마리인 경우, 가장 반응을 잘 할 것으로 생각되는 고양이에게 먼저 클리커 트레이닝을 시행한 다음, 그 고양이가 다른 고양이들을 이끌도록 만든다. 고양이들이 자신의 이름을 모두 알고 있고 보호자가 불렀을 때 다가온다면, 신호를 줄 때 각 고양이의 이름을 포함시킬 수 있다.

| 기본 훈련 이외의 트릭 훈련

고양이가 재미있는 몇 가지 트릭을 익힐 수 있도록 훈련을 과감하게 시도해본다. 이러한 시도는 고양이의 마음속에 클리커 트레이닝이라는 기법을 굳건히 다질 수 있고, 가치 있는 일들을 할 수도 있기 때문에 쓸데없이 시간을 낭비하는 것은 아니다. 고양이가 두뇌를 더 많이 사용하고 할 일이 재미있을수록 고양이의 본능을 충족시키게 된다.

클리커 트레이닝이 갖고 있는 또 다른 훌륭한 효과는 보호자와 고양이 사이에 의사소통이 보다 원활해진다는 것이다. 클리커 트레이닝에 있어서 필자가 좋아하는 부분은, 특히 보호자가 여러 가지 재미있는 트릭을 시행하고자 했을 때, 보호자와 고양이 사이에 유대감을 강화시키는 데 도움이 된다는 점이다. 여러분의 고양이가 특정 행동문제를 안고 있다면, 고양이와 함께 시간을 보낼 수 있는 재미있는 방법을 찾을 필요가 있으며, 클리커 트레이닝이야말로 가장 이상적인 방법이라고 할 수 있다.

'앉아', '뒹굴어' 등과 같은 기본적인 행동을 훈련시켰다면, 다른 재미있는 과정들을 진행해볼 수 있다. 후프 뛰어넘기를 살펴보자. 먼저 커다란 후프를 준비해서 바닥에 대고 잡는다. 고양이의 반대편에서 지시봉이나 간식을 이용해 후프를 통과하도록 유도한 다음, 후프를 통과해 걸어가면 클릭하고 보상을 한다. 점차적으로 과정을 진행해나가는 동안, 고양이가 실제로 점프해서 후프를 통과할 수 있을 때까지 후프를 조금씩 들어 올릴 수 있다. 고양이의 반대편에서 보이지 않게 간식을 잡고 같은 행동을 시킨다. 고양이는 결국 후프를 통과하면 보상을 얻는다는 것을 알게 된다. 이때 항상 간식을 보여주면서 행동을 유도하는 습관을 갖게 되면, 고양이가 간식을 봤을 때만 행동을 취할

> **MEMO** 클리커 트레이닝 시 주의할 점
>
> - 클리커 트레이닝의 전체 과정을 간략하게 유지하도록 한다.
> - 산만하게 만들지 않도록 조용한 장소에서 클리커 트레이닝을 진행한다.
> - 고양이가 배가 고픈 상태(굶주린 상태가 아닌)일 때 클리커 트레이닝을 진행한다.
> - 클리커 트레이닝 과정을 긍정적이고 재미있게 유지하도록 한다.
> - 신호를 줄 때는 일관성을 유지하도록 해야 한다.
> - 두 마리 이상의 고양이에게 시행하는 경우, 같은 속도로 학습할 것을 기대하지 않도록 한다.
> - 여러분이 원하는 행동을 고양이가 수행하지 못해도 처벌, 고함 또는 좌절감을 보여주는 것은 절대 안 된다.
> - 자신의 고양이에게 적합한 행동과 트릭을 적절하게 선택해 진행하도록 한다.
> - 고양이가 행동과 클리커 트레이닝의 연관성을 이해하면, 간헐적 보상으로 전환한다.
> - 타이밍이 중요하므로 고양이가 행동을 표현하는 정확한 순간에 그 행동을 표시해야 한다.
> - 클리커로 특정 행동을 표시할 때는 한 행동에 한 번만 클릭하도록 한다.

가능성이 있으므로 주의하도록 한다. 습식사료나 유아식을 사용하는 경우, 좀 더 복잡한 트릭을 가르칠 때 과정을 간단하게 만들기 위해 필자가 수행했던 한 가지 방법은, 클리커를 유아용 스푼 끝에 붙이는 것이다. 스푼이 짧으면 막대의 한쪽 끝에 스푼을 붙이고, 여러분이 들고 있을 다른 쪽 끝에는 클리커를 붙인다. 이렇게 하면 한 손이 자유롭기 때문에 손으로 신호를 하거나 후프를 잡는 것이 쉬워진다.

지시봉을 사용해서 고양이가 터널을 통과하도록 가르칠 수도 있다. 고양이터널을 구입해 사용하거나 종이가방 또는 상자를 활용해서 터널을 직접 만들어 사용할 수도 있다. 종이가방으로 터널을 만들 경우 바닥을 잘라내고 옆으로 눕힌 다음, 종이가방이 찌그러지지 않도록 입구를 견고하게 처리한다. 지시봉이나 장난감을 사용해서 고양이가 터널을 통과하도록 유도하고, 고양이가 터널을 통과하는 순간 클릭을 한 다음 즉시 보상한다. 고양이가 터널과 후프를 통과하는 과정을 모두 익히면, 두 가지를 혼합해 시도할 수도 있다. 터널과 후프를 충분한 거리를 두고 일렬로 배치하는데, 이렇게 하면 하나를 통과하고 나서 다음 것으로 쉽게 이동할 수 있다.

고양이가 자연스럽게 하기 좋아하거나 쉽게 할 수 있는 행동 유형에 주의를 기울여 그것을 재미있는 트릭으로 개발하는 것도 좋다. 여기서 핵심적인 요소는 즐거움이다. 클리커 '트레이닝'이라 불린다 하더라도, 전체적인 경험은 고양이에게 재미가 있고 보상이 돼야 한다는 점을 명심하도록 한다. 고양이는 학습하는 방법을 배워서 보호자의 신호를 빠르게 포착할 것이다. 고양이의 주의지속시간이 길어지고, 보상을 얻을 수 있는 행동을 보여주기를 간절히 원한다는 것을 발견하게 될 것이다.

모든 행동은 결과가 있으며, 이는 긍정적이거나 부정적일 수 있고 지연되거나 즉시 표현될 수 있다. 동물에게 있어서 즉각적인 결과는 효과가 있는 것이고, 지연되는 결과는 효과가 없다. 클리커 트레이닝을 시행할 때 여러분의 고양이는 즉각적이고 긍정적인 결과를 받아들이며, 행동이 긍정적인 결과를 가져오면 고양이가 그 행동을 반복할 가능성이 더욱 높아진다. 이 기술을 따름으로써 고양이와 인간의 유대를 강화하고 고양이의 성공을 돕는 데 초점을 맞추는 방법으로 여러분의 고양이를 훈련시킬 수 있다. 이는 간단한 개념이지만 엄청난 결과를 가져오게 될 것이다.

- 현재 고양이가 갖고 있는 문제가 크든 작든 중요한 것은, 근본적인 원인이 무엇인지 또는 고양이가 특정 행동을 표현하려는 욕구를 느끼는 이유가 무엇인지 이해해야 한다는 점이다.

제4장

오래된 습관과
심각한 문제행동 재훈련

- 문제에 대한 접근방식의 변환 -

⋮

01

'성묘 행동문제 바로잡기'의 올바른 재훈련

고양이가 가지고 있는 심각한 문제를 마지막 기회라 생각하고 교정하려 하든, 아니면 단순히 약간 성가신 습관을 고치려고 하든, 중요한 것은 상황에 접근하는 방식이다. 지금까지 고양이와 갈등을 겪으면서 심각하게 손상된 관계에 놓여 있을 수 있지만, 문제에 대한 건설적이고 건강한 해결책을 도출하기 위해서는 보호자가 이전에 보였던 감정적인 반응들을 배제해야 한다. 무언가를 잘못한다고 화를 내거나 낙담하는 대신, 고양이가 행동교정에 성공할 수 있도록 돕는 데 초점을 맞춰야 한다.

| 긍정적인 단계에 집중하기

지금까지 읽은 내용에서 배운 바와 같이, 필자의 기법은 고양이를 바람직하지 않은 행동에서 벗어나 바람직한 행동으로 이끌 수 있는 분위기를 조성하는 데 기반을 두고 있다. 고양이에 대한 필자의 접근방식은, 바람직하지 않은 행동의 근본적인 원인 또는 욕구와 그 행동을 통해 고양이가 말하고자 하는 것에 초점을 맞추는 것이다. 그리고 고양이와 인간 모두가 수용할 수 있는 방법으로 고양이의 욕구를 충족시키는 환경을 만든다. 필자는 필자가 원하는 행동으로 고양이가 나아가는 긍정적인 단계에 집중하고, 그 방식으로 계속 나아갈 수 있는 의욕을 심어준다.

행동교정 시 필자가 병행해 사용할 수도 있는 소위 '부정적인 것'들은 필자에게서 직접 나오지 않는다. 필자는 고양이가 의도적으로 잘못된 행동을 하지 않는다는 것을 알고 있으며, 고양이와 인간 사이의 유대관계가 손상되는 것을 분명히 원치 않는다.

따라서 부정적인 것들은 적절한 억지력의 형태로 조심스럽게 사용된다. 고양이의 관점에서 보면, 이러한 억지력은 인간에 의해 직접 만들어진 것이라기보다는 신비하게 등장하는 것으로 보이게 된다. 언제든 억지력을 사용하는 경우, 필자는 고양이에게 더 나은 옵션을 제공함으로써 긍정적인 것으로 부정적인 것에 대해 균형을 잡아주기 때문에, 결국 고양이는 일어난 일이 부정적인 것이 아니라 좋은 것이라는 사실을 곧 알게 된다. 이 모든 과정이 세심하게 계획된 행동교정프로그램의 일환이지만, 고양이가 필자를 볼 때는 무고하고 의심스럽지 않은 사람으로 인식된다.

해결하고자 하는 행동문제가 장기적으로 지속돼온 경우, 행동교정을 진행하는 동안 보호자와 고양이는 인내심을 유지해야 한다. 해당 문제는 어느 날 갑자기 발생한 것이 아니며, 또한 하룻밤 사이에 해결될 수도 없을 것이다. 적절한 행동교정기법을 시행할 때, 고양이가 보호자가 원하는 방향으로 작은 첫걸음을 내딛는 것을 지켜보는 즐거움을 누리게 될 것이다. 이러한 긍정적인 작은 단계에 집중할수록 보호자와 고양이 모두에게 교정과정은 점점 더 쉬워진다. 잠시 동안 상황이 잘 진행되다가 갑자기 좌절을 경험하면 낙담하기 쉽겠지만, 이는 행동교정의 모든 유형에서 발생할 수 있는 것이라는 점을 염두에 둬야 한다. 따라서 좌절을 유발한 사항을 조사해서 필요한 조정을 한 다음, 계속 앞으로 나아가는 것이 가장 좋은 방법이다.

| 보호자와 고양이 간 신뢰재구축

행동문제의 발생으로 인해 보호자와 고양이가 좋은 친구관계를 유지하지 못하고 있을 수도 있겠지만, 고양이의 신뢰를 다시 얻을 수 있도록 노력해야 한다. 고양이와의 유대관계를 재확립하기 위해 노력하는 과정 없이, 그냥 마지못해 행동교정을 하는 시늉은 하지 않도록 한다. 이전에 부적절한 교정기법을 사용한 경우, 고양이와의 관계에 약간의 수정을 가해야 할 가능성이 있다. 고양이를 물리적으로 처벌했다면, 손을 내밀었을 때 고양이가 움찔하면서 겁을 내거나 무서워서 도망갈 수도 있다.

보호자의 손이 고통을 의미하는 것이 아니라, 쓰다듬고 들어 안으며 애정을 보여주는 장치라는 것을 알게끔 좀 더 적극적으로 노력해야 한다. 놀이요법에 대해 이전 장에서 설명했던 기법을 사용하면, 고양이가 보호자의 주변에 있는 동안 안전지대 내에 머물도록 할 수 있다. 보호자가 참여하는 놀이시간을 더 많이 제공함에 따라 고양이는 부정적인 경험이 아닌 긍정적인 경험과 보호자를 연관 짓기 시작할 것이다. 비록 물리적 처벌을 하지는 않았다 하더라도, 쫓아내고 고함을 치거나 물을 끼얹는 행동을 했다면, 고양이는 여전히 보호자를 두려워하거나 적어도 어느 정도 경계를 할 수도 있다.

고양이보호자로서 여러분은 고양이에게 안전의 근원이 돼야 하며, 이는 여러분의 목소리로 시작될 수 있다. 고양이의 신뢰를 다시 얻기 위한 노력을 하고 있는 지금은, 고양이에게 말할 때 목소리의 톤에 주의를 기울여야 한다. 목소리는 차분하고 부드러우며 친절해야 한다. 설령 아직 애정을 느끼지 못한다 하더라도 최대한 부드럽고 매력적인 톤으로 고양이의 이름을 불러준다. 유아어나 고음은 진정시키거나 안심시키는 톤이 아니므로 사용하지 않도록 하며, 부드러움을 전달할 수 있는 목소리 톤을 사용한다. 교정하고자 하는 문제와 상관없이, 보호자는 고양이에게 편안함의 근원이 될 필요가 있다. 고양이의 행동문제가 심술궂음이나 비열함에 뿌리를 두고 있는 것은 아니며, 여러분의 마음속에서 그와 같은 감정을 이끌어내서는 안 된다.

02

조금 성가신 문제행동의 교정

대부분의 사람들에게 조금 성가신 여러 가지 문제행동들은 고양이와 함께하는 삶에서 그다지 큰 걸림돌은 아니지만, 일부 고양이보호자들에 있어서는 날이 갈수록 이러한 행동을 점점 더 받아들이기 어려워한다는 것을 알 수 있다. 어떤 고양이들은 이러한 행동을 아주 미묘한 방식으로 표현하는 반면, 일부 고양이들에 있어서 이러한 행동은 인간과의 사이에 큰 마찰이 생기는 엉뚱한 결과를 초래하기도 한다.

고양이와 함께 살려면 약간의 성가심은 보호자가 체념해야 한다고 생각하는 것일 수도 있지만, 이러한 행동들은 종종 쉽게 교정될 수 있는 것이다. 큰 문제와 마찬가지로 근본적인 원인이 무엇인지, 또는 고양이가 특정 행동을 표현하려는 욕구를 느끼는 이유가 무엇인지 이해해야 한다. 그런 다음 고양이가 그와 같은 행동에서 벗어나 바람직한 방향으로 옮겨갈 수 있도록 적절한 행동교정기법을 적용할 수 있다.

비록 성가신 특정 습관이 여러분이 수용할 수 있고 현재 시점에서 일반적인 삶의 방식이 됐다 하더라도, 고양이에게 육체적으로나 정신적으로 건강한 행동이 아닐 수도 있다. 어떤 행동들은 고양이 자신을 위해 교정돼야 하며, 어떤 것은 보호자를 위해 교정할 필요가 있다. 그리고 어떤 것은 보호자와 고양이 모두를 위해 교정이 필요하다. 보호자가 원치 않는 행동을 수용 가능한 행동으로 재훈련시키는 것은 지금이라도 결코 늦지 않다는 점을 기억하기 바란다. 점차적으로나마 개선이 이뤄진다면, 재훈련은 보호자와 고양이 모두에게 더 나은 삶을 제공할 것이다.

조리대에서 돌아다니는 행동

고양이를 주방조리대에 가까이 오지 못하도록 하기 위해 수 년 동안 헛고생을 하고 있는 보호자도 있고, 아예 포기하고 항복을 하거나 하루에도 몇 번씩 고양이를 쫓아내고 있는 보호자도 있을 것이다. 많은 보호자들이 조리대 위에 분무기를 두고 필요할 때마다 수시로 고양이에게 물을 분사하는 것으로 알고 있다. 이러한 방법을 자주 사용하는데 문제는, 분사된 물을 맞은 고양이는 조리대에서 뛰어내려 눈앞에서 사라지지만 '보호자가 주위에 없을 때 나중에 다시 시도'하기로 결심한다는 것이다.

어쩌면 전에는 고양이가 조리대에 올라간다는 사실이 보호자를 귀찮게 한 것은 아니었을지도 모른다. 그러다가 새로운 가족구성원(보호자의 선택에 동의하지 않는, 혹은 알레르기가 있는)이 추가됐다거나, 또는 이사로 인해 상황이 변했을 수도 있다. 조리대에 음식이 있을 때만 소란이 심해지는 것일 수도 있고, 혹은 혼자 있을 때는 고양이가 조리대에 올라가는 것을 허용하지만 저녁식사 자리에 손님이 있을 때는 싫어했던 것일 수 있다. 음식이 없을 때와 같은 특정 상황에서 조리대에 올라가는 것을 허용했다면, 보호자는 고양이에게 혼합된 메시지를 보낸 것이다. 훈련은 일관성이 있어야 하며, 허용되거나 허용되지 않거나 둘 중 하나로 결정해야 한다. 고양이가 조리대에 올라가는 것을 허용하지 않을 생각이라면, 몇 가지 적절한 재훈련을 시켜야 한다.

금방 청소한 깨끗한 조리대에 고양이가 계속해서 뛰어 올라가도록 유도하는 여러 가지 방법들을 시도했을 수도 있다. 쫓아내고 고함을 지르든 점잖게 손을 내저으며 밀어내든, 그동안 사용된 방법들이 안고 있는 문제는, 똑똑한 고양이가 자신이 해야 할 일은 '보호자가 주변에 다시 나타나지 않을 때까지 기다리면 된다'는 것을 알고 있다는 점이다. 고양이가 선호하는 장소를 택할 것이기 때문에 좀 더 수용 가능한 옵션으로 그 장소를 대체할 필요가 있으며, 이는 재훈련과정에 있어서 중요한 부분이다.

고양이를 이끄는 조리대의 매력

고양이가 단순히 보호자에게 꾸중 듣는 것을 좋아해서 지금까지 조리대에 올라간 것은 아니다. 조리대는 상당히 매력적인 장소였거나 심지어 고양이에게 매우 필요한 장소였을지도 모른다. 이제 그것을 없애게 될 것이기 때문에 보호자는 고양이에게 조리대보다 더 좋은 것, 더 나은 것을 제공해야 한다. 그러기 위해서는 먼저 고양이에게 조리대가 매력적인 점이 무엇인지 파악해야 한다.

■ **맛있는 음식의 유혹** : 많은 고양이들에 있어서 조리대가 매력적으로 보이는 이유는, 맛있는 음식이 조리대에 준비돼 있기 때문이다(그것이 고양이만의 먹이든, 또는 가족들을 위해 방금 준비한 요리든). 재훈련과정 외의 부분에서도 조금씩 설명하겠지만, 이 경우 고양이가 식사를 하기 위해 너무 오래 기다릴 필요가 없다는 것을 확실히 인지시켜줘야 한다. 계획급식을 한다면 한 끼 먹이분량을 여러 번으로 나눠 좀 더 자주 줘야 할 수도 있다.

고양이가 저체중인 경우는 기저질환이 없는지 확인하기 위해 수의사의 검진을 받아야 할 수도 있다. 예를 들어, 갑상선기능항진증과 같은 일부 질환은 많은 식욕을 유발하는 동시에 체중이 감소되는 증상이 나타난다. 과체중일 경우 문제가 되는 것은, 고양이에게 충분한 자극이 없고 오로지 다음 식사에 대해서만 생각할 수도 있다는 점이다. 이때도 고양이에게 적절한 영양계획을 세울 수 있도록 수의사의 진단을 받을 필요가 있다. 고양이가 건강하고 먹이급여일정이 적절한 것으로 여겨지는 경우라 하더라도, 여전히 보호자가 무언가를 먹고 있을 때 강한 식탐을 보일 수 있다.

많은 고양이들은 조리대의 음식에서 나오는 흥미로운 향기를 확인할 기회를 거부하지 못한다. 따라서 재훈련을 수행하는 동안에는 그와 같은 유혹을 최대한 줄여주는 것이 바람직하다. 조리대에 남겨둬야 하는 음식은 가능한 한 빨리 뚜껑을 덮어두도록 하고, 조리대나 싱크대에 먹다 남은 음식이 담긴 지저분한 그릇을 방치해서는 안 된다. 이렇게 얘기하면 잔소리처럼 들릴 수도 있다는 것을 알지만, 고양이에 대한 유혹이 적을수록 재훈련은 더욱 빨리 진행될 수 있다는 점을 명심한다.

■ **높은 영역이라는 매력** : 고양이가 조리대에 있는 음식에는 아무 관심이 없고, 단순히 창밖의 넓은 공간을 내려다볼 수 있는 높은 영역이라는 사실을 즐기는 것일 수도 있다. 주방에는 창문이 있고, 조리대는 고양이에게 햇빛 아래에서 낮잠을 자거나 새를 관찰하기 위한 편리하고 큰 전망대를 제공한다. 높은 영역을 찾고 등반을 하며, 도약하고 탐색하는 것은 고양이 삶의 자연스러운 부분이다. 여러분의 생활공간에는 고양이를 위한 편안하고 높은 영역이 충분하지 않을 수도 있으며, 고양이는 주방조리대가 가장 매력

적인 곳이라 판단했을 수 있다. 대부분의 고양이는 보호자와 함께 있는 것을 좋아하며, 보호자가 음식을 준비하는 동안 주방조리대에 앉아 있는 것은 보호자와 가까이 있을 수 있는 쉬운 방법이다. 고양이는 이미 오래 전에, 조리대가 '오르내리기 재미있는 장소이며, 하루 종일 탐험의 기회를 제공하는 곳'이라고 판단했을 수도 있다.

고양이가 단지 '그곳에 있기 위해' 조리대에 오르는 것을 즐긴다는 결론을 내렸다면, 재훈련을 시작할 때 고양이가 수용할 수 있는 대안장소를 제공하도록 한다. 집안에 캣트리를 설치한 지 오래됐지만 고양이가 그것을 무시했다면, 문제는 캣트리의 위치와 높이(또는 높이의 부족) 또는 안정성 때문일 수도 있다. 이때는 창문 근처 또는 적어도 보호자가 대부분의 시간을 보내는 공간에 캣트리를 배치해야 한다.

■**안전을 위한 선택** : 어떤 고양이들은 안전을 위해 조리대를 이용하기도 한다. 이는 다묘 가정에서 좀 더 자주 보이는 경향이지만, 집안에 있는 개 또는 아이들로 인해 이러한 행동을 보일 수도 있다. 조리대는 높은 영역이며, 고양이에게 넓은 시야를 제공한다. 주방이 작고 밀폐된 경우, 고양이는 누군가 갑자기 들어왔을 때 조리대에 있으면서 더욱 보호받는다고 느낄 수도 있다. 고양이가 주방에서 식사에 열중하는 동안 깜짝 놀랐던 일이 있었다면, 누가 들어오는지 보기 위해 조리대에 올라가게 된 것일 수도 있다.

고양이들 사이에 약간의 긴장감이 존재하는 다묘 가정이라는 상황에서, 먹이를 먹는 공간으로부터 다른 고양이를 쫓아내기 위한 준비를 하는 차원에서 올라가 있을 수 있고, 자신이 멀리 쫓기게 될까봐 두려워서 조리대에 올라가는 것일 수도 있다. 때때로 적대적인 다묘 환경에서, 높은 영역에서 안전하게 느끼는 특정 고양이가 조리대에 소변을 볼 수도 있다. 한편, 싱크대 뒷벽의 더러움방지판은 집안에서 다른 고양이가 소유권을 주장하지 않는 영역이기 때문에 그곳에 스프레이를 할 수도 있다.

고양이가 안전문제로 인해 조리대를 선호한다고 생각된다면, 집안에 있는 다른 동물들과의 관계에 대해 재훈련을 시켜야 한다. 다묘 상황이 문제인 경우, 다른 장에서 설명한 행동교정기법을 사용해서 모든 고양이들이 적절한 개별공간을 가지고 있는 것처럼 느끼도록 해준다. 화장실 및 먹이급여장소의 경우 안전을 위해 환경적 수정이 필요할 수도 있다. 또한, 고양이가 어린아이나 개에게 두려움을 느끼고 있다면, 이들의 관계를 개선시키도록 노력해야 한다(제9장 참조).

재훈련기법

필자가 앞서 언급한 것들은 고양이가 주방조리대에 끌리는 경향이 나타나는 일반적인 이유 중 일부이지만, 여러분의 고양이에 있어서는 맞지 않는 내용일 수도 있다. 고양이가 탐정놀이를 할 수 있는 환경을 마련해주는 것이 좋으며, 필요하다면 대안으로 제공할 수 있는 환경적 변화를 시도한 다음 재훈련을 시작한다.

    조리대에서 돌아다니는 행동을 교정하기 위해 여러분이 사용하게 될 방법은 일종의 원격조종방식으로서 매우 낮은 수준의 기술이지만, 건전지라든가 고양이를 겨냥한 기기가 필요 없는 매우 효과적인 원격조종이 될 것이다. 이 방법을 원격조종이라 표현하는 이유는 재훈련과정을 진행하기 위해 보호자가 훈련장소에 없어도 되기 때문이며, 이는 억지력을 사용할 때 행동교정에 성공할 수 있는 중요한 부분이다. 고양이는 억지력이 보호자로부터 나오는 것이 아니라 물건 자체에 생기는 신비로운 변화라고 생각해야 한다. 이러한 방식은 보호자와 고양이 사이의 관계를 보호하고, 집에 사람이 없을 때에도 재훈련이 가능하도록 해준다.

■**복도용 카펫과 엑스매트(X-Mat)** : 조리대에 올라가는 고양이를 재훈련시키는 데 도움을 주기 위해 필자가 보호자들에게 권장하는 방법은 두 가지가 있다. 그중 한 가지는, 밑면에 작은 매듭이 있는 복도용 카펫(carpet runner)을 이용하는 것이다. 복도용 카펫을 조리대 표면 전체에 맞게 잘라서 매듭 면이 위로 올라오도록 배치하는데, 이렇게 해두면 조리대 표면이 고양이가 뛰어올라 착지하거나 오랜 시간을 보내기에는 매우 불편한 상태가 된다. 카펫이 조리대 위에서 미끄러지는 경우 카펫 모서리에 테이프를 붙여서 고정시키면 되며, 조리대를 사용하지 않을 때는 항상 조리대 위에 얹어두도록 한다.

    조각을 잘라 일부분만 덮을 수 있으므로 조리대 한쪽에서 식사준비를 할 경우에도 빈 공간은 여전히 보호될 수 있으며, 주방을 떠나기 전에 조리대 전체를 덮어둘 수 있다. 당분간은 불편하겠지만, 고양이가 조리대는 재미있는 장소가 아니라는 결정을 내릴 수 있는 효과적인 방법이며, 보호자는 이 모든 과정에서 악의가 없는 사람으로 남을 것이다. 몇 주 후에는 카펫을 제거할 수 있도록 훈련돼야 한다. 재훈련단계의 마지막 부분에서 길고 얇은 조각을 몇 개 잘라내 조리대의 가장자리에 배치하는 것이 좋으며, 모서리에서 약간 떨어지게 해놓으면 시각적 경고로 작용할 수 있다.

다른 한 가지는, 고양이를 특정 장소에 가까이 오지 못하도록 하기 위해 특별히 제작된 엑스매트(X-Mat)라는 제품을 이용하는 것이다. 이 제품은 거꾸로 된 비닐 카펫보호대와 같은 원리를 기반으로 한다. 엑스매트는 돌출된 융기가 있어서 고양이가 그 위를 걷거나 기대기에 불편하다는 것을 느끼게 만든다. 이음매가 달려 있어 보관과 사용이 용이하며, 의자의 등받이와 같이 둥근 모양의 물건 위에도 쉽게 덮을 수 있다. 엑스매트 또는 카펫보호대는 고양이가 접근하는 것을 원치 않는 모든 가구에 사용할 수 있으며, 일부 소매점이나 온라인쇼핑몰에서 구입할 수 있다.

■**소리 나는 음료수 캔 이용** : 고양이가 조리대에 오르는 것을 너무나 좋아하고 복도용 카펫과 엑스매트도 전혀 효과가 없을 경우 사용할 수 있는 마지막 방법은 소리를 이용하는 것이다. 우선 빈 음료수 캔이나 플라스틱 병을 준비해서 그 안에 동전 몇 개를 넣는다. 이렇게 준비한 것을 카펫보호대 또는 엑스매트 전면에서 조리대 모서리를 따라 일직선으로 세워둔다. 음료수 캔을 사용하는 경우 입구 위를 안전하게 붙이고, 병을 사용하는 경우 뚜껑을 단단히 조이도록 한다. 이렇게 만든 캔과 병을 이용하면, 고양이가 이곳이 재미있는 장소가 아니라는 것을 금세 알게 될 것이다.

다묘 가정에서는, 빈 캔이나 플라스틱 병에서 나는 소리가 잘못한 것도 없는 무고한 고양이를 놀라게 할 수 있기 때문에 사용하지 않는 것이 바람직하다. 또 한 마리가 먹이급여장소에서 먹이를 먹고 있는 동안 다른 고양이가 조리대 위로 올라가다 캔을 한두 개 바닥으로 떨어뜨려 놀라게 할 수도 있다. 고양이의 행동을 억제시키는 '소음발생억지력'은 한 마리만 기르는 환경에서 그리고 보통 수줍음이나 두려움이 없는 고양이에게만 사용해야 한다. 항상 혐오적인 방식은 최소한으로 선택하고, 캣트리나 창문 전망대와 같은 더 나은 옵션을 제공해야 한다는 것을 기억하기 바란다.

재훈련 시 주의해야 할 점
어떤 보호자들은 주방에서 고양이를 추방하기 위해 약간 과감한 방법을 사용한다고 들었는데, 슬프게도 필자는 보호자가 겁먹게 하는 방법을 사용함으로써 행동문제를 일으킨 고양이에 대한 컨설팅을 해야 했던 적이 있다. 조리대에 오르지 못하게 하기 위해 쥐덫 같이 위험한 물건을 사용해서는 안 되며, 끈적거리는 젤을 조리대에 발라두는 것도 안 된다. 강력한 냄새를 풍기는 화학제품 및 전자반려동물경보기, 저전압충격을 주는 훈련용 매트를 사용해서도 안 된다. 이러한 유형의 제품들은 고양이에게 극심한 공포를 줄 수 있으며, 특히 소심하거나 두려움이 많은 고양이의 경우 각별히 주의해야 한다. 행동교정에 사용하는 모든 기법은 인간적이어야 하며, 리마(LIMA-Least Invasive, Minimally Aversive-최소침습, 최소혐오) 접근법을 사용하는 것이 바람직하다.

문으로 돌진하는 행동

아침마다 고양이가 집 밖으로 탈출하는 것을 막으려고 말 그대로 현관문을 비집고 드나들어야 하는 경우도 있을 수 있고, 누군가 현관문을 나설 때 또는 들어올 때 다른 방에서 "고양이 못 나가게 해!"라고 외치는 소리가 들리는 경우도 있을 수 있다. 손님들에게 문틈으로 살짝 나가도록 부탁한 경험이 있는 보호자들의 경우, 이렇게 몇 년이 지난 후에는 진절머리가 났을 수도 있다. 어쩌면 최근에 실제로 고양이가 밖으로 튀어나가 잠시 길을 잃어버렸던 경험을 했을 수도 있고, 그 경험으로 인한 두려움이 보호자로 하여금 무언가 바꿔야 한다는 결심을 하게 만들었을 수도 있다.

실내전환단계의 일반적인 행동

실내와 실외를 드나들다가 지금은 실내에서만 생활하고 있는 고양이의 경우, 변화된 환경에 여전히 혼란스러울 수도 있으며 기회만 있으면 현관문을 밀치고 나가려 할 수도 있다. 실외생활을 겸하던 고양이를 실내고양이로 전환시키는 단계를 거칠 때, 문으로 돌진하는 행동은 계속 남아 있는 가장 일반적인 문제이며, 심지어 새로운 생활환경에 완전히 적응한 것처럼 보이는 경우조차도 그와 같은 행동이 남아 있다.

문으로 돌진하는 행동은 고양이에게 위험하며, 주인과 고양이 모두에게 공포스러운 행동이다. 비록 고양이가 밖으로 나가는 것을 허용하더라도, 이와 같은 행동은 분명히 좋지 않은 행동이다. 현관문이 열린 것을 볼 때마다 문밖을 향해 돌진한다면, 고양이가 밖으로 나갈 수 있는 조건이 적합한지 여부를 보호자가 판단할 시간이 없다. 문으로 돌진하는 행동에 대한 반전은, 고양이가 실제로 울부짖으며 현관문을 긁고 왔다 갔다 하거나 보호자의 주의를 끌기 위해 울 때마다 문을 열어주도록 보호자를 훈련시켰을 수도 있다는 점이다. 따라서 고양이가 기회가 주어질 때마다 현관문 밖으로 달아났든지, 끊임없이 울부짖는 것을 멈추도록 현관문을 열어줌으로써 공범자가 됐든지 여부에 상관없이, 이러한 상황을 통제해야 할 때가 됐다.

공식적인 인사장소 만들기

첫 번째 단계는 현관문 바로 안쪽이 아닌 집안의 특정 공간에, 고양이와 함께하는 '공식적인' 인사장소를 만드는 것이다. 보호자가 집을 나설 때와 돌아올 때 바로 현관문 앞에서 인사하는 행동은 피해야 한다. 대신 집안에 인사를 하는 다른 장소를 만들도록 하는데, 이는 의자 위가 될 수도 있고 창문 옆이나 캣트리 위가 될 수도 있다. 일관성만 있다면 어느 곳이든 상관없으며, 현관문 앞만 아니라면 방 한가운데도 괜찮다.

고양이가 이 새로운 인사장소에 익숙해질 수 있도록 그곳을 일반적으로 사용되는 애착장소로 만든다. 먼저 고양이를 쓰다듬어주고 싶을 때 인사장소로 고양이를 부른다. 고양이가 그루밍해주는 것을 좋아한다면 그 장소에서 빗질을 해준다. 고양이가 이러한 행동을 좋아할 때만 시행하도록 하는데, 이때는 클리커 트레이닝을 적용할 수 있는 훌륭한 기회가 된다. 고양이가 인사장소로 감으로써 보호자의 호출에 반응하면, 클릭을 하고 보상한다. 클리커 트레이닝에 관한 세부적인 사항은 제3장을 참고한다.

집을 나설 준비가 되면 인사장소로 고양이를 불러서 평소처럼 쓰다듬어주고 난 다음, 간식을 주거나 인사장소에 장난감을 남겨두고 자리를 뜬다. 고양이가 현관문 앞으로 달려오면 인사장소로 다시 부르되, 목소리 톤은 매우 부드럽고 차분하게 유지한다. 보호자가 밖으로 나간다는 사실을 요란하게 알리거나 과장된 모습을 보이지 않도록 해야 하며, 고양이가 보호자가 돌아오지 않을 것이라고 생각하게 만들어서는 안 된다. 차분하게 일상을 유지하는 방식으로 훈련을 진행하면 고양이는 잘 따라갈 것이다.

집으로 돌아와 현관문을 열었을 때 고양이가 문틈에 코를 대고 서 있는 것이 보이면 아는 체 하지 말고, 바로 인사하는 장소로 가서 그곳으로 고양이를 부른다. 그런 다음 인사장소에서 고양이가 좋아하는 방식으로 인사를 한다. 처음엔 현관문을 열고 지나가면서 고양이를 무시하는 것이 매우 힘들겠지만, 재훈련에 있어서는 일관성이 있어야 한다는 것을 항상 명심하도록 한다. 원한다면 구두신호를 사용하며, "인사하는 곳!" 또는 어떠한 것이든 보호자가 선택한 문구나 단어로 차분하게 가르치도록 한다. 클리커 트레이닝을 적용시키기에도 이상적인 시간이다. 그 특정 장소에 구두신호 또는 손신호를 지정하고, 고양이에게 그곳으로 가도록 신호를 준다.

물 분사하기

고양이가 어떠한 방식으로든 협력하기를 거부하고, 현관문이 열려 있으면 언제든지 달려 나가려고 하는 경우에는 다른 방법을 취하도록 한다. 일단 현관문 밖에 물을 담은 스프레이병을 비치해둔다. 외출에서 돌아왔을 때 현관문 밖에 서서 문을 살짝 열고 고양이를 살피는데, 탈출할 준비를 하고 바로 문 앞에 서 있다면 재빨리 물을 분사한다.

    이때 문을 아주 살짝 여는 것이 좋은 이유는, 작은 틈으로도 충분히 물을 분사해 고양이를 놀라게 할 수 있고, 또 보호자가 눈에 띄지 않음으로써 이 '사건'과 '보호자의 도착'을 연관시키지 않게 되기 때문이다. 물을 분사하는 것은 오로지 고양이를 현관문 자체와 연결시키는 것이어야 한다. 물을 분사한 후 현관문을 닫고 몇 분 동안 기다린 다음, 다시 문을 살짝 연다. 고양이가 여전히 문 앞에 서 있으면, 다시 빠르게 물을 분사한 다음 문을 닫는다. 보호자가 집에 돌아왔을 때 고양이가 현관문 앞에서 기다리고 있으면 이 방법을 사용하되, 물을 분사한 후 바로 집안으로 들어가지 않도록 한다. 고양이가 평정을 되찾을 시간을 갖고 보호자를 맞이할 준비를 할 수 있도록 몇 분 동안 기다린다. 물을 분사한 다음 바로 집안으로 들어가면, 고양이는 비록 보호자를 보지 못했다 하더라도 물을 분사한 사람이 보호자였다는 것을 알아차릴 것이다.

    이와 같은 방법을 적용해야 하는 경우, 재훈련과정에 긍정적인 단계도 병행한다. 우선 인사장소에서 고양이와 따뜻하게 인사한다. 그런 다음 현관문으로 걸어가되, 이때 고양이가 현관문 옆에 조용히 앉아 더 이상 문으로 달려들려는 어떠한 시도도 하지 않는다면, 다시 인사장소로 고양이를 데리고 들어가서 문을 완전히 닫고 칭찬해준다. 고양이가 현관문 바로 안쪽 매트 위에 얌전히 앉는 것을 학습한 모습에 너무 흥분했던 보호자를 본 적이 있는데, 그 보호자는 외출에서 돌아와 현관문을 열자마자 인사를 하고 곧바로 고양이를 칭찬하기 시작했다. 보호자가 고양이 이름을 부르자 고양이가 열린 현관문 쪽으로 걸어가기 시작했기 때문에 재훈련은 완전히 허사가 돼버렸다.

문으로 돌진하는 행동과 자주 동반되는 또 다른 행동은 현관문 앞에서 야옹거리고 울부짖는 것, 서성이는 것, 문을 긁는 것, 고양이가 밖으로 나가고 싶어 하는 것을 보호자가 인식할 수 있는 기타 행동 등을 들 수 있다. 이와 같이 바람직하지 않은 행동들은 실제로 보호자로부터 종종 보상을 받게 되는데, 보호자는 더 이상 소음을 견딜 수 없어서 화가 난 채 현관문을 열어주는 것이다. 이 경우 지속적인 야옹 소리 또는 스크래칭 소음이 일시적으로 중단될 수는 있겠지만, 현관문을 열어주면 같은 행동들이 반복적으로 일어나게 된다는 것을 명심해야 한다.

주의전환시키기

고양이의 관심을 현관문에서 좀 더 흥미진진하고 재미있는 것으로 돌리기 위해 주의전환기법을 사용할 수 있다. 고양이가 실외생활에서 즐겼던 모든 것들(그리고 더 많은)이 실내환경에 갖춰져 있다는 것을 느낄 수 있어야 하며, 만약 자극적이고 고양이친화적인 환경을 조성해주지 않는다면 이 방법은 효과가 없을 것이다.

주의를 전환시키는 방법은, 고양이가 실제로 행동을 보이기 전에 고양이의 뇌에서 그 행동이 여전히 구상되고 있는 동안 적용돼야 한다. 예를 들어, 고양이가 항상 현관문 앞에 앉아서 울고 있는 경우라면, 고양이가 문 앞으로 걸어가는 시점에 주의를 전환시키는 방법을 사용해야 한다. 상호교감장난감을 사용하거나, 현관문에서 떨어진 곳에 고양이 쪽으로 흥미로운 작은 장난감을 그냥 던져주도록 한다.

흥미로운 소리를 내는 것도 좋으며, 플레이앤스퀵(Play-N-Squeak) 마우스를 손에 들고 찍찍거리는 소리가 나게 흔들어준다. 많은 고양이에 있어서 거부할 수 없는 또 다른 매력적인 소리는 스크래칭 포스트를 손톱으로 긁는 소리다. 필자는 야생고양이 두 마리를 훈련시킬 때 현관문 가까이에 스크래칭 포스트를 비치해뒀는데, 고양이들은 필자가 손톱으로 긁는 소리를 들었을 때마다 스크래칭 포스트를 사용했다. 고양이들이 스크래칭을 한 다음, 상호교감장난감 또는 단독놀이장난감을 세팅해줌으로써 계속해서 주의를 전환시켰다. 장난감을 넣어준 종이가방 또는 마일라(Mylar) 공을 바닥에 굴렸을 때 나는 소리 등은 고양이들이 도저히 뿌리칠 수 없는 매혹적인 것이다.

타이밍에 맞춰 실제 행동이 발생하기 전에 고양이의 주의를 전환시켜야 하며, 그렇지 않으면 보호자가 원치 않는 바로 그 행동을 보상하는 것이 된다. 고양이가 일반적으로 문을 향해 돌진하는 때를 예측할 수 있다면, 이를 바탕으로 고양이의 주의를 전환시킬 준비를 한다. 고양이의 주의를 현관문에서 긍정적인 무언가로 전환시키는 것이 성공하면 할수록, 행동패턴을 영구적으로 막을 수 있는 가능성은 점점 높아진다.

고양이가 종종 현관문 앞에서 울고 있는 이유는, 실내에서는 할 일이 없고 모든 재미있는 것들이 실외에 있다는 것을 알기 때문이다. 실내환경개선 여부에 관한 평가는 제2장을 참고하도록 한다. 자극적인 환경을 만드는 또 다른 부분은 정기적인 상호교감 놀이요법 과정을 통해서 이뤄진다. 고양이가 사냥을 하기 위해 실외로 나가고 싶어 한다면, 거실 안에서 사냥할 수 있는 기회를 제공해준다. 놀이요법은 제3장을 참고한다.

타이밍을 잡지 못해 주의전환의 기회를 놓쳤거나, 보호자가 다른 방에 있는 동안 고양이가 현관문 앞에서 울기 시작했다면 이를 무시한다. 물론 울음소리를 참는다는 것이 상당히 힘들 수도 있겠지만(그렇게 작은 동물이 어떻게 그런 큰 소리를 낼 수 있는지 놀랍다), 고양이의 행동패턴을 깨뜨려야 한다는 것을 기억하기 바란다. 설령 보호자가 소리를 지르거나 쫓아냄으로써 상황을 모면한다 하더라도, 보호자는 그 행동을 인정하고 있는 것이 되고 이는 해당 행동을 더욱 강화시키게 된다. 실내에 화장실을 두지 않고 실외에서 배설하도록 외출을 허용하고 있는 경우라면, 현관문 앞에서 울거나 앉아 있을 때 밖으로 내보내줘야 한다. 이 경우 현관문 앞에서 우는 것을 원치 않는다면, 실내화장실을 제공해야 한다(실내생활을 하든 실외생활을 하든 가지고 있어야 한다). 그러나 고양이의 안전을 위해 완전한 실내생활로 전환시키는 것을 재고하기 바란다.

| 식물을 씹는 행동

고양이가 실내화분에 심어놓은 식물을 씹는 모습을 많이 볼 수 있는데, 이는 실제로 매우 위험한 행동이며 많은 경우 생명을 위협할 수도 있다는 점을 알아야 한다. 실내에서 기르는 대부분의 식물은 고양이에게 유독한 것들이다. 어떤 식물은 그저 가벼운 탈을 일으키는 정도의 독성을 가지고 있기도 하지만, 어떤 식물은 고양이를 치사시킬 정도의 독성을 포함하고 있는 것도 있다. 이는 외래식물에만 국한되는 것은 아니며, 일반 가정에서 볼 수 있는 실내식물의 대부분은 실제로 고양이에게 유독한 성분을 포함하고 있다는 것을 염두에 둬야 한다.

고양이에게 닿지 않는 곳에 두기

야생에서 고양이는 녹색의 풀을 씹는 것을 즐긴다. 전문가들이 고양이에게 있어 풀이 매력적인 요인이 무엇인지 파악하기 위한 연구를 진행했는데, 그 이유가 엽록소(chlorophyll) 때문은 아니라는 결과가 나왔지만 풀을 먹음으로써 얻게 되는 이익이 무엇인지는 정확히 밝혀지지 않았다. 고양이가 풀을 충분히 먹은 후에는 구토하는 모습을 볼 수 있을 것이다. 많은 사람들이 이러한 행동을, 고양이가 질병이나 통증을 유발하는 불편한 요소를 자신의 소화시스템에서 스스로 제거하는 방법이라고 생각한다.

가정에서 푸른 잎을 씹고 싶어 하는 고양이가 선택할 수 있는 것은 일반적으로 화분에 심어둔 실내식물이 된다. 고양이에게 유독한 식물이 너무 많기 때문에, 여러분의 고양이가 풀을 씹는 습성이 있는 경우 집안에서 기르는 모든 식물은 애초에 '고양이가 닿지 않는 곳에 둬야 한다'고 생각하는 것이 좋다. 유독식물에 대한 자세한 정보는 미국동물학대방지협회(The American Society for the Prevention of Cruelty to Animals, ASPCA)의 웹사이트(www.aspca.org)를 참고하도록 한다.

식물에 억지력 세팅하기

고양이가 식물을 씹는 행동을 방지하는 방법은 식물에 억지력을 세팅하는 것이다. 일단 고양이 주변에는 안전한 식물만 비치하도록 하되, 고양이가 유혹을 느끼지 않도록 배치한다. 억지력을 세팅하는 방법은, 고양이의 씹고자 하는 욕구를 감소시키기 위해 식물에 사용할 수 있도록 제조된 안티츄잉스프레이(antichewing spray)를 뿌려주는 것이다. 안티츄잉스프레이는 반려동물용품점과 온라인쇼핑몰에서 구입할 수 있다.

안티츄잉스프레이를 사용할 때 화분 바닥 주변에 신문지를 깔아주면, 과도하게 분사됨으로써 카펫이나 바닥에 묻는 것을 방지할 수 있다. 잎사귀의 위아래에 골고루 분사해주는데, 이때 약품이 손에 묻지 않도록 일회용 장갑을 착용하는 것이 좋다. 약품의 맛이 매우 쓰고 불쾌감을 주기 때문에 작업을 마친 후에는 손을 깨끗이 씻어야 한다. 고양이가 식물을 씹는 정도에 따라 며칠마다 한 번씩 다시 분사해야 할 수도 있으며, 씹는 행동을 중단한 후에도 주기적으로 분사해주면 좋다. 간헐적으로 억지력을 사용하는 경우 훈련을 강화시키는 데 도움이 될 것이며, 클리커 트레이닝을 하는 동안 간헐적인 보상이 제공되면 긍정적인 행동을 강화시키는 효과가 있다.

안전하지 않은 실내식물에 대한 대안으로서 키티그린 키트(kitty-greens kit)를 제공하도록 한다. 키티그린 키트는 반려동물용품점에서 쉽게 구할 수 있다. 키트에 약간의 물을 주고 며칠이 지나면 새싹이 돋아나는데, 잎이 충분히 자라면 햇빛이 잘 드는 장소에 용기를 두고 고양이가 씹어 먹을 수 있도록 제공해주면 된다.

또한, 고양이 자신만의 작은 실내정원을 만들어주는 것도 고려해볼 수 있다. 고양이가 주로 시간을 보내는 햇빛이 잘 드는 장소를 선택해서, 크고 평평한 용기에 고양이풀을 잔뜩 심은 풀밭을 만들어 고양이가 풀을 씹으면서 뒹굴고 놀 수 있도록 해준다. 고양이실내정원에는 호밀, 밀, 귀리 등을 심을 수 있으며, 캣닢을 기를 수도 있다. 고양이가 편안하게 돌아다닐 수 있는 구역을 몇 곳 만들어주는 것도 좋으며, 반려동물분수대를 추가로 설치해주면 고양이실내정원을 더욱 멋지게 완성할 수 있다.

| 커튼을 타고 올라가는 행동

집안에 있는 창문에 커튼을 설치하고 싶지만, 고양이 때문에 이를 포기하고 블라인드 등으로 대체한 보호자도 많을 것이다. 고양이는 무언가에 올라가는 것을 좋아하고 또 올라갈 수 있는 구조물이 필요하지만, 그것이 꼭 커튼일 필요는 없다. 일단 고양이에게 캣트리나 스크래칭 포스트와 같이 좀 더 쾌적하고 안전한 대안을 제공하면, 커튼에 대한 억지력을 만들 수 있다. 캣트리나 스크래칭 포스트를 커튼 근처에 설치해서, 고양이가 올라갈 수 있는 곳 및 스크래칭을 해야 하는 곳을 상기시켜주도록 한다.

고양이가 커튼에 올라가는 것을 방지하기 위해 엑스매트(X-Mat)를 사용할 수 있는데, 이 제품은 피부에 닿으면 불편한 융기가 있는 훈련용 매트이며 커튼 앞의 바닥에 배치하면 된다. 또한, 대형 스티키포(Sticky Paws, 훈련목적으로 특별히 만든 양면테이프)를 사용할 수도 있으며, 커튼 하단에 조각들을 붙이면 된다. 이때 고양이의 발이 테이프가 붙여진 곳 위로 넘어가면 소용이 없으므로 발이 닿는 높이에 부착해야 한다. 스티키포는 잔류물을 남기지 않기 때문에 많은 직물제품에 안전하게 사용할 수 있지만, 사용하고자 하는 제품의 안전성 여부가 확실하지 않은 경우, 사용 전에 먼저 눈에 띄지 않는 부분에 테스트를 해보거나 제조업체에 문의한다.

| 모니터 위에 올라가는 행동

컴퓨터로 작업을 하다 보면, 고양이가 컴퓨터 화면에 저지른 짓을 보고 비명을 지른 경험이 누구나 한 번쯤은 있을 것이다. 키보드서랍이 있어서 별도로 보관을 하는 경우라도, 잠시 자리를 비울 때 서랍을 밀어 넣지 않으면 고양이가 자판을 두드려 모니터 화면에 엉뚱한 것들을 입력해놓을 수 있다. 고양이는 사람과 가까이 있는 것을 좋아하기 때문에 주로 컴퓨터 옆에 있기를 선호하는데, 보호자가 컴퓨터작업을 하는 동안 모니터 위나 책상 위 또는 심지어 보호자의 무릎 위에 앉아 있을 수도 있다.

이러한 모습은 상당히 보기 좋고 보호자에게 환영받을 수도 있는 것이지만, 보호자가 주위에 없을 때 고양이가 컴퓨터에 저지를 수도 있는 짓은 그리 멋지지 않다. 고양이가 키보드 위를 천진난만하게 걸어 다닐 수 있으며, 키보드 위에 서서 움직이는 커서를 두드리려 할 수도 있다. 어느 쪽이든 작업 중이던 중요한 정보가 손실될 수 있으며, 고양이가 저질러 놓은 일을 수습하기 위해 고단한 추가작업을 해야 할 수도 있다.

이러한 행동을 방지하기 위해 적용할 수 있는 방법은 로-테크 솔루션(low-tech solutions, 저차원적 기술의 해결책)과 하이테크 솔루션(high-tech solution, 최첨단 해결책)이 있다. 고양이가 키보드를 치는 것을 통제할 수 있는 가장 기본적인 방법은, 현재 책상에 컴퓨터 키보드용 서랍이 장착돼 있지 않다면 이를 준비하는 것이다. 책상 위에 배치하는 휴대용모델뿐만 아니라 책상 아래에 설치할 수 있는 것도 있다. 또 다른 대안은 키보드 덮개를 사용하는 것이다. 고양이가 키보드에 올라가는 것을 방지할 수 있는 매우 훌륭한 하이테크 솔루션은 포센스(Pawsense)라 불리는 소프트웨어로, 타이밍과 조합을 기반으로 임의의 키 입력을 탐지한다. 이 소프트웨어는 컴퓨터를 부팅할 때 작동되고, 현재 사용하고 있는 다른 소프트웨어와 상관없이 백그라운드로 실행된다. 이 프로그램이 실행되면 고양이가 키보드를 두드려도 입력이 되지 않고, 추가적인 입력을 방지한다.

고양이가 아예 키보드에서 떠나게 할 때 사용할 수 있는 선택적 소리억지력도 있는

--- **MEMO** 책상 위에 올라가는 행동의 방지 ---

보호자가 책상 앞에 없을 때 고양이가 책상 위로 뛰어올라 종이를 어지럽히고 펜을 가지고 논다면, 자리를 떠나기 전에 엑스매트(X-Mat)를 책상 위에 배치하도록 한다. 또한, 고양이가 책상 위로 올라가고 싶은 욕구를 감소시키기 위해 책상 위에 펜이나 작은 물건들을 남겨두지 않는 것이 좋다.

데, 현재는 하모니카 소리나 '하악' 하는 소리를 사용할 수 있다. 고양이의 성격이 겁이 많지 않은 경우에 한해 소리억지력을 사용하는 것이 좋은데, 하악 소리는 고양이에게 집안에 적대적인 동료가 있다는 걱정을 심어줄 수 있기 때문에 필자의 경우 권장하지 않는다. 웹사이트에서 이 소프트웨어를 구입할 수 있다.

| 화장지를 풀어헤치는 행동

화장지를 풀어헤치는 행동은 고양이뿐만 아니라 개와 아이들의 경우에 있어서도 흔히 볼 수 있는 일반적인 행동이다. 필자는 고양이가 두루마리화장지(최소한 1개의 완전한 롤 화장지)를 풀어헤쳐 갈기갈기 찢어서 색종이조각처럼 집안 곳곳에 흩뿌리는 행동을 접하는 일이, 고양이보호자로서 갖게 되는 입문의식의 일부라고 생각하는 사람이다.

아무튼 이러한 행동을 방지하기 위해서는, 일단 화장실 선반 말고 적절하고 편리한 다른 장소에 화장지를 보관하는 것이 좋고, 그 다음 반려동물이나 아이들이 화장지를 푸는 문제를 방지하는 데 사용할 수 있는 몇 가지 제품들을 구입할 수 있다. 그중 티피 세이버(TP Saver)는 화장지를 제자리에 고정시킬 수 있는 밴드로 구성돼 있고, 토일렛페이퍼가드(Toilet Paper Guard)는 스프링 커버가 있어서 롤을 제자리에 유지할 수 있다. 두 제품 모두 설치가 용이하며, 사용법도 쉬워 노소에 상관없이 쉽게 이용할 수 있다.

이러한 제품을 구하기 전이거나 혹은 자작으로 해결하고 싶은 경우, 고양이가 두루마리 화장지를 풀기 어렵게 만들기 위해 적용할 수 있는 몇 가지 방법이 있다. 홀더에 화장지를 끼울 때 아래에서 위로 풀리도록 걸어주면 매우 간단하게 해결된다. 또 다른 방법은 홀더에 화장지를 끼우기 전에 롤을 부드럽게 눌러서 납작하게 만드는 것이다. 필자의 경우 아이들과 유아용 변기 훈련을 하는 동안, 과도하게 많은 양의 화장지를 푸는 것을 방지하기 위해 후자의 방법을 사용해 좋은 효과를 얻었다.

| 변기 물에 매력을 느끼는 행동

욕실에 들어갔을 때, 고양이가 변기 테두리에 발을 얹은 채 머리를 변기 물 가까이 대고 서 있는 모습을 발견하게 되는 것이 결코 즐거운 일은 아니다. 보호자는 물이 찰싹거리

는 소리를 들었을 때, 무슨 일이 일어나고 있는지 깨닫고 당혹해한다. 아마도 고양이는 잔물결에 반사된 자신의 모습을 지켜보면서 물속에 발을 넣는 것을 재미있어할지도 모른다. 장난감을 변기에 집어넣고 둥둥 떠다니는 모습을 즐기는 고양이도 있다.

고양이가 변기 물로 갈증을 풀면서 즐기는 경우, 물론 가장 확실한 해결책은 고양이가 접근하지 못하도록 뚜껑을 닫아놓는 것이다. 이론적으로는 좋은 방법이지만, 가족들이 이러한 규칙을 제대로 잘 준수하느냐가 문제가 된다. '뚜껑을 닫아두는' 규칙을 세우는 것 외에도, 고양이가 보다 건강하고 안전한 장소에서 물을 마실 수 있는 환경을 제공해줘야 한다. 일부 고양이들이 변기 물을 선택하는 이유는 자신의 물그릇에 있는 물보다 더 신선하기 때문이다. 물론 정확하게 검증된 것은 아니지만, 변기 물은 매번 사용할 때마다 흘러내려가도록 조작되기 때문에 산소를 더 많이 함유하고 있어서 고양이가 좀 더 신선한 맛을 느낄 수도 있다. 물그릇에 물을 담은 채 며칠씩 그대로 두는 경우, 상한 것 같은 맛이 나기 때문에 고양이가 먹기를 기피할 수 있다. 또한, 물그릇의 위치 때문일 수도 있는데, 물과 먹이를 쌍식기(물그릇과 먹이그릇을 한 세트로 나란히 붙여놓은 식기류)에 두거나 또는 물그릇과 먹이그릇을 너무 가깝게 둔 경우, 음식찌꺼기가 물에 들어갈 수 있고 고양이가 이를 좋아하지 않을 수 있다.

변기 물을 마시는 행동을 교정하기 위해서는, 현재 고양이의 물그릇이 항상 깨끗하게 유지되고 있는지 또 물을 매일 교환해주고 있는지 점검해야 한다. 마지막으로 물을 교환해준 이후 고양이가 전혀 먹지 않은 것으로 보이는 경우라 하더라도, 매일 정기적으로 새 물로 바꿔줘야 한다. 물그릇을 깨끗이 씻어내고, 세제찌꺼기가 남지 않도록 철저히 헹군 다음 신선한 물로 채워주도록 한다. 먹이와 물을 나란히 담아두는 쌍식기를 사용하고 있는 경우라면, 먹이그릇과 물그릇을 따로따로 준비하도록 하고, 이때 너무 가깝지 않게 배치하는 것이 좋다. 또한, 그릇의 크기와 유형이 고양이의 크기에 적합해야 하므로 현재 사용하고 있는 그릇의 크기와 유형을 살펴보도록 한다.

| 수도꼭지에 집착하는 행동

필자는 컨설팅을 해준 보호자들로부터 자신의 고양이가 주방 또는 욕실 수도꼭지에서 물을 마시는 것을 좋아한다거나 물장구치는 것을 즐긴다는 이야기를 수도 없이 들었다.

많은 경우 실제로는 고양이들이 조리대로 뛰어오르거나 싱크대에서 울 때마다 수도꼭지를 틀어주도록 보호자를 훈련시켰다는 것을 알 수 있었다. 처음 몇 번은 고양이가 수도꼭지에서 졸졸 흐르는 물을 찰싹거리는 행동이 귀여워서 이를 허용했겠지만, 결국 보호자는 자신이 원치 않는 행동패턴을 의도치 않게 스스로 부추긴 셈이 된다. 수도꼭지에 집착하는 행동이 너무 심해지는 경우, 어떤 고양이들은 자신의 물그릇에 있는 물을 아예 마시지 않으려 할 수도 있다는 점을 염두에 둬야 한다.

고양이에게 좀 더 적절한 대체재를 만들어줌으로써 이러한 행동을 막을 수 있다. 반려동물용품점이나 온라인쇼핑몰에서 반려동물용 분수대를 구입할 수 있으며, 분수대는 고양이가 즐기는 '흐르는 물'을 제공해준다. 분수는 또한 더 많은 산소를 유지하도록 해서 물의 맛을 좋게 한다는 이점이 있다. 당뇨병 및 만성신부전증이 있는 고양이 또는 비뇨기문제가 있는 고양이는 상대적으로 더 많은 물을 섭취해야 하며, 반려동물용 분수대는 실제로 물을 많이 먹도록 장려하는 좋은 방법이 될 수 있다.

처음에 고양이가 분수대를 사용하지 않고 여전히 싱크대 옆에 앉아 있으면, 분수대를 조리대 위에 배치한다. 그런 다음, 고양이가 분수대를 사용하기 시작하면 보호자가 선호하는 자리로 옮길 수 있다. 분수대는 일반 물그릇보다 더 자주 청소를 해야 하는 번거로움이 있지만, 수도꼭지에 대한 집착을 멈추고 더 많은 물을 마시도록 장려하는 효과가 있다. 반려동물용 분수대를 사용할 때는 필터에 너무 의지하지 말고 분수대와 그에 딸린 부품들을 항상 청결하게 세척해야 한다.

| 야간소음과 새벽잠을 깨우는 행동

야행성이라고 알려져 있는 고양이는 주로 어스름한 초저녁과 새벽녘에 더욱 활동적인 동물이다. 고양이가 일반적으로 야생에서 사냥하는 먹잇감의 대부분 또한 이러한 시간에 활동이 이뤄지기 때문에, 고양이의 생리시스템이 활동을 개시하는 데 있어서 이 시간은 매우 자연스러운 시간이다. 반려묘에 있어서는 이러한 야행성 습성으로 인해 보호자가 잠자리에 드는 늦은 밤 시간에 활동을 시작함으로써 보호자를 괴롭게 만드는 경우가 많은데, 이때는 고양이가 낮 동안과 초저녁에 충분히 자극을 받을 수 있는 환경을 만들어줌으로써 에너지를 소비할 수 있도록 해야 한다.

— M｜E｜M｜O｜ **야간소음이 증가한 경우** —

고양이의 발성이 야간에 증가되기 시작했다면, 혹시 건강상의 문제가 생긴 것은 아닌지 확인하기 위해 수의사에게 검진을 받도록 한다. 자신의 고양이에 있어서 야간활동 또는 증가된 발성이 전형적인 것이 아니라면, 기저질환이 원인일 수도 있다. 나이 든 고양이의 경우 야간에 발성이 증가하면 질병, 감각저하의 징후일 수 있고, 또는 노화에 따른 인지기능장애의 시작일 수 있다.

'인간의 일정이 진행되는 경향 vs 고양이의 일정이 진행되는 경향'에 대해 생각해보자. 우리 인간은 대부분 아침에 일어나서 직장에 나가며, 집에 돌아왔을 때 그날의 긴장을 풀기 시작하고 저녁이 되면 더욱 편안해진다. 반면에 고양이는 하루의 대부분을 낮잠으로 보내기 때문에, 보호자가 집에 돌아왔을 때 본격적인 활동과 보호자와의 상호교감을 위한 준비가 된다. 많은 고양이에 있어서 상호교감은, 보호자가 저녁식사를 하고 컴퓨터를 하며 TV를 시청하는 동안 보호자의 무릎이나 옆에 앉아 있는 것이 대부분이다. 이때 보호자는 고양이를 쓰다듬어주고 스킨십을 하게 된다. 이는 유대관계를 발전시키는 데 매우 좋은 요인이지만, 이 과정에서 고양이에 대한 자극은 없다.

보호자의 생리시스템이 긴장을 풀고 쉬고 있을 때 고양이의 생리시스템은 활기를 띠게 된다. 보호자가 잠자리에 들 때 잠시 서성거릴 수 있지만, 어느 시점에서 정상적인 고양이에너지가 분출해 잠시도 가만있지 못하게 될 수도 있다. 고양이의 예민한 감각은 야간에 발생하는 흥미로운 소리나 그림자를 포착하고, 창밖의 벌레소리를 듣거나 벌레를 발견할 수도 있으며, 이는 고양이가 거부하기에는 너무나 매혹적인 것이다.

야간소음에 대한 대처

야간에 소란스러운 고양이의 행동을 교정하기 위해 여러분이 이전에 사용했던 방법들은 해당 문제를 잘못된 각도에서 봤기 때문에 실패했을 수도 있다. 고양이를 방안에 가두고 소리를 지르거나 베개를 던지는 것은 자연적인 고양이의 리듬을 바꾸지 못했을 것이다. 이러한 모든 방법들은 보호자와 고양이의 관계를 악화시키게 되므로 긍정적인 접근방법을 사용하는 것이 바람직하다. 먼저 야간활동부터 알아보기로 한다.

하루가 끝났다는 것은 보호자에게는 '피로를 풀 수 있는 시간이 왔다'는 것을 의미하지만, 고양이에게는 '활기를 띨 시간이 됐다'는 것을 의미하기 때문에 고양이의 생체시계를 재설정하는 데 도움을 주기 위해 약간의 행동교정을 해야 한다. 초저녁에 고양이와 함께 놀아줬다면 매우 훌륭한 방법이며, 이를 계속 유지하는 것이 좋다. 그러나 이제는 잠자리에 들기 바로 직전에 추가적인 상호교감놀이시간을 갖기를 바란다.

야생에서 고양이가 사냥을 할 때는 계속해서 반복되는 행동주기가 있으며, 그 주기를 따르면 좀 더 성공적으로 훈련시킬 수 있다. 행동주기는 기본적으로 사냥, 식사, 그루밍, 수면이라는 4가지 요소로 이뤄진다. 고양이는 먹이사냥의 신체적 활동과정을 거친다. 먹잇감을 잡은 후 그것을 먹고, 그런 다음 스스로 그루밍을 한다. 이 그루밍 행동은 방금 먹었던 먹이의 흔적을 지워서 다른 먹잇감에게 자신의 존재를 드러나지 않게 하고, 더 큰 포식자에게 자신의 위치를 숨기는 것이기 때문에 고양이에 있어서 매우 중요한 행동이다. 그루밍이 완료되고 위장이 채워지면 낮잠을 잘 준비를 할 것이다.

이 네 부분으로 이뤄진 행동주기는 실내고양이에게도 적용될 수 있으며, 적용방법은 다음과 같다. 일단 계획급식을 하는 경우 먹이비율을 나눠서 보호자가 잠자리에 들기 바로 전에 급여하기 위해 마지막 먹이를 남겨두고, 자율급식을 한다면 초저녁에 먹이를 급여한다. 잠자리에 들기 직전에 고양이가 에너지를 소비할 수 있도록 상호교감놀이과정(사냥)을 진행한다. 놀이시간을 종료할 때는 고양이가 마지막 사냥을 마치고 긴장을 풀 수 있도록, 일반적인 상호교감놀이요법 과정에서 하는 것과 마찬가지로 서서히 행동을 줄인다. 다음으로 나눠놓았던 마지막 먹이를 고양이에게 제공한다(식사). 자율급식을 하는 경우 먹이를 내려놓고 약간의 신선한 먹이로 마무리를 한다.

먹이를 먹은 후 위생(그루밍)에 약간의 시간을 보낼 것이다. 그리고 나서 침대에 웅크리고 앉아 있거나 잠(수면)을 자기 위해 다른 방으로 들어갈 가능성이 높다. 이 방법이 성공하려면 잠자리에 들기 한두 시간 전이 아니라 잠자리에 들기 바로 직전에 마지막 놀이요법과정을 수행해야 한다. 보호자가 잠자리에 드는 시간이 15~20분 정도 늦어지겠지만, 밤의 휴식을 방해받지 않는다는 점에서 더욱 가치가 있을 것이다.

지나치게 활동적이거나 몇 시간 뒤에 다시 활기를 띠는 경향의 고양이라면, 약간의 활동성 장난감을 배치해서 보호자가 수면을 취하는 동안 장난감을 가지고 놀게 만든다. 야간에만 꺼내는 장난감을 특별히 제공할 수 있으며, 고양이가 이른 아침시간에 자주 드나드는 장소에 전략적으로 배치하도록 한다. 프라이버시가 충분하다면 창문 하나를 선택해 커튼이나 블라인드를 약간 열어두고, 그곳에 창문전망대나 캣트리를 배치해서 야간활동시간에 고양이가 창밖의 전망을 관찰하며 즐길 수 있게 해준다.

FOR ANIMAL'S GOOD LIFE
ADULT CAT'S BEHAVIOR PROBLEM

새벽잠을 깨우는 행동에 대한 대처

너무 이른 새벽에 '모닝콜'을 하는 고양이 때문에 괴로워하는 보호자도 있을 것인데, 이때 '도저히 어떻게 할 수 없다'고 생각하면서 수년 동안 '고양이알람(생체시계)'을 견뎌왔을 수도 있다. 고양이알람은, 고양이가 보호자의 가슴에 앉아서 닫힌 눈꺼풀을 자신의 눈으로 관통하고, 이를 보호자가 느낄 때까지 계속 응시하는 것으로 이뤄진다. 물론 일단 고양이와 눈을 마주치면 잘한 것이다. 일반적으로 고양이가 보호자의 가슴에 앉아(혹은 엎드려) 있는 것은 전혀 불편하지 않을 수도 있지만, 알람 모드의 고양이가 뾰족한 뼈로 명치 부근을 정확히 찍어 누르는 고통은 참기 힘들 것이다.

새벽잠을 깨우는 행동에 대한 첫 번째 규칙은, 그와 같은 행동을 중단시키려는 목적으로 고양이에게 간식 등을 제공하기 위해 침대에서 벗어나면 안 된다는 것이다. 이러한 단기교정을 시행하면 고양이의 뇌에서 그 기술을 견고히 하게 될 것이고, 고양이는 계속해서 그 기술을 사용하게 될 것이다. 고양이가 울자마자 일어나든, 더 이상 견딜 수 없을 때까지 기다리다 일어나든, 결국 보호자가 원치 않는 바로 그 행동을 강화시키게 된다. 이때는 고양이의 행동을 무시해야 한다. 처음에는 이를 무시하는 것이 얼마나 어려운지 잘 알고 있지만, 고양이의 기술을 조금씩 증가시키는(어린아이가 하는 것처럼) 원인이 될 수도 있기 때문에 그에 대한 준비가 돼 있어야 한다.

행동교정은 고양이의 행동을 무시하는 것이 전부는 아니며, 긍정적이고 보상이 따르는 다른 옵션을 만들어줘야 한다. 이 섹션의 앞부분에서 설명했던, 잠자리에 들기 전 상호교감놀이과정을 수행하는 것으로 시작한다. 야간에 제공하는 먹이는 새벽잠을 깨우는 행동을 하는 고양이의 경우 특히 유용할 수 있다. 나중에 직접 만든 것, 또는 플레이앤트리트볼(Play-N-Treat balls)이나 픽어프라이즈(Peek-a-Prize) 같은 퍼즐피더를 남겨둬서 고양이에게 놀이시간 및 먹는 즐거움을 제공해주면 좋다. 플레이앤트리트볼을 사용하는 경우, 집안에 카펫이 없다면 소리가 들리지 않는 거리에 두도록 한다.

계획급식을 하는 경우라면, 평일과 주말의 불일치가 문제의 원인일 수 있다. 보호자가 평일에 일찍 일어나는 경우, 고양이는 그 시간에 먹이를 먹는 데 익숙해져 있을 것이다. 그런데 주말에는 늦게 일어나서 늦게 먹이를 준다면, 토요일과 일요일은 평일과 왜 다른지 이해하지 못한다. 특히 보호자가 늦게 자는 성향이 있는 경우 더 그렇다. 고양이는 습관의 생물이며, 예측가능성은 고양이를 편안하게 만드는 요인이다.

새벽잠을 깨우는 행동이 주말에 나타나는 경우, 보호자가 설정한 정확한 시간에 자동으로 먹이가 공급되는 자동급식기를 사용할 수 있다. 일부 먹이그릇은 냉각칸이 있어서 부패에 대한 걱정 없이 습식사료를 줄 수 있는데, 습식사료로 계획급식을 하는 일부 보호자는 고양이가 자유롭게 먹을 수 있도록 그릇에 건조사료를 약간 남겨두기도 한다. 이 경우 비만이라는 이차적인 문제가 생길 수 있으므로 고양이가 섭취하는 총칼로리가 체중, 나이, 건강 그리고 활동수준에 적합한지 확인해야 한다.

| 올리버트위스트증후군

올리버트위스트증후군은 일명 '걸식'으로 알려져 있다. 고양이가 함께 사는 동료개의 행동을 관찰하면서 배운 것이든, 보호자나 다른 가족구성원이 식탁에서 고양이에게 먹을 것을 줌으로써 자연스럽게 훈련이 된 것이든 상관없이, 이러한 행동이 지속돼서는 안 된다. 고양이에게 사람이 먹고 남은 음식을 주는 것은 영양학적으로도 적절하지 않으며, 고양이에게 유독성이 있는 무언가를 무의식적으로 제공함으로써 치명적인 결과를 초래할 수도 있는 것이다.

적절한 영양프로그램 제공

올리버트위스트증후군의 예방을 위해서는 우선 고양이의 성장단계와 건강조건에 맞춰져 있는, 영양학적으로 균형 잡힌 고양이먹이를 제공하도록 한다. 고양이에게 양질의 먹이를 제공하면 식탁에서 다른 음식으로 영양을 보충할 필요가 없게 된다. 양질의 고양이먹이는 고양이에게 필요한 단백질, 지방, 탄수화물, 비타민 그리고 미네랄을 균형 있게 제공한다. 사람이 먹고 남은 음식 또는 사람에게 좋은 것으로 생각되는 음식을 줌으로써 영양적 균형을 깨뜨리면 건강문제를 야기할 수 있다. 초콜릿과 같은 일부 음식은 고양이에게 치명적일 수 있으며, 마늘과 양파도 안전하지 않다.

건강상 위험 외에도, 식탁에서 음식을 주거나 주방에서 식사준비를 하는 동안 먹을 것을 주는 행위는 걸식하는 고양이로 만들 수 있다. 처음 몇 번은 이러한 행동을 하는 모습이 귀엽게 보일지도 모르지만, 곧 보호자를 짜증스럽게 만들 수도 있다. 또한, 식사를 대접할 손님이 있을 경우 고양이가 걸식하는 행동을 보이는 것은 그리 즐거운 일이 아니다. 걸식은 또한 식이문제 또는 의학적 문제를 유발할 수 있다. 따라서 현재 고양이에게 적절한 영양을 공급하고 있는지 확인해야 하며, 과체중 또는 저체중인 경우 수의사에게 조언을 구해 올바른 식단을 제공해야 한다. 고양이의 체중이 정상이라 하더라도, 보호자가 제공하는 먹이의 유형과 양에 만족하지 못하면 수의사와 의논해야 한다.

가족구성원 모두의 협력 필요
걸식행동을 교정하기 위해서는 가족구성원 모두가 협력해야 한다. 가족 중 한 사람이라도 마음이 약해져 재훈련에 일관성이 없어지면 좋은 결과를 가져올 수 없다. 가장 먼저 할 일은 모든 가족들이 새로운 규칙을 이해하도록 하는 것이다. 고양이는 보호자가 강화시키고 인식시키는 행동을 반복해서 학습한다는 점을 명심하도록 한다.

고양이가 보내는 혼합된 메시지를 인식하지 못하고 여러분이 행할 수도 있는 사소한 것들에 주의를 기울여야 한다. 여러분은 주방조리대 앞에 서 있고 고양이는 야옹거리면서 바닥에 앉아 있거나, 또는 여러분의 발을 긁고 있을 때, 고양이를 달래기 위해 약간의 음식을 주는 잘못을 저지르고 있지는 않은지 되돌아보자. 만약 그렇게 했다면, 여러분이 교정하고자 하던 바로 그 행동을 더욱 강화시킨 것이다.

식사시간 동안 고양이를 위한 활동 세팅
계획급식을 하는 경우, 먹이를 나눠서 가족이 저녁식사를 하는 시간 또는 바로 직전에 한 끼 분량을 제공할 수 있도록 한다. 이렇게 하면 저녁식탁 주변을 돌아다닐 때 고양이의 위가 비어 있지 않게 된다. 자율급식을 하고 있지만 약간의 습식사료와 함께 건조사료를 보충해주는 경우, 저녁식사 시간 또는 바로 직전에 이를 제공하도록 한다.

자율급식만 하는데 고양이가 음식을 구걸하는 경우, 가족이 식사를 하는 동안 고양이가 활동할 수 있는 환경을 만들어준다. 패닉마우스(Panic Mouse)와 같은 장난감이 있으면 다른 방에 배치해서 고양이가 가지고 놀 수 있게 하거나, 고양이용 오락 DVD를 즐기게 할 수 있다. 어떤 고양이의 경우 종이가방에 주름공 하나만 넣어주면, 보호자가 평화롭게 저녁식사를 하기에 충분한 시간 동안 시선을 잡아놓을 수 있다.

필자가 휴대용 분무기를 준비해두라고 말하게 될 때가 꽤 있는데, 이 경우도 해당된다. 보호자의 바로 옆자리 식탁 위에 분무기를 준비해두고, 고양이가 식탁 위로 뛰어

오르면 재빨리 분무를 한다. 걸식을 할 때는 물을 분사하면 안 되며, 고양이가 식탁 위에 올라오거나 접시 혹은 음식에 발이 닿는 경우에만 분사하도록 한다. 걸식행동을 교정하는 데 있어서의 기술은 고양이를 무시하는 것도 포함된다. 고양이가 보호자의 메시지를 이해하는 데 며칠 또는 그 이상의 시간이 걸릴 수도 있지만, 결국 자신의 걸식행동이 어느 곳에서도 성공하지 못한다는 것을 알게 될 것이다. '강화'의 부족은 그 행동이 어떠한 종류의 보상도 받지 못한다는 것을 자연스럽게 보여줄 것이다.

03

좀 더 심각한
문제행동의 교정

| 지루함을 느끼는 고양이

고양이가 새끼였을 때는 아마도 자신의 환경에서 무엇이든 놀 수 있는 자극을 받았을 것이다. 그것이 바닥에 춤을 추며 아른거리는 햇빛이든 미풍에 부드럽게 나부끼는 커튼이든, 새끼고양이는 항상 놀 준비가 돼 있었다. 지금 여러분의 성묘에게서 겪고 있을지도 모르는 행동문제 중 어떤 것은 지루함의 결과일 수도 있다. 고양이는 자신의 삶에 자극이 필요하며, 사냥꾼으로서의 재능을 발휘할 필요가 있다.

환경개선과 놀이시간 일상의 최적화
고양이의 나이와 건강에 따라 움직이는 정도는 달라지겠지만, 여전히 자신의 삶에 약간의 자극이 필요하다. 보호자가 고양이에게 자극과 탐색의 기회 그리고 재미를 제공하지 않는다면, 고양이는 보호자가 수용할 수 없는 방법으로 그것들을 추구할 수 있다.

이 장의 후반에서 학습하게 되겠지만, 고양이는 또한 순수하게 시작해서 결국 강박으로 발전하는 행동을 개발할 수도 있다. 먹이를 먹으러 그릇이 있는 곳까지 걸어가는 것이 고양이의 유일한 활동이라면, 이로 인한 지루함은 또한 비만으로 이어질 수도 있으며 결국 우울증으로 발전할 수 있다. 제2장과 제3장에서 설명한 바와 같이, 고양이의 환경을 개선하고 놀이시간 일상을 최적화시킴으로써 부정적인 결과가 도미노 현상으

---- MEMO | 지루함의 증상 ----

체중증가 / 활동수준의 변화 / 파괴적 행동 / 과도한 셀프그루밍 / 그루밍 부족 / 수면습관의 변화 / 가족과의 상호교감에 있어서의 변화

로 이어지기 전에 문제를 해결하도록 한다. 지루함을 느끼는 고양이의 경우 클리커 트레이닝이 효과적으로 적용될 수 있다. 고양이는 클리커 트레이닝을 학습하는 방법을 배우게 될 것이며, 이는 보호자가 고양이의 행동을 구체화할 수 있는 기회를 만들어준다. 이미 환경을 수정하고 정기적으로 고양이와 놀아주는데도 여전히 지루해하는 것으로 보이면, 다른 고양이를 입양하는 문제를 고려해보는 것도 괜찮다.

보호자가 집을 오래 비우는 것 때문에 고양이가 지루해하고 외로워하는 것으로 생각된다면, 새 가족을 갖게 해주는 것이 유익할 수도 있다. 그러나 다른 고양이를 들인다는 것은 약간의 기교가 필요하므로, 여러분의 기력이 다해 친구가 될 고양이를 집에 데려오기 전에 제9장에서 설명하는 적절한 소개기술을 배우도록 한다.

| 우울증을 앓는 고양이

우울증은 어느 날 갑자기 발현되기보다는 서서히 증상이 나타나기 때문에 알아차리기 어려운 문제일 수 있으며, 따라서 상황이 악화되고 있다는 것을 보여주는 미묘한 징후들을 놓치기가 매우 쉽다. 우울증이 발생하는 이유는 여러 가지가 있다.

우울증의 원인과 증상

우울증은 부상 또는 질병에서 회복되는 것과 같은, 고양이의 삶에 있어서의 육체적 또는 의학적 트라우마로 인해 발생할 수 있다. 또한, 새로운 집으로 이사를 하거나 가족을 잃었을 때 생기는 정서적 트라우마로 인해 발생할 수도 있다. 심지어 보호자의 업무일정의 변화도 우울증의 원인이 될 수 있다. 문제는 고양이가 우울증을 앓는 경우라도 겉으로는 의연하게 보일 수도 있어서, 보호자는 고양이의 내면에 무슨 일이 일어나는지 인식하지 못한다는 점이다. 고양이의 행동이 매우 점진적으로 변화할 수 있기 때문에 보호자가 그것을 알아챌 무렵에는 이미 심각한 상황이 돼버린 경우가 많다.

우울증의 증상은 식욕의 변화, 셀프그루밍에 대한 관심부족, 화장실사용습관의 변화, 은신, 수면시간증가, 놀이에 대한 관심부족 등을 포함할 수 있다. 고양이의 체중이

줄었거나 털이 건강하게 보이지 않는다는 것을 알아차릴 수도 있다. 어쩌면 현관문 앞에서 보호자를 반기던 고양이가 이제는 의자나 심지어 침대 밑에 웅크리고 앉아 있는 것을 선호할 수도 있다. 우울증의 증상은 질병으로 인한 것일 수도 있기 때문에 수의학적 검사가 필요하다. 다른 잠재적인 문제가 있는지 확인하기 위한 적절한 진단검사를 하지않은 채 자신의 고양이가 우울증이라고 가정해서는 안 된다.

우울증은 고양이에게 부정적인 영향을 미쳤을 수도 있는 보호자의 환경 혹은 생활에서 변화됐던 것을 파악하기 위한 조사작업 또한 필요하다. 고양이가 자신의 행동을 바꿨다면, 무언가가 잘못됐다는 적신호라는 점을 명심하도록 한다.

자신감회복 및 먹이추적본능 자극

일단 우울증의 원인을 정확히 찾아냈다면 고양이가 그것을 극복하는 데 도움을 주기 위해 노력해야 한다. 여러분이 만들어야 할 환경 및 외부의 변화는 우울증의 실질적인 원인에 따라 달라진다. 예를 들어 고양이가 우울증을 느끼는 이유가 자신을 쫓는 동료 고양이로 인해 집안의 특정 부분에만 머물도록 강요됐기 때문이라면, 가장 먼저 해야 할 일은 둘의 관계를 개선시키는 것이다. 보다 더 안전하고 풍부한 환경을 만들기 위해 최선을 다할 수 있도록 근본적인 원인이 무엇인지 파악해야 한다.

다음 단계는 고양이가 삶에 있어서 자극을 다시 찾을 수 있도록 돕는 것을 포함한다. 자극은 보호자로부터 나오게 되므로 상호교감놀이요법을 사용해 고양이의 자신감을 회복시켜주고 먹이추적본능을 자극하도록 한다. 놀이요법은 또한 고양이와 보호자의 유대관계를 강화시키는 데 도움이 될 것이다. 처음에는 고양이가 놀이요법과정에 많이 반응하지 않을 수도 있지만 포기하지 않도록 한다. 고양이의 눈동자에서 아주 희미한 빛이라도 얻는다면 진전을 보이고 있는 것이다. 고양이가 캣닢에 호의적으로 반응한다면 캣닢을 사용해서 놀이요법과정을 시작한다.

M E M O 우울증이 있는 고양이를 다룰 때

우울증이 있는 고양이를 다룰 때는 수의사와 긴밀히 협력해야 한다. 정기적으로 건강상태와 체중을 모니터링해야 하며, 어떤 경우 정신약리학적 개입이 필요할 수도 있다. 또한, 수의사가 전문가에게 행동문제를 의뢰하도록 권유할 수도 있다.

고양이의 관심을 끄는, '새로운 먹잇감' 역할을 할 수 있는 몇 가지 장난감도 새로 구입한다. 고양이가 놀이요법에 반응하기 시작하면 하루에 몇 번의 짧은 과정들을 수행한다. 놀이요법을 시행할 때는 고양이의 안전지대 내에 머물도록 해야 하며, 그렇게 해서 고양이가 특정 방에서 놀이를 하는 것에 안전함을 느끼는 경우 아직은 다른 공간으로 이동하지 말고 그곳에 머물게 한다. 고양이가 자신의 놀이터를 확장할 준비가 돼 있을 때 스스로 속도를 설정할 수 있게 해준다.

| 슬픔에 빠진 고양이

자신의 고양이가 가족구성원 또는 반려동물동료를 잃었을 때 슬퍼하는 것을 발견하고 놀라는 사람들이 매우 많다. 고양이가 '상실'을 슬퍼한다는 사실을 인식하는 것이 중요하며, 이 경우 고양이와 어떻게 상호교감하고 고양이를 위해 무엇이 최선일지에 대해 결정을 내릴 때는 애도기간을 고려해야 한다. 가족구성원이나 동료를 잃었을 때, 고양이는 무슨 일이 일어났는지 알지 못하는 추가적인 혼란에 빠지게 된다.

우리가 가족을 잃었을 때는, 깊은 슬픔에 빠지기는 하지만 적어도 그 사람이 멀리 갔고 돌아오지 못한다는 것을 안다. 고양이의 경우 가족구성원이 어디로 가버렸는지에 대해 아무런 생각이 없고, 갑작스런 행방불명에 대해 완전히 혼란에 빠지게 된다. 여러분의 고양이는 또한 왜 나머지 가족들이 그렇게 이상하게 행동하는지 이해하지 못한다.

슬픔의 이해와 애도기간 제공

고양이는 친숙한 것에 편안함을 느낀다는 것을 명심해야 한다. 보호자가 상실로 인해 슬픔을 느끼고 있을 때 행동이 변하게 되는데, 울고 있을 수도 있고 스트레스를 받을 것이며, 평상시처럼 집에 오래 있지 못할 수도 있다. 아마도 보호자는 고양이를 더 많이 껴안고 과도한 애정을 보이면서 위로하려는 모습을 보이거나, 너무 슬픔에 젖어서 평소에 고양이에게 표현했던 애정을 보여주지 못할 수도 있다. 이러한 행동은 모두 인간 세계에서는 충분히 이해될 수 있는 것들이지만, 고양이에게는 매우 불안하게 만드는 것이다. 고양이의 관점에서 온 세상이 막 붕괴됐다. 아무도 고양이가 취해야 하는 방식으로 행동하지 않으며, 고양이의 삶에서 매우 중요했던 누군가가 더 이상 주변에 없다.

동료고양이가 사망했고 그 고양이가 살아 있는 고양이와 좋은 관계를 가지고 있지 않았다면, 슬픔의 와중에 많은 혼란스러움이 있을 것이다. 여러분의 고양이는 동료고양이가 어디로 가버렸는지 모르기 때문에 그 고양이가 주도권을 가지고 있던 영역으로 향하는 위험을 감수해야 하는지 여부에 확신이 없을 것이다.

생존해 있는 고양이가 두 마리 이상이라면, 어느 시점에서 두 마리는 거주영역을 재조정해야 하고 사회적 서열도 조정해야 한다. 고양이가 죽은 고양이와 밀접한 관계를 가지고 있었다면, 슬픔과 혼란으로 인해 그 고양이가 잠을 즐겼던 장소를 찾아갈 수도 있으며, 죽은 동료를 위해 슬피 울거나 집안을 돌아다니며 찾을 수도 있다.

평상심 유지와 건강점검

고양이의 슬픔을 유발하는 것이 꼭 죽음만은 아니다. 함께 지내던 아이가 대학기숙사로 들어가거나 집을 떠나는 것 또한 깊은 상실감을 준다. 보호자의 이혼은 고양이의 세계에서 바닥까지 떨어질 수도 있는 또 다른 부정적 상황이다. 이혼의 경우 한쪽 배우자가 동료고양이를 데리고 갈 수도 있으며, 이는 남아 있는 고양이에게 깊은 슬픔의 이중고를 안기게 된다. 또한, 떠나는 고양이에게도 극심한 스트레스를 주며, 동료고양이와 인간동료를 잃을 뿐만 아니라 자신에게 익숙했던 영역을 상실하는 것이다.

앞서 언급한 상황이 닥쳤을 때 여러분의 고양이가 슬퍼하리라는 것을 인식하는 것이 중요하며, 이를 바탕으로 고양이를 도울 수 있다. 이때 보호자가 하지 말아야 할 것은 과도한 쓰다듬기와 포옹이다. 애정과 편안함을 제공하고, 가능한 한 평상시의 일정을 유지하도록 최선을 다해야 한다. 고양이는 그의 세계의 나머지 부분을 그대로 유지해야 하며, 여러분의 고양이에게 '이것이 정말 세상의 끝이야' 라는 메시지를 주지 않아야 한다. 이전 섹션에서 설명한 우울증에 대한 지침을 따르기 바란다.

고양이에게 정기적인 놀이시간을 제공하고, 보호자가 집에 없을 때 주의를 돌릴 수 있도록 단독놀이장난감을 세팅해준다. 평소보다 더 오래 집을 비워야 한다면, 고양이를 방문해 살펴봐줄 이웃이나 친구를 알아보도록 한다. 이때 고양이가 주변에 있는 것을 좋아하는 사람인지 꼭 확인해야 한다. 슬픔에 빠진 고양이에 있어서 먹는 것을 중단하는 것은 일반적인 일이므로 식욕을 확인한다. 평소처럼 먹고 싶어 하지는 않겠지만, 만약 2일 이상 먹는 것을 중단하면 즉시 수의사와 상담해야 한다. 2일 이상 먹이를 먹지 않고 지나는 것은 고양이에게 매우 위험하며, 수의사는 식욕촉진제를 처방할 수도 있다. 또한, 고양이가 스스로 그루밍을 하지 않을 수도 있으므로 그루밍해주는 시간을 갖는 것이 좋다. 고양이가 브러싱을 정상적으로 즐긴다면, 이는 안심시키는 데 도움을 주는 조용하고 침착한 시간이 될 수 있다. 고양이가 친숙한 페로몬을 인식하는 데 도움이 되도록 펠리웨이컴포트존(Feliway Comfort Zone)을 사용한다. 펠리웨이를 사용함으로써 고양이가 자신이 최근에 그곳에서 얼굴을 문질렀다고 생각한다면, 고양이를 진정시키는 데 어느 정도 도움이 될 수 있다.

애도기간 중 피해야 할 것

많은 보호자들이 자신의 고양이가 동료를 잃었을 때 범하는 가장 일반적인 실수는, 서둘러서 다른 고양이를 입양하는 것이다. 고양이보호자들은 마치 슬픔에 잠긴 고양이가 외로운 것이고, 그렇기 때문에 새로운 동료를 들이는 것이 완벽한 선택이라고 생각한다. 불행히도 이 결정은 일반적으로 최악의 결과를 초래한다. 고양이에게는 슬퍼할 시간이 필요하며, 갑작스럽게 나타난 낯선 동물을 침입자로 간주할 것이다. 고양이는 스트레스를 너무 많이 받아서 새로운 동료를 받아들일 여유가 없다. 이와 같은 스트레스 상황 하에서 새로운 고양이를 들여오는 것은 새 고양이게도 좋지 않다. 일반적으로 새로운 동료의 소개 중에 발생할 수 있는 것보다 훨씬 더 많은 공격을 당할 수 있다.

나중에 또 다른 동료고양이를 들이는 것은 좋은 생각일 수 있지만, 애도기간 동안 그와 같은 결정을 내리는 것은 바람직하지 않다. 고양이가 상실을 받아들이고 가정에서 스스로 새로운 일상을 만들 수 있도록 적당한 시간을 허용해줘야 한다. 죽은 고양이가 살아 있는 고양이에게 지속적으로 스트레스를 준 근원이었던 경우에는, 애도기간이 지난 후 생존해 있는 고양이가 더욱 행복하고 평화로운 모습을 보이는 것을 발견할 수도 있다. 그 고양이는 이제 자신이 집안에서 유일한 고양이가 됐다는 것을 즐길 수도 있다. 따라서 고양이의 애도기간이 지날 때까지 상황을 지켜보도록 한다.

│ 두려움이 많은 고양이

특별한 물건에 대한 두려움을 느끼는 경우부터 모든 것에 두려움을 갖는 경우에 이르기까지 그 범위가 다양하게 나타날 수 있다. 동물병원 방문 등과 같이 고양이가 일반적으로 두려움을 갖게 되는 특정 상황이 있지만, 어떤 고양이들은 자신의 집안에서도 두려움을 느끼는 경우가 있다. 가정은 고양이에게 안전하고 안심되는 곳이어야 한다.

원칙적으로 두려움을 제거하거나, 또는 적어도 줄이기 위해서는 매우 점진적이고 비위협적인 방법으로 고양이의 삶에 변화를 가져와야 한다. 비록 고양이가 두려워하지 않을 것이라는 확신이 들더라도, 무언가를 다룰 때는 최대한 안전하게 하고 고양이에게 불쑥 내미는 일이 없도록 해야 한다. 항상 피해에 대한 대책을 마련하는 것보다는 미리 예방을 하는 것이 훨씬 수월하다는 점을 명심하기 바란다.

탈감작과 역조건화

두려움이 많은 고양이를 위한 일반적인 행동교정기술은 탈감작(desensitization)과 역조건화(counterconditioning)[1]다. 탈감작은 고양이가 두려워하는 무언가에 점진적으로 노출시킴으로써 더 이상 그것에 압도되지 않고 익숙해질 시간을 갖게 하는 것이다. 역조건화는 무언가 긍정적인 것에 고양이의 주의를 집중시키고 두려움의 원인이 그렇게 나쁜 것이 아니라는 것을 깨닫는 데 도움을 주기 위해, 고양이를 두렵게 하는 것이 존재하는 장소에서 평상시에 하지 않을 일을 하도록 만드는 것이다.

필자가 자주 질문을 받는 것이기도 한데, 많은 고양이들이 공포를 느끼는 것들 중 하나는 바로 진공청소기다. 고양이의 관점에서 진공청소기를 본다면, 왜 그토록 두려워하는지 이해할 수 있다. 진공청소기는 매우 시끄러우며, 마치 포식자처럼 의자 밑과 소파 뒤에 코를 들이밀며 온 집안을 돌아다닌다. 어떤 사람들은 심지어 특정 장소에서 진공청소기를 사용해야 하는 경우 청소기를 들이대면서 고양이를 쫓아냄으로써 공포를 증대시킨다. 또한, 아침 일찍 고양이가 단잠을 방해할 때 침대에서 고양이를 쫓아내는 데 진공청소기 사용을 권장하는 소위 전문가들의 끔찍한 조언도 있었는데, 이는 불필요한 공포를 조장하는 잔인한 행위라는 점을 기억하기 바란다.

---

[1] '서로 양립하기 어려운 반응을 유발하는 자극'을 포함한 고전적 조건형성 절차를 이용함으로써 이전 조건형성의 원치 않는 효과를 제거하는 것을 말한다. 예를 들어, 토끼에게 공포를 느끼는 아이에게 토끼(공포반응)와 간식(긍정적인 반응)을 함께 제공하고, 점차 아이와 토끼의 공간적 거리를 가까이하면 토끼에 대한 공포반응을 감소시킬 수 있다.

놀이요법을 통한 공포감 없애주기

진공청소기에 대한 공포를 극복하는 데 도움을 주기 위해서는, 먼저 어떤 장난감이 고양이에게 적합한지 판단할 수 있도록 상호교감놀이요법 일정을 잡는다. 일단 일정을 잡았으면 방 한구석에 진공청소기를 배치한 다음, 놀이과정을 수행한다. 이때 진공청소기의 전원을 켜지 말고 그냥 구석에 조용히 세워놓는다. 고양이가 진공청소기의 존재에 별 다른 반응을 보이지 않으면, 다음 과정을 진행하기 위해 청소기를 약간 이동시킨다. 그리고 나서 고양이가 두려움 없이 진공청소기에 가까이 접근할 수 있는 지점에 이르도록 한다. 클리커 트레이닝을 시행하는 경우, 탈감작과 역조건화 과정을 통해 나타나는 긍정적인 행동에 대해 클릭하고 보상을 한다. 이때 조용하고 편안한 행동이 나타나는 정확한 순간에 클릭하고 보상해야 한다.

이제 다른 방에 진공청소기를 넣어두고 켤 시간이다. 집에 다른 가족구성원이 있는 경우 여러분이 고양이와 놀이요법과정을 진행하는 동안, 그 가족이 다른 방에서 진공청소기를 켜게 한다. 집안에 혼자 있다면 그냥 청소기를 켜되, 너무 오랫동안 켜둔 채 방치하지 않는 것이 좋다. 고양이가 희미하게 기계소리를 듣지만 지나치게 산만해지지 않도록 방문을 닫아둔다. 놀이요법을 진행하는 방이 진공청소기가 있는 방과 너무 가까워서 소리가 크고 고양이가 두려워하는 것으로 보이면, 더 멀리 이동하고 고양이가 안전하게 느끼는 구역을 찾아 당분간은 거기서 놀이요법을 진행한다.

다음 과정은 진공청소기가 작동하고 있는 방으로 좀 더 가까이 이동할 수 있다. 이 단계를 얼마나 점진적으로 진행해야 하는지는 고양이의 기질에 따라 달라진다. 고양이가 느끼는 공포심이 강하거나, 또는 오랜 시간 계속되고 있는 경우, 아주 느리게 이동할 수 있도록 준비해야 한다. 진공청소기가 작동되고 있는 방에 들어갈 수 있는 곳까지 천천히 움직인다. 진공청소기가 작동하는 방문을 열어놓으면 방문을 닫아놓았을 때보다 훨씬 더 멀리 떨어져야 할 수도 있겠지만, 그래도 진전이 있을 것이다.

마지막 단계는 진공청소기가 작동 중인 방에 고양이를 청소기와 함께 있도록 만드는 것이다. 진공청소기를 다시 방구석에 두고 작동시키되, 청소기소리가 너무 시끄러운 경우 청소기 옆에 베개를 세워서 소리를 완충시킬 수 있다. 고양이가 가장 편안해하는 거리에서 놀이과정을 수행하는데, 고양이가 방에서 뛰쳐나간다 하더라도 괜찮다. 그냥 자연스럽게 고양이에게 다가가서 놀이를 통해 안심시키도록 한다.

놀이요법 외에도, 고양이가 진공청소기에 좀 더 편안해질 수 있도록 돕는 방법으로 먹이나 간식을 사용할 수도 있다. 필자는 진공청소기에 공포를 느끼는 고양이들로부터 필자가 찾고 있는 정확한 행동을 표시할 수 있도록 클리커 트레이닝을 자주 적용하고 있다. 예를 들어, 고양이가 진공청소기 옆을 침착하게 걸어가거나 진공청소기가 작동하고 있는 방의 한쪽 옆에 조용히 앉아 있으면 클릭하고 보상을 한다.

진공청소기는 종종 많은 고양이들에게 있어서 가장 공포를 느끼는 물건이기 때문에 보호자가 청소기를 사용하는 동안 고양이가 그 방에 편안하게 머물지 못할 수도 있지만, 진공청소기가 시야에 들어올 때마다 놀라서 달아나 침대 밑에 숨는 행동을 보여서는 안 된다. 따라서 행동교정을 통해 고양이가 가능한 한 편안하게 머물 수 있는 균형감을 찾아줘야 한다. 어쩌면 고양이의 공포가 진공청소기와는 상관이 없을 수도 있지만, 집안에 있는 다른 무언가가 고양이를 공포로 몰아넣을 수도 있으므로 위에서 언급한 방법을 이용해 고양이의 안전지대를 확장시키는 데 도움을 주도록 한다.

| 사람에 대한 공포가 있는 고양이

사람에 대한 공포는 고양이에 있어서 매우 일반적으로 나타나며, 특히 고양이의 삶의 대부분을 생각했을 때 정기적으로 접촉하는 사람이 인간가족뿐일 경우 더욱 심하다. 수의사의 왕진이 필요한 경우가 있을 수 있는데, 이 경우 거의 모든 고양이들에게 공포심을 불러일으킨다. 사실 고양이가 수의사의 방문을 반길 이유는 전혀 없을 것이다.

두려움을 유발하는 원인 파악

집안에 손님이 방문했을 때 고양이가 두려움을 느끼고 숨는 행동을 보인다면, 그 두려움을 유발한 것이 무엇인지 살펴봐야 한다. 고양이는 영역적 동물이며, 고양이의 집은 자신의 안전의 주요한 근원이라는 사실에서부터 시작해보자. 손님이 집에 들어왔을 때, 그들이 보호자에게서 환영받았다 하더라도 종종 고양이를 깜짝 놀라게 한다. 고양이는 초인종소리를 듣고 방으로 들어갔을지도 모르며, 그곳에 낯선 사람이 있는 것을 발견하고 놀라게 된다. 시야에 들어온 낯선 사람과 그들에게서 나는 낯선 소리 및 냄새의 조합은 가벼운 관심에서부터 완전한 공포에 이르기까지 무엇이든 유발할 수 있다.

이는 집에 오는 손님이 별로 없는 경우 특히 심한데, 고양이가 그런 생활방식에 적응하는 법을 배울 기회가 전혀 없었기 때문이다. 사회화가 잘 된 고양이는 낯선 사람들이 방문할 경우 편안해하고 자신감을 갖도록 성장한다. 그러나 사회화가 잘 되지 않은 고양이에 있어서는 집안에 있는 모든 낯선 사람들을 잠재적인 위협으로 인식한다. 고양이가 초인종소리를 듣자마자 숨는 것이 습관화된 지점에 이르렀을 수도 있다.

때때로 보호자들은 손님이 위협적이지 않다는 것을 너무 강하게 보여주려고 함으로써 무심코 고양이에게 더 심한 공포심을 안겨준다. 손님이 위험하지 않다는 것을 보여주기 위한 방법으로 고양이를 들어 올려서 손님에게 들이밀면, 결국 보호자를 할퀴거나 손아귀에서 빠져 나가려고 발버둥을 칠 것이다. 혹은 보호자의 팔 안으로 숨으려고 하거나 손님에게 방어적으로 '하악' 소리를 낼 수도 있다. 고양이가 손님을 알아보도록 하기 위해 물리적으로 강요하면 더 큰 두려움을 만들어줄 뿐이라는 점을 명심한다. 다음에 초인종이 울리면 고양이는 시야에서 사라지고 없을 것이다. 강제적인 물리력은 고양이에게 전혀 효과가 없으며, 결국 모두에게 더 많은 문제를 야기한다.

손님 또한 고양이에게 너무 빨리 친구가 되려는 시도를 함으로써 상황을 더 악화시킬 수 있다. 고양이가 탐색을 위해 조금씩 가까이 다가가는 경우, 손님이 그것을 상호교감신호로 해석해서 쓰다듬거나 들어올리기 위해 몸을 숙이는 반응을 할 수도 있는데, 이는 고양이에게 공포심을 일으켜 도망치게 만들 수도 있다. 사람들은 왜 고양이가 알레르기가 있거나 고양이를 싫어하는 방문자에게 항상 끌리는 것처럼 보이는지 궁금해 하는데, 생각해보면 전혀 이상할 것이 없다. 그 사람들은 고양이에게 가까이 접근하려 하지 않고, 보통 눈을 마주치지도 않기 때문에 고양이의 관점에서 비위협적인 것으로 즉시 이해된다. 고양이는 그 사람에게 더 가까이 다가가서 탐색하는 것을 안전하다고 느끼는 것이다. 고양이와 너무 많이 눈을 마주치고 너무 빨리 다가가거나, 심지어 허리를 굽혀 고양이를 들어 올리는 사람들은(물론 고양이를 사랑해서 나오는 행동이지만), 고양이가 두려워할 것이 있는지 여부를 판단할 시간을 주지 않게 된다.

우리는 우리의 고양이가 친절하고 사교적이길 바라지만, 동물에 있어서 생존본능은 매우 강하며 심지어 실내환경에 적응돼 있는 동물조차도 매우 강하다는 것을 명심해야 한다. 고양이세계에서는, 낯선 고양이가 위협적으로 보이고 싶지 않을 때는 영역 주변에 머물거나, 고양이세계의 행동규칙을 따르는 방식으로 영역 내에 들어온다. 똑바로 눈을 맞추면서 불쑥 끼어드는 고양이는 위협적인 것으로 인식된다. 두려움이 많은 고양이의 경우 집에 들어오는 방문객을 위협적으로 느끼지만, 대부분의 경우 방문객은 한정된 몇 개 방에만 머문다. 숙박을 하는 손님은 집에서 많은 시간을 보낼 뿐만 아니라 여러 방을 돌아다니기 때문에 실제로 위협이 될 수 있다. 일부 경우 고양이의 작은 보호구역이 돼왔던 손님방은 결국 손님이 머무는 동안 고양이에게 출입금지구역이 된다. 만약 비어 있던 손님방에 고양이화장실을 보관했었는데 그것을 갑자기 다른 곳으로 강제로 옮겼다면, 고양이에게 추가적인 혼란이 발생한다.

두려움이 많은 고양이에 대한 또 다른 촉발요인은 집안의 특정 공동영역에 출입이 제한되지 않는 방문객의 존재다. 배관공, 전기기사, 가사도우미, 해충방제기사, 카펫 청소원 또는 기타 수리기사가 집안에 들어왔던 때를 생각해보자. 두려움이 많은 고양이가 집안의 모든 '사적' 영역에 생소한 사람이 들어가는 것을 봐야만 하는 것이 얼마나 스트레스가 될지 상상해보기 바란다. 보호자가 집안에 없고 이웃이나 아파트경비원이 수리기사를 들어오게 하는 경우 고양이를 매우 괴롭게 할 수 있다.

편안한 안전지대의 확장

두려움이 많은 고양이가 초인종 소리를 듣고 공포에 빠진다면 그야말로 절망적일 것이다. 고양이의 두려움이 완전한 공포로 바뀐다면, 보호자는 그저 고양이가 침대 밑에서 떨고 있는 행동을 그만두는 것만으로도 다행으로 생각해야 할 수도 있다. 고양이는 매번 방문객이 올 때마다 선뜻 나오지 못할 것이다. 사람을 두려워하는 고양이를 재훈련하는 과정에서 우리가 원하는 최종결과는, 고양이에게 편안한 느낌을 만들어줌으로써 방문객에게 얼마나 가까이 다가갈지 스스로 결정할 수 있도록 해주는 것이다. 보호자는 고양이가 손님 무릎 위에 앉을 정도의 수준이 되기를 원할 수도 있지만, 고양이의 성격과 사회화된 정도 그리고 가정의 역학에 대해 현실적으로 생각해야 한다.

이 모든 것을 고려해 고양이를 편안하게 하고 안전지대를 확장시키는 데 도움이 될 수 있도록 사용하는 행동교정기법이 있다. 항상 그렇듯이 행동교정과정은 환경 그 자체에서부터 시작해야 한다. 먼저 고양이에게 많은 탈출구를 제공해서 고양이가 가장 편안하게 느끼는 곳으로 갈 수 있도록 해줘야 한다. 절대 고양이를 한 곳에 가둬두기 위해 방문을 닫아서는 안 된다. 여기서 첫 번째 규칙은 고양이가 침대 밑에 숨으려 한다면, 그렇게 하도록 내버려두는 것이다. 고양이에게 친숙한 손님을 접대하는 방에는 특히 고양이용 영역이 있어야 하며, 이는 캣트리, 창문전망대, 은신처 또는 심지어 수건을 덧댄 종이가방이 될 수도 있다. 그 방에 만들어놓은 영역이 좀 더 안전할수록, 고양이가 그곳에서 안전한 구역을 찾고 다른 방으로 달아나지 않게 될 가능성이 높아진다.

긍정적인 고양이 안면페로몬을 내보내는 데 도움이 될 수 있도록 펠리웨이컴포트존(Feliway Comfort Zone) 디퓨저를 설치한다. 펠리웨이컴포트존에 대한 자세한 정보는 제2장을 참고한다. 또한, 장난감이 있는 광경은 안전과 재미를 의미한다는 사실에 익숙해질 수 있도록 고양이와 함께하는 상호교감놀이요법 일정을 세워 진행한다. 이 과정에서 고양이가 가장 좋아하는 특별한 상호교감장난감은 나중에 중요한 역할을 하게 되므로 사용에 주의를 기울여야 한다.

도우미와 함께하는 재훈련과정

이제 사람에 대한 공포심을 없애주기 위한 실제 행동교정을 실시하는데, 이 부분은 함께 진행할 도우미가 필요하다. 도우미는 태도가 차분한 사람을 선택해야 하며, 이 과정이 재훈련과정이라는 것을 이해하고 방문할 수 있도록 확실히 알려야 한다.

■**1단계** : 도우미를 방으로 들어오게 한 다음 몇 분 동안 문 안쪽에 그대로 서 있도록 지시한다. 고양이가 방안에 있는 경우, 이렇게 하면 고양이에게 그 사람의 낯선 모습과 소리 그리고 냄새에 적응할 수 있는 시간을 제공해준다. 도우미가 집안으로 무단침입한 것이 아니기 때문에 그의 몸짓과 태도 또한 위협적이지 않다는 것을 나타낸다. 클리커와 간식을 휴대하고, 고양이가 평온한 행동 또는 긴장이 풀린 행동을 보이면 클릭하고 보상을 한다. 이때 도우미에게 고양이와 눈을 맞추거나 쓰다듬으려는 행동을 하지 않도록 미리 당부한다. 고양이와 도우미 사이에 어떤 상호교감이 일어나면 적절한 때에 구체적인 지시사항을 알려주도록 한다.

■**2단계** : 일단 도우미가 문 앞에서 몇 분 동안 보호자와 함께 있다가 앉을 자리로 자연스럽게 걸어간다. 고양이가 방에서 빠져나간 지 오래됐다 해도 걱정하지 않아도 된다. 특히 처음 두 번의 재훈련과정 동안 고양이가 평상시 하던 방식대로 반응한다면 완전

히 이해할 수 있게 된다. 따라서 고양이가
보이지 않는 경우에도 앉아 있는 동안 도
우미와 약 10분간 대화를 나누며 시간을
보내도록 한다. 이때 보호자와 도우미 모

— M I E I M I O I **고양이와 눈 맞추기** —

고양이와 똑바로 눈을 맞추는 것은 도전으로 보일 수 있다. 재훈련과정에서 도우미가 직접적으로 고양이를 쳐다보지 않도록 미리 주의를 주도록 한다.

두 차분하고 조용한 목소리 톤을 유지하는 것이 중요하다. 이는 귓속말을 해야 한다는 것이 아니라, 극단적인 목소리(갑자기 아주 높은 소리로 웃거나 소리치는 것)를 사용해서는 안 된다는 뜻이다. 바로 이 점이 이번 재훈련과정에 적합한 사람을 선택하는 것이 중요한 이유다. 기꺼이 도와주려함에도 불구하고, 도우미를 자처한 사람이 너무 큰 목소리를 가지고 있다면 전혀 도움이 되지 않기 때문이다.

■**3단계** : 십분 후, 도우미에게 양해를 구하고 고양이를 찾는다. 그런 다음 상호교감장난감을 가지고 와서 가볍게 움직여본다. 고양이가 침대 밑에 숨어 있는 경우, 억지로 밖으로 끌어내려는 시도는 하지 말아야 하며, 고양이 앞에 장난감을 들이밀지도 않도록 한다. 대신 고양이가 볼 수 있도록 그냥 침대 건너편에서 가볍고 절제된 방법으로 장난감을 움직인다. 고양이는 여전히 너무 두려워서 장난감에 발을 대지 못할 수도 있지만, 어느 정도라도 관심을 갖게 되면 두려움에 집중하는 것을 줄일 수 있다.

평상시의 목소리로 고양이에게 말을 건넴으로써 '너의 세상은 모든 것이 괜찮다'는 것을 알려줄 수 있도록 한다. 보호자의 목소리와 장난감의 움직임을 통해 고양이에게 보내야 하는 메시지는, 집안에 방문객이 있다 하더라도 걱정할 것이 아무것도 없다는 것이다. 고양이는 정서적으로 스펀지와도 같아 보호자의 불안 수준을 곧바로 알아채기 때문에, 보호자가 차분한 메시지를 보낸다는 것을 확실히 해야 한다.

■**4단계** : 고양이가 아주 조금이라도 침대 밑에서 나오는 모험을 한다면, 고양이를 진정시키는 데 도움이 될 수 있는 약간의 놀이과정을 진행하고, 보상으로 간식을 제공한다. 클리커 트레이닝을 시행하고 있다면, 고양이가 앞발로 장난감을 건드릴 때 클릭하고 보상할 수 있다. 클리커 트레이닝을 진행하는 동안 지시봉을 사용하고 있다면, 장난감에 코를 대고 발로 건드리거나, 또는 올라가도록 고양이에게 지시할 수 있다. 지시봉은 고양이가 훈련에 집중하도록 유도하기 때문에, 클리커 트레이닝을 받은 많은 고양

이에게 지시봉의 모습은 마음을 진정시키는 요소가 될 수 있다. 고양이를 독려하기 위해 긍정적인 모든 단계에 클릭하고 보상한다.

■**5단계** : 고양이가 침대 밑에서 나오는 용감함을 보이든 그렇지 않든, 보호자는 10분 후에 도우미에게로 돌아간다. 그 시점에 고양이는 스스로 나올 수도 있고, 심지어 현관에 나타날 수도 있다. 만약 그렇게 하지 않으면, 10분 후에 도우미에게 양해를 구하고 놀이요법을 다시 실시한다. 처음 몇 번의 과정은 효과가 없을 수도 있지만, 고양이에게 모든 것이 정상적이라는 느낌을 많이 보여줄수록 불안감이 줄어들 것이다.

고양이가 도우미가 있는 방에 모습을 드러낸다면, 평상시의 목소리로 고양이에게 인사를 하고 도우미와 이야기를 계속 나눈다. 이때 도우미에게 고양이와 눈을 마주치지 않도록 상기시켜준다. 고양이는 도우미에게 가까이 다가가는 모험을 할 수도 있으며, 결국 쿵쿵거리며 도우미의 발냄새를 맡으려 할 수도 있다. 이때 마치 아무 일도 없는 것처럼 분위기를 그대로 유지하는 것이 좋다. 심지어 고양이가 도우미 옆으로 뛰어오른다 하더라도 고양이가 계속해서 탐색을 하도록 내버려둬야 한다. 여러분의 고양이가 그와 같은 시점에 도달하기까지 몇 번의 재훈련과정이 필요할 수도 있지만, 고양이가 항상 자신의 진행속도를 스스로 설정하게끔 내버려두는 것이 중요하다.

고양이의 행동이 차분하고 '하악' 소리를 전혀 내지 않는다면, 고양이가 도우미를 향해 만들어내는 긍정적인 단계에 클릭하고 보상한다. 클릭&보상 과정이 고양이를 산만하게 하고 고양이가 어떠한 방해(심지어 긍정적인 행동이라도)도 없이 접근하고 싶은 것처럼 보인다면, 보호자는 아무 일도 없었던 것처럼 행동하고 고양이가 하고 싶은 대로 하도록 내버려둔다. 고양이는 자신에게 가장 편안한 속도를 유지할 것이다.

■**6단계** : 고양이가 현관에 앉아 방에 들어가지 않거나, 또는 방에는 들어가지만 많이 움직이지 않으면, 소파를 밀어내고 카펫에 앉아서 자연스럽게 놀이과정을 수행하거나 긍정적인 단계에 클릭하고 보상할 수 있다. 고양이가 앉아 있는 곳으로 더 가까이 매우 자연스럽게 이동해야 할 수도 있다. 고양이가 장난감과 도우미 사이에 자신의 초점을 분리할 수 있도록 게임을 매우 낮은 수준으로 유지한다. 처음에는 고양이가 너무 불안해서 장난감에 완전히 집중하지 못할 것이다. 따라서 처음에는 거칠고 빠른 움직임을

---- **M I E I M I O I** 점진적인 행동교정 ----

고양이를 긴장하게 하는 원인이 무엇이든 상관없이, 고양이가 좀 더 자신감을 얻는 데 도움이 되는 것은 반복적이며 낮은 강도로, 점진적·비위협적으로 노출시키는 것이다. 너무 과도하게 서두르는 것은 고양이가 느끼게 될 두려움을 증대시킬 뿐이다. 점진적인 탈감작과 역조건화는 서로 유기적으로 작용한다.

만들어내지 않는 것이 중요하다. 클리커 트레이닝을 진행하고 있는 경우, 보호자의 신호에 어떠한 반응이라도 보이거나 지시봉에 닿는다면 클릭하고 보상한다. 아주 미미한 시도라도 클릭하고 보상할 수 있도록 한다. 이때 고양이가 안전지대 내에 머물 수 있도록 보호자는 도우미와 충분히 떨어져 있어야 한다.

■ 7단계 : 도우미가 있는 같은 방에서 놀이요법을 수행함으로써, 고양이는 도우미가 위협적이지 않고 긴장을 풀어도 된다는 메시지를 얻게 된다. 도우미와 함께하는 후속 재훈련시간은 이러한 과정을 계속하게 될 것이며, 결국 고양이가 도우미에게 상호교감을 해도 좋다는 신호를 보내게 되는 시점에 도달할 수 있다. 이 시점에 도우미가 고양이에게 검지를 조용히 뻗어도 좋은데(고양이세계에서 서로 코를 대고 냄새를 맡는 것과 동일한 행동이다), 고양이는 아마도 걸어가서 도우미의 손가락에 대고 냄새를 맡을 것이다.

만약 고양이가 좀 더 상호교감을 원하면, 손가락에 얼굴을 비비거나 도우미에게 더 가까이 다가갈 것이다. 상호교감을 원치 않으면, 냄새 맡는 것을 중단하고 조용히 서서 도우미를 바라보거나 그냥 다른 곳으로 가버릴 것이다. 고양이가 다른 곳으로 가버린 경우라도 실패라고 생각하지 않아도 된다. 두려움이 많은 고양이가 도우미에게 가까이 다가갔다는 사실만으로도 대단한 발전을 이룬 것이다.

■ 8단계 : 고양이가 도우미가 있는 방에 절대 들어가려 하지 않는다면, 약 45분 후에 방문을 끝내고 다시 조용하고 자연스러운 태도로 고양이에게 돌아간다. 다른 놀이과정을 수행하거나 그냥 그곳에 앉아서 몇 분 동안 고양이에게 말을 건넨 다음, 평상시처럼 하루 일과를 시작한다. 고양이가 어느 정도 시간이 흐른 뒤 마침내 침대 밑에서 나온다면, 소란 떨지 말고 그냥 무심하게 인사를 하고 놀이를 하거나 쓰다듬어주도록 한다.

어떠한 상황에서도 고양이의 공포를 강화시키는 방법으로 고양이를 껴안아서는 안 된다. 어떤 보호자들은 고양이에게 끔찍한 경험으로 남게 될 방식으로 고양이를 포옹

하고 위로하기도 한다. 또한, 고양이가 두려워하는 행동을 나타내는 것에 대해서는 보상하지 않도록 한다. 차후에 유사한 환경에서 이와 동일한 신경질적인 행동을 다시 보여야 한다는 메시지를 익힐 수도 있다. 원치 않는 행동을 강화시키지 않도록 주의해야 하며, 아무리 소소한 것이라도 긍정적인 행동을 강화시켜야 한다. 고양이가 훈련에 익숙해질 수 있도록 가능한 한 자주 이러한 재훈련과정을 수행한다.

재훈련과정은 차분한 친구와 함께 시작하도록 하고, 점차적으로 다른 사람을 소개할 수 있다. 이처럼 재훈련과정을 진행하면 상호교감장난감을 도우미에게 건네줄 수 있는 지점에 도달할 수 있으며, 도우미는 고양이와 함께 놀이요법을 계속할 수 있다. 그것이 집에 온 손님이 좋은 일이 될 수 있다는 것을 고양이에게 보여주는 가장 좋은 방법이다. 고양이는 이러한 시점에 빨리 도달하거나, 또는 전혀 도달하지 못할 수도 있지만, 너무 서두르지 말고 항상 고양이가 속도를 유지하게 해주는 것이 중요하다.

환경에 대한 사전수정

고양이를 두렵게 만드는 손님이 밤새 머물러야 하는 상황이라면, 그 손님이 오기 전에 고양이를 위한 약간의 사전준비를 해야 한다. 고양이가 현재 생활하고 있는 방에 손님을 머무르게 할 예정인 경우, 특히 그곳에 고양이화장실이 비치돼 있다면 손님이 오기 전에 집안이 조용할 때 조정해야 한다. 갑작스러운 변화로 인해 고양이에게 충격을 주는 일이 없게끔 하루에 조금씩 다른 장소로 화장실을 옮겨야 한다.

고양이가 손님을 두려워하는 경우 손님방의 문 밖에 화장실을 두지 않도록 한다. 고양이는 공포의 근원이 있는 근처에서 배설을 하지 않으려 하기 때문에 고양이가 안전하게 느끼는 장소에 화장실을 배치해야 한다. 화장실을 두게 될 장소가 멀면 멀수록 미리미리 준비해야 하며, 손님이 오기 전에 고양이가 변화에 편안하게 느끼도록 해줘야 한다. 또 다른 방법은 화장실을 2개 준비하는 것이다. 이렇게 해주면 고양이는 기꺼이 함께할 의향이 있다고 느끼는 손님에게 얼마나 가까이 갈지 선택권을 가질 수 있다.

손님이 방문해 있는 동안 고양이가 이용할 여분의 은신처와 보호구역이 있는지 확인한다. 고양이가 일반적으로 주방에서 먹이를 먹었고 손님 때문에 현재 그곳이 매우 시끄럽다면, 고양이가 주방에서 평화롭게 식사를 할 수 있는 시간을 따로 정하든지, 집안의 다른 장소에서 먹이를 주도록 한다. 고양이가 식사를 하고 잠을 자며 배설을 하는 장소는 고양이가 가장 안전하게 느껴야 할 곳이다. 또한, 손님을 치르느라 바쁘긴 하겠지만, 손님이 머무는 동안 정기적인 상호교감놀이요법 시간을 갖는 것이 중요하다. 놀이요법은 자신감을 찾고 불안감을 줄이는 데 도움이 되기 때문에, 고양이의 삶에서 이처럼 주요한 변화를 겪을 때 사용할 수 있는 매우 중요한 도구다.

집안에 수리기사가 방문하는 경우에는 고양이를 안전한 방에 들여보내고 낯선 사람에게서 떨어뜨려놓도록 한다. 수리기사가 집에 머무는 것은 매우 일시적인 현상이므로 그에게 고양이를 노출시키지 않는 것이 좋다. 수리기사가 수리를 하는 동안 고양이용 오락DVD를 배경으로 틀어놓고 보호자의 침대에서 낮잠을 자게 하거나, 다른 방에서 약간의 캣닢을 제공하는 것도 좋다.

│ 분리불안을 보이는 고양이

아마도 '분리불안'이라고 하면 고양이보다는 개를 떠올리겠지만, 고양이 역시 분리불안을 경험하며 그 영향은 매우 파괴적일 수 있다. 보호자가 일정을 극단적으로 변경하고, 오랜 기간 동안 집을 떠나 있는 경우가 많을 때 분리불안이 일어날 수 있다. 필자는 언젠가 재택근무 방식을 정리하고 정규직 사원으로 출근하게 된 보호자를 컨설팅한 적이 있다. 그의 고양이는 사실상 하루 24시간 집에서 오직 인간동료와 함께하는 생활만 알고 있었는데, 갑자기 보호자가 떠나버린 셈이다. 이미 대부분의 시간을 보호자와 물리적으로 가깝게 지내야 했던 고양이는 혼자 남겨지자 제정신이 아니게 됐다.

분리불안의 증상과 치료

분리불안의 증상은 과도한 발성, 화장실 외부에 배설, 구토, 식욕 및 물 마시는 습관의 변화(일반적인 사례는 보호자가 집에 없을 때 먹이를 먹지 않는 것이다), 불안, 보호자가 집에 돌아왔을 때 평소와 달리 몸에 달라붙는 집착, 파괴적인 행동 그리고 과도한 그루밍 등을 포함할 수 있다. 분리불안을 위한 치료는 보호자가 집에 있을 때 고양이가 더욱 자신감을 갖도록 만들고, 집을 비우는 동안 활동할 수 있는 것들을 제공한다. 비록 보호자는 고양이가 다정하게 굴고 보호자와 가까이 있는 것을 즐기길 바라겠지만, 자신감을 갖고 혼자 힘으로 안전해지는 것 또한 고양이의 삶에서 중요한 부분이다.

놀이요법은 항상 보호자의 무릎 위에 올려놓거나 팔에 안고 있지 않더라도 고양이가 보호자와 함께하도록 도움을 준다. 놀이요법은 또한 먹이추적본능을 촉발하며, 사냥을 계획하고 먹잇감을 포획하는 데 정신적 에너지를 집중하고 사용하도록 자극시킨다. 정기적으로 수행하는 상호교감놀이요법은 고양이의 활동성을 유지시키며, 이는 스트레스를 감소시키는 데 도움이 된다. 아침에 집을 나서기 전과 저녁에 돌아왔을 때 추가 놀이과정을 수행하고, 고양이가 보호자와 헤어지는 것이 '세상의 끝'이라고 생각하지 않도록 아침 작별인사와 저녁 만남인사를 평상시처럼 유지한다.

환경적 풍부화 조성

환경적 풍부화 또한 분리불안을 가진 고양이를 돕는 데 큰 역할을 한다. 보호자가 집을 비운 동안 고양이가 보호자의 부재에 집중하지 않도록 정신적·신체적 자극이 충분히 제공돼야 한다. 제2장에서 설명된 아이디어들을 이용해 고양이가 좀 더 흥미를 가질 수 있는 환경을 만들어주도록 한다. 퍼즐피더는 고양이가 좌절과 불안에 빠지는 것을 방지하고 과제를 완수하는 데 초점을 맞춘 방법으로서 활동성을 유지하고 두뇌를 자극하는 데 도움이 된다. 하루 종일 퍼즐피더만 이용해서 먹이를 주는 보호자도 있다.

장난감을 세팅할 때는 고양이의 두뇌를 자극하고 마음을 사로잡을 수 있는 것들을 선택한다. 빈 티슈상자 안에 공을 넣어 제공하는 것과 같이, 아주 단순한 장난감조차도 고양이가 낮 동안 재미있는 활동을 할 수 있게 만들어줄 것이다. 라디오를 조용하게 켜둔다거나 조명에 타이머를 설정해두는 것과 같은 단순한 세팅도 도움이 될 수 있다. 집 안에 '삶의 흔적을 만들어내는 것'이라고 생각해보기 바란다. 고양이가 TV 보는 것을 좋아하거나 고양이용 오락DVD를 좋아한다면, 보호자가 집을 비운 동안에 시청을 즐길 수 있도록 절전타이머를 설정해 TV를 켜두도록 한다.

때로는 낮 동안 누군가 고양이를 방문하게 하는 것도 분리불안을 완화시키는 데 도움이 된다. 이웃 중에 고양이와 어울리는 것을 좋아하는 사람이 있다면, 그 사람이 하루에 한 번씩 잠시 방문을 하면 도움이 될 수도 있다. 또 다른 방법은 펫시터(pet sitter, 반려동물돌봄이)를 고용해서 하루에 한 번씩 상호교감놀이과정을 수행하도록 하는 것이다. 필자가 컨설팅한 몇몇 보호자는 이웃에 사는 착실한 청소년을 고용해 이러한 역할을 맡기고 있다. 보호자 중 한 명은 정년퇴직한 이웃의 여성을 고용하고 있는데, 그녀는 고양이를 방문해 놀이요법을 수행함으로써 약간의 용돈을 마련할 수 있는 기회를 가지게 된 것을 좋아한다. 또 다른 보호자는 매일 운동 삼아 동네를 산책하는 이웃 노인에게 고양이를 방문하도록 고용하고 있다. 위에서 언급한 모든 사례들은 효과가 매우 좋았는데, 고양이들은 다른 방문객들과 함께 있는 것을 자연스럽게 즐겼고 관련된 특정인들과 상호교감하는 것을 매우 편안하게 느꼈다.

이러한 방법을 선택하는 경우, 펫시터로 고용할 사람을 여러분이 집에 있는 동안 미리 고양이와 만나게 하고 상호교감하도록 해서 긍정적인 연결고리가 있는지 확인하는 것이 좋다. 또한, 고양이가 상호교감놀이요법을 수행하면서 어떻게 즐기는지 그 사람에게 보여줘야 한다. 어떤 경우 고양이가 그 사람에게서 바라는 것은 그저 쓰다듬기가 전부일 수도 있다. 필자의 어머니의 고양이는 누군가의 무릎에 웅크리고 앉아 있는 것을 좋아하기 때문에, 필자가 그 고양이를 돌볼 때는 무릎에 앉아 있는 시간을 더 많이 가질 수 있도록 TV를 보거나 책을 읽으면서 시간을 조금 보낸다.

분리불안증상이 너무 극단적이어서 이러한 행동교정만으로는 충분히 완화시키지 못하는 경우, 수의사와 상담해서 전문가에게 의뢰할 수 있다. 수의사가 약물치료를 처방해야 할 수도 있지만, 행동전문가가 고양이를 살펴보고 전체 행동이력을 확인한 이후라야 가장 적합한 처방이 무엇인지에 대해 결정을 내리는 데 도움이 될 수 있다. 약물처방은 적절한 행동교정이 수반돼야 한다는 점을 명심해야 하며, 항불안제를 투여하는 것이 가장 빠른 해결책인 것처럼 인식돼서는 절대 안 된다.

04

여러 가지 강박적인 문제행동의 교정

고양이가 도망가는 것과 대립하는 것 사이에 갈등이 생겼을 때, 강박적이 될 수 있는 행동을 발전시키기 시작할 수도 있다. 털을 뽑고 씹어대는 것과 같은 과도한 그루밍은 강박행동의 일반적인 사례다. 고양이가 일상적으로 탈출과 대립 사이에서 괴로운 입장에 놓이게 되면 갈등에 대한 내성이 낮아질 수 있는데, 이는 훨씬 더 빨리 그리고 낮은 정도의 스트레스에 의해 강박행동이 촉발되는 원인이 될 수 있다. 시간이 지나면 강박행동이 긴장과 불안에 대한 고양이의 일상적인 반응이 될 수도 있다. 이러한 행동은 또한 심지어 불안을 유발하는 인자가 없을 때도 나타날 수 있다. 강박행동은 종종 스트레스에 지속적으로 노출된 결과로 인해 갑자기 발생되기도 한다.

자신의 고양이가 강박행동을 보인다는 판단을 하기 전에, 수의사에게 정확한 진단을 받아야 한다. 고양이의 일반적인 건강상태를 평가해야 하며, 적절한 진단검사를 실시해야 한다. 발현되는 행동에 대한 근본적인 건강문제가 있을 수 있으며, 특정 행동을 강박적인 것으로 규정하기 전에 이를 찾는 것이 무엇보다 중요하다. 강박행동이 나타나는 고양이를 질책하는 것은 단지 스트레스만 더 가중시키게 될 뿐이며, 강박행동을 다른 형태로 나타내게 될 위험이 있으므로 절대 삼가도록 한다.

때로는 순수하게 시작한 행동이 강박적인 행동으로 변할 수 있다. 예를 들어 고양이가 손전등 불빛, 펜라이트 또는 레이저 불빛을 추적하는 것을 즐길 수도 있는데, 일부 경우 이는 다른 깜빡거리는 빛과 반사된 빛을 잡으려고 하는 강박감으로 바뀔 수 있다.

> ─── **M E M O** 　 강박행동의 진단 ───
> 강박행동을 치료하는 것은 공인된 전문가에게 맡기는 것이 최상이다. 발작을 유발하는 특정 장애가 강박행동으로 오진될 수 있다.

또 꼬리를 추적하는 것은 강박행동이 될 수 있는 행동이다. 고양이는 움직이는 것이라면 무엇이든 추적하기 때문에 놀이 중에 자신의 꼬리를 추적하는 것은 이상한 일이 아니지만, 꼬리를 추적하는 것이 습관화되면 수의사의 진단을 받아봐야 한다. 꼬리를 추적하거나 씹는다면 먼저 등의 통증, 꼬리부상, 기생충, 피부상태 또는 항문샘문제 등과 같은 원인이 없는지 살펴봐야 한다. 꼬리에 대한 부상은 꼬리를 씹는 강박으로 이어질 수 있으며, 특히 부상으로 인해 감각이 떨어져 있다면 더욱 심할 수 있다.

꼬리추적은 꼬리를 무는 것으로 이어질 수 있으며, 통증에도 불구하고 계속해서 행동을 나타낼 수 있다. 꼬리추적이 새끼고양이에서 나타나든 성묘에서 나타나든 보호자의 눈에는 재미있게 보일 수도 있지만, 놀이를 유혹하는 방법으로 꼬리를 사용함으로써 꼬리추적 동작을 북돋아서는 안 된다. 순수한 놀이로 시작한 것이 나중에 심각한 문제로 발전할 수 있으므로 꼬리추적행동을 보는 즉시 중단시켜야 한다.

꼬리추적에 대한 치료는, 수의사가 근본적인 생리학적 원인을 제거한 후 스트레스에 노출되는 것을 줄이고 촉발요인을 제거하거나 수정하는 것이다. 즉 촉발요인을 확인해야 하는데, 이는 동료고양이나 어린아이일 수도 있고, 또는 가족 간의 긴장감이 될 수도 있다. 고양이를 의기소침하게 만드는 이웃고양이가 집밖에 나타나는지, 고양이가 최근에 정서적 또는 신체적 트라우마로 고통을 받았는지 살펴보도록 한다.

스트레스의 원인을 파악할 수 없다면, 고양이에게 가능한 한 스트레스 없는 환경을 만들어줘야 하며, 환경풍부화기법과 다양한 놀이요법을 사용한다. 고양이의 스트레스 수준을 낮추고 강박행동에서 벗어나게 하는 긍정적인 것들로 고양이의 주의를 전환시킨다. 일부 경우에는 정신약리학의 도움 없이는 교정이 어려울 수 있으므로 수의사의 조언을 구하도록 하며, 공인된 행동전문가에게 의뢰할 필요가 있을 수도 있다.

| 심인성(心因性) 탈모증

심인성 탈모증은 보통 털이 없는 대머리 반점을 생성할 정도로 과도한 그루밍에서 나타나는 강박행동이다. 정상적인 범위 내에서 그루밍은 스트레스나 우유부단에 대한 고

양이의 전형적인 반응이지만, 극단적인 경우 스스로 통제할 수 없는 그루밍 습관으로 발전할 수도 있으므로 주의해야 한다. 일부 고양이는 과도한 그루밍을 지나 더욱 공격적으로 변하게 되고, 실제로 자신을 물고 씹는 행동을 보이기도 한다.

과도한 그루밍은 또한 기저질환이 원인일 수 있기 때문에 수의사에게 검진을 받는 것이 중요하다. 예를 들어, 갑상선기능항진증의 일반적인 증상은 과도한 그루밍이다. 극단적인 그루밍은 또한 피부질환, 알레르기 또는 기생충에 의해 발생할 수도 있다. 과도한 그루밍으로 영향을 받을 수 있는 신체부위는 옆구리, 다리, 꼬리, 복부와 같이 고양이의 혀가 닿을 수 있는 곳이다. 고양이의 혀에는 미늘이 있기 때문에 한 부위를 지속적으로 핥으면 대머리 반점이 생기게 되며, 이는 결국 병변을 일으킬 수 있다.

치료를 위해서는 꼬리추적의 경우와 마찬가지로 불안감의 원인을 찾아내고, 스트레스 유발요인이 적은 환경을 만들어줘야 한다. 이 책의 전반에 걸쳐 설명하고 있는 바와 같이, 고양이의 기분을 전환시키고 자신감을 구축할 수 있는 다른 활동을 만들어줘야 한다. 단순히 고양이의 목에 엘리자베스칼라(Elizabethan collar)를 씌워주는 방법은 스트레스의 근본원인을 치료하는 것이 아니기 때문에 문제를 해결하지 못한다. 종종 심인성 탈모증에는 행동교정에 더해 정신약리학적 개입이 필요한 경우도 있다. 고양이에게 그렇게 많은 불안감을 유발하는 원인이 무엇인지 알아낼 수 없다면, 행동전문가에게 의뢰할지 여부에 대해 수의사와 상담하도록 한다.

| 강박적인 핥기

고양이는 자기의사와 상관없이 강박적인 핥기에 사로잡힐 수도 있다. 동료고양이나 물건을 핥을 수도 있으며, 강박적으로 비닐을 핥는 행동을 보일 수도 있다. 비닐을 핥는 경우, 극도로 위험한 비닐섭취로 발전할 수도 있기 때문에 주의를 기울여야 한다.

강박적인 핥기가 의심되는 경우, 행동적 관점에서 이 문제를 해결하려고 하기 전에 즉시 수의사의 진료를 통해 기저질환을 없애줘야 한다. 앞서 설명한 바와 같이, 치료는 스트레스 요인과 유발인자를 밝혀내는 데 중점을 두며, 보다 안전한 환경을 만들기 위해 환경에 대한 세심한 평가가 수행돼야 한다. 고양이가 강박행동에 사로잡혀 있다고 생각된다면, 기분전환 및 자신감구축 놀이요법을 정기적으로 시행한다.

고양이가 혼자 있을 때 계속해서 마음을 집중시킬 수 있도록, 퍼즐피더를 사용하고 단독놀이장난감을 세팅해준다. 행동교정에 부가적으로 정신약물치료의 병행이 필요할 수 있으며, 행동전문가에 대한 의뢰여부를 수의사와 상담하도록 한다.

| 울흡입증, 씹기, 이식증

섬유를 반복적으로 흡입하는 증상 때문에 울흡입증(wool sucking)이라고 불리기는 하지만, 흡입대상은 면이나 합성물질 등 고양이가 선호하는 것이면 무엇이든 해당될 수 있다. 가장 일반적인 대상은 스웨터와 담요이지만, 어떤 고양이는 카펫이나 심지어 비닐봉지까지 흡입할 수도 있다. 울흡입증은 새끼 때 어미의 젖을 빨던 행동에서 비롯된 것으로 보이며, 일반적으로 성체에 도달하기 전에 처음 나타난다.

많은 요인들이 울흡입을 유발할 수 있으며, 너무 이르거나 또는 갑작스럽게 진행되는 이유(離乳, 젖떼기), 환경적 자극의 부족 또는 분리불안 등이 포함된다. 동양 품종에서 울흡입증을 좀 더 일반적으로 볼 수 있기 때문에 유전적 요인이 있을 수도 있다. 울흡입은 가끔 이식증(pica, 異食症)[2]으로 변할 수도 있으며, 흡입이 씹는 것으로 발전했을 때 스웨터, 양말 또는 담요에서 구멍을 발견하게 되는 경우가 흔하다.

환경적 자극과 주의전환

고양이에게 만성울흡입증이 있는 경우, 환경적 자극을 증가시키고 고양이의 마음을 적극적이고 자신감 있게 유지할 수 있도록 하기 위해 앞서 설명한 바와 동일한 방법을 사용한다. 울흡입을 시작한 어린 고양이가 있다면, 장난감으로 관심을 돌리거나 턱 밑을 쓰다듬어주는 등 긍정적인 방법으로 흡입물건으로부터 떨어지도록 만든다. 예방이 가장 좋은 수단이므로 고양이가 막 울흡입을 하려는 위치에 들어가는 것이 보이거나, 또는 잠재적인 흡입대상으로 보이는 물건을 주시하고 있으면, 장난감으로 주의를 전환시킨다. 울흡입을 하는 많은 고양이들에 있어서, 좀 더 자신감을 개발하고 다른 것에서 자극과 편안함을 찾는다면 흡입행동의 빈도가 줄어들게 된다.

---

2 식품과 비식품을 구별하지 못해 잡초, 꽃, 건조제, 분변 등을 먹는 행위. 전문가들은 뇌의 기질적 장애에 의한 오판 때문으로 보고 있다.

다시 한 번 강조하지만, 고양이의 마음을 활동적으로 유지하기 위해 좀 더 자극적인 환경을 만들어주는 것이 중요하다. 정기적으로 진행할 수 있는 상호교감놀이요법 일정을 세우고, 고양이가 혼자 즐길 수 있는 단독활동을 세팅해주도록 한다. 사냥을 하고 먹이를 발견하는 기회를 가질 수 있도록 주위에 분산형 퍼즐피더를 배치한다. 고양이에게 퍼즐피더를 사용하는 방법을 보여준 후에도 이를 사용하지 않으면, 고양이가 발견할 수 있도록 여러 장소에 건조사료를 담은 작은 그릇들을 배치한다. 먹이를 찾기 위한 어느 정도의 사냥은 고양이의 마음을 사로잡는 데 도움이 될 것이다.

> **— MIEMIOI 울흡입증과 주변 환경 —**
>
> 울흡입행동을 보이는 고양이를 치료할 때, 고양이의 주변 환경이 미치는 영향을 과소평가해서는 안 된다. 잠재적인 환경적 스트레스 요인을 밝혀내야 울흡입행동을 줄이거나 제거하기 위해 최선을 다할 수 있다.

질병유무 파악 및 식단의 변화

이식증이 있는 경우 앞서 설명한 것 외에 약간의 다른 조치를 취해야 할 수도 있다. 먼저 섬유를 씹어야 할 필요가 있는 기저질환은 없는지 확인해야 한다. 고양이가 딱딱한 비섬유물질을 씹는다면 이빨이 손상될 추가적인 위험을 갖게 되므로, 철저한 정밀검사를 통해 영양결핍이나 다른 근본적인 원인은 없는지 확인하도록 한다. 울이나 기타 섬유질을 씹는 것은 일부 고양이의 경우 유전적인 요인과 관련이 있을 수도 있다. 이 행동은 샴(Siamese) 고양이와 버마(Burmese) 고양이 품종에서 가장 자주 관찰된다.

울을 씹는 것이 '증가된 섬유질에 대한 요구'라는 것과 관련해서 공식적으로 진단되지는 않았지만, 많은 경우 섬유질의 증가는 행동교정과 함께 울흡입증 치료에 도움이 되는 것으로 보인다. 식단변경을 시도하기 전에 먼저 수의사와 상담을 해야 하겠지만, 종종 습식사료에 약간의 호박통조림을 추가하는 것이 도움이 된다. 호박은 섬유질이 높고 고양이가 맛에 개의치 않으며, 습식사료에 혼합하기가 쉽다는 이점이 있다.

고양이의 크기와 건강을 기반으로 얼마나 추가해야 하는지 수의사에게 문의를 해야 하지만, 일반적으로 티스푼의 약 1/4에서 1/2로 시작하는 것이 적당하다. 섬유질을 많이 증가시키는 경우 장에 나쁜 영향을 미칠 수 있기 때문에 너무 빨리 너무 많은 양을 추가해서는 안 된다. 고양이가 초기에 제공하는 양에 익숙해진 후, 수의사의 권고에 따라 점차적으로 증가시키거나 감소시킬 수 있다.

─── M ᐧ E ᐧ M ᐧ O ᐧ **울흡입증 재훈련** ───

- 쓴맛이 나는, 씹는 것을 방지하는 제품을 사용해서 행동을 억제할 수 있도록 해준다.
- 고양이가 막 흡입행동을 하려는 것으로 보일 때 고양이의 주의를 다른 곳으로 돌리도록 한다.
- 놀이치료요법과 환경풍부화를 통해 고양이의 자신감을 향상시켜주도록 한다.
- 스트레스를 줄여주고 먹이섭취, 수면, 배설, 놀이를 위한 안전한 장소를 만들어준다.
- 수의사의 지시에 따라 고양이의 식단을 적절하게 변경시키도록 한다.
- 고양이풀과 같은 안전한 먹거리를 제공해줄 수 있도록 한다.

습식사료만 제공하는 경우, 때때로 약간의 건조사료를 제공하는 것도 도움이 될 수 있다. 이미 건조사료를 제공하고 있다면, 고섬유질 사료로 전환할 수 있는지 여부를 수의사와 상의하도록 한다. 계획급식을 하고 하루에 두 번만 먹이를 주는 경우, 먹이를 주는 횟수를 늘려서(전체량은 동일하게) 하루에 여러 번 먹을 수 있도록 해준다. 먹이를 줘야 할 때 보호자가 집에 없는 경우 타이머가 장착된 자동급식기를 사용할 수 있다. 다양한 간격으로 먹이가 떨어지도록 두어 개를 세팅해서, 지정된 시간에 정확한 비율의 먹이를 먹을 수 있도록 해준다. 퍼즐피더를 사용할 수도 있다.

억지력 세팅 및 대체재 제공

울을 흡입하든 씹든, 가능한 한 유혹물질이 시야에 보이지 않는 곳에 둬야 한다. 고양이가 담요를 노린다면, 담요를 침대 주위에 단단히 접어 넣고 고양이의 식욕을 자극하지 않는 것으로 커버를 씌우거나 낮 동안 보이지 않는 곳으로 치워둔다. 낮에 고양이가 들어가 있지 않는 방이라면 방문을 닫아놓는 것도 괜찮다. 또한, 고양이가 접근할 수 있는 곳 주변에 양말과 스웨터를 남겨두지 않도록 한다. 필자가 컨설팅한 어떤 보호자는 아침에 출근준비로 서둘다가 실수로 옷장 서랍을 약간 열어놓은 채 집을 나섰는데, 저녁에 돌아왔을 때 서랍에 있는 거의 모든 양말에 구멍이 나 있었다고 한다.

고양이가 지속적으로 특정 물건을 흡입(또는 씹기)대상으로 삼는 경우, 재훈련과정 동안 몇 가지 억지력을 세팅할 수 있다. 양말을 씹는다면, 양말을 한 켤레 준비한 다음 쓴맛이 나는 제품을 양말에 발라서 고양이가 찾을 수 있는 주위에 배치해둔다. 이 방법을 사용하는 경우, 환경풍부화 및 상호교감놀이요법과 병행해야 한다. 보호자가 부정적인 무언가를 시행할 때마다 긍정적인 대안을 제공해줘야 한다는 점을 명심하도록 한다. 또한, 적절한 행동교정을 병행하지 않고 부정적인 억지력을 사용한다면, 울을 흡입하던 것에서 단지 다른 섬유물질로 옮겨갈 뿐이라는 점을 명심해야 한다. 울흡입증과 이식증을 보이는 많은 고양이들에 있어서, 안전하게 씹어 먹을 수 있는 고양이풀을 제공하는 것이 문제를 해결하는 데 도움이 될 수 있다.

| 고양이지각과민증

필자는 고양이지각과민증(Feline hyperesthesia syndrome-FHS)[3]을 '강박행동' 범주에 포함시켰지만, 모든 사례가 강박적이거나 불안유발로 분류될 수 있는 것은 아니다. 생리학적 또는 신경학적 문제가 이 증후군을 유발할 수도 있다. 고양이지각과민증은 전문가 입장에서도 여전히 설명하기 힘든 증후군이라고 할 수 있다. 고양이지각과민증은 '롤링피부병(rolling skin disease)'이라고도 하는데, 이 질병이 있는 고양이는 입력되는 감각에 극도로 민감해진다. 소리, 접촉, 광경 등 모든 것이 이 증후군을 촉발할 수 있다.

지각과민은 일반적으로 외관상 정당한 이유 없는 공격을 수반하는 지나치게 과도한 그루밍을 보이며, 극단적인 경우 발작을 일으킬 수 있다. 증상은 피부경련, 동공팽창, 종종 자기공격으로 나타나는 과도한 그루밍, 과도한 발성을 포함할 수 있다. 또한, 전혀 아무런 이유도 없이 갑자기 겁을 먹은 것처럼 보일 수 있으며, 방에서 뛰어나갈 수도 있다. 자신의 꼬리에도 놀랄 수 있으며, 불안감 및 서성거리는 행동 또한 일반적인 증상이다. 일반적으로 접촉에 극도의 감수성을 경험하며, 어루만지거나 쓰다듬을 때 갑자기 공격성을 보일 수도 있다. 등을 쓰다듬는 것이 가장 일반적인 접촉촉발요인인 것으로 보인다. 증상발현 후 고양이는 대개 혼란스러워하며, 종종 안정을 위해 주인의 관심을 끌려고 한다. 지각과민증의 증상은 보호자에게도 혼란을 주는데, 고양이가 또다시 공격적인 행동을 보일까 두려워 만지는 것을 꺼리게 되기 때문이다.

지각과민증을 치료하기 위해서는 가능한 한 불안감유발요인을 제거하거나 줄여줘야 한다. 과도한 그루밍과 공격적인 행동에 대한 근본적인 건강문제는 없는지 확인하기 위해 수의사의 진단을 받아야 하며, 약물개입도 일반적으로 필요하다. 환경은 지각

---

[3] 지각과민(知覺過敏)은 어떤 자극에 대해 정상 이상의 지각을 나타내는 것을 말한다. 특히 촉각, 통각, 온도각 등의 표재지각에 대해 자주 볼 수 있다. 정도가 심하게 되면 모두 통증으로 느껴지는 일도 있고, 때로는 지각이상(知覺異常, paresthesia)이라고 할 수 있는 상태가 되기도 한다. 지각이상은 감각을 정상적으로 느끼지 못하거나 과민반응을 나타내는 감각이상상태를 말한다.

> **MEMO │ 지각과민증의 촉발계기**
>
> 시끄러운 소음 / 등을 따라 쓰다듬어주는 것 / 새집으로의 이사 / 인간가족과의 격리 / 너무 이르거나 또는 갑작스러운 이유 / 새로운 반려동물 또는 사람을 들이는 것 / 지속적인 스트레스가 발생하는 환경

과민증을 다루는 데 있어 핵심요인이 되기 때문에 가정에서 일어날 수 있는 일들을 면밀하게 재검토하는 과정이 필요하다. 또한, 유발인자의 촉발을 방지하기 위해 가족 내의 모든 구성원이 협력해야 한다. 청소년의 경우 큰 소리로 음악을 틀지 말아야 한다는 것을 인식한다든지, 고양이가 새로운 집에 안전하게 적응할 수 있도록 가족 모두가 돕는다거나, 적대적인 동료고양이를 격리시켜 재소개를 위한 준비를 하는 것 등을 포함한다.

고양이가 과도한 자극을 받고 있는지 여부를 확인할 수 있도록 고양이의 신체언어에 주의를 기울여야 한다. 지각과민증은 가족 모두에게 무서운 질병이며, 여기에 동반되는 공격성은 위험한 영향을 끼칠 수 있다. 지각과민증을 보호자 스스로 진단하고 치료하려고 해서는 안 된다. 정확한 진단이 이뤄진 후 수의사가 특별히 필요한 사항에 대해 안내를 해줄 것이며, 동물행동전문가에 대한 의뢰를 권할 수도 있다. 여러분의 고양이는 미쳐버린 것이 절대 아니며 가족과 격리시킬 필요가 없지만, 가족들은 안전하게 행동하는 방법에 대해 교육을 받아야 한다.

05
약 싫어하는 고양이 효과적으로 치료하기

동물병원에서 고양이에게 먹여야 할 약을 처방받으면, 보호자는 알약을 들고 사지(死地)에 들어가야 한다는 생각에 걱정이 태산일 것이다. 공격성 문제를 지닌 고양이의 경우 수의사가 항불안제를 수차례 처방하겠지만, 고양이보호자는 고양이에게 약을 먹이는 것을 마치 '악어 목에 손가락을 넣는 것'처럼 두려워하기 때문에 처방대로 관리가 되지 않는 경우가 많다. 고양이에게 약물을 투여할 때 생길 수도 있는 문제의 일부는, 보호자의 기술이 너무 강압적이라는 점에서 비롯된다. 미리 보이는 보호자의 몸짓은 또한 고양이에게 무언가 나쁜 일이 일어날 것이라는 경고를 주게 될 수도 있다.

| 처방약물형태의 선택

고양이의 치료를 위한 약물을 처방받을 때 약물의 형태를 선택할 수도 있으며, 어떤 약물은 알약이나 액체형태로 처방될 수 있다. 이전 경험에 비춰볼 때 자신의 고양이에게 좀 더 수월하게 투약 가능했던 것이 있으면, 처방 옵션이 있는지 수의사에게 물어보도록 한다. 일부 액상약물의 경우 독특한 맛이 나는 것도 있는데, 어린아이가 있는 가정이라면 아마도 이러한 이점에 익숙할 것이다. 고양이가 선호하는 맛은 닭고기, 소고기, 맥아(malt) 등을 포함한다. 일부 동물병원의 경우 자체적으로 이러한 옵션을 제공하기도 하므로 수의사에게 가능 여부에 대해 문의한다.

특정 약물은 맛을 가미해 액체, 젤 또는 씹는 형태로 조제할 수 있다(조제사가 수행). 모든 약물이 필요한 대로 조제될 수 있는 것은 아니지만, 이와 같은 특별처방이 가능하다면 고양이의 입맛에 더 맞게 조제할 수 있으므로 참고하도록 한다.

고양이에게 훨씬 쉽게 약물을 투여할 수 있는 또 다른 옵션도 있다. 특정 경구투여(經口投與)약물은 경피(經皮, 피부를 통과함)형태로 조제될 수 있으며, 귀 끝의 안쪽 피부에 처방된 양의 경피약물을 문질러 피부를 통해 흡수시키는 방식으로 치료한다. 경피약물은 연고 또는 젤 형태이므로 사용 시에는 손가락에 골무를 끼거나 일회용 장갑을 착용해야 하며, 이렇게 하면 보호자의 피부에 흡수되는 것을 방지함으로써 고양이가 처방된 양을 모두 흡수할 수 있게 된다. 일부 경피약물은 진통제 펜타닐(fentanyl)과 같은 패치 형태로 투여되는데, 시간이 지남에 따라 천천히 흡수될 수 있기 때문에 효과적인 방법이다. 패치를 사용하는 경우 수의사는 고양이가 핥거나 씹을 수 없는 신체부위의 피부에 직접 붙일 수 있도록 털의 일부를 제거한다.

| 알약 먹이기

알약을 먹일 때 고양이보호자들이 흔히 저지르는 실수는, 고양이가 '약물이 들어 있는 줄 모르고 꿀꺽 먹어치울 것'이라는 생각을 갖고 먹이에 알약을 몰래 넣으려 한다는 것이다. 보호자가 생각하는 것처럼 쉬웠으면 좋겠지만, 불행히도 그렇지 않다.

고양이는 놀라울 정도로 후각이 민감하며, 일반적으로 자신의 먹이에 무언가 이상한 것이 있다는 점을 감지할 수 있다. 고양이가 알약냄새를 감지하지 못한다 하더라도, 한입 먹고 나면 쓴맛을 바로 알아차린다. 알약이 든 먹이를 계속 먹지 않는다면 처방된 필요량을 완전히 섭취하지 못하게 되는데, 이는 약물을 섞지 않은 경우에도 먹이를 거부하기 시작하는 원인이 될 수 있다. 알약을 분쇄해서 먹이에 혼합하는 것도 좋은 생각은 아니다. 일부 알약은 위산을 통과해 장에서 적절히 흡수될 수 있도록 코팅이 돼 있으며, 이러한 코팅은 또한 고양이가 알약의 쓴 맛을 느끼지 못하게 하기 때문이다.

필포켓 및 약총 이용하기

여러분의 고양이가 먼저 먹은 다음 나중에 분석하는 성향을 지니고 있다면, 알약을 먹이에 숨기는 방법이 통할 수도 있다. 그러나 고양이가 지금은 알약을 숨긴 먹이를 그대로 받아들인다 하더라도, 나중에 이를 파악하고 같은 브랜드의 먹이를 거부할 수 있기 때문에 규칙적으로 먹는 먹이에 알약을 넣어 제공하는 방법은 바람직하지 않다.

알약을 먹일 때는 닭고기나 정어리를 혼합한, 크림치즈 형태의 특별한 먹이를 약간 사용하는 것이 좋다. 필자가 컨설팅한 보호자들의 대다수는 필포켓(Pill Pockets)이라 불리는 제품을 이용해서 쉽게 알약을 먹이고 있다. 이 제품은 고기 또는 연어를 사용해서 만든 주머니(pocket) 안에 1회 분량의 알약(pill)을 끼워 넣어 투약할 수 있도록 돼 있다. 일반적으로 알약을 섞은 먹이에 속지 않는 고양이가 필포켓은 기꺼이 먹는 것을 많이 봤다. 이 제품은 반려동물용품점, 동물병원, 온라인쇼핑몰에서 구입할 수 있다.

어떤 약물은 식사 끼니 사이에 복용시켜야 하는 것도 있으므로, 필포켓을 사용하기 전에 알약을 먹이와 함께 제공해도 괜찮은지 수의사에게 문의해봐야 한다. 무는 것 때문에 고양이의 입 가까이에 손가락을 가져가는 것이 두려운 경우, 필포켓은 고양이에게 알약을 먹이는 데 가장 안전한 방법일 수도 있다. 또 다른 옵션은 약총(pill gun)을 사용하는 것이다. 약총은 한 쪽 끝에 약을 넣을 수 있고 다른 쪽에는 격침장치가 있는 플라스틱 주사장치로, 비교적 간편하게 사용할 수 있다.

테이블 및 V자세 이용하기

고양이에게 손으로 알약을 먹이는 경우, 좀 더 쉽게 투약할 수 있는 몇 가지 기술이 있다. 고양이의 위치가 높은 것이 더 편하게 느껴진다면, 고양이를 테이블 위에 올려놓는다. 그런 다음 손바닥을 고양이 머리 위에 대고 머리를 부드럽게 뒤로 젖힌다. 이때 머리를 너무 많이 젖히면 약을 삼키기 어려워지므로 적절하게 조절한다. 다음은 입 한쪽은 엄지, 다른 쪽은 검지 또는 중지를 대고(송곳니 뒤편에) 부드럽게 압력을 가한다. 다른 손의 엄지와 검지로 알약을 잡고, 알약을 잡은 손의 다른 손가락 하나로 아래턱을 부드럽게 틀어서 연 다음 혀 뒤편으로 알약을 떨어뜨린다.

약을 목구멍으로 던져 넣으려 하지 말고 그냥 혀 뒤에 조심스럽게 둬야 한다. 목구멍에 던져 넣으면 알약이 호흡을 방해해서 위험할 수 있다. 고양이가 알약을 삼킬 수 있도록 뒤로 젖혔던 머리를 가만히 놓되 강제로 입을 닫지 않아야 한다. 고양이 입을 부드럽게 잡고(꼭 다물지 않은 채로) 알약이 목구멍 아래로 내려갈 수 있도록 마사지를 해준다.

— MEMO — **V자세로 약 먹이는 경우** —
V자세를 이용해 약을 먹이는 경우, 고양이가 발버둥 치면서 무릎을 긁어 부상을 당할 수 있으므로 될 수 있으면 청바지를 입도록 하고, 적어도 반바지는 피하는 것이 좋다.

고양이가 코를 핥으려고 혀를 내민다면, 알약이 목구멍 아래로 내려갔다는 신호다. 알약이 식도에 남아 있는 경우 자극을 유발할 수 있으므로 이를 확인하기 위해 물을 준비한다. 인간은 물이 없으면 알약을 삼키기 힘든데, 동물의 경우도 물과 함께 섭취하는 것이 수월하다. 고양이가 물을 마시지 않으려 하고 수의사가 알약을 식사시간에 투약해도 괜찮다고 했다면, 약을 먹인 다음 습식사료를 약간 제공하는 것도 좋다. 고양이먹이를 먹지 않으려 하고 요구르트 같은 것을 원하면, 알약이 위장으로 부드럽게 내려가는 데 도움이 될 수 있도록 몇 방울을 제공한다.

고양이를 테이블 위에 올려놓는 방법이 효과가 없다면, 대안으로 다음과 같은 방법을 시도해볼 수 있다. 우선 발뒤꿈치에 엉덩이를 대고 바닥에 무릎을 꿇은 다음, V자가 되도록 다리를 충분히 벌린다. 고양이가 알약을 거부하고 후퇴하려고 하는 경우 더 이상 갈 곳이 없도록, 고양이가 여러분을 보지 못하는 자세로 무릎 사이에 앉힌다. 그런 다음 알약을 투여하기 위해 앞서 설명했던 위치에 손을 놓는다. 이렇게 해서 약을 먹이고 난 후 고양이가 원할 경우 약간의 놀이시간을 갖는다면, 보호자는 긍정적인 관점에서 모든 과정을 마칠 수 있다. 손가락에 강한 약냄새가 남을 경우 나중에 고양이를 쓰다듬어줄 때 이를 감지할 수 있으므로 약을 취급한 후에는 손을 깨끗이 씻어야 한다.

코팅해 먹이기

일부 고양이보호자들은 알약을 버터로 코팅해서 먹이면 목으로 잘 넘어가기 때문에 투약하기가 더 쉽다고 말한다. 알약을 버터로 코팅하는 경우, 너무 많이 사용하면 손가락에서 잘 떨어지지 않게 되므로 주의해야 한다. 또 다른 방법은 뉴트리칼(Nutri-Cal)을 사용하는 것이다. 뉴트리칼은 고양이용 액상 비타민보충제이며, 고양이를 유혹하고 알약을 코팅하기 위해 사용할 수 있다. 필자가 뉴트리칼을 사용하는 방법은 다음과 같다.

먼저 뉴트리칼을 약간 제공한 다음(알약은 제외하고), 뉴트리칼로 알약을 코팅해서 제공하고, 알약을 먹이고 나서 뉴트리칼을 몇 방울 더 준다. 고양이가 뉴트리칼 맛을 좋아한다면, 약을 먹이는 전체과정이 좀 더 쉬울 수 있다. 버터와 마찬가지로 뉴트리칼 액상이 알약을 손가락에 붙게 만들 수 있기 때문에 너무 많이 사용하지 않는 것이 좋다.

코팅된 알약을 사용할 때 입안에 탁 떨어뜨리려 하지 말고, 손가락으로 고양이의 혀 위에 미끄러지게 해야 한다. 뉴트리칼은 반려동물용품점, 동물병원, 온라인쇼핑몰에서 쉽게 구입할 수 있다.

클리커 트레이닝 병행하기

알약을 먹이기 위해 사용하는 방법이 무엇이든 보호자의 태도가 중요하다는 것을 염두에 둬야 하는데, 고양이에게 차분한 메시지를 보낼 수 있도록 느긋하고 무심하며 신속하게 진행해야 한다. 보호자가 긴장하거나 신경질적인 모습을 보이는 경우, 또는 강제로 약을 먹이려 하는 경우, 고양이가 알약을 먹는 과정을 반복하고 싶지 않은 경험으로 인식하게 될 것이다. 고양이가 거부하더라도 좌절하거나 화내지 말고 차분하게 진행해서 약 먹는 것을 긍정적으로 생각할 수 있도록 만들어줘야 한다.

알약먹이기 과정을 앞으로의 투약을 위한 훈련기회로 사용할 수도 있다. 클리커를 준비해서(보조하는 사람이 있다면 그 사람이 클리커를 담당할 수 있다), 고양이가 알약을 먹었을 때 클릭한다. 이때 약간의 습식사료를 이용해 즉시 보상해야 한다는 것을 기억하기 바란다. 따라서 식사시간에 투약 가능하다고 처방된 경우에만 클리커 트레이닝을 적용하는 것이 좋다. 고양이에게 알약을 먹이는 것이 힘들 것 같다고 생각되면, 알약을 먹는 것에 단계적으로 익숙해질 수 있도록 클리커 트레이닝을 수행한다.

머리를 잡고 입을 비집어 열어야 하는 상황에 고양이를 익숙하게 만들 필요가 있는 경우, 고양이 머리 위에 손을 올려 여전히 가만히 있으면 클릭하고 보상을 한다. 일단 고양이가 이러한 행동에 거부감 없이 편안함을 느끼게 된다면, 고양이의 입을 열기 위해 다른 손을 사용할 때 클릭하고 보상하기를 기다릴 것이다. 고양이는 이제 이 행동에 대해 두 가지 부분이 있다는 것을 학습하고 있다. 일단 행동이 학습되면, 알약을 고양이 입에 넣고 클릭과 보상할 준비가 된 것이다.

| 물약 먹이기

물약에 맛과 향을 첨가할 수 있다면 고양이가 받아들이기 훨씬 쉽게 만들 수 있다. 물약을 먹일 때는 테이블 위에 고양이를 올려놓거나 앞서 설명했던 V자 자세를 이용한다.

— M I E I M I O I **공격적인 고양이 약 먹이기**

고양이가 너무 공격적이어서 심하게 스크래치를 당할 위험이 있다면, 수건으로 고양이를 감싸서 투약하는 방법을 사용한다. 몸을 안전하게 감쌀 수 있도록 충분히 큰 수건을 사용하고, 머리와 목만 밖으로 노출시킨다. 이때 수건을 대충 감아놓으면 고양이가 몸부림치면서 쉽게 빠져나올 수 있으므로 고양이를 바닥에 내려놓고 단단하게 감싼다. 약을 먹인 후 간식으로 보상하거나 약간의 상호교감놀이시간을 제공하면 긍정적인 경험으로 남길 수 있다.

일반적으로 처방에 딸려오는 플라스틱 점안병(dropper, 눈에 안약을 떨어뜨리는 데 사용하는 병) 또는 플라스틱 주사기로 투약하는 것이 가장 좋으며, 처방에 포함되지 않는 경우 수의사에게 여분으로 몇 개를 부탁하든지 약국에서 따로 구매할 수 있다. 유리점안병은 고양이가 깨물었을 때 파손될 수 있으므로 피하도록 하고, 스푼을 사용하면 고양이 털이나 보호자의 손에 쏟을 수 있으므로 역시 사용하지 않도록 한다. 약물이 매우 끈적이는 경우, 고양이의 얼굴과 목 여기저기에 쏟는다면 보호자는 엉망진창이 될 것이고, 이는 고양이의 스트레스 수준을 증가시킬 뿐이다. 주사기나 플라스틱 점안병을 사용하는 것이 고양이에게 처방된 양을 모두 먹일 수 있는 가장 안전한 방법이다.

고양이의 입안에는 볼과 어금니 사이에 볼주머니(cheek pouch)라 불리는 공간이 있는데, 이 볼주머니는 액체를 분사하기 쉬운 곳이다. 고양이의 입을 억지로 벌릴 필요 없이 그냥 볼주머니에 주사기를 밀어 넣어서 약물을 투여하면 된다. 이때 고양이가 삼킬 시간을 주기 위해 소량씩 투여한다. 한 번에 너무 많이 주입하면 약물이 기도로 들어갈 위험이 있으며, 약물의 대부분 또는 전부가 입 밖으로 흘러나올 수도 있다. 주사기나 점안병 외에도 약물이 흘렀을 때 고양이 털을 재빨리 닦을 수 있도록 젖은 수건을 준비한다. '알약 먹이기'에서 설명한 바와 같이, 보호자의 태도가 성공을 좌우하는 중요한 요인이며, 차분하고 신속하며 평상시와 같은 태도로 투약을 끝내야 한다.

| **연고 또는 크림 바르기**

필자의 경우 연고나 크림을 사용할 때는 많이 쓰다듬어주고 애정표현을 더 많이 한다. 우선 연고나 크림을 준비해서 고양이를 무릎에 앉히고 의자에 앉는다. 고양이가 무릎에 앉는 것을 싫어하면 보호자가 고양이 옆에 앉도록 한다. 또 고양이를 테이블 위에 올려놓거나 V자 자세를 취할 수 있는 다른 장소를 이용해도 된다. 고양이가 가장 좋아하

는 곳을 쓰다듬어주고, 그런 다음 신속하고 자연스럽게 해당 부위에 연고나 크림을 바른다. 일단 연고를 바르고 나면 고양이가 좋아하는 곳을 다시 쓰다듬어준다. 처방약의 냄새가 강한 경우, 젖은 수건을 가까이에 준비해두고 고양이를 다시 쓰다듬기 전에 손을 깨끗이 닦도록 한다. 고양이가 쓰다듬어주는 것을 원치 않는 경우, 잠시 주의를 전환시킬 수 있도록 약간의 상호교감놀이요법 과정을 수행한다. 이렇게 하면 약물이 피부에 스며들 수 있는 여분의 시간을 제공할 것이다.

| 안약 투여하기

안약을 투여하는 일은 고양이가 협조적인 경우라도 매우 까다로운 과정이 될 수 있다. 눈 주위에 안약을 사용할 때는 매우 주의해야 한다. 고양이가 다루기 힘든 경우, 가능하다면 보조자의 도움을 받아 한 사람이 약물을 도포하는 동안 다른 사람이 고양이를 붙잡고 있는 방법을 이용하는 것이 좀 더 수월하다. 약물을 도포하는 동안 고양이가 심하게 움직이게 되면 수건으로 감싸는 방법을 사용할 수도 있다. 수건을 이용하는 방법이 효과가 없는 경우, 반려동물용품점과 온라인쇼핑몰에서 고양이용 투약자루를 구입할 수 있다. 솔직히 필자는 벨크로, 스냅 또는 지퍼를 달아 사용하는 투약자루보다 두꺼운 수건을 이용하는 것이 더 쉽고 고양이도 스트레스를 덜 받을 것으로 생각한다. 그러나 보호자에게는 약물투여용 자루가 좀 더 효과가 있는 옵션일 수도 있다.

  고양이를 테이블 위 또는 보호자의 무릎에 앉히거나 V자 자세를 이용할 수 있다. 우선 고양이의 머리를 약간 젖혀 한 손으로 잡는다. 안약이 연고형태인 경우, 튜브를 잡은 손을 고양이 뺨에 부드럽게 얹어놓으면 고양이가 갑자기 앞이나 뒤로 휙 움직였을 때 손가락으로 고양이 눈을 찌르는 것을 방지할 수 있다. 아래쪽 눈꺼풀을 아주 부드럽게 당겨서 그곳에 소량의 연고를 짜 넣는다. 고양이가 눈을 깜빡이자마자 약이 퍼지기 때문에 눈 자체에는 연고를 바르지 않아도 된다. 눈이나 눈꺼풀에 도포용 도구 자체를 닿게 하지 말고, 눈꺼풀을 닫고 문지르지 않도록 한다. 연고는 자체적으로 퍼지므로 자극을 주지 않아야 한다. 안약이 액체형태인 경우, 동일한 자세를 취한 다음 도포용 도구가 눈에 직접 닿지 않도록 주의해서 처방된 양을 눈에 떨어뜨린다. 고양이가 스스로 눈을 깜빡거리게 해주고, 이때도 눈은 문지르지 않아야 한다.

| 귀 약물 사용하기

귀는 매우 민감한 부위이기 때문에 약물을 사용해야 하는 경우 부드럽게 다뤄야 한다. 고양이를 테이블 위 또는 무릎에 앉히거나 V자 자세를 이용하며, 고양이가 심하게 움직일 것 같으면 수건으로 감싼다. 귀의 아랫부분 또는 중간부분을 잡는다. 귀 끝을 잡으면 귀가 너무 많이 당겨져서 통증을 느낄 수 있으므로 피하도록 한다.

귀에 사용하는 대부분의 약물은 외이도에 딱 맞도록 디자인된 도포용 도구가 딸려온다. 이 도구를 귓속으로 강제로 집어넣지 말고 부드럽게 삽입해서 처방된 양의 약물을 짜 넣는다. 약물이 잘 퍼지도록 기저부위를 부드럽게 마사지할 수 있는데, 귀진드기(귀에 자극이 됨)의 경우와 마찬가지로 귀가 민감한 상태일 경우 마사지는 하지 않는다.

약물을 투여한 후 털어내려고 바로 머리를 흔드는 것을 방지하기 위해 고양이의 머리를 부드럽게 잡는다. 많은 경우 고양이는 진정약물이 귀에 있을 때 편안하게 느끼지만, 이것이 재미있는 느낌을 주고 종종 즉시 머리를 흔들게 된다. 약물투여 후 잠시 동안 귀를 T자세로 놓은 채 주위를 돌아다닐 수도 있으며, 혹은 발톱으로 귀 부위를 긁으려고 할 수도 있다. 이때 고양이의 주의를 돌리는 데 도움이 될 수 있도록 약간의 먹이 및 간식을 제공하거나 상호교감놀이과정을 수행한다.

- 화장실과 관련한 행동문제를 다룰 때는 수의사의 진단을 통해 가능한 건강문제가 있지는 않은지 확인한 후 이를 제거하고, 인내심을 가지고 한 단계씩 꿋꿋하게 나아가는 것이 중요하다.

제 장

화장실과 관련한
문제행동 재훈련

- 화장실로 다시 이끄는 기술 -

01

화장실 관련 문제를 대하는 자세

고양이와 고양이의 화장실, 이 둘은 정말 복잡한 관계다. '화장실 마련하기 → 모래 채워 넣기 → 고양이가 사용하기', 이와 같이 처음에는 너무나 단순해 보이던 개념이 어떻게 그리 잘못될 수 있을까. 고양이가 화장실을 사용한다는 사실은, 어쩌면 여러분이 개보다 고양이를 선택하게 된 이유 중 하나일 수도 있다. 고양이들은 산책을 시켜줄 필요도 없고, 화장실을 눈에 안 띄는 구석에 둬도 된다는 것은 정말 편리한 점이다.

그런데 여러분의 고양이는 왜 주방 또는 거실의 카펫을 새로운 화장실로 사용하기로 결정했을까. 일부 경우는 그 대답이 상대적으로 간단할 수도 있지만, 어떤 경우는 심각한 조사작업이 이뤄져야 하는 것일 수도 있고 또 권장되는 행동교정기법을 적용하는 등 부단한 인내심을 요구하는 것일 수도 있다. 고양이가 이제 막 화장실 밖에 배설하기 시작했다면, 몇 달 또는 몇 년 동안 계속돼온 경우에 비해 좀 더 쉽게 해결할 수 있을 것이다. 이러한 문제가 장기적으로 지속돼온 경우라 하더라도, 열정을 잃지 말고 필자가 제공하는 단계별 과정을 참고하면 문제를 해결하는 데 도움이 될 것이다.

컨설팅과 관련해 필자에게 걸려오는 전화내용의 대부분은 화장실문제에 대한 것이다. 어떤 것은 화장실 세팅 자체에 약간의 조정을 함으로써 쉽게 고칠 수 있는 단순한 문제와 관련돼 있다. 어떤 문제는 꽤 복잡하며, 고양이의 행동이력을 파악해서 가족 전체를 대상으로 포괄적인 행동교정계획을 세우는 것이 필요하다. 그런 문제가 몇 년 동안 지속되고 있어서 고양이보호자나 보호자의 배우자가 한계점에 달한 경우도 있는데,

이와 같은 경우는 방문컨설팅이 필요할 뿐만 아니라 전 가족에 대한 행동교정계획이 필요하다. 이때 모든 가족구성원이 그들의 불만을 토로할 필요가 있기 때문에 의사소통이 핵심이 된다. 무고하게 보이는, 사람의 눈에 띄지 않는 구석에 비치해둔 화장실이 어떻게 그렇게 많은 문제를 일으킬 수 있는지 살펴보도록 하자.

| 근본적인 건강문제 파악

이 장의 핵심을 탐구하기 전에 매우 중요한 두 가지 사항을 인지해야 한다. 첫째, 고양이의 문제가 행동적인 것이라는 확신이 들더라도, 수의사의 진찰을 받아 가능한 근본적인 건강문제(기저질환 등)를 제거해야 한다는 것이다. 고양이가 화장실 밖에 소변을 본다면, 수의사가 권장하는 다른 진단검사와 더불어 소변분석도 실시돼야 한다.

사람들이 말하는 소위 '행동문제'라는 것이, 실제로는 질병에 기인하는 경우가 얼마나 많은지 알면 깜짝 놀랄 것이다. 요로결석이나 방광염으로 인해 배뇨의 불편함을 겪고 있는 고양이의 경우, 종종 통증 때문에 소량의 소변을 임의로 배출할 수 있다. 고양이는 자신의 고통을 화장실 자체와 연관시켜 다른 장소에 배설을 시도할 수 있으며, 따라서 집안 곳곳에 소량의 소변을 배설해놓은 것을 발견할 수도 있다. 또 다른 경우, 배뇨 시 통증을 겪는 고양이는 결국 화장실에 배설하지 못하고 자신이 현재 있는 곳에 어디든 배설해야만 할 지경이 될 때까지 최대한 소변을 참고 있을 수도 있다.

만성신부전, 당뇨, 갑상선기능항진증과 같이 고양이의 화장실문제에 영향을 미칠 수 있는 많은 질병들이 있다. 화장실문제와 의학적으로 관련된 것은 비뇨기문제에 국한되지 않는다. 고양이는 변비, 설사, 기생충, 염증성 장질환, 거대결장(대장이 비정상적으로 확장 또는 비대해지는 것), 기타 가능성 있는 질병들로 인해 화장실 외부에 배설하는 행동을 나타낼 수도 있다. 따라서 먼저 수의사의 정확한 진단을 받기 전에 화장실 외부에 배설하는 문제를 행동문제로 다뤄서는 안 된다. 수의사가 여러분의 고양이가 질병을 가지고 있다고 판단한 경우라도 여전히 행동교정을 시행해야 할 수도 있다.

고양이가 통증으로 인해 화장실과 부정적 연관성을 발전시킨 경우, 화장실 세팅을 약간 조정해야 할 수도 있다. 고양이에게 당뇨나 만성신부전이 있는 경우, 고양이의 편의를 위해 몇 곳에 추가적으로 화장실을 설치해줄 필요가있다.

| 인내심과 신념 필요

필자가 강조할 두 번째 중요한 점은 시간 및 기대에 관한 것이다. 여러분은 아마도 이 문제가 진작 해결됐기를 바라겠지만, 행동교정은 고양이의 사고방식을 변화시키는 것이기 때문에 어느 정도 시간이 필요하다는 점을 염두에 둬야 한다. 여러분의 고양이가 수년 동안 화장실 밖에 배설을 해왔다면, 이 문제가 하루 만에 해결되지는 않을 것이다. 보호자는 이러한 교정작업을 기꺼이 감수해야 하며, 고양이가 올바른 방향으로 첫걸음을 내딛을 때까지 참을성 있게 기다려줘야 한다. 명심해야 할 것은 보호자와 고양이 둘 다 올바른 방향으로 나아갈 것이라는 신념을 가져야 한다는 점이다.

필자가 방문컨설팅 요청을 받아 찾아간 많은 가정에서 봤던 가장 큰 실수는 (1)고양이보호자들이 강한 의지로 재훈련과정을 시작하지만 계획을 엄격하게 준수하지 않는다는 것, (2)보호자들이 재훈련결과가 빨리 나타나기를 기대하고 단계를 너무 서둔다는 것이다. 화장실문제를 다룰 때는 인내심을 가지고 꿋꿋이 견뎌야 한다. 고양이가 화장실 외부에 배설물을 떨어뜨린 경우 그것을 신속하게 해결할 수는 있지만, 근본적인 문제들에서 비롯된 화장실문제로 고생하고 있는 고양이에 있어서는 한 번에 한 단계씩 나아가야 한다. 필자는 고양이가 화장실을 정상적으로 이용할 수 있는 방법을 찾을 수 있도록 최선을 다해 여러분을 도울 것이다.

02 현재 화장실 세팅의 냉정한 재평가

고양이화장실과 관련해서 우리는 종종 너무 인간을 기준으로 생각하고, 그것이 고양이를 곤경에 빠뜨리는 결과를 초래한다. 여러분은 화장실을 떠올릴 때, 분명 '프라이버시'와 '청결'의 필요성을 생각할 것이다. 프라이버시와 청결 이 두 가지 요소는 우리에게 상당히 중요한 것인데, 특히 여행 도중 또는 외출 시 더러운 공중화장실을 사용하며 불편을 겪었던 사람들의 경우 더 그렇게 여겨질 것이다.

| 고양이가 원하는 것이라고 우리가 가정하는 것

어떤 보호자들은 프라이버시라는 요소에 지나치게 치중한 나머지, 고양이가 화장실을 찾아내는 데에도 상당한 노력이 필요할 정도로 구석진 곳에 숨겨놓기도 한다. 여러분은 자신의 얌전한 고양이를 위해 프라이버시를 보호하는 것이라고 스스로에게 말할지도 모르겠지만, 솔직히 차량이나 사람들이 지나다니는 길목에 인접한 이웃집 앞마당에서 고양이가 버젓이 배설하는 모습을 목격한 적이 있을 것이다.

사실 고양이에게 어느 정도의 프라이버시는 중요하지만, 어떤 보호자들은 그 신념을 현재의 세팅 상태를 정당화하는 근거로 삼는다. 대개 고양이보호자들은 배설물을 보고 냄새를 맡는 것을 원치 않기 때문에, 혹은 우선 집안에 화장실이 있다는 사실을 생각나게 하고 싶지 않다는 이유로 화장실을 눈에 안 띄는 장소에 숨겨둔다.

— M E M O   **화장실의 위치**

조용하고 통행이 적은 곳에 화장실을 배치함으로써 고양이에게 편안한 수준의 프라이버시를 제공하도록 하되, 고양이와 보호자가 위치를 잊어버릴 정도로 너무 멀어서는 안 된다.

외진 장소에 화장실을 배치하고 싶은 다른 이유도 있다. 집안에 어린아이나 개가 있을 수도 있고, 이때 보호자는 그들이 닿지 않는 곳에 화장실을 설치하고 싶어 한다. 알레르기가 있는 가족 때문에 화장실을 인적이 뜸한 곳에 배치했을 수도 있다. 어쩌면 청소를 더 쉽게 하기 위해 카펫이 없는 방에 화장실을 뒀을 수도 있다. 그러나 대부분의 경우, 필자는 고양이보호자들이 프라이버시를 너무 심각하게 받아들여 결국은 역효과를 가져왔다는 것을 확인했다.

화장실문제의 원인을 파악하는 첫 번째 단계는, 우선 화장실이 어디에 있는지를 점검하는 것이다. 그곳이 너무 비밀스러운 장소인지 또 너무 멀리 떨어져 있는지 생각해 보고, 만약 그렇다면 이 장의 후반에서 다루고 있는 위치전략을 참고하도록 한다.

| 고양이가 보호자가 알기를 정말로 바라는 것

화장실을 너무 꽁꽁 숨겨놓은 것은 아닌지 불안해하고 있을 텐데, 청결문제에 대해 언급하면 그 불안감이 가중될지도 모르겠다. 필자가 살펴본 바로는, 고양이보호자들이 종종 프라이버시와 관련해서는 지나친 반면, 화장실을 깨끗하게 유지하는 데 있어서는 실수를 하는 경향이 있다. 자신이 화장실을 깨끗하게 유지하고 있다고 생각할 수도 있겠지만, 이 글을 읽는 동안 현실은 전혀 그렇지 않다는 것을 확인하게 될 것이다.

우선 첫째로, 화장실에서 냄새를 맡을 수 있다면 충분히 청결하지 않은 것이다. 방금 고양이가 배설한 대변의 냄새를 말하는 것이 아니라, 사람이 사용하는 변기에서 나는 것과 같은 일반적인 악취를 말한다. 만약 누군가 집안에 들어와서 눈을 감고도 고양이화장실이 있는 곳을 알 수 있다면, 화장실의 청결상태를 점검해야 한다. 고양이화장실에서 변기 물을 내리지 않은 것 같은 쾌쾌한 냄새가 나서는 안 된다.

| 화장실문제발생의 근본적인 원인

일단 수의사 진단 결과 건강상태에 문제가 없다면, 화장실문제와 관련해서 두 가지 일반적인 부분을 조사해야 한다. 하나는 화장실 자체이고, 다른 하나는 환경적 요인이다. 화장실 자체라는 것은 청결상태, 화장실의 유형과 위치, 개수 등을 말한다. 환경적 요인이라는 것은 가정 내의 역학관계를 의미한다. 가정 내의 역학관계란 동료고양이들 사이의 긴장감에서부터 새로운 가족의 등장 또는 이사에 이르기까지 스트레스를 만들 수 있는 모든 것을 포함한다. 행동문제의 원인을 밝히려 할 때 주의할 점은, 그것이 고양이의 잘못이 분명히 아니라는 사실을 명심해야 한다는 것이다. 고양이가 자신이 '잘못하고 있다는 것을 안다'고 생각하거나, 악의적 또는 도전적으로 일부러 못된 행동을 한다고 확신하고 있다면, 그와 같은 생각을 머릿속에서 지워야 한다.

고양이는 보호자에게 짓궂은 행동을 해야겠다고 계획을 세우지는 않는다. 소위 '잘못된 행동'이라고 우리가 일컫는 것은, 실제로는 어떤 문제에 대해 고양이가 정상적으로 보이는 반응이다. 고양이는 본능적으로 강한 생존감각을 지닌 까다로운 동물이기 때문에, 화장실을 사용하고 싶지만 무언가 또는 누군가가 그것을 어렵게 만들고 있는 것이다. 한동안 화장실문제를 안고 살아왔었다면 보호자와 고양이 사이에 긴장관계가 형성된 것은 당연하며, 특히 보호자가 고양이의 행동을 고의적인 것으로 보고 있다면 둘 사이의 긴장감은 더욱 심할 것이다. 이러한 경우 문제행동에 대한 근본적인 원인을 찾아서 이를 해결하기 위해 노력해야 할 뿐만 아니라, 고양이와의 강한 유대관계를 재확립하기 위한 수정작업이 이뤄져야 한다.

| 스프레이 행동 및 무분별한 배뇨행동

스프레이와 무분별한 배뇨는 다르다. 화장실 관련 문제를 해결하는 데 성공하지 못했다면, 스프레이 행동과 무분별한 배뇨행동 사이에 차이점이 있다는 것을 알지 못했기 때문일 수도 있다. 스프레이는 일반적으로 수직의 물체를 대상으로 이뤄지며, 무분별한 배뇨는 일반적으로 수평의 표면을 대상으로 실행된다. 이 두 가지가 같지 않다는 점을 알았다는 것만으로 고양이가 표현하는 것이 무엇인지 빠르고 쉽게 판단할 수 있는 것은 아니다. 일부 경우에는 카펫 위에 웅덩이가 생긴 것을 우연히 볼 수도 있는데, 이것이 무분별한 배뇨행동으로 인한 것이 아니라 실제로는 보호자가 모르는 사이 벽에 스프레이한 소변이 카펫까지 흘러내린 것일 수도 있다.

— **MEMO** 스프레이 및 무분별한 배뇨의 가능한 원인 ———

스프레이 행동: 친숙하지 않은 영역 진입 / 성적(性的) 경고 / 다른 고양이에 관한 정보 수집 / 위협 또는 위협에 대한 반응 / 마킹 / 다른 고양이와의 경쟁 / 승리 표시

무분별한 배뇨행동: 의학적으로 관련된 문제 / 화장실의 부적절한 청소 / 혐오스러운 장소에 배치된 화장실 / 혐오스러운 유형의 화장실모래 사용 / 모래첨가제의 냄새 / 배설물을 덮을 때 고양이발에 걸리는 비닐 / 혐오스러운 화장실 유형 / 고양이 수에 비해 크기가 너무 작은 화장실 또는 화장실 개수 / 가정 내에서의 변화 / 고양이의 일상변화 또는 보호자의 스케줄 변화 / 화장실 세팅의 갑작스러운 변화 / 먹이의 갑작스러운 변화 / 징계 및 처벌

또한, 모든 고양이들이 무언가에 스프레이를 하는 것은 아니다. 어떤 고양이는 보호자의 침대에 스프레이를 하거나, 바닥에 널려 있는 옷가지 같은 물건에 스프레이를 할 수도 있다. 스프레이는 일반적으로 선 또는 시냇물처럼 보이는 반면, 무분별한 배뇨는 물웅덩이처럼 보인다는 점으로 구분할 수 있다. 스프레이와 무분별한 배뇨의 원인은 서로 다른 경향이 있기 때문에 그 차이를 아는 것이 중요하다.

행동교정실행 전 필요한 물건들

조사작업과 행동교정에 들어가기 전에, 소변얼룩과 냄새를 제거할 수 있는 적절한 유형의 청소용품을 갖춰야 한다. 여러 가지의 훌륭한 행동교정프로그램을 시행할 수 있지만, 소변냄새를 제거하지 않으면 그것이 원치 않는 행동을 다시 촉발할 수도 있다. 고양이의 코는 인간에 비해 훨씬 더 민감하기 때문에 반려동물의 소변청소 및 냄새중화를 위한 용도로 특별히 제조된 전문제품이 필요하다. 일반가정용세제는 얼룩은 제거하지만 냄새를 효과적으로 제거하지 못하므로 사용하지 않는 것이 좋으며, 소변냄새를 중화시킨다는 내용이 특별히 명시된 제품을 사용해야 한다.

얼룩제거 및 냄새중화효소제품

반려동물의 소변얼룩을 제거하고 냄새를 중화시킬 수 있도록 디자인된 몇 가지 효소제품들이 있다. 그중에서도 다른 것에 비해 효과가 좋은 것이 있는데, 가장 효과적인 제품을 찾기 위해 여러 번의 시행착오를 거쳐야 할 수도 있다. 제품마다 각각 지침이 다르므로 설명을 주의 깊게 읽고 사용해야 좋은 효과를 볼 수 있다.

필자가 특히 선호하는 제품은 유린오프(Urine-Off)로 거의 모든 표면에 효과적으로 사용할 수 있으며, 동물병원이나 온라인쇼핑몰에서 구입할 수 있다. 그밖에 좋은 제품으로는 네이처미라클(Nature's Miracle)과 폴렉스(Folex)가 있지만, 많은 제품 중 일부일 뿐이므로 자신에게 적절한 것을 찾아 선택하도록 한다. 이러한 제품들을 구매할 때는 효소작용을 통해 소변냄새를 중화시키는 기능이 있는지 확인한다. 오래된 얼룩이 있는 곳 및 반복적으로 얼룩이 묻어 있는 영역은 더 세심한 청소가 필요하다. 어떤 경우에는 더러워진 카펫을 뜯어내고 새 것으로 교체해야 할 수도 있다.

적외선등 및 마스킹테이프

집안 곳곳에 남아 있는 소변얼룩을 찾는 데 적외선등(black light)이 도움이 된다. 적외선등은 소변을 형광이나 붉은색으로 보이게 만드는 특수한 등이며, 반려동물용품점이나 온라인쇼핑몰에서 구입할 수 있다. 여러 가지의 크기로 시판되고 있으며, 청소해야 할 곳을 정확히 찾는 데 매우 유용하다. 유린오프(Urine-Off)는 제품 자체가 적외선등에 딸려오며, 얼룩 및 냄새제거제와 함께 세트로도 판매된다. 네이처미라클(Nature's Miracle)과 스팅크핀더(Stink-Finder)도 효과가 좋은 제품들이므로 참고하도록 한다.

    적외선등과 클리너를 구매할 때 마스킹테이프(masking tape)도 구매하도록 한다. 마스킹테이프는 청소를 해야 하는 곳의 윤곽을 표시하는 데 사용한다. 방을 어둡게 하고 적외선등을 비춘 다음, 마스킹테이프로 소변얼룩이 표시되는 곳에 윤곽을 잡는다. 방에 불을 다시 켜고 소변얼룩이 보이지 않을 때, 청소를 해야 할 영역이 얼마나 되는지 정확히 알 수 있을 것이다. 필자가 다른 테이프 대신 마스킹테이프를 사용하는 이유는 사용 후 잔류물이 남지 않고 쉽게 제거되기 때문이다. 적외선등을 처음 사용할 때, 특히 고양이가 꽤 오랫동안 스프레이 행동을 보인 경우라면 꽤 충격적일 것이다. 집안 전체를 조사하고 가구, 벽, 캐비닛 또는 옷장 속의 옷도 빠짐없이 점검하도록 한다.

펠리웨이(Feliway)

필자가 얼룩제거와 냄새중화에 매우 유용하다고 생각하는 또 다른 제품은 펠리웨이스프레이(Feliway Spray)와 펠리웨이컴포트존(Feliway Comfort Zone) 디퓨저다. 제2장에서 펠리웨이에 대한 보다 구체적인 정보를 확인할 수 있다.

펠리웨이는 원래 스프레이 문제에 대한 행동교정을 할 때 도움을 주기 위해 만들어진 제품이다. 소변마킹된 부분을 물로 깨끗이 세척한 후, 펠리웨이를 뿌려 고양이에게 친숙한 안면페로몬으로 소변냄새를 덮는 방식이다. 소변이 스프레이된 수직물체에 스프레이 버전의 펠리웨이를 사용할 수 있는데, 이때 효소세제를 포함한 다른 제품들은 페로몬을 비활성화시키기 때문에 일반 물로 청소한 후 사용해야 한다. 카펫, 바닥, 기타 수평면에 효소세제를 사용하고 수직물체에는 펠리웨이를 사용한다.

펠리웨이는 사용법에 특별지침이 있으며, 이 지침에 따라 사용량과 사용빈도 등에 주의를 기울여야 한다. 펠리웨이컴포트존 디퓨저는 스프레이 대신 사용하거나 스프레이와 병행해서 사용할 수 있다. 필자의 경우, 여러 영역에서 스프레이가 이뤄졌다면 펠리웨이컴포트존을 사용하도록 권장하고 있다.

03
스프레이 행동의 원인과 재훈련

중성화수술(불임수술)을 하지 않은 고양이의 경우 호르몬이 스프레이 행동을 하도록 고양이를 자극하며, 중성화수술을 시키면 거의 모든 경우에 스프레이 문제가 해결된다. 중성화수술을 하지 않은 고양이가 오랫동안 스프레이 행동을 나타냈다면, 이미 오랜 습관으로 굳었기 때문에 행동교정과 병행해야 할 수도 있다. 일단 고양이를 중성화시키면 호르몬 수치가 감소되는 데 약 한 달 정도 소요되는데, 그 기간 동안은 일부 바람직하지 못한 행동들이 여전히 나타날 수도 있다는 점을 알아두도록 한다.

이 습관이 얼마나 오랫동안 지속돼왔는지에 따라, 낙관적 또는 매우 회의적 느낌을 갖게 될 수도 있는데, 여기서 핵심은 고양이의 관점에서 더욱 안전한 환경을 만들어주는 것이다. 만약 이전의 접근법이 소변을 청소하고 그 자리에 화장실을 추가로 배치하는 것이 전부였다면, 고양이가 갖고 있는 주요한 욕구를 놓친 셈이다. 고양이가 스프레이를 한다는 것은 무언가 또는 누군가 반응을 유발한다는 것을 의미하며, 따라서 이제 더 이상 그러한 반응을 유발하지 않는 분위기를 만들어줘야 한다.

| 스프레이 행동의 다양한 원인

사람들은 고양이의 스프레이 행동에 대해 상당히 오해하고 있으며, 대부분의 경우 고양이보호자는 스프레이 행동을 단순히 영역표시를 하는 것으로 가정한다. 또한, 스프레이가 수컷에게만 국한된 것이 아니라, 암컷 또한 그다지 즐겁지 않은 이 행동을 보인다는 사실을 알게 되면 놀라는 경우가 많다. 고양이가 앞서 설명한 바와 같은 스프레이 행동을 보이는 데는 여러 가지 원인이 있을 수 있다.

서열과 관련한 스프레이 행동

다묘 가정에서 서열이 높은 고양이는, 자신의 영역이 어디까지 이르는지 모든 고양이에게 상기시키기 위해 집안의 다양한 장소에 스프레이를 할 수 있다. 집안에 새로운 고양이를 들여온 경우, 기존의 고양이는 새로 온 고양이가 자신에게 위협이 가해졌을 때 어떤 종류의 반응을 보이는지 알아보는 방법으로 스프레이를 할 수도 있다. 새로운 고양이는 새 영역에 들어왔을 때 자신이 누군가를 방해하지 않는다는 것을 보여주는 방법으로 스프레이를 할 수도 있으며, 그가 상대해야 할 적이 얼마나 되는지 알아보기 위한 방법으로 스프레이를 할 수도 있다. 또 상대방이 역으로 스프레이 반응을 보이는지 여부를 확인하기 위해 스프레이 행동을 나타낼 수도 있다.

소변마킹(urine-marking)은 스프레이를 한 고양이에 대해 많은 정보를 알 수 있는 도구로 사용된다. 소변표식이 얼마나 최근의 것인지 또는 얼마나 오래됐는지, 스프레이를 한 고양이의 일반적인 상태와 성별은 무엇인지 알려준다. 이는 고양이가 물리적 충돌의 위험 없이 서로에 대해 안전하게 확인할 수 있는 방법이다. 따라서 보호자의 관점에서는 자신의 고양이가 보여주는 스프레이 행동이 결코 즐거운 경험은 아니겠지만, 고양이 간의 의사소통에서 스프레이 행동이 얼마나 그리고 왜 중요한지에 대한 시각을 갖는 것이 매우 중요하다. 고양이가 어떤 반응을 보일지에 대해 보다 잘 이해할 수 있다면, 관련 문제를 해결하는 방법을 찾는 데 도움이 될 것이다.

고양이가 스프레이한 곳을 찾는 것부터 시작해보자. 스프레이 위치 자체가 매우 중요한 힌트를 제공한다. 창 아래 또는 창에 스프레이를 했다면, 마당이나 거리에 나타난 고양이에게 위협을 느꼈기 때문일 가능성이 있다. 스프레이 영역이 단지 하나의 창 또는 같은 영역이 내려다보이는 창들에 국한돼 있는 경우, 이는 초대받지 않은 고양이손님이 창 밖에 나타났을 가능성이 매우 높다는 것을 의미한다. 고양이에게 관찰의 즐거움을 주기 위해 창가에 조류먹이통을 설치해놓는 경우, 이것이 실외고양이를 끌어들이는 요인이 되기도 하며, 이로 인해 스프레이 행동이 유발될 수 있다.

가구 및 환경변화로 인한 스프레이 행동

스프레이 행동은 환경에서 무언가 새로워진 것에 대한, 또는 심지어 환경 자체가 생소해진 것에 대한 반응의 결과일 수 있다. 여러분의 고양이는 가구를 포함해 새로운 물건을 집안에 들여왔을 때 스프레이를 함으로써 생소한 것에 강하게 반응한 이력을 가지고 있을 수도 있다. 이사로 인해 스프레이 행동을 보인다면, 편안하고 친숙한 주변 환경이 상실됐다는 사실에 완전히 압도됐기 때문일 것이다. 스프레이는 위협을 느끼거나, 또는 더 많은 정보를 찾으려는 고양이에게서 나타날 수 있는 정상적인 행동이라는 것을 알아야 한다. 자신의 고양이가 새로 이사한 집에서 스프레이 행동을 보인다면 상당히 화가 날 수도 있지만, 고양이는 절대 나쁜 뜻으로 그러한 행동을 보이는 것은 아니며, 낯선 주변 환경을 파악하기 위한 의도라는 점을 이해해야 한다.

스프레이 행동은 두 마리 이상이 같은 환경을 공유하고 있을 때 더욱 문제가 된다. 스프레이 행동이 고양이들이 서로의 존재를 처음 인식하는 순간부터 발생한 것일 수 있고, 또는 수년간 함께 살다가 갑자기 발생하는 것일 수도 있다. 항상 잘 지내왔던 고양이가 갑자기 스프레이를 하기 시작할 때 보호자는 특히 실망하게 된다. 스프레이를 하고 있는 고양이가 누구인지 도저히 파악하기 힘든 경우가 있을 수 있는데, 이때는 다음과 같은 방법을 사용한다. 일단 수의사에게 플루오레세인(fluorescein, 형광지시약)[1] 캡슐을 만들어달라고 요청한다. 플루오레세인은 고양이에게 무해한 안과용 염료이며, 일부 고양이에 있어서 적외선등 빛에 소변이 밝게 형광을 띠도록 만든다.

플루오레세인은 일반적으로 눈의 긁힌 자국이나 막힌 누관(涙管)[2]을 확인하는 데 사용되지만, 때때로 이러한 부가적인 기능을 하며 고양이가 삼켜도 무해하다. 수의사가 고양이에게 맞는 양으로 적절한 크기의 캡슐을 만들어줄 수 있다. 이 방법이 절대로 실패할 염려가 없는 것은 아니다. 특정 고양이의 소변이 형광을 발하는 정도에는 상당한 차이가 있을 수 있는데, 소변의 농도뿐만 아니라 pH도 형광을 발하는 정도에 영향을 미칠 수 있다. 우선 가장 의심되는 고양이에게 플루오레세인을 제공하고, 며칠 후 플루오레세인이 처리된 소변의 흔적이 없다면 그 다음 가능성이 있는 고양이에게 제공한다.

---

[1] 물에는 녹지 않지만 뜨거운 알코올과 빙초산에 녹는 형광색소. 알칼리염은 물에 녹으며 강한 형광을 나타낸다. [2] 눈물길이라고도 하며, 눈물샘에서 분비된 눈물이 눈의 안쪽 눈구석으로 흐르는 통로를 말한다. 눈물샘의 분비물을 운반하는 관

모든 소변은 일반적으로 형광을 발하지만, 플루오레세인이 처리된 소변은 매우 밝은 황록색을 띤다. 플루오레세인이 처리된 소변과 그렇지 않은 일반적인 소변의 차이점을 알 수 있어야 하며, 비교를 위해 여러 장소를 확인해야 한다. 차이점에 익숙해졌더라도 여전히 확실하지 않은 경우 수의사에게 도움을 요청한다. 또한, 비디오카메라 또는 '나니캠(nanny cam, 보모용 몰래카메라)'을 설치하면, 스프레이 행동을 한 고양이를 확실하게 알 수 있을 뿐만 아니라 사건이 발생한 정확한 상황을 파악하는 데도 도움이 될 것이다. 나니캠은 쉽게 구입할 수 있고 비교적 저렴하다.

두 마리 이상에서 나타나는 스프레이 행동

두 마리 이상의 고양이가 스프레이 행동을 나타내는 상황에 처할 수도 있는데, 이때는 보호자의 불만이 완전히 극에 달할 것이다. 이처럼 여러 마리가 스프레이 행동을 보이는 경우 일부 보호자들이 흔히 저지르는 실수는, 어떤 고양이가 스프레이를 하는지 또 왜 하는지 알고 있다고 너무 빨리 단정하는 것이다. 고양이가 스프레이를 하고 있는 현장을 직접 목격했다거나, 또는 플루오레세인을 사용해 정확하게 확인한 것이 아닌 이상, 다묘 가정에서 관련 탐색작업을 서둘러 그만두는 일이 없도록 한다.

    오직 서열이 높은 고양이만이 자신의 영역을 표시하기 위해 스프레이를 할 것이라고 가정하는 것은 옳지 않다. 자신감이 있는 고양이와 그렇지 않은 고양이 모두 스프레이를 할 수 있다. 앞서 언급했듯이, 스프레이 행동에는 서열이 높은 고양이가 승리를 표

M I E I M I O I   스프레이 행동 보일 시 피해야 할 것

- 고양이의 대소변을 고양이 코에 문지르는 행동은 절대 하지 않도록 한다. 애석하게도 너무나 많은 보호자들이 사용하고 있는 이 방법은 완전히 역효과를 가져온다. 고양이에게 위치선택이 부적절하다는 것을 보여주려는 보호자의 이러한 시도는, 실제로는 배설 그 자체가 나쁘다는 메시지를 보내게 된다. 고양이는 보호자의 행동에 너무 혼란스러워져서 실제로 다시 질책을 받게 될 공포의 화장실로 돌아가는 것을 두려워할 수도 있다. 또한, 고양이의 배설물로 고양이 코를 문지르는 것은 비인도적이고 잔인한 행위다.

- 나중에 질책을 하는 것 역시 역효과를 가져온다. 외출에서 돌아와 바닥에 젖은 곳을 발견하고는 고양이를 그곳으로 데려와 질책하는 것은 피하도록 한다. 고양이는 지금 보호자가 두렵다는 사실 외에, 보호자가 무엇을 말하려는지 전혀 이해하지 못할 것이다. 어떤 보호자들은 고양이를 그 자리에 데려왔을 때, 고양이에게 네가 그랬지!'라고 단정적으로 말함으로써 비효과적인 형태의 질책을 정당화한다. 그러나 고양이가 실질적으로 느끼는 것은 혼란과 두려움뿐이라는 점을 명심하도록 한다.

시하는 것에서부터 서열이 낮은 고양이가 은밀한 공격을 시도하는 것에 이르기까지 다양한 원인이 있을 수 있다는 점을 명심해야 한다. 일단 탐색모드로 들어가면, 이전에는 크게 신경 쓰지 않았던 것들에 대해 좀 더 세밀하게 알아차릴 수 있을 것이다.

한 가지 예를 들어보자. 스프레이 행동은 두 마리가 노려보거나 대립자세를 취하고 난 후 발생할 수 있는데, 두 마리가 대립상태에서 떨어진 후 상대적으로 자신감이 적은 고양이가 스프레이 행동을 보일 수도 있다. 수직으로 이뤄지는 소변마킹은 더욱 도전적인 것으로 보일 수 있기 때문에 자신감이 적은 고양이는 수직으로 스프레이를 하는 대신 수평으로 스프레이를 할 수도 있다. 자신감이 적은 고양이는 자신이 상대를 위협할 수 있는 능력이 없다는 것을 알기 때문에 수평으로 스프레이를 하는 것이다.

이때 필요한 행동교정을 시행하면, 고양이의 자신감을 높여주고 자신의 환경에서 충분히 안전함을 느낄 수 있게 해줄 것이다. 자신감을 향상시킨다는 것은, 더 자신감 넘치는 다른 고양이보다 그의 지위를 높여주고자 하는 것이 아니다. 고양이들끼리 자연스럽게 만든 서열을 방해해서는 안 되며, 다만 위협받는다고 느끼는 고양이가 없도록 그들의 환경에서 모두가 편안하게 느낄 수 있게 만들어줘야 한다.

새로운 가족으로 인한 스프레이 행동

스프레이 행동이 나타나는 비교적 흔한 또 다른 사례는, 배우자와 같은 새로운 사람이 집안에 들어오는 경우다. 갑자기 고양이는 자신이 가장 좋아하는 곳을 차지한(보호자 옆에서 잠을 자는) 그 새로운 사람뿐만 아니라, 자신의 영역에서 그 사람의 냄새를 담고 있는 물건더미에 부딪히게 된다. 이때 나타나는 고양이의 스프레이 행동은 보호자가 배우자와 함께 결혼생활을 시작하는 데 있어서 그다지 기분 좋은 일은 아니다.

스프레이는 또한 아기가 태어났을 때도 발생할 수 있으며, 심지어 아기가 등장하기 훨씬 전인 보육을 준비하는 동안에도 발생했을 수 있다. 이는 일부 사람들이 잘못 가정하듯이 질투 때문이 아니라, 그의 영역에서 발생한 변화로 인한 혼란 때문이다. 고양이는 자신의 환경에서 발생하는 급격한 변화를 이해하지 못한다. 위치선택에서 힌트를 찾을 수 있으므로 고양이가 스프레이한 장소를 잘 살펴보도록 한다. 고양이화장실 또는 보호자의 침실처럼, 탐낼 만한 장소로 이어지는 복도에 스프레이를 할 수도 있는데, 이는 그곳이 출입금지구역이라는 점을 다른 고양이에게 통신하는 것일 수도 있다.

실내와 실외를 오가는 고양이의 스프레이 행동

실내와 실외를 왔다 갔다 하며 생활하는 고양이는 실내로 돌아오자마자 스프레이를 할 수도 있다. 실외환경은 실내에서처럼 고양이가 쉽게 통제할 수 있는 것이 아니며, 익숙하지 않고 변화무쌍한 많은 동물냄새를 맞닥뜨리게 된다. 고양이는 실외에서 더 거친 고양이를 만날 수도 있으며, 이때 그 고양이와의 대결을 두려워할 수도 있다.

실내로 돌아오자마자 은밀한 공격형태의 일환으로, 또는 자신이 잘 확립해놓은 영역의 경계를 마킹하는 방법으로 스프레이를 할 수 있다. 더 자신감 있는 고양이는 대결에서 승리한 느낌표로서, 또는 더 나아가 낯선 고양이가 넘지 않아야 하는 선을 표시하기 위해 실내로 돌아오자마자 스프레이를 할 수도 있다. 고양이가 스프레이 행동을 보이면 힘들겠지만, 행위 그 자체만 봐서는 안 된다. 환경, 집안에 있는 다른 반려동물이나 사람, 스프레이 행동을 보이기 전에 발생했던 것 등에 세심한 주의를 기울여야 하며, 가장 중요한 것은 고양이의 관점에서 스프레이 행동을 바라봐야 한다는 점이다.

| 스프레이 행동에 대한 재훈련

먼저 고양이가 스프레이한 지역을 깨끗이 청소하고 냄새를 중화시킨다. 펠리웨이를 사용할 경우, 페로몬스프레이제품을 사용하는 곳에 효소세제를 사용해서는 안 된다는 것을 기억하도록 한다. 아니면 펠리웨이컴포트존(Feliway Comfort Zone) 디퓨저를 사용한다. 그런 다음 스프레이를 한 고양이가 누구이며, 가능한 원인이 무엇인지 파악한다. 원인이 무엇인지 전혀 파악하지 못한 경우, 또는 너무 오랫동안 계속돼 굳은 습관이 됐다고 생각하는 경우 수의사와 상담하도록 한다. 수의사는 근본적인 원인을 파악하는 데 도움을 줄 수 있으며, 그렇지 않으면 공인행동전문가와 상담할 수도 있다. 실외고양이의 출현으로 인해 나타난 문제라면, 제8장의 재훈련기법을 참고한다.

새 물건으로 인한 스프레이 행동 재훈련

가구와 같은 새 물건을 집에 들여놨을 때 스프레이를 하는 경우 다음 단계를 따르도록 한다. 고양이가 새로운 물건에 대해 스프레이 행동을 나타내는 경향이 있다면, 그 이력을 참고해 재발을 방지하기 위한 조치를 취할수 있도록 한다. 고양이는 영역을 표시하는 습관이 있는 동물이므로 새로운 물건에 대해 편안한 친숙함을 갖도록 만들어줘야 한다. 예를 들어, 소파를 새로 들여왔다면 보호자의 냄새가 배어 있는 침대커버로 며칠 동안 소파를 덮어놓고, 소파 모서리에는 펠리웨이를 뿌려준다.

펠리웨이의 대안으로 양말을 이용할 수 있다. 깨끗한 양말 속에 손을 넣은 다음, 고양이의 얼굴 주위를 부드럽게 쓰다듬어서 안면페로몬을 모은다. 그러고 나서 냄새가 가득 묻은 양말로 새 소파의 모서리를 문지른다. 고양이의 코와 같은 높이에서 문질러주면 고양이가 새 물건을 탐색하러 왔을 때 페로몬을 쉽게 접할 수 있을 것이다. 고양이를 두 마리 이상 기르고 있는 경우에는 각각의 고양이에 대해 양말기법을 사용해야 한다. 각각의 고양이로부터 수집한 냄새를 새 소파 모서리에 문질러주되, 같은 곳은 피해 따로따로 문질러주는 것이 바람직하다. 이렇게 해서 소파가 집안의 냄새를 흡수하면, 스프레이 행동을 촉발하는 것을 방지하는 데 도움이 될 수 있다.

새 물건이 카펫인 경우, 보호자의 냄새가 배어 있는 수건이나 시트로 부드럽게 문질러준다. 또한, 고양이냄새가 배어 있는 수건도 사용한다. 스프레이 행동이 심한 경우, 냄새가 배어 있는 수건 몇 개를 카펫 위에 며칠 동안 남겨두되, 필요한 경우 1주일 이상 두도록 한다. 고양이가 배우자의 옷이나 소지품에 스프레이를 하는 경우, 일시적으로 배우자의 옷과 여러분의 옷을 옷장에 함께 넣어둔다. 새 사람의 옷이 좀 더 익숙한 냄새를 흡수할 수 있도록, 분리하지 말고 보호자의 옷과 섞어둔다. 일반적으로 옷장의 바닥에 남겨두는 다른 물건들은 일단 선반에 보관해야 한다. 재훈련과정을 진행하는 동안은, 옷장의 문을 닫아두고 바닥에 옷이 널려 있지 않도록 주의한다. 배우자의 옷이나 소지품에 스프레이를 하는 경우 고양이와 배우자 사이의 관계에 있어서도 개선이 필요하며, 제9장에 재훈련기법이 자세히 설명돼 있으므로 이를 참고한다.

아기의 탄생으로 인한 스프레이 행동 재훈련

아기의 탄생으로 인한 스프레이 행동의 경우, 아기와 고양이 모두에 대해 다정한 보살핌이 필요하다. 지금 시행하는 약간의 재훈련은, 둘 사이에 일생 동안 지속될 수 있는 훌륭한 관계를 만드는 데 큰 도움이 될 것이다. 재훈련기법은 제9장을 참고한다.

이사로 인한 스프레이 행동 재훈련

고양이가 이사로 인해 스프레이를 한다면, 익숙한 주변 환경의 상실로 인해 완전히 압도됐을 가능성이 매우 높다. 이때는 몇 발짝 뒤로 물러나서, 덜 압도적인 방식으로 고양이를 새로운 환경에 재소개해야 한다. 제2장에 있는 정보를 이용해 보다 안전하고 매력적인 환경을 만들어주도록 하고, 고양이의 주의를 전환시키고 불안을 완화시키는 데 도움을 주기 위해 제3장에 있는 상호교감놀이요법 기술을 사용한다.

고양이가 새로운 환경의 거대한 분위기에 압도된 것으로 보이면, 고양이가 출입하지 못하도록 집안의 일부 지역을 차단하고, 점차적인 전환과정을 통해 긴장감을 완화시켜준다. 상황이 매우 심각한 경우, 몇 발짝 뒤로 물러나서 '처음부터 다시 시작(Starting from Scratch)'한다. 보호구역을 세팅해서, 고양이가 새로운 환경에 익숙해지고 주어진 공간에서 편안하게 지낼 수 있는 시간을 갖도록 해준다. 그런 다음, 좀 더 자신감을 찾은 것으로 보일 때 점차적으로 집안을 소개해나갈 수 있다.

고양이가 보호구역에 있을 때, 그곳에 자주 가서 고양이를 편안하게 해주고 함께 놀아주는 것이 좋다. 보호구역은 감옥이 아니며, 고양이가 안전하고 걱정이 없으며 편안하게 느낄 수 있는 공간이어야 한다. 보호자의 존재는 그러한 안전감의 중요한 부분이기 때문에 고양이와 놀이를 하고 상호교감하는 시간을 갖도록 해야 한다.

대상지역과 고양이의 관계 변화시키기

스프레이 행동의 원인이 무엇이든, 재훈련과정에서 중요한 요소는 대상지역과 고양이의 관계를 변화시키는 것이다. 이를 위해 적용할 수 있는 방법들이 몇 가지 있는데, 가장 쉬운 방법은 놀이를 이용하는 것이다. 고양이가 스프레이를 한 장소에서 상호교감놀이과정을 수행하도록 한다. 만약 고양이가 위협을 느껴서 스프레이를 했다면, 위협을 느낀 장소에서 긍정적인 경험을 갖게 만들어줌으로써 고양이의 심적 태도를 변화시키는 데 도움이 될 수도 있다. 자신감이 없는 고양이를 다루는 경우, 그 영역에서 상호교감놀이과정을 수행하면 자신감을 부추기는 데 도움이 될 수 있다.

고양이는 이제 비위협적인 환경에서 재미, 사냥 그리고 성공의 최신이력을 구축하기 시작할 것이다. 다묘 가정에서는, 이 놀이과정이 진행되는 동안 다른 고양이들을 집안의 다른 장소에 둬야 스프레이를 하는 고양이의 부정적인 반응을 유발하지 않는다.

스프레이 대상지역이 여러 곳인 경우, 각각의 영역에서 놀이과정을 수행해야 한다. 스프레이 장소가 많다고 해서 매일 모든 장소에 머물 필요는 없다. 각 대상지역에서 스프레이가 아닌 놀이시간을 가질 수 있도록 정기적인 순환일정을 세팅하면 된다.

고양이가 스프레이하는 영역에 스크래칭 포스트 또는 골판지 스크래칭 패드를 배치해준다. 이렇게 해주면 행동교정과 병행해 고양이의 마킹욕구를 충족시켜줄 수 있다. 보호자가 고양이의 스트레스 수준을 낮춰주기 위해 노력함에 따라, 스프레이를 하는 대신 스크래칭을 통한 마킹으로 만족될 수도 있다. 또한, 고양이를 문질러줌으로써 마킹을 촉진할 수 있다. 부근에 코너가 있는 경우, 플라스틱 셀프그루밍 보조제품을 부착해주면 좋다. 이 제품은 작은 플라스틱 빗과 같은 역할을 해서 고양이가 몸을 문지르고 약간의 마사지를 할 수 있으며, 빠진 털도 일부 제거해주는 효과가 있다. 이러한 제품들은 반려동물용품점에서 구입할 수 있다.

먹이기법을 이용한 스프레이 행동 재훈련

또 다른 일반적인 재훈련기법은 먹이를 이용하는 것이다. 고양이는 일반적으로 배설을 하는 곳에서는 먹이를 먹지 않으며, 위험 혹은 위협이 나타나는 영역에서도 먹이를 먹지 않는다. 자유급식을 하는 경우, 정해진 하루 분량의 먹이를 나누고 각 대상지역의 앞쪽에 작은 먹이그릇을 배치해 담아둔다. 계획급식을 하는 경우, 일상적으로 먹이를 주는 장소에서 급여하되 평소보다 양을 적게 주도록 한다. 이때 대상지역에서 클리커 트레이닝을 진행할 경우에 사용할 약간의 먹이를 따로 남겨둔다. 자유급식을 하는 경우에도 클리커 트레이닝을 진행할 수 있지만, 훈련에 반응할 수 있도록 만들려면 고양이가 충분히 배가 고파야 하기 때문에 타이밍이 중요하다.

클리커 트레이닝의 기초를 학습하고 조작적 조건화(operant conditioning)[4]가 작용하는 이유를 이해하기 위해 제3장의 지침을 따른다. 그런 다음 대상지역에서 클리커 트레이닝 과정을 수행한다. 일단 보호자와 고양이가 클리커 트레이닝을 이해하고 고양이가 잘 반응한다면, 보호자가 원하는 행동을 고양이에게 상기시켜 집중하도록 하고 이를 긍정적으로 유지하는 데 사용한다. 고양이가 자신의 이름을 부르거나 또는 이름과

---

[4] 특정 환경에서 발생하는 다양한 행동과 그 행동에 의해 초래되는 긍정적 또는 부정적 결과와 연합돼 추후의 행동이 증가하거나 감소하는 형태의 학습을 이른다.

--- M E M O   스프레이 행동 재훈련 시 주의사항 ---

처벌 또는 징계를 하기 위해 고양이를 보호자에게 오도록 불러서는 절대 안 된다. 고양이가 막 스프레이를 할 것으로 의심되는 경우, 고양이의 이름을 큰 소리로 부르지 않는다. 대신 고양이의 시야에 작은 장난감을 부드럽게 던져주는 것과 같은 주의전환의 긍정적인 방법을 사용한다. 고양이의 주의를 전환시키는 것이 너무 늦어서 이미 스프레이를 하고 있다면, 절대 훈계하지 말고 그냥 그곳을 조용히 청소하도록 한다. 고양이는 이미 충분히 스트레스를 받았기 때문에 훈계를 함으로써 현재 상황에 불안감을 더 가중시킬 필요가 없다.

함께 보호자가 준 신호(이리와 등)에 반응하는 것을 학습했으면, 이전에 스프레이를 하던 지역 근처로 걸어가서 다시 스프레이를 하고 싶은 것처럼 보일 때 훈련준비를 한다. 침착하게 신호를 보내고 고양이가 대상지역으로 돌아가기 전에 이를 실행한다. 고양이가 스프레이하고자 하는 욕구를 마음에 새기기 전에 주의를 돌려야 한다.

    신호를 보내고 고양이가 반응을 하면, 즉시 클릭하고 보상한다. 보호자가 고양이의 행동을 예측할 수 있고, 고양이가 훈련과정이 진행되는 동안 주어진 신호에 지속적으로 반응을 해야만 효과가 있다. 또한, 고양이가 이전에 스프레이를 하던 장소 근처로 가서 냄새를 맡고, 스프레이를 하지 않고 떠났을 때 클릭하고 보상한다. 이때 냄새를 맡고 있는 동안은 클릭하지 말고, 그 장소를 완전히 떠났을 때에만 클릭을 한다.

장난감을 사용한 스프레이 행동 재훈련

클리커 트레이닝을 진행하지 않는 경우, 고양이가 이전에 스프레이를 했던 장소로 접근하고 있는 것을 알아차렸을 때 고양이의 관심을 다른 곳으로 돌리는 방법을 사용한다. 스프레이를 할 것으로 의심되는 경우에도 무언가 긍정적인 것을 사용함으로써 고양이의 주의를 조용히 다른 곳으로 돌린다. 장난감을 살짝 던져줘서 고양이가 그것을 듣고 볼 수 있게 하는데, 이때 장난감을 고양이를 향해서 던지면 안 된다.

    고양이의 관심을 부정적인 것에서 긍정적인 것으로 돌릴 수 있는, 흥미롭고 거부할 수 없는 소리가 나는 장난감을 몰래 챙겨둔다. 먹이추적본능을 촉발시키거나 적어도 호기심을 불러일으킬 때마다, 고양이가 원래 계획한 것에서 멀어지게 될 것이다. 실제로 스프레이 행동을 시작하기 전에 주의를 전환시키는 방법을 사용해야 한다. 고양이가 스프레이를 시작할 때까지 기다리면, 원치 않는 바로 그 행동에 보상을 하는 것이 되므로 타이밍이 매우 중요하다. 스프레이를 한 장소가 여러 곳이라면 곳곳에 주의를 전환시키는 장난감을 숨겨두도록 한다. 항상 가까운 은신처에 다시 넣어두면 다음에 편리하게 사용할 준비가 될 것이다. 이러한 장난감은 보호자가 집을 비울 때 고양이의 단독놀이를 위해 남겨둔 것과 동일한 것이어서는 안 되며, 고양이가 저항할 수 없는 매력을 지속적으로 유지해야 하기 때문에 사용에 제한을 둬야 한다.

다묘 가정에서, 스프레이에 대한 행동교정과정은 또한 고양이들이 공존하는 방법에 대한 재훈련도 포함한다. 고양이들이 서로를 좀 더 용납할 수 있도록 하는 올바른 개입기술에 대해서는 제8장을 참고한다. 화장실 배치를 재고해야 할 수도 있다. 각각의 고양이에게 개별적으로 요구되는 영역을 수용하기 위해 집안 곳곳에 화장실이 적절하게 분산돼 있는지 확인해야 한다. 하나밖에 없는 화장실을 사용하기 위해 더 이상 다른 고양이의 영역을 지나가지 않아도 된다면, 스프레이를 하던 고양이는 그러한 행동을 해야 할 필요성을 느끼지 않을 수도 있다.

실내와 실외를 오가는 고양이의 재훈련

실내와 실외를 오가며 생활하는 고양이가 스프레이를 하는 경우, 완전한 실내고양이로 전환시키는 것을 고려하도록 한다. 실내생활로 전환시키면 실외의 환경에 존재하는 잠재적인 위협요소들을 제거함으로써 스프레이의 가능성을 줄여줄 수 있다. 고양이는 자신이 안전하고 특정 영역이 자신의 것이라는 사실을 알 수 있는 친숙함과 안정감이 필요하다. 실내전환은 생각보다 두려운 것이 아니다. 고양이가 실외보다 실내에서 더욱 재미있게 즐기는 데 도움을 줄 수 있는 방법은 제2장을 참고한다.

때때로 보호자가 재훈련에 얼마나 많은 노력을 들였는지에 상관없이, 특정 지역에 대해 이뤄지는 스프레이 행동은 교정이 어려울 수도 있다. 스프레이 행동이 매우 심한 고양이의 경우, 행동교정과 병행해서 약간의 억지력을 사용해야 한다. 스프레이를 한 대상이 물리적으로 이동할 수 없는 물건인 경우, 이를 수정하기 위한 몇 가지 옵션이 있

— M I E I M I O I **콘센트커버의 사용** —

고양이가 스프레이를 할 때는, 대상물건까지 후진해 지면에서 약 20cm 높이에 소변줄기를 뿌린다. 따라서 모든 콘센트를 아기보호용으로 사용되는 콘센트커버로 덮어 보호한다. 모든 멀티탭과 과전압보호기는 콘센트커버로 감싸거나 가구 뒤에 숨겨야 한다. 대형변압기가 연결된 과전압보호기나 콘센트를 사용하고 있다면, 이러한 대형 품목에 적합하게 특별히 제작된 콘센트커버를 구입해야 한다.

다. 그중에서 복도용 비닐카펫이 수평으로 스프레이되는 지역 및 벽면의 걸레받이(받침목)를 덮는 데 효과적이다. 고양이가 밟았을 때 불편함을 느끼도록 마디가 많은 면이 위로 오게 복도용 카펫을 깔아둔다. 복도용 카펫을 폭이 넓은 것으로 선택하면, 바닥이나 카펫을 완전히 덮을 뿐만 아니라 벽면의 걸레받이 위쪽까지 올라가게끔 구부려 사용할 수 있다. 마스킹테이프를 이용해 복도용 카펫을 걸레받이에 고정시킬 수 있다.

캣페이퍼(Catpaper)라 불리는 제품을 사용할 수도 있다. 캣페이퍼는 뒷면이 폴리에틸렌(polyethylene)으로 처리된 무독성의 흡착포로서, 롤이나 팩으로 제공되므로 필요한 크기로 잘라서 사용할 수 있다. 필자가 이 제품에 대해 맘에 드는 점은 소변이 흡수되고, 카펫이나 가구에 스며들지 않는다는 것이다. 일반 비닐제품을 사용하는 경우, 소변이 그냥 웅덩이로 고이게 된다. 고양이가 가끔 지나치게 배설하는 경우 화장실 밑면에 캣페이퍼를 부착해 사용할 수 있다. 작은 소매점과 제조사 웹사이트에서 구입할 수 있다.

04

무분별한 배뇨행동의 원인과 재훈련

스프레이 행동의 경우와 마찬가지로 동일한 유형의 조사기법을 포함하며, 우선 재훈련을 실시하기 전에 진짜 근본적인 원인이 무엇인지 파악해야 한다. 이 장의 시작부분에서 언급했듯이, 먼저 소변검사와 가능한 다른 검사를 포함해 수의사에게 진단을 받음으로써 행동문제가 질병으로 인한 것은 아닌지 여부를 확인해야 한다.

필자가 이 점을 거듭 강조하는 이유는, 자신의 고양이의 화장실문제가 행동적인 것이라고 절대적으로 확신하는 수많은 보호자로부터 컨설팅요청을 받았기 때문이다. 필자가 방문요청에 응하기 전에 수의사에게 진단을 받도록 권했을 때만, 많은 고양이보호자들은 행동문제가 사실은 질병 때문이었다는 것을 알게 됐다. 어떤 고양이는 방광염이 있었고 어떤 고양이는 요로결석이 있었으며, 몇 마리는 갑상선기능항진증 그리고 몇 마리의 노묘는 만성신부전이 있었다. 필자에게 컨설팅을 받았던 두 명의 보호자가 최근에 전화를 했는데, 수의사의 진단을 받으라는 필자의 말에 불만을 가지고 있었던 사람들이다. 한 사람은 필자가 수의사로부터 리베이트를 받았다고 비난했다.

그들은 사과를 하기 위해 다시 전화를 했고, 자신의 고양이가 질병이 있었다는 것을 필자에게 알려줬다. 한 마리는 당뇨로, 다른 한 마리는 신장염으로 진단됐다. 이처럼 수의사로부터 고양이가 건강하다는 진단을 받기 전에는, 배뇨문제를 무조건 행동문제라고 추정해서는 절대 안 된다. 이러한 추정으로 접근한다면 고양이를 극도로 불편하게 만들 수 있으며, 심지어 생명을 위태롭게 할 수도 있다.

MEMO 요로문제의 징후들

화장실을 좀 더 자주 들락거린다 / 평소보다 더 오래 화장실에 머문다 / 소량의 소변을 임의로 배설한다 / 소변에 피가 섞여 나온다 / 소변을 보는 동안 울거나 소리를 지른다 / 소변을 볼 때 안간힘을 쓴다 / 화장실 밖에 소변을 본다 / 생식기를 자주 핥는다 / 만지거나 건드리면 통증을 느낀다 / 성격이 변한다 / 식욕이 떨어진다 / 물 섭취량이 변화한다 / 외관이 변하게 된다

일반적으로 가능한 요로(尿路)문제를 나타내는 첫 번째 가시적인 신호는, 고양이가 화장실에서 멀리 떨어진 곳에 배설을 하는 것이다. 여기에는 몇 가지 이유가 있다. 고양이에게 요로문제가 있는 경우, 일단 방광에 소변이 미량만 생겨도 곧바로 불편함을 느낄 수 있으며, 이러한 불편함이 그 순간에 어느 곳에서라도 배설하도록 고양이를 강제하게 된다. 이와 같은 경우, 주위에 작은 소변방울이 떨어져 있는 것을 발견할 수 있다.

배뇨통증으로 인해 최대한 오랫동안 소변을 참으려고 할 수도 있다. 마지막으로, 더 이상 참을 수 없을 때 화장실에 이르기 전에 아무 곳에나 배설할 수가 있다. 이 경우 집안에서 커다란 소변웅덩이를 발견할 수 있다. 어떤 고양이는 자신의 고통과 화장실 자체를 연관시키며, 어딘가 다른 곳에서 배설하면 아프지 않을 것이라고 생각한다. 어떤 고양이는 소변을 볼 때만 화장실을 기피하지만, 어떤 고양이들은 대소변 모두를 부정적으로 연관시켜 소변뿐만 아니라 대변도 화장실에서 보는 것을 거부하기 시작한다.

| 무분별한 배뇨행동의 원인 찾기

화장실문제에 직면했을 때 이를 해결하기 위해서는, 싫든 좋든 근원인 화장실에서부터 시작해야 한다. 문제행동이 장기적으로 이어져온 경우라면, 보호자의 입장에서 화장실을 완벽하게 세팅해줬다고 생각했을지라도 최근에 화장실을 확실히 살펴봤는지 되돌아보도록 한다. 보호자들이 화장실이란 장소에 많은 시간을 할애하고 싶어 하지 않는다는 것을 알지만, 고양이와 화장실의 관계는 고양이의 삶에서 매우 중요한 부분이기 때문에 보호자에게도 중요하게 생각돼야 한다는 점을 명심하기 바란다.

화장실청결상태의 불량

화장실을 얼마나 청결하게 유지하는지 생각해보자. 두 번째 질문은, '정말로 화장실을

얼마나 깨끗하게 유지하는가' 하는 것이다. 고양이가 화장실사용을 거부하는 매우 일반적인 이유는, 그냥 너무 더러워서 사용할 수 없기 때문이다. 여러분의 까다로운 고양이는 깨끗한 모래알갱이를 찾기 위해 건조된 대변더미와 오래된 소변덩어리를 밟고 올라서는 것을 원치 않는다. 과밀은 고양이가 화장실사용을 거부하는 또 다른 일반적인 원인이다. 너무 많은 고양이들이 너무 적은 개수의 화장실을 공유하면, 화장실이 쉽게 더러워질 뿐만 아니라 잠재적인 영역분쟁으로 이어질 수도 있다.

화장실모래에 대한 혐오
화장실모래에 대한 혐오는 화장실사용거부로 이어질 수 있다. 고양이는 촉각이 매우 민감하며, 발바닥에 붙은 모래의 질감이 불편하거나 친숙하지 않게 느껴지면 고양이를 화장실로부터 멀어지게 할 수 있다. 보호자가 화장실모래의 브랜드나 유형을 급작스럽게 변경했을 때 이러한 현상을 종종 볼 수 있다. 모래혐오는 또한 과도한 향이 나는 모래, 모래의 먼지 또는 모래첨가제로 인해 나타날 수도 있다.

부적절한 화장실유형
화장실 자체가 혐오문제를 야기하는 주요인이 될 수 있으므로 화장실문제의 가능한 원인을 평가할 때 크기와 유형도 고려해야 한다. 고양이가 새끼일 때 구입했던 화장실은 성묘가 된 지금은 불편하게 느껴질 수도 있으며, 특히 고양이가 크거나 과체중인 경우 더욱 불편하다. 화장실 측면의 높이는 관절염을 앓고 있을지도 모를 노묘에게 문제가 된다. 고양이화장실이 단지 '모래로 가득 찬 플라스틱상자'를 의미하는 것은 아니기 때문에 유형 또한 중요하다. 시중에는 여러 가지 유형의 화장실이 판매되고 있으며, 보호자가 이상적이라고 생각했던 화장실이 실제로는 고양이에게 악몽이 될 수도 있다.

■ **덮개가 있는 화장실** : 이론적으로 덮개가 있는 화장실은 고양이에게 프라이버시를 제공하고, 배설물분산감소 및 냄새조절 측면에서 보호자에게는 편의를 제공하는 것처럼 보일 수도 있다. 그러나 실제로는, 덮개가 화장실 내에 냄새를 가두고 모래가 건조되는 데 시간이 오래 걸리기 때문에 종종 행동문제 이면의 주범이 된다. 보호자 입장에서 더럽고 어두우며 습한 화장실에 들어가야 한다면 얼마나 불쾌할지 상상해보기 바란다.

또한, 덮개가 있는 화장실은 덩치가 큰 고양이에게는 너무 꽉 찰 수도 있다. 고양이가 배설을 시도하는 동안 화장실 입구 밖으로 머리와 어깨가 나와 있는 것을 본 적이 있을 것이다. 또 고양이보호자가 일상적으로 배설물을 퍼내는 일을 더 불편하게 만들며, 내용물이 시야에 보이지 않기 때문에 모래를 퍼내야 한다는 것을 잊어버릴 수도 있다.

덮개가 있는 화장실의 가장 큰 단점은 고양이가 탈출할 수 있는 능력을 크게 감소시킨다는 점이다. 탈출로 부분은 다묘 가정에서 가장 중요한 사항이지만, 한 마리만 있는 경우라도 고양이는 신속한 탈출을 위한 더 많은 옵션이 필요할 수 있다. 화장실에서 탈출한다는 생각은 인간의 관점에서 이상하게 들릴 수도 있지만, 이것이 바로 '문제해결의 성공은 고양이의 관점에서 환경을 바라보는 데 달려 있다'고 할 수 있는 지점이다. 고양이는 배설 중일 때 매우 취약한 자세로 있게 된다. 화장실 안에 있는 동안 습격을 받는다거나, 또는 그냥 놀라기만 하는 경우라도, 덮개가 있는 화장실은 바로 적과 대면해야 하는 오직 하나의 탈출구만 허용된다. 덮개는 또한 고양이가 화장실 안에 있는 동안 시야의 범위를 감소시킨다. 어떤 보호자는 고양이의 프라이버시에 너무 열중한 탓에 잠재적인 탈출로의 부족에 더욱 기여하는 결과를 초래하게 된다.

필자는 덮개화장실을 사용하는 많은 보호자들이, 입구가 벽면을 향하도록 돌려놓은 것을 봤다. 이는 고양이를 화장실에 갇히게 할 뿐만 아니라, 잠재적인 습격을 받기 전에 탈출여부를 판단할 수 있는 경고시간을 전혀 주지 않는다. 심지어 고양이가 화장실을 향해 천진스레 가고 있었고 안에 이미 다른 고양이가 사용 중인 것을 발견하고 놀랐을 경우, 다가가던 고양이에게 불안감이나 적대감을 일으킬 수 있다. 다가가는 고양이는 문자 그대로 벽에 등을 기대고 있다고 느낄 수도 있다.

■**세척식 화장실**: 고양이에게 불쾌감을 줄 수 있는 또 다른 유형의 화장실은 자가세척식 모델과 전자유형을 들 수 있다. 전자모델의 모터는 화장실에 접근하는 고양이 또는 근처에 있는 고양이에게 위협이 될 수도 있다. 고양이가 볼일을 마치고 화장실을 떠난 후에 모터가 작동되도록 센서에 의해 시간이 맞춰져 있다 하더라도, 접근해오는 고양이나 갑작스런 소리에 영향을 받을 만큼 화장실에 가까이 있는 고양이를 감지할 수는 없다. 또 다른 단점은 전자모델의 경우 모래를 깔 수 있는 실질적인 표면적은 그리 넓지 않다는 것이다. 모터하우징과 모래수용칸이 화장실을 실제 크기보다 훨씬 더 크게 보

이게 한다. 전자모델을 비치하고 있고 고양이가 화장실문제를 겪고 있다면, 이 화장실 유형은 여러분의 고양이에게 좋은 선택이 아니었을 수도 있다는 점을 고려해야 한다.

수동의 자가세척식 모델은 사용되는 일부 모래의 유형 또는 화장실바닥의 플라스틱 망이 주는 느낌 때문에 고양이에게 거부감을 줄 수 있다. 인간 중심의 편의를 위해 바닥에 깔아놓은 비닐은 화장실억제물이 될 수도 있다. 모래를 파면서 비닐이 고양이의 발톱에 걸릴 수 있으며, 이때 비닐에 구멍이 생기면 소변이 모래에 흡수되는 대신 아래로 스며든다. 또한, 비닐을 꽉 맞게 깔지 않은 경우 주름이 생김으로써 소변을 고이게 할 수 있다. 화장실냄새를 가리거나 흡수하도록 디자인된 모래첨가제는 강한 냄새 또는 화장실에 추가되면서 증가된 먼지로 인해 고양이에게 불쾌감을 줄 수 있다.

화장실위치에 대한 혐오

화장실위치에 대한 혐오 또한 화장실사용을 거부하게 되는 비교적 흔한 원인 중 하나다. 화장실은 올바른 유형을 선택했지만 이를 잘못된 장소에 배치하는 경우 여전히 불안감을 유발할 것이고, 고양이가 다른 배설장소를 선택하는 결과를 초래할 수 있다. 화장실이 먹이급여장소와 너무 가까우면, 생존본능으로 인해 고양이를 멀리 몰아낼 수 있다. 고양이는 보금자리에서 멀리 떨어진 곳에 배설을 하고, 포식자들에게 발각되는 것을 방지하기 위해 배설물을 덮는 습성이 있다. 따라서 화장실이 먹이급여장소와 가까이 있으면 많은 불안감과 혼란을 초래하며, 고양이는 먹이급여장소에서 먹이를 먹는 것 외에 다른 일을 할 수 없기 때문에 다른 배설장소를 선택해야 한다.

옷장, 책상 밑 또는 좁은 공간에 끼어 있는 화장실은, 덮개가 있는 화장실과 마찬가지로 잠재적인 탈출로가 부족한 것에 대한 불안감을 유발할 수 있다. 화장실을 지하실에 두는 경우, 습기가 너무 많아서 냄새문제를 초래할 수 있다. 지하실 위치는 또한 잠재적인 문제를 내포하고 있는 계단이라는 요소가 있다. 어떤 고양이들은 계단을 오르내리는 것을 원치 않거나 그렇게 하는 것에 문제를 가지고 있는 경우도 있다. 다묘 가정에서 계단은 대결과 도전의 장소가 될 수 있는데, 서열이 낮은 고양이는 계단에 앉아 있는 다른 고양이를 지나서 갈 정도로 자신감이 없을 수도 있다.

가정에서 고양이가 그들의 영역을 나누는 방법은 화장실의 위치가 좋은지 나쁜지 여부에 영향을 미칠 수 있다. 한 고양이가 명확하게 자기구역이라고 주장하는 영역에 화장실이 위치해 있으면, 다른 고양이가 위협을 느껴 그 공간에 들어가지 못할 수도 있다. 어떤 보호자는 화장실을 가족이 거주하는 공간에서 가능한 한 멀리 떨어뜨리기 위해 차고(해외의 경우)에 넣어두기도 하고, 방충망이 있는 베란다에 배치하기도 한다.

설령 차를 주차하는 공간으로 사용하지 않는다 하더라도, 차고는 고양이에게 너무 많은 위험이 도사리고 있다. 여러 가지 도구들, 페인트, 부동액, 기타 유독성 화학물질들은 일반적으로 차고에 보관되며, 이는 호기심이 많은 고양이에게 위험을 초래할 수 있다. 차고에 드나드는 자동차가 고양이를 차로 치거나, 차고문과 관련한 사고가 날 위험이 있기 때문에 매우 위험하다. 또한, 방충망을 쳐놓은 베란다는 익숙하지 않은 냄새와 소리, 다른 동물의 시야에 노출돼 있기 때문에 고양이의 관점에서 매우 취약한 위치에 처하게 된다. 날씨와 온도변화도 방해물이 될 수 있다.

급격한 환경의 변화

고양이의 삶에 있어서 갑작스러운 변화는 화장실문제로 이어질 만큼 충분한 스트레스를 유발할 수 있으며, 스트레스는 고양이의 가장 큰 적이다. 인간에게는 사소한 것으로 보일 수도 있는 상황이 고양이에게는 심각한 스트레스를 유발하는 상황이 될 수 있다. 새집으로의 이사, 결혼생활, 새로 탄생한 아기, 가족구성원의 죽음, 보호자의 이혼, 집수리와 같은 주요한 생활의 변화는 고양이를 휘청거리게 만들 수 있는 큰 사건들 중 일부일 뿐이다. 비록 주요 사건이 발생한 후 어느 정도 시간이 지났다 하더라도, 고양이가 화장실문제를 안고 있다면 그 '사건'과 여전히 씨름을 하고 있는 것일 수 있다.

고양이는 결혼 및 인간가족에 갑자기 영구 추가된 구성원에 대해 수용의 경계선상에 있을 수도 있는데, 이러한 상황에서 곧 새집으로 이사를 하는 것은 고양이를 벼랑 끝으로 내모는 셈이 된다. 보호자는 고양이가 평소처럼 애정이 넘치고 장난기가 많은 것처럼 보여 무언가 잘못됐다는 것을 알아채지 못했을 수도 있지만, 이 고양이의 삶 어딘가에서 분명히 스트레스 요인이 발생했다는 것을 잊지 말아야 한다. 어떤 고양이들은 이러한 스트레스를 과도한 그루밍, 은둔 또는 성격이나 식욕의 변화를 통해 해소할 수도 있고, 어떤 고양이는 화장실문제를 유발하는 것으로 반응하기도 한다.

이 장에서 화장실과 고양이의 관계가 얼마나 중요한지에 대해 읽었고, 앞서 고양이가 변화에 어떻게 반응할 수 있는지에 대해서도 배웠다. 스트레스가 고양이의 배설문제로 쉽게 이어질 수 있다는 것은 그리 놀랄 일이 아닐 것이다. 고양이의 삶에 있어서 어떠한 변화가, 화장실문제로 이어질 수 있는 스트레스를 유발할 정도로 갑작스럽게 이뤄져서는 안 된다. 고양이는 보호자의 일정변화, 휴일의 소동, 휴가로 인한 보호자의 부재, 집 장식(카펫, 가구 등)에 있어서의 외관상 사소한 변화, 소란스러운 방문객, 먹이나 화장실의 변화 등으로 인해 혼란스러워지고 스트레스를 받을 수 있다.

여러분은 자신의 고양이에 대해 알고 있으며, 여러분에게는 사소한 것으로 보이는 사건에 크게 반응하는 이력을 가지고 있는지 여부를 알고 있다. 그 이력은 하나 또는 그 이상의 소위 '사소한 사건'이, 화장실이 더 이상 배설을 위한 장소가 아니라고 느끼도록 만들기에 충분한 스트레스를 만들어냈다는 힌트가 된다. 따라서 특정 사건이 고양이에게 어떻게, 왜 영향을 미칠 수 있는지에 대해 사려 깊게 평가해야 한다.

전형적인 사례를 하나 들어보자. 보호자가 새로 태어난 아기를 집에 데려왔을 때, 고양이가 처음에는 나쁜 느낌을 가지고 있었을 수도 있다. 그러나 시간이 지나면서 고양이는 아기에게 익숙해졌고, 그래서 보호자는 모든 것이 괜찮을 것이라고 생각했다. 몇 달 동안 상황이 좋았지만, 아기가 좀 더 움직이기 시작하면서 고양이를 향해 기어가는 아기의 모습은 고양이에게 새로운 스트레스를 유발했을 수 있다. 화장실문제가 그 시점에는 발생되지 않았을 수도 있지만, 스트레스는 계속 쌓이고 있었을 것이다. 아이가 걸음마를 시작하고 고양이화장실로 가는 길을 발견했을 때, 화장실문제가 시작됐을 수도 있다. 이는 탈출잠재력의 개념으로 돌아간다. 일단 아기가 이동이 가능해지면, 탈출 관련 문제는 고양이의 마음속에 가장 중요한 사안이 된다.

동료고양이와의 관계

동료고양이들 사이의 관계는 화장실을 사고 없이 사용할 수 있을지 여부에 상당한 영향을 미친다. 고양이들 사이에서 보호자가 인식하는 것보다 더 많은 일이 생길지도 모르고, 놀이처럼 보이는 것이 실제로는 위협일 수도 있다. 화장실 위치와, 고양이가 자기 영역이라고 주장하는 영역의 한가운데 자리 잡은 화장실 세팅이 만들어내는 위험성에 대해 자세히 설명했다. 화장실로 이어지는 방 앞 복도에서 어슬렁거리고 있는 고양이는, 실제로는 다른 고양이가 다니는 것을 가로막는 것일 수도 있다. 우리에게는 느긋한 자세로 보이는 것이 집안에 있는 다른 고양이에게 완전히 다른 메시지를 보내는 것일 수도 있다. 고양이들이 서로에 대해 어떻게 행동하는지 차분하게 떠올려보기 바란다. 다른 고양이에게 행패를 부리거나 보금자리를 지배하는 고양이가 보이는지, 한 고양이가 다른 고양이를 그저 참아주는 것으로 보이는지, 한 마리가 다른 고양이를 지속적으로 추적하는 행동을 보이는지 생각해보자. 이러한 것들은 모두 화장실혐오문제의 원인을 밝히는 힌트가 될 수 있다.

무분별한 배뇨행동에 대한 재훈련

조사작업을 거쳐 고양이가 무분별한 배뇨행동을 나타내는 근본적인 원인이 무엇인지 파악했다면, 각 원인에 따르는 적절한 조치를 취함으로써 고양이가 다시 화장실을 사용하는 데 거부감이 생기지 않도록 만들어준다.

청결상태 불량으로 인한 문제일 경우

화장실이 청결하지 못한 것이 원인이라면(이 부분에서 스스로에게 정직해지길 바란다), 당장 깨끗이 청소를 하도록 한다. 설령 보호자의 눈에 화장실상태가 깨끗하게 보인다 하더라도, 고양이 입장에서 화장실이 상당히 매력적으로 바뀐다면 무분별한 배뇨행동 문제를 성공적으로 해결할 수 있는 가능성을 더욱 높이게 될 것이다.

■ **화장실모래의 청소** : 오염된 화장실모래를 매일 처리하고 있을 수도 있겠지만, 그것으로는 충분치 않다. 응집되는 유형의 모래를 사용한다면, 하루에 최소 두 번은 청소해야 한다. 아침에 한 번, 저녁에 한 번 오염된 모래를 제거하는 계획을 세워 실천하도록 한다. 더 좋은 방법은 한낮에도 추가로 확인하는 것인데, 특히 고양이가 방금 화장실을 사용한 경우 재차 점검한다. 화장실모래를 퍼내는 일은 고양이와 함께하는 삶에서 그다지 즐거운 측면의 일은 아니기 때문에, 어떤 보호자들은 고양이가 주방의 카펫 위에 배설해서 상기시킬 때까지 치우는 것을 미루거나, 또는 잊고 있는 경우도 있다.

여러분이 고양이를 기르겠다고 약속을 했다면, 그 약속에는 고양이가 필요로 하는 것과 즐거움 및 기타의 것들을 제공하는 일이 포함된다는 점을 잊어서는 안 된다. 여러분의 고양이는, 깨끗하며 가고 싶은 욕구가 생기는 화장실을 필요로 한다. 필자가 컨설팅한 많은 보호자의 경우, 화장실청소만 좀 더 부지런하게 했더라도 필자에게 치르는 컨설팅비용을 줄일 수 있었을 것이다. 최소 하루에 두 번만 청소해주면, 배설물덩어리가 많이 쌓이지는 않게 되므로 청소하는 일이 그렇게 불쾌하지는 않을 것이다.

매일 두 번씩 화장실모래를 퍼내는 일은 보호자에게도 유용한 진단도구로 활용될 수 있다. 설사, 변비, 배뇨량의 변화, 가능한 혈뇨의 증거를 더욱 신속하게 발견할 수도 있다. 또한, 고양이의 정상적인 화장실사용 패턴과 습관에 더욱 익숙해짐으로써 무언가 잘못된 것으로 보이면 더 빨리 알아챌 수 있게 된다. 만약 하루걸러 한 번씩 화장실모래를 청소했다면, 고양이는 더러워진 화장실 탓에 배설에 실패한 채 소변을 참기 위해 애쓰고 있었을 것이고, 이것이 잠재적으로 치명적인 문제로 발전될 수 있으며, 여러분은 이 문제를 해결하기 위해 소중한 시간을 낭비했을지도 모른다.

전통적인 점토모래 또는 배설물이 응집되지 않는 유형의 모래를 사용하는 경우, 적어도 하루에 두 번씩 화장실을 확인해서 오염된 모래를 제거해줘야 한다. 이 경우 배설물(소변)이 응집되지 않으므로 오염된 모래를 제거하기 위해서는 대형 플라스틱스푼이나 구멍이 없는 삽을 사용해야 한다. 화장실모래를 건조하게 유지할수록, 보호자와 고양이가 감수해야 할 냄새가 적어진다. 또 고양이에게 젖은 모래 위를 걸어야 하는 것은 매우 불쾌한 일이며, 이는 고양이가 배설을 위해 다른 장소를 찾도록 하는 스트레스를 유발할 수 있다. 전통적인 비응집식 점토모래를 사용하고 있다면, 화장실에 모래를 넣기 전에 냄새흡수에 도움을 주기 위해 화장실바닥에 약간의 베이킹소다를 넣는다. 이때 너무 많이 넣어서는 안 되며, 화장실바닥에 살짝 뿌려주는 걸로 충분하다.

화장실모래를 주기적으로 청소하는 경우, 일정한 수준으로 다시 모래를 채워줘야 한다. 며칠마다 모래 수준을 확인하고, 필요한 경우 신선한 모래로 화장실의 윗부분을 마무리해준다. 그동안 필자는 많은 고양이화장실을 봐왔으며, 많은 보호자에게 '화장실 안에 모래를 충분히 넣지 않았다'고 말해야 했다. 모래는 약 8cm 두께로 깔아주면, 고양이가 하루 동안 여러 번 파고 배설물을 덮기에 충분할 것이다. 화장실의 바닥이 보일 정도라면, 소변이 바닥에 그대로 고이게 되고 그 소변웅덩이는 끈적거리고 냄새나는 덩어리로 굳어버릴 것이다. 그러나 너무 지나치게 많이 넣지 말고, 고양이가 모래언덕에 배설하고 있다고 생각할 만큼의 양을 보충해주도록 한다. 고양이가 화장실을 사용하는 빈도와 바닥을 파고 덮는 열성을 감안해서 편안한 수준으로 만들어주면 된다.

■**화장실전체 세척** : 청결상태의 불량으로 인한 고양이의 화장실사용거부는 모래에만 국한되는 것이 아니다. 하루에 두 번씩 열심히 오염된 모래를 제거한다 하더라도, 화장실 자체를 정기적으로 세척하지 않으면 안 된다. 응집되는 모래를 사용하고 있는 경우, 월 2회 정도 세척해주면 충분할 것이다. 비응집식 모래를 사용하는 경우는 매주 한 번씩 화장실전체를 세척해야 한다. 희석된 표백제용액을 사용해 솔로 문질러 세척하는데, 희석된 표백제는 세균과 박테리아를 죽이는 데 매우 효과가 있다.

일반가정용세제는 냄새가 너무 오래 지속되므로 사용하지 않는 것이 바람직하다. 화장실을 문질러 닦을 때 긁힌 자국이 있는지 점검한다. 화장실이 너무 심하게 긁혀 있는 경우, 자국 사이에 박테리아 및 냄새를 품고 있을 수도 있으므로 교체해주는 것이 좋다. 화장실을 세척한 후, 표백제의 흔적이 남지 않게끔 철저하게 헹궈내야 한다.

화장실모래혐오로 인한 문제일 경우

화장실사용거부의 원인이 모래혐오 때문일 수 있다고 판단된다면, 문제가 시작됐던 때로 거슬러 올라가 화장실모래의 브랜드나 유형을 변경하지는 않았는지 생각해본다. 화장실전체를 기피하는 것 외에도, 화장실에 있는 모래를 좋아하지 않을 수도 있는 몇 가지 징후가 있다. 이러한 징후들은 배설을 하는 동안 화장실 가장자리에 걸터앉는 것, 화장실뚜껑 위에 앞발을 올려놓는 것, 모래를 파고 덮는 것을 거부하는 것, 화장실 근처에 배설하지만 실제로는 화장실에 들어가지 않는 것 등을 포함한다.

■**모래선호도의 확인** : 행동문제가 시작된 것이 화장실모래를 '새로운 유형 또는 브랜드로 교체한 날'이라고 정확히 지적할 수 있는 경우 또는 모래혐오로 의심되는 경우, 고양이의 선호도를 확인하는 비교적 쉬운 방법이 있다. 일단 화장실을 새로 구입해서 브랜드 또는 유형이 다른 모래로 화장실을 채운다. 원래 화장실이 있는 자리 근처에 새로 산 화장실을 배치한다. 고양이가 새 모래를 선택한다면, 이전 모래에 문제가 있었던 것이다. 그러나 일부 고양이의 경우 처음에는 새 모래를 사용하지만 다시 사용하지 않을 수도 있으므로 한 번 사용한 것을 기준으로 선호도를 판단하지 않는 것이 좋다.

고양이가 선호하는 모래를 찾았다면 원래 화장실에 있던 모래의 사용을 중단할 수 있는데, 고양이가 새로운 모래를 독점적으로 사용할 때에만 중단한다. 고양이가 주로 새로운 모래를 사용하고 있지만 가끔 원래 사용하던 화장실로 가는 경우, 그때는 점진적인 전환을 시도한다. 기존의 모래에 새로운 모래를 조금씩 추가하기 시작해서, 약 5일 정도에 전환을 완료할 수 있도록 매일 새로운 모래의 비율을 증가시킨다. 새 브랜드를 원래 화장실에 바로 들이붓는 방법으로 브랜드를 교체해서는 안 된다. 고양이가 새 브랜드를 좋아한다는 생각이 들더라도, 그렇게 급격한 변화를 줘서는 안 되며, 두 번째 화장실을 세팅해서 고양이에게 선택할 수 있는 여지를 남겨둬야 한다.

■**응집되는 모래의 사용** : 현재 비응집식 모래를 사용하고 있는 경우, 대체화장실을 설치할 때 먼저 응집식 모래를 사용해볼 것을 권장한다. 응집되는 모래는 부드러운 질감을 가지고 있기 때문에 대부분의 고양이들이 매우 편안하게 느낀다. 이 모래는 고양이들이 실외환경에서 자연스럽게 선택할 수 있는 모래토양과 유사하지만, 일반토양이나 모래보다 냄새관리에 있어서 훨씬 우수하다. 소변은 덩어리로 응집되기 때문에 모래삽으로 쉽게 퍼낼 수 있다. 대부분의 응집식 모래는 변기로 흘러내려가지 않으므로 배관 손상을 방지하기 위해 포장에 명시돼 있는 지시사항을 준수해야 한다.

■**냄새 없는 모래의 사용** : 현재 사용하는 것이 응집식 모래인 경우, 가급적이면 냄새가 없는 다른 브랜드로 교체해보도록 한다. 다른 유형의 모래를 사용하는 세 번째 화장실을 추가로 설치할 수도 있다. 냄새가 없는 모래는 다양한 유형이 있으며, 응집식 모래의 몇 가지 브랜드를 사용해봤다면 크리스털이나 다른 유형의 모래를 시도해본다.

캣어트랙트(Cat Attract)라 불리는 모래가 있는데, 고양이가 화장실을 사용하도록 유도하는 특정 허브를 함유하고 있다. 보통 모래보다 약간 더 비싸기는 하지만, 필자가 컨설팅한 많은 보호자들이 캣어트랙트를 사용해 대단히 좋은 효과를 봤다. 대부분의 반려동물용품점과 온라인쇼핑몰에서 구입할 수 있다. 만약 화장실모래가 문제의 원인이라면, 보호자가 올바른 모래를 선택했을 때 고양이가 보호자에게 힌트를 줄 것이다.

실외환경에서 모래나 토양에만 배설을 하던 고양이는 아마도 냄새가 심한 모래를 좋아하지 않을 것이다. 완전한 실내생활로 전환시키려는 중이거나, 또는 그냥 실내화장실을 옵션으로 제공하려는 경우, 냄새가 없는 응집식 모래를 사용하도록 한다. 고양이가 실내생활과 실외생활을 겸하고 있고 그 고양이에게 별도의 화장실을 제공하지 않는다면, 이는 부적절한 배설문제를 발생시키는 원인이 될 가능성이 매우 높다. 보호자는 고양이가 실외에서 배설하도록 하는 것이 더 편리할 수도 있지만, 실내에서 사용할 수 있는 화장실을 옵션으로 제공해주는 것이 좋다. 궂은 날씨가 배설을 하기 위해 실외로 나가는 것을 막을 수 있고, 방광이 가득 차 있는 상태에서 실내로 달려 들어오는 도중에 생기는 동료고양이들과의 충돌이 배설을 방해할 수도 있다. 고양이는 또한 실외로 나갈 만큼 충분히 기분이 좋지 않을 때가 있기 때문에 실내화장실이 꼭 필요하다. 나이가 들면서 실외생활을 하는 것은 고양이에게 안전하지 않으므로 이제 실내화장실에 적응시키는 것이 좋다.

■ **모든 모래를 싫어하는 경우** : 어떤 모래라도 심지어 캣어트랙트(Cat Attract)조차도 좋아하지 않는 경우 및 오직 바닥에만 배설을 하는 경우, 현재 고양이가 소변을 보는 장소에 캣페이퍼(Catpaper) 시트로 안을 댄 낮은 화장실을 비치한다. 측면이 충분히 낮은 화장실을 찾지 못한 경우, 낮은 플라스틱 저장용기나 베이킹 시트지 또는 플라스틱 트레이를 구입한다. 고양이가 그곳에 소변을 보기 시작하면, 모래를 아주 소량씩 점진적으로 깔아주도록 한다. 이때 부드럽고 응집되는 모래 또는 캣어트랙트를 사용하는 것이 좋다. 고양이가 모래를 수용한다면 매일 조금씩 천천히 추가할 수 있으며, 결국 캣페이퍼 사용을 중단할 수 있게 될 것이다. 적당한 양의 모래를 채우게 됐을 때, 화장실 측면이 낮아서 모래가 너무 많이 흩어져 나온다면 일반화장실로 교체한다.

고양이가 작은 러그 위에서만 소변을 보고, 모든 브랜드 및 유형의 모래를 싫어하며, 심지어 캣페이퍼를 덧댄 화장실도 소용이 없다면, 저렴한 작은 러그를 구입해서 적절한 크기로 자른 다음 조각을 빈 화장실에 배치한다. 이 화장실을 고양이가 소변을 보는 장소에 배치하도록 한다. 러그 조각들이 배설물로 더러워지면 제거하고, 고양이가 화장실 안에서 익숙해질 동안 새것으로 교체한다. 화장실에 있는 러그 위에 소량의 모래를 점진적으로 추가해준다. 이렇게 하면 외관상 지저분해 보일 수도 있지만, 고양이를 위해 느리게 전환하는 과정이므로 참도록 한다. 결국 모래가 러그를 덮을 것이고, 러그 조각을 버릴 수 있게 될 것이다.

■ **화분토양에 배설하는 경우** : 때때로 고양이는 실내화분의 토양 위에 배설을 하기도

하며, 특히 화분이 대형인 경우 더 그렇다. 이는 화장실이 너무 더럽기 때문에 절망감에서 나타나는 행동일 수도 있고, 또는 현재 화장실이 고양이가 편안하게 느끼지 않는 장소에 배치됐기 때문일 수도 있다. 또한, 고양이가 화분토양의 부드러운 질감을 선호하기 때문일 수도 있다. 고양이가 실내화분의 토양 위에 소변을 본다면 오래된 토양을 깨끗한 토양으로 완전히 교체한 다음, 토양 위에 화분용 스티키포(Sticky Paws) 조각을 바둑판 패턴으로 깔아주도록 한다. 스티키포는 반려동물용품점과 온라인쇼핑몰에서 쉽게 구입할 수 있으며, 고양이가 화분의 토양 위를 걷는 것을 방지해준다.

화분이 매우 크고 집안에 아이들이 없는 경우, 또 다른 옵션은 화분토양의 상단에 커다란 돌을 가로놓는 것이다. 돌은 집안에 있는 고양이나 개가 입으로 들어내지 못할 만큼 충분히 커야 하며, 고양이가 발로 옮길 수 없을 만큼 충분히 무거워야 한다. 아이들이 있는 경우, 작은 돌은 삼킬 위험이 있고 큰 돌은 연약한 발에 떨어뜨릴 위험이 있으므로 이 방법은 사용하지 않는 것이 좋다.

향후 모래에 대한 혐오를 방지하기 위해 모래의 브랜드나 유형을 급격하게 변경시키지 않도록 한다. 심지어 냄새 또는 질감에 있어서의 미묘한 변화라도 일부 고양이의 경우 충분히 감지할 수 있다. 일단 고양이가 좋아하는 모래를 발견하면, 그것으로 보충해준다. 반드시 브랜드를 변경시켜야 한다면, 점진적으로 변화시키는 것이 좋다. 이전 모래에 새로운 모래를 소량 추가하고, 그 양을 천천히 늘려가야 한다. 전환작업은 5일에 걸쳐서 실시해야 하며, 고양이가 자신의 삶에서 발생하는 아주 작은 변화에도 극도로 민감한 경우는 교체기간을 7일로 늘리도록 한다.

화장실유형으로 인한 문제일 경우

화장실유형으로 인해 문제가 발생한 경우에는 화장실 자체에 약간의 수정이 필요할 수도 있다. 덮개가 있는 화장실을 사용하고 있는 경우, 우선 이를 악물고 덮개를 제거해 화장실에 빛이 들도록 해준다. 모래가 흩어지는 것이 염려스러우면, 측면이 높은 화장실을 사용한다. 필자는 집에서 플라스틱 저장용기(일명 리빙박스)를 사용한다. 플라스틱 저장용기는 다양한 크기의 제품이 시판되고 있으며, 일반적으로 사용되는 화장실보다 측면이 높은 용기를 구할 수 있을 것이다.

만약 전자식 화장실이나 수동 자가세척식 모델을 사용하고 있고 고양이가 그것을 별로 좋아하지 않는다면, 덮개가 없는 일반화장실을 제공하고 고양이가 어느 것을 선호하는지 지켜보도록 한다. 또 고양이가 화장실 안에서 편안하게 느낄 수 있도록 화장실의 크기를 점검한다. 덩치가 작은 코니시 렉스(Cornish Rex, 잉글랜드의 고양이품종)에 적합한 화장실은 덩치가 큰 메인쿤(Maine Coon, 북미산 고양이품종)에게는 너무 꽉 낄 수도 있다. 일반 화장실이 너무 작으면 플라스틱 저장용기를 찾아보되, 너무 커서 세척할 때 들어올리기 힘든 것은 피하도록 한다.

화장실위치혐오로 인한 문제일 경우

화장실위치문제를 해결하기 위해서는, 고양이가 가기 싫어하는 장소에 대한 단서를 찾기 위해 현재 고양이가 배설하는 곳을 살펴본다. 이는 탈출잠재력을 평가할 수 있는 방법이다. 고양이가 주방에서 소변을 보는 문제로 보호자들로부터 방문컨설팅요청을 많이 받았는데, 많은 경우에 주방은 휴일이나 가족모임 이외에는 가족들이 비교적 잘 사용하지 않았다. 보호자들은 자신의 고양이가 모든 장소 중에서 왜 주방을 선택했는지 무척 난감해했지만, 필자에게는 주방의 매력이 너무나 확실하게 보였다.

■**화장실 밖에 배설하는 이유** : 고양이가 취약한 배설자세를 취하고 있는 동안 갇혀 있는 느낌이 들지 않는다는 점에 있어서 주방은 일반적으로 이상적인 곳이며, 이는 대부분 탈출의 가용성과 관련이 있다. 주방은 고양이에게 가시성이 높은 개방된 공간이다. 집안의 다른 공간은 소파와 다리가 막힌 의자 등 시야를 차단하는 가구들이 비치돼 있는 반면, 주방은 고양이가 식탁과 의자다리 사이로 주변을 쉽게 볼 수 있는 공간이다.

고양이는 시야를 확보하면서도 식탁 뒤나 아래쪽에서 어느 정도 보호받고 숨겨진 느낌을 가질 수 있다. 이는 고양이에게 탈출을 대비할 수 있는 더 많은 경고시간을 제공한다. 고양이가 복도에서 오는 상대편을 볼 수 있다면, 도망칠 수 있는 충분한 시간이 있다는 것을 알기 때문에 긴장을 덜 하게 된다. 또한, 많은 경우 주방은 하나 이상의 출입구가 있으며, 이는 긴장감이 도는 다묘 가정 또는 고양이를 위협하는 개나 아이가 있는 가정에서 고양이의 안전에 매우 중요할 수 있다. 고양이는 상대방을 좀 더 쉽게 지켜볼 수 있으며, 그 상대방이 한쪽 출입구에서 나타나면 다른 출입구로 달아날 수 있다.

물론 부적절한 배설이 주방에서만 행해지는 것은 아니다. 고양이는 집안 어디에서도 배설할 수 있다. 그러나 주방의 사례를 고려하면, 아마도 여러분의 고양이가 선택한 영역과의 유사점을 알 수 있을 것이다. 특정 공간에서 고양이는 입구 반대편에 배설을 할 수도 있다. 그 위치는 상대를 지켜보는 데 더 많은 경고시간을 제공할 수 있다. 어쩌면 고양이는 출입구가 하나 이상인 거실에서 배설을 할 수도 있고, 탈출을 위해 어느 방향으로든 달려가거나 침실 중 한 곳으로 피할 수 있도록 위층 복도 한가운데 자리를 잡았을 수도 있다. 집안에 고양이와 함께 사는 다른 반려동물들이 없더라도, 여전히 탈출잠재력의 필요성을 느낄지도 모른다.

■**위치전략, 탈출잠재력의 확보** : 화장실위치혐오로 인한 문제는 현재 화장실의 세팅을 약간 수정함으로써 쉽게 해결될 수 있다. 먼저 덮개가 있는 화장실을 사용하고 있는 경우 덮개를 제거한다. 덮개가 있는 화장실이 아니라도 화장실이 벽장 속, 책상 아래 또는 구석에 자리 잡고 있는 경우라면 여전히 탈출잠재력을 감소시킬 수 있다는 점을 기억해야 한다. 욕실에서, 사람들이 주로 선택하는 화장실위치는 일반적으로 변기와 벽 사이의 공간이다. 욕실은 고양이화장실을 두는 가장 인기 있는 장소이지만, 고양이가 다른 곳을 원하고 있지는 않은지 재차 살펴보도록 한다. 경우에 따라 고양이에게 더 많은 시각적 경고시간을 줄 수 있도록 구석에서 화장실을 밀어내야 할 수도 있다.

　화장실이 방안에서 입구와 같은 쪽 벽면에 있는 경우, 방을 가로질러 출입구로 이어지는 복도를 볼 수 있도록 화장실을 반대편으로 옮긴다. 이때 하루에 조금씩 점진적으로 옮겨야 하며, 특히 방이 큰 경우 더욱 그렇다. 마찬가지로 책상 아래 또는 옷장 속에 있는 화장실은 한 번에 두 발자국 정도만 당겨내야 한다. 일부 고양이의 경우는 그저 벽에서 30cm 정도 이동시켜주면 고양이가 느끼는 안전수준을 충분히 증가시킬 수 있다.

■**반려동물출입문과 탈출잠재력** : 탈출잠재력은 또한 화장실에 접근하기 위해서는 반려동물출입문을 통과해야 하는 고양이에 있어서 중요한 문제다. 고양이는 자신의 머리를 들이밀어 반려동물출입문을 열어야 하는데, 이때 반대쪽에 누워서 기다리고 있던 다른 고양이가 발로 강타하는 상황이 닥칠 수도 있다. 반려동물출입문은 화장실을 차고나 지하에 두는 경우 선호되는 장치다.

세탁실 또는 옷장에 화장실을 비치하고 반려동물출입문을 설치한 보호자들로부터 방문컨설팅을 요청받은 적이 있는데, 그런 곳에 출입문을 설치하는 것은 바람직하지 않다. 화장실을 시야에 보이지 않도록 하기 위해 반려동물출입문을 설치했다면, 여러분은 고양이에게 큰 해를 끼쳤을 수 있다는 점을 알아야 한다. 집안에서 고양이화장실을 허용할 수 있는 장소가 세탁실뿐이라면, 세탁실문은 열어두고 사용하는 것이 좋다. 그것이 여의치 않다면, 최소한 반려동물출입문을 열어둔 채 고정시켜서(고양이 눈높이 위치가 개방된다) 고양이가 자신이 걸어 들어가야 하는 곳을 분명히 볼 수 있게 해준다.

자신의 고양이가 겁이 많거나 쉽게 놀라는 경우, 우선 세탁실은 화장실을 두기에 이상적인 장소가 아니라는 점을 명심한다. 세탁실에 둘 경우, 탈수사이클의 갑작스러운 소음이 겁 많은 고양이를 놀라게 할 수 있다. 화장실이 현재 반려동물출입문이 달린 옷장에 설치돼 있다면, 탈출 및 시각적 경고시간을 염두에 두고 조명을 살펴봐야 한다. 반려동물출입문과 화장실위치가 고양이에게 불만족스러운지 판단하기 위해, 좀 더 개방되고 탈출이 용이한 장소에 다른 화장실을 배치한다. 고양이가 새 화장실을 사용하기 시작한다면, 원래 위치에 문제가 있었던 것이다.

■**두 번째 화장실의 설치** : 화장실위치가 완전히 잘못됐다고 판단한 경우, 다른 장소에 더좋은 위치가 있다고 생각되더라도 원래의 화장실위치를 갑자기 변경하지 말고 새로운 곳에 두 번째 화장실을 설치하는 것이 좋다. 여분의 화장실을 마련하는 것을 원치 않는다면, 최종목적지에 도달할 때까지 현재 화장실을 매일 조금씩 이동시키는 방법을 택한다. 이렇게 하면 쉽게 전환시킬 수 있으며, 고양이가 방광이 가득 찼을 때 화장실을 미친 듯이 찾지 않아도 된다. 원래 화장실이 먹이급여장소와 너무 가까이 위치해 있었던 경우, 두 번째 화장실을 새로운 위치에 배치하고 동시에 원래 화장실을 먹이급여장소로부터 조금씩 이동시킨다. 이 과정은 빠르면 빠를수록 좋으며, 고양이가 새로운 화장실의 위치를 알고 있는지 확인해야 한다.

| 자기영역 주장 및 과밀로 인한 문제

하나의 화장실을 여러 마리가 사용하는 경우 화장실문제가 보다 빠르게 발생하게 된

다. 이 경우 화장실이 과밀해지고 금세 더러워지는 문제와, 서열이 높은 고양이 한 마리가 화장실이 배치돼 있는 영역을 자기영역으로 주장할 수도 있는 문제의 이중고를 겪게 된다. 필자가 고양이의 화장실문제로 만난 많은 보호자들은, '고양이 마릿수보다 더 많은 화장실을 확보하고 있기 때문에 현재의 화장실문제가 과밀로 인한 것일 가능성은 없다'고 말한다. 이는 한 공간에 화장실을 일렬로 정렬해놓을 경우, 여러 개의 화장실을 설치했을 때의 장점을 사라지게 한다는 사실을 모르고 하는 말이다.

다묘 가정에서는 가능한 한 고양이 마릿수와 동일한 수의 화장실이 필요하며, 집안 곳곳의 다양한 장소에 화장실을 배치해야 한다. 각각의 고양이들이 가장 많이 사용하는 영역이 어디인지 고려해서, 서열이 낮은 고양이가 적대적인 영역을 통과할 필요가 없는 안전한 옵션을 제공해줘야 한다. 필자는 보호자들에게 화장실문제가 있는 경우 심지어 고양이 수보다 더 많은 화장실을 설치하도록 조언한다. 이렇게 하면 처음에는 일거리가 많아질 것으로 보이지만, 실제상황을 생각하면 카펫에 배설해놓은 소변을 청소하는 것보다 여분의 화장실을 청소하는 것이 더 쉬울 것이다.

고양이가 질병, 다른 반려동물들의 매복, 화장실 안에 있는 동안 발생한 트라우마, 또는 과거 더러운 화장실상태 등으로 인해 화장실과 부정적인 연관성을 발전시켰다면, 브랜드 또는 유형이 다른 모래를 넣은 다른 화장실을 추가한다. 때때로 브랜드가 다른 모래를 넣은 화장실을 추가하는 것만으로도 충분할 경우가 있다. 원래 화장실이 아니라는 사실만으로도 고양이가 화장실에 대해 가졌던 긴장감을 풀기에 충분하다.

어린아이나 개가 있는 가정의 경우 원래 화장실을 세팅했던 이유 중 큰 부분은 매복을 방지하고, 호기심이 많은 아이 또는 개가 화장실의 배설물을 탐색하는 것을 방지하려는 것이었을 수도 있다. 유감스럽게도, 아이와 개의 출입을 막았을지는 모르지만 고양이에게는 바람직하지 않게 만들었을 수도 있다. 덮개가 있는 화장실을 사용하거나, 또는 멀리 숨기고 그 장소를 잊어버리는 대신 쉬운 해결책을 시도해보자.

먼저 플라스틱 십자그물망이 삽입된 유아안전문(baby gate)을 구입한다. 출입구에 꼭 맞게 안전문의 크기를 조절하고, 플라스틱 그물망에 고양이 크기로 구멍을 잘라낸 다음, 나무나 플라스틱으로 구멍에 테두리를 만든다. 이렇게 하면 안전문에 반려동물 출입문(덮개가 없는)과 유사한 영구적인 출입구가 생긴다. 안전문은 큰 동물의 출입을 막지만 고양이는 쉽게 드나들 수 있으며, 출입문의 다른 쪽에 있는 누군가를 분명하게 볼 수 있다. 따라서 일반 반려동물출입문이 있는 것처럼 되기 때문에 고양이가 놀라는 일이 전혀 없을 것이다. 안전문은 고양이에게 화장실사용을 위한 안전한 장소를 가질 수 있게 해준다. 중대형 크기의 개가 있는 경우, 안전문에 개의 머리보다 훨씬 더 작게 구멍을 만들어주면 개가 안전문에 머리를 들이미는 위험을 방지할 수 있다.

개가 고양이보다 작아 문을 통과하거나, 또는 안전문을 뛰어넘을 수 있을 정도로 덩치가 큰 경우, 우선 화장실을 숨기기보다는 개를 훈련시켜야 한다. 개는 매우 영리하며 보호자를 기쁘게 하고자 하는 욕구를 가지고 있기 때문에, 문 너머는 출입금지라는 것을 훈련시키면 잘 따를 것이다. 이러한 훈련은 고양이와 개 사이에 더욱 편안하고 긍정적인 관계를 만드는 데 도움이 된다. 클리커 트레이닝은 개가 경계를 이해하도록 돕는 데 매우 효과적이다. 반려견 클리커 트레이닝에 대한 훌륭한 책들이 많이 있으므로 참고하도록 하고, 직접 트레이닝을 하는 것이 불편하거나 개인지도를 원하면 공인반려견훈련사나 반려견행동문제전문가와 상담할 수 있다.

05

화장실 밖에 배변하는 행동

고양이보호자들이 화장실과 관련해 겪게 되는 문제가 항상 부적절한 배뇨 또는 스프레이 행동만 있는 것은 아니다. 때때로 화장실 이외의 장소에 떨어진 분변덩어리를 발견하는 경우도 생길 수 있다. 배뇨 및 스프레이에 관해 앞서 언급한 바와 같이, 배변문제를 해결하기 위해서는 먼저 그 행동에 대한 근본적인 건강문제를 제거해야 한다. 기생충에서부터 심각한 질병에 이르기까지, 배변문제를 일으킬 수 있는 수많은 의학적 요인들이 있다. 단지 고양이의 대변이 정상적으로 보였다고 해서, 그것이 '건강상 아무런 문제도 없다'는 것을 의미하지는 않는다는 점을 명심해야 한다.

| 근본적인 건강문제의 확인

고양이가 장모종인 경우, 항문 또는 생식기의 털에 들러붙은 대변과 관련한 문제를 가지고 있을 수 있다. 털에 들러붙은 대변은 화장실 밖에서 떨어지게 되는데, 이때 대변덩어리가 떨어지지 않으면 고양이는 대변을 제거하려고 그루밍을 할 수도 있으며, 이렇게 해서 떨어진 대변이 카펫이나 근처의 바닥에서 발견될 수 있다. 장모종 고양이는 매일 그루밍이 필요하며, 엉덩이와 뒷다리에 있는 털의 경우 대변덩어리가 엉키거나 달라붙는 것을 방지하기 위해 정기적으로 트리밍을 해줄 필요가 있다. 필자는 여러 해에 걸쳐 방문컨설팅을 진행하면서, 배변을 하는 동안 불편함이나 통증으로 인해 문제가 발생된 사례를 많이 봤다. 그루밍을 하는 동안 섭취한 털이 체내에 축적되기 때문에 이로 인해 변비가 흔히 발생하며, 그 불편함이 화장실과의 부정적인 연관성을 만들 수 있다. 설사 또한 통증이나 절박감으로 인해 화장실문제로 발전할 수 있다.

진단검사를 위해 고양이를 동물병원에 데려갈 때는, 수의사가 정확한 분석을 할 수 있도록 신선한 대변표본을 채취한다. 화장실 외부에 배변을 하는 것은 기생충감염으로 인한 것일 수도 있으며, 대변표본을 분석해서 기생충에 감염됐는지 여부를 판단할 수 있다. 새끼고양이만 기생충에 감염된다고 생각했을지도 모르지만, 고양이가 실외로 나가서 사냥을 한다면 성묘라도 여전히 감염위험이 있다. 벼룩에 감염됐으면 촌충에도 감염됐을 가능성이 높다. 고양이 또는 고양이의 배변에서 기생충 조각이 보인다 하더라도 OTC(over-the-counter, 처방전 없이 살 수 있는 의약품) 구충제는 사용하지 않도록 하며, 수의사에게 안전하고 효과적인 구충제를 처방받는 것이 바람직하다.

| 화장실환경 상태 점검 및 관리

일단 의학적인 가능성이 배제됐으면, 이 문제를 행동적으로 살펴볼 수 있다. 이전 섹션에서와 마찬가지로, 청결상태는 고양이가 화장실을 수용할지 여부에 큰 영향을 미친다. 화장실 안에 있어야 하는 시간이 더 많기 때문에 배변에 관한 한 많은 고양이에게 더 큰 문제가 된다. 화장실을 청결하게 관리하지 않았거나 너무 많은 고양이에게 너무 적은 화장실을 공유하도록 하고 있다면, 청결관리에 좀 더 노력을 기울여야 한다. 덮개가 있는 화장실은 고양이가 배변을 시도하는 데 매우 불편하고 불쾌할 수 있다.

배변 및 배뇨자세를 살펴보면, 배변할 때 더 똑바로 선 자세를 취하는 것을 볼 수 있을 것이다. 따라서 덮개가 있는 화장실에서는 갇혀 있다는 느낌이 더 커지게 된다. 고양이가 화장실에 더 오랜 시간 머물러야 한다는 것에 이와 같은 감금의 느낌이 더해져, 잠재적인 매복 또는 깜짝 놀라게 되는 상황에 처하게 만든다. 이는 고양이가 다른 영역에 배변을 하는 이유가 될 수 있다. 화장실환경을 개방되고 안전하며 청결한 상태로 관리함으로써 이전 섹션에서 설명했던 위치문제를 해결하도록 한다.

화장실을 얼마나 청결하게 유지했는지 여부와 상관없이, 배뇨를 하는 데 사용된 동일한 화장실에 배변을 하지 않는 고양이들도 있다. 이는 한 마리만 기르는 가정에서도 문제가 될 수 있다. 화장실을 청결하게 잘 관리하고 있고 가장 이상적인 장소에 화장실을 배치했지만 고양이가 여전히 다른 곳에 배변을 한다면, 원래의 화장실 근처 그러나 너무 가깝지 않은 곳에 두 번째 화장실을 추가한다. 하나는 소변전용으로, 다른 하나는 배변전용으로 사용할 수 있도록 옵션을 제공하면 문제해결에 도움이 된다.

두 번째 화장실을 설치할 경우, 화장실이 각각 얼마나 멀리 떨어져 있어야 하는지는 고양이의 취향에 달려 있다. 어느 정도 적당히 떨어뜨릴 수도 있고, 아니면 아예 반대편에 배치돼야 할 수도 있다. 필자의 친구 중 한 명은, 각각의 고양이의 신체기능에 적합한 개별화장실을 준비해서 별도의 방에 따로따로 설치하는 것을 선호했다. 여러분의 고양이가 이와 같은 기호를 갖고 있다면, 여러분이 수용 가능한 거리를 고양이가 알려줄 것이다. 고양이가 소변전용 화장실과 대변전용 화장실 모두를 사용하는 것을 확인하게 될 때까지 매일 거리를 늘려 나가도록 한다.

| 대변마킹, 미드닝 행동

다묘 가정에서는 고양이가 대변으로 마킹하는 상황을 볼 수도 있다. 미드닝(middening, 대변쌓기)이라 불리는 이 행동은 일반적으로 실외고양이에서 볼 수 있는데, 실내고양이의 경우 복도 중앙에 대변더미를 남기는 것으로 나타난다. 대변마킹은 멀리에서도 보이는 이점이 있다. 다묘 가정에서 한 마리가 복도나 화장실 앞에 대변을 남기고 있는 것으로 보인다면 미드닝 사례일 수 있으며, 특히 동료고양이들 사이에 긴장관계가 형성된 경우 더욱 그렇다. 화장실 앞에 대변더미를 남기는 행동은 단지 화장실이 청결하지 않기 때문일 수도 있고, 혹은 건강문제로 인해 나타나는 것일 수도 있다. 따라서 먼저 다른 문제들을 확인하지 않은 채 미드닝으로 가정하지 않도록 한다.

미드닝 행동이 나타나는 경우, 고양이들 사이의 관계에 더욱 신경을 써야 한다. 더 많은 화장실이 필요하고, 안전한 환경을 더 많이 만들어줘야 하며, 앞서 설명한 바와 같이 여러 가지 행동교정을 시작해야 한다. 집안에 새 고양이를 들이지는 않았는지, 길 잃은 고양이가 밖에 보이지는 않는지, 두 마리의 동료고양이가 서로를 향해 새로운 적대감을 표현하지는 않는지 살펴보도록 한다. 겁 없는 고양이가 최고 서열을 놓고 경쟁하고 있을지도 모른다. 다시 세부적으로 조사작업을 진행한다.

어느 고양이가 대변으로 마킹을 하는지 단서를 찾을 수 없는 경우, 수의사들이 제안하는 몇 가지 기술을 사용할 수 있다. 가장 의심이 가는 고양이의 먹이에 무독성 크레용조각을 넣어서 식별할 수 있는데, 먼저 수의사의 진단을 받지 않고 이 방법을 사용해서는 안 된다. 수의사가 이 방법을 권할 경우 적절한 사용량에 대해 알려줄 것이다.

| 양변기훈련에 대한 문제점

고양이 양변기훈련에 관한 광고(해외의 경우)를 봤을 수도 있는데, 광고에서는 양변기훈련이 쉽고 매우 매력적인 방법인 것처럼 보인다. 자신의 고양이에게 성공적으로 양변기훈련을 시켰다는 사례를 들어본 적이 있을지도 모르겠지만, 이러한 광고에 현혹돼서는 안 된다. 양변기훈련을 시키는 것은 마치 관련 행동문제가 발생하기를 기다리고 있는 것과도 같다. 모래를 찾고, 구멍을 파고, 배변을 한 다음 그 배설물을 모래로 덮는 것은 고양이의 본능적인 행동이다. 고양이가 양변기시트에 앉는다는 것은 고양이에 있어서는 일반적인 행동이 아니며, 이는 여러 가지 문제점을 안고 있다.

우선 고양이에게 이러한 훈련과정을 겪게 하는 것은 상당한 스트레스를 줄 수 있다. 보호자 입장에서는 고양이가 사용할 수 있도록 변기 하나를 포기해야 한다. 화장실 문을 항상 열어둬야 하고, 변기뚜껑은 항상 위로 올려놔야 한다는 뜻이다. 고양이가 변비나 설사가 있는 경우, 변기시트에 앉아서 자세를 유지한다는 것은 고양이에게 매우 불편한 일이다. 필자는 변기시트에 올랐다가 미끄러져서 변기 안으로 떨어진 고양이들을 많이 봤다. 이것이 건강한 성묘에게는 크게 위험하지 않지만(매우 스트레스를 받기는 하지만), 어린 고양이나 노묘 및 허약한 고양이에게는 치명적일 수 있다. 배변을 마친 다음 변기 안으로 떨어지는 일이 생기면, 고양이는 배설물로 인해 매우 더러워지게 될 것이고 스트레스를 받을 것이다. 이처럼 변기와 관련된 트라우마가 발생하면, 고양이가 변기에 앉는 것을 다시 시도하기 꺼려할 가능성이 매우 높아진다.

고양이가 변기를 사용하는 화장실이 다른 가족구성원이나 손님이 사용하는 화장실인 경우, 사용을 마치고 나올 때 항상 변기뚜껑을 올리고 문을 열어두는 규칙을 준수해야 하는데, 한 번의 실수는 고양이에게 문제를 초래할 수 있다. 고양이가 병원에 입원을 했거나 위탁된 경우 일반 고양이화장실을 사용해야 할 것인데, 이는 고양이가 집에 돌아왔을 때 혼란스럽게 만들 수 있다. 고양이화장실과 관련된 현재의 문제를 피하기 위해 양변기훈련을 고려하고 있다면, 효과가 없을 것이라는 점을 염두에 두기 바란다. 문제를 일으키는 원인이 무엇이든 그것을 먼저 해결해야 한다. 고양이가 양변기를 사용하도록 훈련시키는 데 여러분이 보내게 될 시간에, 더 적은 노력을 들이고 스트레스를 덜 받는 방법으로 고양이화장실로 돌아가게끔 고양이를 재훈련시킬 수 있다.

- 부적절한 스크래칭 행동의 재훈련을 위해서는 고양이가 왜 스크래칭을 해야 하는지, 스크래칭을 위한 이상적인 장소를 어떻게 만들어줄지에 대해 고민하고 이해하는 과정이 필요하다.

제장

가구에 대한
스크래칭 행동 재훈련

- 스크래칭에 대한 이해와 스크래처의 세팅 -

⋮

01

고양이에게 스크래칭이란

현재 집안의 가구상태가 "마치 색종이조각을 흩뿌려놓은 것 같은 느낌이 든다"고 생각할 정도라면, 여러분은 그야말로 강력한 '파쇄기(또는 종이세단기)'를 보유하고 있는 셈이다. 이런 경우 어떤 보호자는 소파, 의자, 커튼 등을 아예 포기하고 고양이에게 항복해버린다. 수년 동안 고양이를 가구로부터 멀리 떼어 놓으려고 노력했지만, 결국 보호자는 너덜너덜한 백기를 들어올린다. 포기하지 않고 매일 고양이와 전쟁을 치르는 보호자도 있다. 가구에 함정을 설치하고, 고양이에게 물을 분사하고 고함을 지르며, 체벌을 하고, 멀리 쫓아내고, 더 많은 물을 뿌리고, 결국 인간도 고양이도 서로에게 아무런 애정을 갖지 않게 될 때까지 더 크게 고함을 지른다.

이처럼 함께 사는 고양이가 강력한 파쇄기같이 행동하는 경우, 발톱제거수술[1]과 같은 필사적인 방법을 떠올리는 보호자가 있을 수도 있다. 보호자가 생각할 수 있는 방법은 모두 시도했음에도 불구하고 고양이가 계속해서 가구를 긁어댄다면, 보호자는 더 이상 다른 방법은 없다고 생각할 수도 있다. 지금 새 가구를 구입해야 하는 상황이고 비싼 새 가구를 고양이가 또다시 망치게 둘 수 없다는 이유로, 어쩌면 이런 고민을 하는 상황에 처해 있는 보호자가 있을지도 모르겠다.

---

[1] 발톱을 제거하려는 목적으로 발가락뼈까지 잘라냄으로써 여러 가지 부작용을 초래하는 위험한 수술로 알려져 있다. 영국과 프랑스 등 유럽의 여러 나라에서는 이미 발톱제거수술을 동물학대로 간주해 법적으로 금지한 상태이며, 미국의 일부지역에서도 금지하고 있다. 다른 나라들도 이들의 뒤를 따라 불법화하려는 움직임을 보이고 있다.

스크래칭의 의미와 필요성

고양이가 왜 스크래칭(scratching, 발톱으로 긁기)을 해야 하는지 이해하지 못하고, 또 스크래칭을 할 수 있는 이상적인 장소를 어떻게 만들어줄지에 대해 고민하지 않는다면, 고양이의 스크래칭 행동은 보호자로 하여금 인내심의 한계를 테스트하는 결과로 이어질 수 있다. 여러분은 아마도 고양이가 스크래칭을 하는 이유가 '발톱을 날카롭게 유지하기 위해서'라고 '이미 알고 있다'고 생각할 것이다. 이와 같이 단순한 추정은 여러분이 고양이의 욕구와 동기에 대해 충분히 알지 못하고 있다는 것을 말해주며, 바로 그것이 현재 스크래칭과 관련한 문제를 겪게 된 이유 중 하나가 된다.

여러분은 또한 적절하다고 생각한 스크래처(scratcher, 발톱으로 긁을 수 있도록 제공하는 모든 구조물)를 제공했지만, 고양이가 그것을 반복적으로 무시한다는 사실에 좌절감을 느꼈을 수도 있다. 가격만 훨씬 저렴할 뿐이지, 스크래처를 구입하는 것은 자동차를 구입하는 것과 같다. 스크래처는 안전하고 견고하며, 신뢰할 수 있고 매력적이어야 하며, 기능이 타당해야 한다. 광고에 현혹돼서는 안 되며, 믿을 만한 것을 구입해야 한다. 고양이가 강력한 파쇄기가 되는 이유는, 보호자가 고양이가 필요로 하는 것을 정확히 제공하기 위한 올바른 정보를 얻지 못했기 때문이라고 필자는 생각한다. 고양이를 위해 구매하는 다른 물품의 경우와 마찬가지로, 우리는 종종 스크래처의 인간적 어필을 살펴보고 우리가 원하는 것을 고양이도 원할 것이라는 어리석은 생각을 한다.

고양이가 스크래칭을 하는 것은 단지 발톱을 다듬기 위한 것만이 아니며, 전혀 파괴적인 행동도 아니다. 스크래칭은 또한 고양이에 있어서 없앨 수 있는 행동이 아니며, 그렇게 하려고 시도해서도 안 된다. 고양이가 그저 어느 날 아름다운 소파를 발견하고 그것을 갈가리 찢기 위해 발톱으로 긁어야겠다고 결정한 것이 아니다. 고양이는 또한 보호자가 반복해서 질책을 하는데도 불구하고 도전적으로 스크래칭 행동을 계속하지는 않는다. 보호자와의 사이에 문제를 만들기 위해 스크래칭을 하는 것이 아니며, 고양이는 단지 근본적인 동기가 있는 고유의 행동을 따르는 것일 뿐이다. 이 모든 것은 정상적이고 자연스러운 고양이의 모습이다. 고양이가 이 정상적이고 자연스러운 행동을 소파에 대고 한다는 사실은 우리가 얼마든지 교정할 수 있는 부분이지만, 스크래칭 행동 자체를 중단시키는 것은 우리가 할 수 없는 부분이다.

고양이가 스크래칭을 하는 이유에 대한 기본적인 개요를 왜 설명하는지 이해할 수 있을 것이다. 이러한 이해과정을 거치지 않고 스크래칭 행동을 교정하기 위한 목적으로 발톱제거수술을 고려하고 있다면, 우선 발톱을 제거한다는 것이 고양이에게 무엇을 의미하는지 정확하게 알아야 한다.

발톱제거수술의 실상과 위험성

발톱제거수술을 고려하는 사람 중에는 발톱제거가 고양이에게 의미하는 것이 무엇인지 이해하지 못한 채 성급하게 판단하는 경우가 많다. 처음 새끼고양이를 들여올 때 고려사항 중 하나가 '언제 발톱을 제거할 수 있는가'였던 사람도 많이 봤다. 가구의 손상과 관련해서 고양이보호자들이 걱정하는 점을 물론 이해하지만, 발톱을 제거하는 방법이 아니라 훈련을 통해 교정하는 방법을 선택하는 것이 바람직하다. 수술을 통해 발톱을 제거한 후에도 스크래칭과 비슷한 행동을 지속적으로 드러낼 수 있다는 점을 알아야 한다. 어떤 보호자들은 고양이가 실질적으로 필요로 하는 것이 무엇인지 이해하지 못함으로써 재훈련에 실패하며, 어떤 보호자들은 훈련할 시도조차 하지 않는다. 그들은 바로 수술옵션을 선택해서 새끼고양이가 학습할 수 있는 기회를 박탈한다.

많은 사람들이 발톱제거수술을 '발톱트리밍의 약간 극단적인 형태'인 것으로 잘못 알고 있는데, 발톱을 제거한다는 것은 발톱의 관절(마디)을 '절단'하는 것이다. 발톱은 단독으로 제거될 수 없으며, 첫 번째 관절 전체를 절단해야 한다. 여러분의 모든 손가락 첫 번째 관절을 절단한다고 상상해보기 바란다. 그것이 바로 발톱제거수술이다. 과정을 상상해보면 이처럼 끔찍한 일인데, 사람들은 고양이의 발톱제거에 대해 너무 성급하게 생각한다. 발톱제거수술을 하고 나면 고양이의 발을 붕대로 단단히 감고 병원에서 하룻밤을 보내게 한다. 놀랍게도 수술 후 진통제를 투여하지 않는 경우도 많다.

합병증이 없으면 다음 날 아침에 붕대를 푼 다음 고양이를 집으로 돌려보낸다. 보호자에게는 보통 모래대용으로 신문지를 작은 알갱이처럼 만든 것을 제공하거나, 파쇄한 신문지를 약 10일간 화장실모래로 사용하도록 지시한다. 이는 상처가 치료되는 동안 모래알갱이가 상처에 들러붙는 것을 방지하고, 발톱이 제거돼 취약한 앞발에 부담을 덜 주기 위한 조치다. 따라서 발톱제거수술은 제거된 발톱의 통증뿐만 아니라, 불쌍한 고양이에게 화장실모래의 급격한 변화로 인한 혼란을 가중시키게 되는 것이다.

필자는 여러 해 동안 수의간호사로 일하면서, 발톱제거수술을 받고 회복되는 과정에 있는 고양이들을 지켜봤다. 고양이는 연약한 발로 일어서고, 걷고, 움직이려고 애쓰면서 고통스러워했다. 수술 후 이처럼 안타까운 모습의 고양이를 지켜보는 것은 필자를 눈물 나게 만들었다. 고양이에 따라 잘 회복되지 않고 발가락이 더 오랫동안 민감한 상태로 남는 경우도 있고, 발가락이 평생 동안 부드러운 상태로 남게 되는 경우도 있다.

발톱제거수술을 받은 후 보호자가 발을 만지거나 쓰다듬는 행동을 더 이상 받아들이지 못하는 고양이를 본 적도 있다. 고양이가 성묘이고 발톱제거수술을 고려하고 있다면, 이처럼 신체적 및 정서적으로 고양이에게 매우 심한 트라우마가 될 수 있다는 점을 반드시 명심해야 한다. 한편, 발톱제거수술의 결과가 모든 경우에 양호한 것은 아니다. 어떤 고양이의 경우 하나 또는 그 이상의 발톱이 다시 자라면서 악몽이 계속될 뿐만 아니라 더 큰 통증을 초래하게 된다. 일단 발톱이 제거되면, 설령 한두 개가 다시 자라난다 하더라도 앞발톱이 없기 때문에 매우 취약한 상태이고, 공격자에 대해 거의 무방비상태가 되며, 발톱을 이용해 높은 곳으로 올라가 탈출하는 능력도 감소된다.

여러 가지 이유로, 발톱제거수술은 정보에 입각하지 않고 또 주의 깊게 생각하지 않은 채 결정할 문제가 아니다. 필자는 여러분이 자신의 고양이에게 가장 좋은 것을 해 주기 바란다고 생각한다. 그것이 바로 여러분이 이 책을 구입한 이유일 것이다. 고양이의 행동문제 해결을 위한 긍정적인 방법을 찾도록 노력하기 바란다. 적절한 훈련을 하고 올바른 장비를 제공하는 것이 고양이에게 가장 좋은 방법이며, 둘 다 결코 늦은 것이 아니다. 이제 여러분은 발톱을 제거한다는 것이 고양이에게 무엇을 의미하는지 알았으며, 필자는 여러분이 그와 같은 결정을 절대 하지 않기를 바란다.

네일캡(nail cabs)의 사용

발톱제거수술에 대한 훨씬 더 인간적인 대안은 플라스틱 네일캡을 사용하는 것이다. 비록 네일캡이 발톱을 절단하는 것보다는 훨씬 더 나은 선택이긴 하지만, 네일캡을 사용하기 전에 먼저 이 장에서 설명하는 기술을 이용해서 고양이에 대한 훈련을 시도해 볼 것을 권장한다. 훈련에 성공하면, 여러분과 여러분의 고양이는 여러분이 원하는 것을 얻을 수 있기 때문에 모두가 행복하게 될 것이다. 필자가 설명하는 기술을 사용함으로써 보호자는 가구를 온전하게 유지하고, 고양이는 스크래칭을 맘껏 즐길 수 있다.

무독성 플라스틱으로 만들어진 네일캡은 접착제로 발톱에 붙인다. 발톱제거와 마찬가지로 네일캡도 손상을 유발하기 때문에 일반적으로 앞발톱에만 붙이지만, 어떤 사람들은 모든 발톱에 붙이기도 한다. 수의사가 시범을 보인 후 나중에 집에서 직접 붙일 수 있는 방법을 보여줄 것이다. 네일캡을 맞추기 위해서는 발톱을 손질해야 하므로 고양이 발톱을 다듬거나 다루는 것이 불가능하다면, 집에서 시도해서는 안 된다.

네일캡은 한번 붙인 후 약 한 달간 유지될 수 있다. 어떤 고양이들은 네일캡에 잘 적응하지 못하고 물어뜯으려 하기도 한다. 하나가 떨어지면, 스크래칭을 하는 동안 고양이는 여전히 손상을 입을 수 있다. 이런 점이 적절한 훈련이 최상의 옵션인 이유이지만 발톱제거를 심각하게 고려하고 있다면, 고양이에게 돌이킬 수 없는 수술을 하기 전에 최소한 수의사와 네일캡 옵션에 대해 의논해보도록 한다.

| 스크래칭 재훈련을 위한 인식

이 책에서 설명했던 다른 부분들과 마찬가지로, 소위 행동문제를 해결하는 핵심은 '고양이가 무언가를 해야 할 필요성을 느끼는 이유'를 이해하는 것이다. 스크래칭 행동도 예외는 아니며, 그동안 스크래칭을 나쁜 행동으로 받아들였던 태도를 버려야 한다. 물론 보호자 입장에서 값비싼 의자를 고양이가 갈기갈기 찢어놓은 걸 지켜본다면 그런 생각을 버린다는 것이 힘들겠지만, 잘못된 인식을 바꾸도록 노력해야 한다. 고양이가 스크래칭 대상으로 선택한 것을 수용할 수 없겠지만, 스크래칭은 분명 나쁜 행동이 아니며, 보호자의 임무는 고양이에게 보다 나은 옵션을 만들어주는 것이라는 점을 기억해야 한다. 이 장의 후반에서 자세하게 설명하도록 하겠다.

먼저 고양이가 스크래칭을 하고 싶어 하는 욕망과 필요에 대한 약간의 통찰력을 얻도록 해보자. 스크래칭은 여러 가지 기능을 한다는 점에서 다면적인 행동으로, 어떤 경우 명백하게 보이지만 어떤 경우는 좀 더 미묘하게 나타난다. 또한, 스크래칭은 고양이의 발톱을 건강하게 유지해준다. 고양이가 거친 질감의 표면을 긁을 때 발톱의 바깥쪽에 있는 죽은 외피(겉껍질)가 제거되며, 안쪽에서 자라난 새로운 껍질이 드러난다. 이 죽은 외피는 얇고 초승달 모양인데, 고양이가 현재 스크래칭하는 곳을 살펴보면 아마도 2~3개의 외피가 떨어져 있는 것을 발견할 수 있을 것이다.

스크래칭은 발톱을 유지관리하는 것 외에도 물리적으로 부가적인 이점을 제공한다. 고양이가 물건에 발톱을 걸고 몸을 기울일 때 등과 어깨근육을 스트레칭할 수 있게 되는데, 이렇게 근육을 완전히 스트레칭하는 행위는 매우 중요하다. 고양이의 몸은 매우 유연하고, 잠을 잘 때 공처럼 단단하게 웅크릴 수 있으며, 사냥을 위해 한 곳에 웅크린 채 오래 머물러 있기도 하므로 스트레칭을 통해 긴장된 근육을 풀어줘야 한다.

스크래칭은 또한 마킹 행동으로서 고양이가 물건을 발톱으로 긁을 때 시각적 표식을 남기며(그 물건이 가구라면 보호자는 매우 당황할 것이다), 이러한 시각적 마킹 행동은 생존본능에서 비롯된다. 실외환경에서 고양이는 나무에 시각적인 표식을 남길 수도 있는데, 그 표식은 먼 거리에서도 볼 수 있기 때문에 자신에게 접근해오는 다른 고양이에게 충분한 경고를 줌으로써 잠재적인 충돌을 피하게 되는 것이다. 시각적 표식 외에도, 스크래칭을 함으로써 발바닥에 있는 취선(臭腺, scent gland, 냄새분비선)을 자극해 후각적 표식을 남길 수 있게 한다. 고양이가 스크래칭을 하기 위해 나무에 발톱을 세게 누를 때 향선(또는 취선)에서 페로몬이 분비되는데, 이는 그 고양이에 대한 유용한 정보를 포함하고 있다. 만약 다른 고양이가 스크래치 표식이 돼 있는 나무에 접근했을 경우, 그 고양이는 표식을 남긴 고양이에 관해 더 많은 정보를 얻을 수 있게 된다.

고양이는 가능한 한 물리적 충돌을 피하고 싶어 하기 때문에 시각적 및 후각적 마킹의 조합이 중요하다. 실내에서 생활하는 고양이도 실외고양이와 마찬가지로, 시각적 마킹을 위한 스크래칭을 필요로 한다. 설령 자신의 집을 공유하는 동료고양이가 없다 하더라도, 스크래칭의 필요성은 여전히 남는다. 고양이는 그의 영역 주변에 익숙한 이정표로서 이러한 흔적을 남기고 싶어 하며, 그 흔적은 고양이가 그 장소를 방문해서 자신의 표식을 보고 냄새를 맡을 때마다 편안함을 느끼게 해준다.

스크래칭을 하는 행동에는 또한 많은 사람들이 알지 못하는 정서적인 요소들도 포함돼 있다. 고양이에게 있어서는 종종 특정 감정의 축적을 대체할 수 있는 무언가를 필요로 한다. 그루밍은 고양이가 불안, 흥분, 기대 또는 좌절의 감정을 대체할 수 있는 한 가지 방법이며, 스크래칭은 또 다른 대체방법이다. 고양이는 보호자가 직장에서 돌아왔을 때 문 앞에서 인사를 한 후 곧장 스크래칭 장소로 향할 수도 있다. 또 그루밍을 하는 동안 가만히 앉아 있는 것에 좌절감을 느낀 후, 또는 식사나 놀이시간을 예상할 때 흥분과 기대감으로 스크래칭을 할 수 있다.

각각의 고양이들이 정서적으로 스크래칭을 선택할 수 있는 이유는 여러 가지가 있으며, 중요한 것은 여러분의 고양이가 이러한 표현형식을 사용할 가능성이 있다는 것이다. 이제 고양이가 스크래칭을 하는 이유에 대해 더 잘 이해하게 됐다. 여러분이 그동안 이와 같은 정상적이고 자연스러운 고양이의 행동을 질책했었다면, 고양이가 느꼈을지도 모르는 혼란과 좌절에 대해 이해할 수 있을 것이다. 질책은 보호자와 고양이 사이의 유대관계를 더욱 악화시키게 될 수도 있다는 점을 명심해야 한다. 만약 여러분이 그런 상황에 처해 있다면, 보호자는 행복할 수 있고 고양이는 스크래치를 할 수 있으며 가구도 온전하게 유지될 수 있도록 모든 것을 제자리로 돌려놓아야 한다.

| 현재 스크래처 세팅 상태 점검

지금까지 고양이에게 스크래처를 전혀 제공해주지 않았다면, 여러분의 가구는 그 대가를 톡톡히 치렀을 가능성이 매우 높다. 그러나 걱정할 필요는 없다. 향후 스크래칭으로 인해 가구를 재구매하는 일이 생기지 않도록, 이제라도 고양이를 위한 적절한 스크래처를 구입하기 바란다. 이 장을 읽고, 이미 스크래처를 보유하고 있다는 이유로 '오래 전에 옳은 일을 했다'고 생각할 수도 있지만, 고양이가 그것을 전혀 사용하지 않았다면 전혀 의미가 없다. 고양이는 먼저 무엇인지 확인하기 위해 스크래처 위를 어슬렁거린 다음, 발톱으로 재빨리 한 번 긁어보고는 무시했을 수도 있다.

제5장에서 화장실과 고양이의 관계가 얼마나 중요한지 설명했으며, 여러분은 화장실과 관련해서 모래로 채우는 것 이상의 중요한 부분이 있다는 점을 배웠다. 스크래처와 고양이의 관계 역시 화장실 못지않게 중요하다. 고양이의 삶에서 이 두 가지 분야(화장실과의 관계 및 스크래처와의 관계)는 본능에 의해 구동되며, 고양이가 필요로 하는 것을 제공하지 않으면 고양이의 본능은 다른 옵션을 찾도록 자극한다. 이는 고의적인 나쁜 행동이 아니며, 고양이라는 존재로서 반드시 필요한 것이다.

스크래처의 재질 및 내구성

고양이가 현재 사용하고 있는 스크래처를 다시 한 번 살펴볼 시간이다. 부드러운 천으로 덮여 있는 스크래칭 포스트를 제공하고 있다면, 고양이의 관심을 끌지 못하고 있을 가능성이 높다. 부드러운 천으로 덮인 스크래칭 포스트는 고양이의 관점에서 기본적으로 쓸모가 없는 것이다. 고양이는 발톱의 죽은 외피를 벗겨내는 데 도움이 될 수 있도록, 발톱을 단단히 박을 수 있는 재질의 스크래처를 필요로 한다. 부드러운 질감을 가지고 있는 커버(천으로 된)는 죽은 외피를 벗겨내는 데 전혀 효과가 없다. 또한, 커버의 올에 고양이의 발톱이 걸리기 쉬운데, 발톱이 걸리면 고통을 유발하고 위험할 수 있으며, 최소한 고양이가 스크래칭 포스트와의 부정적인 연관성을 갖도록 만들 것이다.

필자는 제조업자들이 고양이의 발톱에 적합한 것보다는 인간의 눈에 매력적으로 보이도록 천을 덮은 스크래칭 포스트를 만들었다고 생각한다. 관련 지식이 없는 소비자들은 미적으로 장식에 적합하다는 이유로 특정 스크래칭 포스트를 구매할 가능성이 더 높은데, 유감스럽게도 그와 같은 전략은 역효과를 가져온다. 천으로 덮인 예쁜 스크래처를 고양이가 사용하지 않는다면, 이는 스크래칭을 위해 가구가 사용된다는 것을 의미하기 때문이다. 스크래처는 예쁘게 보존되고 가구는 조각이 나는데, 이는 좋은 현상이 아니다. 고양이가 선호하는 질감의 유형에 대한 힌트를 얻기 위해 현재 고양이가 스크래칭을 하는 곳을 살펴보자. 거친 질감을 가진 패브릭 소파일 수 있고, 현관매트나 거실바닥에 깔린 카펫일 수도 있다. 부드러운 커버로 감싼 스크래칭 포스트와 달리, 거실의 카펫이나 매트는 고양이가 선호하는 매우 거친 질감을 갖고 있다.

견고함은 스크래처의 크기와 상관없이 중요한 요인이다. 고양이가 스크래칭을 하기 위해 스크래칭 포스트에 자신의 체중을 기댈 때, 흔들리거나 기울거나 움직이는지 그리고 스크래처 자체가 기초부분에서 느슨해지는지 살펴보도록 한다. 이러한 것들은 고양이가 다른 옵션을 찾게 하는 원인이 될 수 있다. 고양이는 소파가 스크래칭을 하기 위해 기댔을 때 자신의 몸무게를 지탱할 수 있을 만큼 튼튼하다는 것을 알고 있다.

스크래처의 높이 및 위치와 개수

스크래처의 높이도 고양이가 사용할지 여부에 중요한 요인으로 작용한다. 스크래처가 너무 짧으면, 몸을 쭉 뻗어 완전한 스트레칭(stretching)을 하는 것이 불가능하다. 짧은 스크래칭 포스트는 스크래칭을 할 수 있는 위치에 들어가기 위해 고양이가 몸을 숙여야 한다. 고양이는 스크래칭을 하는 동안 등 근육이 풀리도록 완전히 스트레칭할 수 있는 것을 선호하는데, 짧은 스크래처는 이와 같은 스크래칭을 하기에 부적절하다.

이제 스크래처가 배치돼 있는 위치를 살펴보자. 고양이의 삶에서 화장실 및 식기와 같은 다른 물품들과 마찬가지로, 잘못된 장소에 배치된 스크래처는 그것이 올바르게 제조된 것이라 할지라도 효용성이 떨어진다. 혹시 스크래처를 보이지 않는 곳에 숨겨뒀는지, 고양이가 스크래칭을 하고 싶을 때 스크래처를 찾기 위해 집안을 헤매야 하는지 점검한다. 필자는 외관상 보기가 좋지 않다고 생활공간에서 멀리 떨어진 구석에 스크래처를 넣어둔 보호자들을 봐왔다. 만약 여러분이 그렇게 했다면, 여러분의 고양이는 아마도 근처에 있는 것은 무엇이든 스크래칭에 이용했을 것이다.

마지막으로 고양이의 수와 스크래처의 개수를 비교한다. 스크래칭 행동의 일부는 마킹을 위한 것이기 때문에 각 고양이는 자신만의 스크래처를 확보하고 있어야 한다. 마킹은 익숙한 주변 환경을 식별하는 한 방법이며, 각 고양이들은 자신의 것이라고 주장할 수 있는 스크래처를 필요로 한다. 서로 관계가 좋지 못한 고양이들은 마킹에 사용된 다른 고양이의 물건을 공유하지 않아도 된다는 점을 좋아한다.

스크래칭 시 보호자의 행동

여러분이 사용했을지도 모르는 재훈련기법은 또한 결국 여러분에게 불리하게 작용했을 수도 있다. 고양이가 스크래처를 사용하도록 어떻게 훈련을 시켰으며, 고양이가 가구에 스크래칭을 했을 때 무엇을 했는지 생각해보자. 여러분이 고양이의 발톱을 억지로 스크래처에 올려놓았다면, 분명 고양이는 멀리 달아나려고 발버둥 쳤을 것이다. 고양이가 가구를 긁는 것을 보고 곧바로 질책했다면, 아마도 고양이가 그곳에서 즉시 떠나게 했을 것이다. 그렇게 해서 스크래칭 행동을 즉각 중지시킬 수 있다 하더라도, 이는 일시적인 현상에 불과하다. 고양이가 스크래칭을 하고 싶은 욕구와 필요성은 여전히 존재하기 때문에, 결국 혼란과 두려움을 가중시켰을 뿐이다.

고양이는 정상적인 행동에 대해 질책을 받았으며, 스크래칭을 할 수 있는 대체장소를 제공받지 못했다. 질책은 또한 보호자에 대한 두려움을 만들 수도 있다. 고양이는 여전히 스크래칭을 하겠지만, 단지 보호자가 주변에 없을 때만 그렇게 할 것이다. 또한, 고양이가 스크래칭을 할 때, 보호자가 자신을 쫓기 위해 방으로 들어올 것이라고 예상할 것이기 때문에 불안함을 느끼게 될 것이다.

02

스크래칭 행동
재훈련 준비와 과정

강력한 파쇄기 같은 고양이를 재훈련시키는 것은 지금이라도 늦지 않다. 현재 스크래처 세팅 상태에 대해 앞서 분석한 내용을 바탕으로 한 가지 또는 몇 가지 수정을 가할 수 있으며, 이것이 재훈련을 위한 첫 번째 단계다. 퍼즐의 모든 조각을 맞췄을 때 소파, 의자, 테이블 다리 또는 이전에 고양이 발톱에 손상을 입었던 것들을 능가하는, 고양이를 위한 옵션을 만들 수 있을 것이다. 그럼 지금부터 시작해보기로 한다.

| 가구보호를 위한 여러 가지 억제책

과거에 구두로 혹은 물리적으로 고양이를 질책한 적이 있다면, 그것이 얼마나 비효과적이고 비생산적인지 알게 됐다. 이제는 그와 같은 방법은 피해야 하며, 행동을 억제시키는 방법을 취하는 것이 바람직하다. 보호자는 억지력을 사용하지만 그것이 보호자와 직접적으로 연결되지는 않을 것이다. 보호자가 만들게 될 억지력은, 매력 있게 느껴졌던 스크래칭 대상의 표면이 갑자기 매력이 없는 것으로 느껴지게 만드는 것이다. 이때 고양이의 관점에서 보호자는 그것과 아무 상관이 없는 존재다. 재훈련의 억제단계는 행동교정의 한 부분일 뿐이며, 올바른 스크래처를 세팅하고 고양이가 사용할 수 있도록 재훈련을 시키는 것이 병행돼야 한다.

양면테이프 붙이기

고양이가 새로 비치한 소파 또는 의자에 스크래칭을 하는 경우, 가장 쉬운 억제책은 양면테이프를 사용하는 것이다. 스티키포(Sticky Paws)는 이러한 목적을 위해 특별히 만들어진 양면테이프로, 일반 양면테이프와는 달리 섬유에서 제거했을 때 잔류물을 남기지 않는다는 장점이 있다. 보통 폭과 큰 폭의 두 가지 크기로 시판된다. 다양한 재질의 표면에 사용될 수 있기 때문에 고양이가 소파나 의자 외에 다른 곳에 스크래칭을 하는 경우, 테이프 포장에 있는 제조업체 라벨의 설명에 따라 사용하면 된다.

일단 고양이가 스크래칭을 할 가능성이 있는 부분에 스티키포를 붙인다. 고양이가 소파의 한쪽 모서리에만 스크래칭을 했다면, 전체가 매력적이지 않은 것처럼 보이게 만들기 위해 모든 모서리에 스티키포를 붙여야 한다. 그렇지 않으면 고양이는 테이프가 붙여지지 않은 모서리로 바꿔 스크래칭을 할 것이다. 스티키포를 사용할 때는, 여러분이 테이프를 어디에 붙였는지 가족 모두에게 알려 그곳에 기대지 않도록 한다.

시트 씌우기

고양이가 소파나 의자의 곳곳에 스크래칭을 한다면, 시트로 전체를 씌운다. 시트를 느슨하게 올려놓으면 고양이가 시트 밑으로 파고들어가 자신이 좋아하는 소파 표면에 쉽게 도달하게 되므로 단단히 씌워야 한다. 가구에 시트를 단단히 씌운 다음, 다리 주변을 테이프로 고정시킨다. 가구의 크기에 따라 하나 이상의 시트가 필요할 수도 있다.

필자의 친구인 디자이너 프랭크 비엘렉(Frank Bielec)에게서 배운 트릭은, 소파의 쿠션 주위에 좁은 PVC파이프를 꽂아 시트를 제자리에 단단히 고정시키는 것이다. 쿠션의 뒷면과 측면 주위에 PVC파이프를 채운 다음 시트를 씌운다. 일단 시트를 제자리에 씌우고 나면, 가구의 매력을 떨어뜨리기 위해 양면테이프나 스티키포를 사용해서 모서리를 고정시킨다. 이렇게 해둘 경우 가구가 미관상 보기 싫을 수도 있겠지만, 고양이를 재훈련시키는 동안 일시적인 조치이므로 참도록 한다.

M I E M I O 가구 구입 시 유의할 점

고양이가 조각조각 낸 낡은 가구를 교체하기 위해 새 소파나 의자를 구입할 계획이라면, 스크래칭 유혹이 덜한 부드러운 원단을 선택하는 것이 좋다. 거친 질감, 매듭이 있는 재질은 피하도록 한다. 스크래칭 행동문제가 심각한 경우, 재훈련을 실행하는 동안 유혹이 적을수록 좋다.

매트 깔기

고양이가 스크래칭을 하기 위해 선택하는 장소에 따라, 방어벽을 세우는 데 자신만의 창의력을 발휘해야 할 수도 있다. 일반적인 지침으로는 매끈하거나 끈적끈적한 것을 생각한다. 양면테이프를 사용할 수 없는 경우 매끄러운 비닐식탁매트, 선반용지(shelf paper) 또는 복도용 비닐매트 같은 것을 사용한다. 예를 들어, 고양이가 카펫의 일부를 수평으로 스크래칭한다면 복도용 매트가 효과적일 것이다. 카펫 보호를 위한 또 다른 대안은 고양이가 스크래칭을 하는 수평면 위에 엑스매트(X-Mat)를 배치하는 것이다.

피해야 할 것

억제책으로 풍선을 사용해서는 안 된다. 일부 잘못 알고 있는 전문가들이 풍선사용을 권장했을 수도 있지만, 이는 너무 혐오스러운 방법이다. 이러한 억지력의 형태는 극단적이고 잔인한 것으로, 가구에 붙여놓은 풍선은 고양이에게 공포스러운 존재가 된다. 집안에 다른 반려동물이 있는 경우, 필자는 소리를 내는 억지력을 좋아하지 않는다. 풍선이 갑자기 터지면 어떠한 낌새도 못 느낀 주변의 고양이를 놀라게 할 수 있다. 공포감을 주는 억지력을 사용하면, 고양이가 무언가에 심지어 스크래처에조차도 스크래칭하는 것을 두려워할 수 있기 때문에 역효과를 가져온다. 고양이가 자신의 감정을 건설적으로 대체할 수 있는 방법이 없다면, 이차적인 행동문제를 초래하게 된다.

올바른 스크래처의 선택

스크래처를 선택할 때는 손톱을 다듬을 때 사용하는 줄(nail file)의 질감을 염두에 둔다. 고양이가 스크래칭을 제대로 끝내기 위해서는 스크래처의 질감이 무디거나 부드럽지 않고 거칠어야 한다. 질감은 스크래처의 매력을 강화시킬 수도 있고 떨어뜨릴 수도 있다. 고양이가 발톱으로 긁었을 때 발톱의 죽은 외피가 효과적으로 제거되는 것을 필요로 한다는 점을 기억하기 바란다.

사이잘로 감은 스크래칭 포스트

대부분의 고양이들이 거부할 수 없는 재료는 로프와 유사한 거친 질감을 가진 사이잘

(sisal, 로프/바닥깔개 등을 만드는 데 사용되는 식물)이다. 사이잘 끈으로 감은 스크래칭 포스트는 반려동물용품점과 온라인쇼핑몰을 통해 쉽게 구할 수 있다. 사이잘은 거칠고, 고양이가 발톱의 죽은 외피를 제거하기 위해 발톱을 깊이 박는 데 이상적인 재질이다. 고양이가 사이잘을 감은 스크래칭 포스트에 스크래칭을 하는 소리는 동료고양이들에게도 스크래칭을 하도록 자극할 수 있다. 사이잘 스크래칭 포스트의 대안으로는 로프를 감은 스크래칭 포스트가 있다. 로프는 고양이가 스크래칭을 하지 않고는 지나치지 못할 정도로 대부분의 고양이가 좋아하는 또 다른 재료다. 로프를 감은 스크래칭 포스트는 쉽게 구할 수 있으며, 아니면 로프를 구입해서 현재 가지고 있는 스크래칭 포스트에 감아줄 수도 있다. 로프로 스크래칭 포스트를 감을 때는, 손에 화상을 입는 것을 방지하고 좀 더 단단하게 감을 수 있도록 반드시 장갑을 착용해야 한다.

카펫의 경우 거친 재질로 단단히 짜여 있는 것이라면 스크래칭 포스트에 허용될 수 있다. 그러나 대부분의 경우 가장 좋은 것은 사이잘 또는 로프다. 만약 고양이가 카펫을 좋아해 카펫을 사용하기로 결정했다면, 집에서 사용하고 남은 카펫 조각을 이용해서는 안 된다. 바닥을 완전히 덮는 카펫은 스크래칭을 금지하는데 동일한 카펫 조각으로 감은 스크래칭 포스트는 스크래칭을 허용한다면, 이는 고양이에게 혼합된 메시지를 주게 된다. 재훈련과정은 일관성 있게 유지해야 하므로 스크래칭 포스트가 집안에 있는 다른 물건과 동일한 재질을 사용하고 있지는 않은지 확인해야 한다.

사이잘로 감은 크고 튼튼한 스크래칭 포스트를 만드는 여러 회사들이 있다. 그중에서도 탑캣프로덕트(TopCat Products)와 스마트캣(SmartCat) 두 회사의 제품이 우수하다. 필자는 스마트캣 제품 2개와 여러 개의 탑캣 제품도 사용하고 있으며, 고양이들은 매일 여러 차례 그것들을 사용하고 있다. 탑캣 제품은 제조사의 웹사이트를 통해 주문할 수 있으며, 스마트캣 제품은 반려동물용품점과 온라인쇼핑몰에서 구입할 수 있다. 좋은 품질의 스크래칭 포스트는 가격이 다소 비싸지만, 고양이의 거친 스크래칭에도 오래 견디고 가구를 교체할 일이 없게 되므로 장기적으로는 비용을 절약할 수 있다는 점을 기억하기 바란다. 고양이가 스크래칭하는 소리를 듣고 스크래칭 포스트의 익숙한 소리를 보호자가 인식함으로써 안심할 수 있다는 것은 정말 좋은 느낌이다.

캣트리

캣트리는 긍정적으로 고려해볼 만한 또 다른 옵션이다. 캣트리는 높은 전망대와 스크래칭 포스트로서의 이중역할을 한다. 그러나 일반 스크래칭 포스트와 마찬가지로 장단점을 가지고 있다. 캣트리를 선택할 때는 넓은 U자형 선반이 있는 양질의 튼튼한 제품을 선택하는 것이 좋다. 제2장의 '캣트리'에서 세부적인 정보를 찾을 수 있다.

만약 스크래칭 포스트 역할을 할 캣트리를 찾는다면, 나무에 로프 또는 사이잘을 감은 보조 스크래처가 있는 것을 구입하도록 한다. 이 경우 보조 스크래처는 가장 낮은 선반에 고양이가 머리를 부딪치지 않고 완전히 스트레칭을 할 수 있을 정도로 충분히 높아야 한다. 캣트리에 아무것도 감싸지 않은 목재기둥이 있다면, 고양이가 '우드 스크래처(wood scratcher, 나무에만 스크래칭을 하는)'가 아닌 한 로프나 사이잘로 목재기둥을 감아주는 것도 좋은 방법이다. 어떤 경우에는 있는 그대로도 완벽하다.

골판지 스크래칭 패드

모든 고양이가 수직면에만 스크래칭을 하는 것은 아니다. 여러분의 고양이는 수평면에 스크래칭하는 것을 선호할 수도 있으며, 카펫이나 매트에 스크래칭을 할 수도 있다. 소파 뒤쪽에 앉아서 상단의 수평면에 스크래칭을 할 수도 있다. 수평면에 스크래칭하는 것을 좋아하는 경우, 골판지로 된 스크래칭 패드를 선택한다. 이 스크래칭 패드는 가격이 저렴하며, 보통 폭에서 넓은 폭까지 다양한 크기로 생산된다. 고양이들은 일반적으로 골판지에 스크래칭하는 것을 즐기는데, 스크래칭의 즐거움을 더해주기 위해 어느 정도 경사가 있는 스크래칭 패드를 구입해 제공할 수도 있다.

일단 골판지가 완전히 파쇄되면, 삽입된 면을 뒤집어 새 면이 드러나도록 해서 재사용할 수 있다. 골판지 스크래칭 패드는 대부분의 반려동물용품점에서 구입할 수 있다. 많은 고양이들은 수평과 수직의 스크래칭을 모두 즐긴다. 골판지 패드는 저렴하기 때문에 많은 돈을 들이지 않고도 고양이에게 두 가지 옵션을 모두 제공할 수 있다. 탑 캣프로덕트와 같은 일부 회사에서는 사이잘을 감은 스크래칭 패드를 제조하고 있으며, 고양이가 다른 질감보다 사이잘을 선호한다면 훌륭한 옵션이 될 수 있다.

자작 스크래칭 포스트

고양이는 드러나 있는 나무 부분에 스크래칭하는 것을 좋아할 수도 있으며, 덮개가 있는 조각보다 목재로 된 가구에 스크래치 표식을 낼 수도 있다. 무거운 나무받침대에 적당한 크기의 나뭇조각을 안전하게 부착해 평범한 스크래칭 포스트를 직접 만들 수도 있다. 이때 견고함이 필수적이므로 흔들리거나 뒤집히지 않는지 확인해야 한다. 스크래칭 포스트가 높을수록 받침대를 더 무겁고 넓게 만들어야 한다.

스크래처의 올바른 위치

이상적인 스크래처를 보유하고 있는 경우라도 잘못된 위치에 배치하면 여전히 문제가 발생할 수 있다. 스크래처는 고양이가 대부분의 시간을 보내는 장소에 배치돼야 하며, 고양이가 스크래칭하는 것을 좋아하는 장소에 있어야 한다. 이는 캣트리나 골판지 패드도 마찬가지다. 고양이가 현재 스크래칭하는 장소를 살펴봤을 때, 고양이의 선택은 일반적으로 대상 물건의 질감과 견고성에 기반을 두지만 위치 때문이기도 하다.

고양이가 낮잠에서 깨어난 뒤 스크래칭을 즐긴다면, 편안함을 이유로 특정 가구에 스크래칭을 할 수도 있다. 보호자가 직장에서 돌아왔을 때 기쁨과 흥분을 표현하기 위해 스크래칭하는 것을 좋아한다면, 현관문과 가까이 있는 특정 물건에 스크래칭을 할 수도 있다. 문의 앞 또는 뒤쪽 근처에서 스크래치 표식을 낼 필요가 있다고 느끼는 고양이는 문고정기(door casing, 오염방지포장)에 스크래칭을 할 수도 있다. 고양이가 자신의 영역 출입구 근처에서 스크래칭의 필요성을 느끼는 것은 드문 일이 아니다.

고양이가 스크래칭하는 것을 선호하는 장소를 살펴보고, 그곳에 스크래처를 배치한다. 이때 고양이의 시야 내에 배치함으로써 고양이가 재훈련에 좀 더 수월하게 성공할 수 있도록 해준다. 단지 모양이 보기 좋지 않다는 이유로 스크래처를 구석에 넣어두는 것은 삼가야 한다. 가구를 보호하고 싶으면, 스크래처를 숨겨두지 말고 눈에 잘 띄는 곳에 배치해 사용을 유도해야 한다. 캣트리가 있는 경우, 가능하면 고양이가 머물기 좋아하는 장소의 창문 옆에 두는 것이 좋다. 일반적으로 고양이는 가족들이 대부분의 시간을 보내는 공간에 있고 싶어 한다. 아무도 자주 가지 않는, 특히 고양이가 잘 가지 않는 곳에 캣트리를 두는 것은 바람직하지 않다.

| 스크래칭 재훈련과정

스크래칭에 대한 재훈련을 강제로 진행할 수는 없으며, 고양이의 발을 강제로 스크래처에 올려놓는 방법은 바람직하지 않다. 고양이에게 무엇이든 억지로 강요해서는 안 된다. 과거에 이러한 방법을 시도했다면, 이는 단지 고양이가 스크래처에 공포를 느끼게 만들었을 뿐만 아니라 보호자에게도 공포를 느끼게 만들었을 가능성이 있다.

재훈련을 시행하는 가장 쉬운 방법은 무대를 세팅해서 고양이가 그것이 자신의 생각이라고 느끼게 만드는 것이다. 고양이가 스크래칭을 하는 곳 바로 옆에 멋진 새 스크래처를 배치해주면 된다. 여러분은 기존의 물건에 억지력을 세팅했고, 이는 고양이가 스크래칭을 시도할 때 더 이상 매력적이지 않게 만든다. 고양이가 기존 장소가 더 이상 스크래칭을 할 수 없다는 걸 알았을 때, 이 훌륭한 새 옵션을 주목할 것이다. 고양이의 호기심이 작동할 것이고 탐색을 하기 위해 더 가까이 다가갈 것이다. 곧 고양이는 새로운 스크래처에 발톱을 박고 기분 좋게 스크래칭을 할 것이다.

일부 스크래처의 경우 고양이가 스크래칭을 하도록 유혹하기 위해 캣닢이 딸려오기도 한다. 여러분의 고양이가 성묘이고 캣닢에 반응을 보인다면, 여분의 캣닢을 약간 준비해서 스크래처에 문질러준다. 새로운 스크래처의 모습이 고양이의 관심을 촉발하지 못한다면, 캣닢 냄새가 확실히 효과가 있을 것이다. 필자의 고양이들은 스크래칭 소리에 흥미를 느끼는데, 필자가 할 일은 단지 손톱으로 사이잘 스크래처를 약간 긁어서 소리를 내주는 것이 전부다. 이 소리는 일반적으로 고양이가 절대 유혹을 뿌리칠 수 없는 것이며, 적어도 여러 마리 중 한 마리는 다가와서 스크래칭에 동참할 것이다.

스크래칭 재훈련과정에 도움을 주기 위해 상호교감놀이를 진행할 수 있다. 낚싯대 장난감이나 그냥 긴 깃털을 사용해서 스크래처를 가로질러 유도하는 방식으로 움직여준다. 고양이가 장난감을 향해 갑자기 달려든 순간, 자신이 방금 발견한 스크래처의 표면이 얼마나 매력적인지 깨닫게 될 것이다. 고양이를 유혹하기에 부족한 경우, 스크래처를 옆으로 눕혀 배치하고 그 주위로 장난감을 움직이도록 만든다. 고양이가 스크래처 옆에서 뛰거나 장난감을 잡기 위해 밑으로 들어갔을 때, 스크래칭을 하고 자신이 정말로 그것을 좋아한다는 것을 깨닫게 될 수 있다. 고양이가 스크래처를 수용했다고 생각되면, 다시 똑바로 세워 배치한다.

고양이가 수평면에 스크래칭하는 것을 좋아하는 경우, 재훈련을 위해 동일한 위치전략을 이용한다. 현재 스크래칭을 하고 있는 물건 바로 위나 옆에 스크래칭 패드를 배치하도록 한다. 양면테이프나 다른 덮개를 사용해서 물건을 덜 매력적으로 보이게 만들었다면, 고양이는 골판지 패드를 훨씬 더 좋은 옵션으로 생각할 것이다. 일단 고양이가 지속적으로 스크래처를 사용하면, 가구에 취했던 억지력을 제거할 수 있다. 이 단계는 서두르지 말고 점진적으로 수행하는 것이 좋다. 억지력을 제거하기 전에 고양이가 새로운 스크래처를 완전히 좋아하는지 확인하도록 한다.

두 마리 이상의 고양이를 기르고 있는 경우, 모든 고양이가 사용하기에 충분한 스크래처를 제공해야 한다. 한 마리가 명확하게 한정된 영역을 확립했다면, 그곳에 그 고양이를 위한 스크래처를 배치하고 다른 고양이가 선호하는 영역에 또 다른 스크래처를 배치한다. 고양이와 가족들이 가장 많이 사용하는 주 생활공간에 1~2개의 스크래처를 배치해주는 것도 좋은 생각이다. 이 방법으로, 혼잡으로 인해 긴장감이 발생하는 경우 고양이는 불안을 대체하기 위해 스크래칭을 할 수 있는 기회를 선택할 수 있다. 한 고양이가 다른 고양이의 스크래처에서 스크래칭을 하는지 여부를 통제할 수는 없을 것이며, 그렇지 않을 수도 있다. 중요한 것은 고양이에게 더 많은 선택권을 제공한다는 것이며, 이는 불안감을 감소시키는 좋은 방법이 된다.

| 스크래칭 재훈련을 위한 유용한 팁

필자는 많은 보호자들이 간과하는 매우 중요한 두 가지 조언을 하곤 한다. 비록 여러분이 앞서 언급한 스크래처 부분을 그냥 넘어갔다 하더라도, 이 두 가지 팁을 따르면 재훈련에 성공하는 데 많은 도움이 될 수 있다. 스크래칭으로 인해 손상된 가구를 고양이에게 양보해버림으로써 재훈련을 포기하는 일은 없기를 바란다.

스크래칭을 위한 옵션의 제공
비록 고양이가 새로운 스크래처를 사용한다 하더라도, 계속해서 가구에 스크래칭을 한다면 가구에 대해 억지력을 세팅해야 한다. 백기를 들고 고양이에게 소파를 찢도록 내버려두는 고양이보호자들을 많이 봤다. 이 보호자들은 결국 새 소파를 구입하기로 결정했기 때문에 이상적인 계획이라고 생각했다. 비록 이들이 고양이의 손길이 미치는 범위 내에 소파에 대한 함정을 설치했다 하더라도, 그 계획은 효과가 없을 것이다. 고양이에게 그냥 가구를 내어주는 일은 없도록 한다. 적절한 훈련을 수행하는 데 지름길은 없다. 고양이에게 소파를 스크래칭하도록 허용한 다음, 조각이 난 소파를 처분하고, 새로운 것을 구입하고, 같은 행동을 한 것에 대해 질책을 하는 것은 매우 불공평한 처사다. 질책은 정상적인 행동을 이행하려는 고양이에게 혼란을 주며, 특히 더 나은 옵션을 제공받지 못했을 때 더욱 혼란스럽게 만든다. 고양이에게 혼합된 메시지를 보내지 않도록 재훈련에 있어서는 일관성을 유지해야 한다.

낡은 스크래처의 점진적인 교체

고양이가 스크래처를 몇 년 동안 사용하고 나면 결국 약간 너덜너덜하게 보이기 시작할 것이다. 이때 낡은 것을 바로 버리고 새 것을 구입하려고 할 수도 있는데, 이는 크게 잘못된 생각이다. 오래된 것은 익숙한 환경을 확인해주기 때문에 고양이는 오래된 스크래처를 좋아할 것이다. 낡은 스크래처는 고양이의 스크래치 표식과 자신의 냄새를 함유하고 있으며, 고양이는 어느 날 아침 일어나 스크래처가 사라져버린 사실을 발견하게 되는 것을 원치 않는다. 물론 효과적인 스크래칭을 할 만큼 충분한 섬유질이 더 이상 남아 있지 않을 수도 있지만, 급격한 사라짐은 고양이에게 전혀 도움이 안 된다. 대신 새로운 스크래처를 구입해서 원래 있던 스크래처 옆에 배치하고, 일단 고양이가 새로운 스크래처를 수용하고 나면 낡은 것을 조용히 치울 수 있다.

- 고양이에게 식사시간과 관련한 행동문제가 있는 경우, 그 행동문제의 유형이 무엇이든 상관없이 가장 먼저 해야 할 일은, 수의사의 진단을 통해 건강상 이상은 없는지 확인하는 것이다.

제 장

까다로운 식성과 관련된 문제행동 재훈련

- 올바른 식사습관 및 영양의 공급 -

⋮

01

식사습관 및 급여방식의 점검과 평가

이론적으로 '고양이보호자가 먹이를 구입하고, 고양이가 그것을 먹고 행복해하는 것'은 굉장히 단순한 개념으로 보인다. 그러나 여러분이 식사일정과 관련된 행동문제를 겪고 있는 입장이라면, 현실은 이론처럼 그렇게 단순하지 않다는 것을 알 것이다.

고양이가 너무 많이 먹거나 너무 적게 먹고, 매일 다른 먹이를 원하거나 같은 먹이를 원하며, 너무 빨리 먹고 동료고양이를 먹이그릇에서 쫓아버리며, 손으로 먹여주는 것을 원하거나 보호자가 먹는 것을 먹으려고 고집한다면, 즐거워야 할 식사시간은 불안감을 유발하는 '사건'으로 변할 수 있다. 고양이에게 식사시간과 관련한 행동문제가 있는 경우, 그 문제의 유형이 무엇이든 상관없이 가장 먼저 해야 할 일은 수의사의 진단을 받는 것이다. 이와 같은 행동문제는 근본적인 건강문제를 내포하고 있을 수 있으므로 적절한 진단검사와 더불어 조사작업을 진행할 필요가 있다.

고양이의 삶의 단계에 맞는 올바른 종류의 먹이를 급여하고 있는지 확실하지 않은 경우라 하더라도, 수의사가 여러분에게 지침을 줄 수 있을 것이다. 고양이를 위해 선택할 수 있는 먹이는 수없이 많으며, 반려동물용품점이나 온라인쇼핑몰을 들러보면 너무 많은 종류의 먹이가 있다는 사실에 놀랄 것이다. 먹이를 선택할 때는 고양이의 건강, 나이 그리고 활동수준에 기준을 둬야 하며, 수의사는 보호자가 가장 적절한 먹이와 급여량을 결정하는 데 도움을 줄 수 있다.

먹이그릇의 점검과 평가

먹이와 관련된 행동문제를 겪고 있는 경우, 먹이와 물을 어디에 담아주고 있는지 다시 한 번 살펴보는 것이 좋다. 어떤 고양이들은 먹이그릇에 발을 넣고 먹이를 퍼내 바닥에 뿌려놓기도 하고, 어떤 고양이들은 물그릇에 발을 담근 다음 털에 묻은 물을 핥아서 먹는다. 많은 경우에 이러한 행동은 장난기 있는 습관이거나 다른 고양이들을 관찰함으로써 배운 것들이다. 고양이들은 관찰을 통해 학습하기 때문에 어릴 때 이러한 습관을 가졌다면, 어미로부터 배웠거나 집안에 있는 다른 동료고양이들로부터 배웠을 수 있다.

먹이그릇의 크기와 모양

일부 고양이들에 있어서는, 위에서 언급한 행동들이 그릇의 크기 및 모양으로 인해 어쩔 수 없이 나타나는 것일 수도 있다. 그릇이 좁고 깊으면, 수염이 얼굴에 부딪히기 때문에 그릇에 얼굴을 밀어 넣는 것이 불편할 수도 있다. 다묘 가정에서는, 그릇에 얼굴을 밀어 넣으면 누군가 접근하는 것을 볼 수 없기 때문에 편하게 느껴지지 않을 수도 있다. 페르시안(Persian)이나 히말라얀(Himalayan) 품종과 같이 코가 납작한 고양이의 경우, 털에 음식물을 묻히지 않고 그릇에 얼굴을 밀어 넣는 것이 어려울 수도 있다. 그릇이 매우 좁고 깊으면, 바닥에 있는 먹이에 닿을 수조차 없다. 이와 같은 경우 고양이들이 안전과 편안함을 위해 찾아낸 해결책은 발을 숟가락처럼 사용하는 것이다.

일부 보호자들은 먹이그릇이 절대 바닥나지 않게끔 급여하는 방법을 사용하기도 한다. 큰 먹이그릇에 건조사료를 가득 채워 먹이급여장소에 비치하고, 사료는 매일매일 신선도를 잃어가며 그릇에 그대로 담겨 있다. 필자는 절대 그릇을 비우거나 세척하지 않고 끊임없이 건조사료를 채워주는 보호자를 많이 봤다. 고양이는 매우 민감한 후각을 이용해 먹이의 안전성과 기호를 판단할 수 있으며, 이는 고양이의 생존본능에서

—— M E M O **먹이공급량**

공급량과 관련해 고양이먹이의 포장라벨에 명시된 지침은 일반적인 기준이라 생각해야 한다. 이러한 지침들은 개별 고양이의 신체적 건강 및 활동수준과 같은 세부사항을 고려하지 않은 평균적인 것이므로 그냥 급여의 출발점으로 이용하도록 한다. 수의사가 그 지침이 여러분의 고양이에게 올바른지 여부를 판단하는 데 도움을 줄 수 있다.

비롯된 능력이다. 야생에서 고양이는 이미 죽은 먹이를 우연히 발견한 경우, 그것을 먹어도 안전한지 여부를 오로지 냄새에 의존해 판단한다. 먹이그릇에 담긴 오래되고 건조한 먹이는, 고양이의 코에 먹이의 맛이 좋지 않고 심지어 안전하지 않을 수도 있다는 신호를 보낸다. 습식사료를 제공하는 경우, 바위처럼 딱딱하게 변할 때까지 오랫동안 그릇에 남겨둔 채 방치하고 있지는 않은지 되돌아보기 바란다. 이는 고양이에게 건강한 식습관을 들이는 데 결코 좋은 방법이 아니다.

먹이그릇의 재질

먹이그릇의 크기와 모양은 적당할지 모르지만, 그릇의 재질이 문제일 수 있다. 유리, 플라스틱, 도자기(세라믹), 스테인리스강 등 여러 가지 재질의 그릇을 선택할 수 있는데, 보호자가 선택한 것을 고양이가 선호하지 않을 수도 있다. 청결을 유지하기 쉬운 유리재질의 먹이그릇은 테두리에 손상이 생길 수 있으며, 이는 고양이의 혀에 불편함을 줄 수 있고 심지어 부상의 원인이 될 수도 있다. 유리그릇을 사용하고 있다면, 균열이 생기거나 모서리가 깨지지는 않았는지 정기적으로 검사해야 한다. 도자기그릇도 마찬가지다. 일부 도자기그릇의 경우 마감이 거칠어 불편을 줄 수 있으므로, 손가락으로 그릇을 훑어서 충분히 부드러운지 확인한 후 사용하는 것이 바람직하다.

가장 대중적으로 선택되는 플라스틱 재질의 그릇은 부정적인 면을 많이 가지고 있다. 플라스틱은 음식냄새가 남아 있는 경향이 있으며, 심지어 세척 후에도 고양이가 이전 먹이의 냄새를 감지할 수 있다. 플라스틱은 쉽게 흠집이 생기며, 그 작은 흠집에 박테리아가 서식할 수 있다. 플라스틱 그릇은 매우 가벼워서 고양이가 먹이를 먹을 때 움직이기 쉬우며, 고양이가 바닥에서 움직이는 그릇을 따라다니는 것을 좋아하지 않을 수 있다. 플라스틱 그릇은 또한 중요한 건강상의 문제가 따른다. 어떤 고양이들은 플라스틱에 알레르기가 있는데, 턱 부위에 탈모가 생기기도 하고 심지어 고양이여드름(feline acne, 좌창-痤瘡)으로 나타나기도 한다. 이 고양이여드름은 턱에 검은 얼룩처럼 나타나며, 치료하지 않으면 감염과 통증을 유발할 수도 있다. 여러분의 고양이에게 고양이여드름이 있다면 플라스틱 그릇이 원인일 수 있으므로 확인하도록 한다.

스테인리스강 먹이그릇은 사실상 부서지지 않으며, 청결을 유지하기 쉽다. 그러나 스테인리스가 음식의 맛을 변화시킬 수 있기 때문에 일부 고양이들은 좋아하지 않는다. 또한, 그릇을 바닥에 고정시키기 위해 가장자리에 고무링이 포함돼 있는 경우, 정기적으로 고무링을 빼내 그릇을 철저히 세척해야 한다. 먹이, 고양이의 침 그리고 모든 종류의 박테리아는 고무와 스테인리스강 사이에 축적돼 매우 불쾌한 냄새를 만들게 된다. 세척 후에는 재조립하기 전에 그릇과 고무링의 물기를 완전히 없애야 한다.

| 물그릇의 점검과 평가

먹이그릇에 대한 위와 같은 우려는 물그릇에도 적용되며, 물에 관해서도 몇 가지 추가적인 염려사항이 있다. 먹이그릇의 크기와 모양은 고양이에게 적당한 것으로 선택해 제공하지만, 상대적으로 물그릇에는 소홀한 경우도 있다. 고양이와 개를 같이 기르는 경우, 간혹 고양이와 개가 함께 사용할 수 있도록 큰 물그릇을 제공하는 보호자도 있는데, 이때 물그릇이 너무 커서 고양이에게는 부적절할 수 있다. 필자가 방문컨설팅을 진행할 때 일반적으로 접하게 되는 것 중 하나는, 보호자가 먹이그릇을 씻는 데는 열심이지만, 물그릇은 깨끗이 씻지 않고 단지 물을 보충만 해주는 것이었다.

고양이가 혀를 사용하기보다 물그릇에 발을 담그는 방법을 선택한다면, 이는 끊임없이 변하는 수위 때문일 수도 있다. 물그릇에 물을 채우는 빈도와 양에 있어서 일관성이 없으면, 고양이는 자신의 얼굴을 사용하기보다 그냥 발을 담그는 방법이 더 쉬울 수 있다. 어떤 경우는 고양이가 수위를 보기가 어렵다는 것이 발을 사용하게 하는 또 다른 이유가 된다. 여러분의 고양이가 이런 경우라면, 물그릇에 물을 채우는 높이를 일관되게 유지하고 수위가 어느 정도인지 고양이가 쉽게 볼 수 있는 물그릇을 사용한다.

세트로 붙은 그릇(Double bowls, 일명 쌍식기)은 물과 먹이를 함께 담을 수 있기 때문에 편리하고 좋은 아이디어로 보일 수도 있지만, 실제로는 식사시간에 있어서 방해가 될 수 있다. 어떤 고양이들은 먹이와 물이 가까이 있는 것을 좋아하지 않는다. 이 경우 물에서 먹이냄새가 나는 것을 좋아하지 않으며, 한낮에 물을 마시고 싶을 때(배가 고프지 않은 상태라면) 물에서 먹이냄새가 나는 것을 원치 않는다. 쌍식기를 사용하면 먹이부스러기가 물에 떨어지기 매우 쉬우며, 이는 물을 오염시키기 때문에 고양이가 물을 싫어하게 만들 수 있다. 가능한 한 쌍식기는 피하도록 하고, 쌍식기를 사용하지 않는 경우라도 물그릇과 먹이그릇을 바로 옆에 두지 말고 충분히 떨어뜨려놓는 것이 좋다.

| 먹이급여방식의 점검과 평가

고양이에게 먹이를 급여하는 방식은 보통 자유급식과 계획급식의 두 가지 방법이 있다. 각각의 방식은 장점과 단점을 모두 가지고 있으므로 자신의 상황과 여건에 맞춰 선택하는 것이 바람직하다. 현재 자신의 고양이에게 급여하는 방식을 점검해보고, 상황에 따른 문제가 있는 경우 이를 적절하게 조정해 나가도록 한다.

자유급식의 장점과 단점

자유급식은 먹이를 조금씩 마음대로 먹을 수 있기 때문에 많은 고양이에게 있어서 효과적인 급여방식이다. 자유급식은 또한 보호자가 저녁 식사시간에 맞춰 집에 돌아와야 한다는 부담감 없이 고양이를 좀 더 혼자 남겨둘 수 있기 때문에 고양이보호자들에게 가장 편리한 급여방법이기도 하다. 자유급식의 또 다른 장점은 다묘 가정에서 식사시간대가 서로 다른 고양이들이 각각 편리하게 먹이를 먹을 수 있다는 점이다. 다묘 가정에서 고양이들 간에 긴장관계가 형성돼 있는 경우 자유급식을 하면, 주위에 다른 고양이들이 없을 때 각각 자유롭게 먹이를 먹을 수 있다.

자유급식은 고양이가 자신의 양을 스스로 조절하고 건강한 체중을 유지할 수 있을 때만 효과적이라는 것을 염두에 둬야 한다. 불행히도 고양이에 있어서 비만이 만연하고 있다는 사실에 입각했을 때, 필자는 많은 고양이들에게 자유급식방법이 효과적이지 않다고 생각한다. 다묘 가정에서 자유급식은, 각각의 고양이가 얼마나 많이 또는 얼마나 적게 먹는지 고양이보호자가 모니터링하기 어렵게 만든다. 또한, 행동교정프로그램에서 먹이를 효과적인 행동교정도구로 사용하지 못하게 한다. 통제된 방식으로 먹이를 사용하면 고양이에게 바람직하지 않은 행동을 변화시킬 수 있는 강한 동기부여가 되는데, 자유급식을 하면 일반적으로 고양이가 음식에 유혹받을 정도로 배가 고픈 상태가 되지 않기 때문에 효과가 없는 것이다.

계획급식의 장점과 단점

고양이에게 매일 먹이는 양을 정해 급여하면, 체중을 잘 모니터링할 수 있고 고양이가 먹어야 하는 양을 모두 먹고 있는지 확인할 수 있다. 다묘 환경에서, 계획급식은 또한 각 고양이가 공평한 몫을 취하는지 확인할 수 있는 좀 더 쉬운 방법이다. 습식사료를 급여하는 경우, 먹이를 최대 30분 동안 남겨놔야 하기 때문에 이때는 계획급식이 효과적인 방법이다. 습식사료를 자유급식하는 경우, 먹이그릇에서 바위처럼 단단하게 마르면서 극도로 맛이 없어지게 된다. 계획급식은 고양이가 항상 쉽게 먹이를 이용할 수 있는 것은 아니기 때문에 먹이를 행동교정도구로 사용할 수 있다는 부가적인 장점이 있다. 계획급식의 단점은 고양이보호자에게는 자유급식에 비해 불편하다는 점이다. 타이머가 설치된 자동먹이공급기를 사용하지 않는 한, 고양이에게 먹이를 제공하기 위해 제시간에 집에 있어야 한다. 일부 고양이의 경우, 먹이급여시간이 몇 분만 늦어도 보호자가 현관문을 통과하는 순간부터 불만에 찬 소리를 지르기도 한다.

필자가 컨설팅한 많은 고양이보호자들이 계획급식을 하면서 저지르는 문제점은, 하루에 1~2회만 급여한다는 점이다. 하루 한 번은 고양이에게 절대 적합하지 않으며, 고양이는 위가 작기 때문에 다음 식사까지 24시간을 기다릴 수 없다. 하루 두 번 급식은 어떤 고양이에게는 괜찮지만, 대부분의 새끼고양이에게는 소량으로 더 자주 제공하는 것이 바람직하다. 여러분의 고양이가 전속력으로 달려와서 저녁을 게걸스럽게 먹고, 곧 그릇 바로 옆에 다시 나타난다면 너무 배가 고팠기 때문일 수 있다. 이는 또한 기저질환으로 인한 것일 수도 있으며, 고양이가 먹이를 먹고 나서 금방 토한다면 수의사의 검진을 받아봐야 한다.

02

까다로운 식성 재훈련 준비와 과정

고양이가 어느 날은 특정 먹이를 선호하지만 다음 날은 그것을 거부하는 경우도 있는데, 이러한 행동이 오래 지속된다면 보호자는 아마도 체념하고 식성이 까다로운 고양이와 사는 것을 그러려니 하고 받아들였을지도 모른다. 일부 경우에 있어서는 먹다 남은 통조림먹이를 냉장고에서 꺼내 제공할 때 까다로운 식성이 분명하게 드러난다. 어떤 경우는, 고양이는 국물이 없는 덩어리를 기대하고 있는데 보호자가 국물이 있는 통조림을 제공하려 할 때 먹기를 거부한다. 몇 년 동안 한 가지 종류의 먹이만 제공해서 새로운 브랜드로 바꿀 요량에 새 먹이를 제공했을 수도 있는데, 이때 메스꺼워져서 부엌 밖으로 걸어 나가는 고양이의 뒷모습을 보게 될 것이다.

| 까다로운 식사증후군과 고정된 먹이선호

까다로운 식성은 태어날 때부터 갖고 있던 것이 아니라 만들어진 것이지만, 그 과정은 아주 어릴 때부터 시작될 수 있다. 오직 한 종류 또는 한 유형의 먹이만 제공받은 새끼고양이는 나중에 고정된 먹이선호도를 갖게 될 가능성이 더 높다. 이 행동은 일반적으로 먹이를 갑자기 변경했을 때 나타나는데, 고양이는 갑작스러운 변화를 좋아하지 않는다. 같은 먹이를 꽤 오랫동안 먹여오다가 갑자기 새로운 브랜드, 향 또는 질감의 먹이를 급여하는 경우, 여러분은 무심코 이러한 행동을 유발했을 수도 있다.

— M E M O   **먹는 것을 완전히 멈춘 경우**

고양이는 이틀 이상 먹지 않으면 안전할 수 없기 때문에 까다로운 식성 증후군이 나타나는 경우 위험을 초래할 수 있다. 이 경우 간지질증(hepatic lipidosis, 지방간)이라 불리는 질병에 걸릴 위험이 있다. 간지질증은 간에 지방이 축적되는 질병이며, 이 상태는 2일 정도만 먹지 않아도 발전할 수 있기 때문에 어떤 이유로든 고양이가 먹는 것을 완전히 멈추면 즉시 수의학적 도움을 받는 것이 중요하다.

건조사료만 먹다가 건강상 문제로 인해 습식사료를 먹어야 하는 경우, 급격한 변화가 거부감을 유발할 수 있다. 고양이는 먹이의 향에 먼저 반응한다. 먹이그릇에서 익숙하지 않은 향이 갑자기 감지되면, 심지어 먹으려는 시도조차 하지 않을 수도 있다.

향이 매력적이라면 다음 장애물은 맛이다. 많은 고양이들이 맛과 함께 질감에 대한 선호도를 가지고 있다. 습식사료는 여러 가지 다양한 질감으로 나오고 건조사료는 다양한 크기와 모양으로 나오는 이유는, 이처럼 고양이가 입맛에 대해 강한 선호도를 가질 수 있기 때문이다. 둥근모양의 사료를 먹는 데 익숙한 고양이는 별모양이나 사각모양 사료의 느낌을 좋아하지 않을 수도 있다. 이러한 이유로 반려동물사료를 제조하는 회사들은 향, 맛 그리고 질감의 매력을 연구하는 데 많은 투자를 하고 있다.

식성이 까다로운 고양이의 입맛을 맞추기 위해 너무 많은 에너지를 소비했을 수도 있다. 고양이보호자들은 고양이의 입맛에 딱 맞는 것을 찾기 위한 필사적인 시도로, 한 번에 여러 가지 다른 브랜드의 포장을 뜯어 먹이를 제공한다. 유감스럽게도, 고양이가 까다로운 식성 증후군이 있을 때 갑자기 이것저것 계속해서 먹이를 변경할수록 고양이를 점점 더 혼란스럽게 만든다. 일부 전문가들은 고양이는 일생 동안 똑같은 먹이를 매우 잘 먹는다고 주장할 것이다(물론 나이에 맞는 먹이). 질 좋은 먹이만 제공한다면 그 말이 맞는 것일 수도 있지만, 문제는 보호자의 통제를 벗어나는 사건이 발생할 수도 있다는 것이다. 그 먹이의 특정 성분이 바뀔 수도 있고, 제조회사가 생산을 완전히 중단할 수도 있다. 또 다른 중요한 고려사항은 만약 고양이가 특정 건강문제를 갖고 있는 경우 유동식을 처방받을 수도 있다는 점이다. 고양이가 평생 동안 오직 한 종류의 먹이만 먹었다면, 이 새로운 먹이를 수용하도록 만드는 것은 상당히 어려울 수도 있다.

많은 전문가와 수의사는 고양이가 한 가지 먹이만 선호하게 되는 것을 방지하기 위해 다양한 브랜드와 향을 갖춘 다양한 먹이를 제공해야 한다고 권장하고 있다. 처음부터 이러한 방식으로 급여한다면 까다로운 식성이나 한 가지 먹이만 선호하는 것을 모두 방지할 수도 있다. 이를 위해서는 점진적으로 수행해 나가는 것이 적절한 방법이다. 고양이가 한 가지 브랜드나 한 가지 맛의 먹이만 먹고 있고 여러분은 이제 다른 종류를 포함하고 싶다면, 5~7일 간에 걸쳐 기존의 먹이에 새 먹이를 매일 조금씩 추가해야 한다. 이러한 방법으로 새로운 먹이의 양을 늘리고 기존 먹이를 줄일 수 있게 된다.

참고로 이 방법은 같은 유형의 먹이를 전환시키려고 시도하는 경우에만 가능하다(통조림을 건조사료에 혼합하거나 건조사료를 통조림에 혼합하면 안 된다). 같은 유형의 먹이를 점차적으로 전환시키는 방법은 고양이가 변화에 대한 거부감을 갖게 될 가능성을 줄여주며, 소화시스템에 급격한 변화를 일으키지 않기 때문에 바람직하다고 볼 수 있다. 고양이의 소화시스템은 익숙하지 않은 성분에 적응하기 위한 적절한 시간을 필요로 한다. 변화가 너무 갑작스러울 경우, 가벼운 위장장애나 가스부터 가벼운 또는 심한 설사에 이르기까지 여러 가지 문제가 발생할 위험이 있다.

| 자유급식을 실시하고 있는 경우

먼저 문제행동을 유발하는 근본적인 건강문제가 없는지 확인하기 위해 수의사의 진단을 받아야 한다. 일반적으로 자유급식을 하고 있는 경우 까다로운 식성을 재훈련시키는 가장 쉬운 방법은, 식사시간에 식욕을 향상시킬 수 있도록 계획급식으로 전환시키는 것이다. 이 경우 자유급식에서 곧바로 1일 1~2회의 계획급식으로 전환하는 것은 바람직하지 않다. 보다 점진적이고 매력적인 전환과정을 위해 우선은 하루에 여러 번 소량으로 나눠 제공하는 것이 좋다. 통조림먹이를 급여하고 있는 경우, 전자레인지에 몇 초 동안(약간 따뜻하게) 돌려 향을 발산시키고, 고양이에게 제공하기 전에 숟가락으로 여러 번 저어 과도한 열주머니를 제거한 후 급여하도록 한다.

남은 통조림먹이를 냉장보관했다가 제공하는 경우, 냉장고에서 꺼내자마자 바로 제공하는 것은 절대 안 된다. 실온에 잠시 보관하거나 전자레인지에 살짝 돌려 따뜻하게 한 후 급여한다. 건조사료를 제공하는데 고양이가 그것을 거부한다면, 약간 습하게 만든 다음 전자레인지에 넣어 따뜻하게 데울 수 있다. 이때 너무 뜨거워지지 않도록 주의한다. 고양이에게 제공하기 전에 새끼손가락으로 먹이를 저어서 온도를 확인하는데, 실온이거나 약간 따뜻하게 그러나 뜨겁지 않아야 한다.

| 먹이의 유형을 전환하려는 경우

'습식사료 → 건조사료' 또는 '건조사료 → 습식사료'와 같이 한 가지 유형에서 다른 유형의 먹이로 전환하려는 경우, 두 가지를 함께 섞어 제공하는 방법은 피해야 한다. 고양이는 일반적으로 건조사료가 습식사료에 젖는 것을 싫어한다. 눅눅한 건조사료는 고양이에게 절대 매력적이지 않다. 대신 건조사료를 분쇄해서 통조림먹이 위에 뿌려주는 방법이 좋다. 이 방법을 이용하면 고양이는 익숙한 향과 맛의 대부분을 가지고 있는 건조사료를 먹는 동시에 통조림먹이도 조금씩 맛보기 시작할 것이다.

고양이의 건강에 문제가 없고 수의사도 괜찮다고 한 경우, 습식사료 위에 소량의 참치국물을 부어줄 수 있다. 참치통조림의 국물은 식욕을 돋울 정도로 매력적이지만, 참치는 맛과 향이 매우 강해서 고양이에게 중독이 될 수 있기 때문에 조금씩 사용해야 한다. 가끔 습식사료 위에 유아식을 한 방울 떨어뜨려주는 것도 도움이 되는데, 이때는 마늘가루나 양파가루를 함유한 식품은 아닌지 확인해야 한다. 마늘과 양파는 고양이의 건강에 위험을 초래할 수 있다. 고양이가 여전히 먹이를 거부하고 있다면, 수의사와 식욕자극제를 사용하는 것이 적절할지에 대해 상담한다.

| 먹이그릇에 위협을 가하는 경우

두 마리 이상 기르고 있는 가정의 경우, 때때로 한 마리가 먹이급여장소를 차지하려고 시도할 수도 있다. 이는 서열이 높은 고양이가 식사를 마칠 때까지 서열이 낮은 고양이를 뒤로 물러서도록 위협한다는 점에서 지위와 관련이 있을 수 있다. 고양이 사이에 적대적 관계가 형성돼 있는 경우, 희생당한 고양이는 협박을 한 고양이가 그곳을 떠날 때까지 먹이그릇에 접근하는 것을 매우 두렵게 느낄 수도 있다.

고양이보호자 입장에서는 특정 고양이가 협박을 일삼는다는 것을 감지하기 힘들 수 있지만, 대상 고양이에게는 매우 분명하게 드러난다. 위협을 가하는 고양이는 출입문에 어슬렁어슬렁 나타나서 주방입구를 가로막는 행동을 보일 수도 있다. 또한, 그 고양이는 미묘한 수준으로 괴롭히는 것이 아니라 대놓고 으르렁거릴 수 있고, 위협적인 자세를 취한 채 똑바로 응시하며 접근하는 모든 고양이에게 도전할 수 있다.

다묘 가정에서 각각의 고양이에게 별도의 먹이그릇에 먹이를 제공하는 경우, 위협적인 고양이가 자신의 먹이를 먹기 전에 먼저 다른 고양이의 먹이를 먹기 위해 먹이그릇에서 그들을 쫓아버린다면 여전히 문제가 존재할 수 있다. 이는 또한 고양이가 특별한 식이요법을 하고 있고, 다른 그릇에 있는 먹이가 더 식욕을 돋운다는 것을 아는 경우에도 문제가 발생한다. 비록 고양이들이 집안의 다른 영역에서는 잘 지낼지라도 먹이급여장소에서 문제가 나타날 수 있다. 고양이들은 같은 공간에서 함께 먹이를 먹을 수 있지만, 좀 더 위협적인 고양이가 있을 때는 매우 긴장할 수도 있다. 고양이에게 식사시간은 안전하고 조용하며 편안해야 한다. 기습을 당하거나 자신의 먹이그릇으로부터 쫓겨날 것을 걱정해야 한다면, 안전하고 조용하며 편안한 시간이 아니다.

먹이그릇에 위협을 가하는 고양이가 있는 경우, 그러한 상황을 처리할 수 있는 여러 가지 방법들이 있다. 현재 공동그릇에 먹이를 주고 있다면, 모든 고양이에게 각각 자신만의 그릇을 제공해야 한다. 계획급식을 하고 있다면, 각 고양이가 자신의 안전지대에서 먹이를 먹을 수 있도록 충분한 거리를 두고 그릇을 배치하도록 한다. 또한, 위협을 가하는 고양이가 다른 고양이의 그릇을 향해 어슬렁거리며 다가가지 않도록 감시하기 위해 식사시간 동안에 보호자가 안전요원 역할을 해야 한다. 고양이가 먹는 것을 중단하고 서로를 쳐다본다면, 이는 먹이그릇 사이의 거리가 충분히 떨어지지 않은 것이다. 일단 그릇 사이에 충분한 거리를 뒀으면, 고양이들이 각각 자신의 그릇 위치를 식별할 수 있도록 매번 식사 때마다 동일한 위치에 그릇을 배치해야 한다.

고양이가 같은 공간에 있는 것을 불편하게 느끼거나 다른 고양이의 먹이그릇으로부터 위협적인 고양이를 멀리 떼어놓을 수 없으면, 별도의 영역에서 먹이를 급여한다. 위협하는 고양이가 한 번에 모든 곳에 있을 수 없으므로 먹이급여장소를 여러 곳에 세팅하면 모든 고양이가 좀 더 편안하게 느끼도록 도움을 줄 수 있다. 위협을 가하는 고양이가 다른 고양이들을 보지 않을 것이기 때문에 긴장을 풀고 먹이를 먹을 수 있으며, 위협을 당한 고양이는 곧 새로운 먹이장소가 안전하다는 것을 인식하게 될 것이다.

— MEMO 까다로운 식성과 간식 —

까다로운 식성의 일반적인 원인은 과도한 양의 간식을 제공하는 것이다. 간식은 고양이의 식단에서 10% 이상 초과해서는 안 된다. 간식은 행동교정도구로 사용하고, 작은 조각으로 나눠서 전체 간식 대신에 보상으로 한 조각씩 제공할 수 있다. 어디까지나 식사가 아니라 간식이라는 것을 기억하도록 한다.

자유급식을 하는 경우, 서열이 낮은 고양이들이 가장 안전한 식사장소를 스스로 선택할 수 있도록 집안의 여러 곳에 먹이급여장소를 세팅한다. 이렇게 해주면 위협을 가하는 고양이가 먹이급여장소 중 한 곳에서 어슬렁거리고 있는 경우, 서열이 낮은 고양이들이 다른 장소를 선택할 수 있다. 계획급식을 하는 경우, 위협을 가하는 고양이가 식사시간에 배가 고프지 않도록 소량의 먹이를 더 자주 급여하는 것이 좋다. 다묘 가정에서는 먹이급여장소를 세팅할 때 수직공간도 사용한다. 지위를 표시하기 위해 또는 상대에 대한 두려움으로 먹이를 먹을 때 높은 곳을 선택하는 고양이가 있을 수 있다. 수직공간은 접근하는 상대방을 확인하는 데 더 나은 시야를 확보해준다.

| 고양이마다 식단이 다른 경우

"모두들 자기 것만 먹어줄래?" 이 말은 다묘 가정에서 식사시간이면 들을 수 있는 보호자들의 외침소리다. 여러 종류의 먹이를 준비해야 하는 다묘 가정에서는 이를 어떻게 처리해야 할까. 집안에 특정 식단을 제공해야 하는 고양이가 한 마리 있는 경우, 많은 보호자들이 선택하는 해결책은 모든 고양이들에게 같은 먹이를 제공하는 방법이다.

특정 먹이와 연령, 활동수준 그리고 다른 고양이들의 건강상태에 따라 이 방법은 현명한 선택이 아닐 수도 있다. 예를 들면, 젊고 건강한 고양이에게 만성신부전이 있는 노묘에게 제공되는 식단을 적용할 필요는 없는 것이다. 활동적이고 정상적인 체중의 고양이는 과체중의 비활동적인 고양이에게 제공되는 제한된 칼로리의 먹이를 먹어서는 안 된다. 이는 한 마리는 성묘이고 다른 한 마리는 어린, 두 마리의 고양이를 둔 가정에서 흔히 발생하는 문제다. 새끼고양이를 위한 먹이는 지방과 단백질 함량이 너무 많아서 성묘는 먹어서는 안 되며, 새끼고양이는 성장단계에 필요한 적절한 양의 지방과 단백질을 섭취하지 못하게 되기 때문에 성묘의 먹이를 먹어서는 안 된다.

그렇다면, 고양이의 식단이 다를 때 어떻게 관리해야 될지 궁금할 것이다. 이것이 계획급식이 자유급식보다 효과가 좋은 지점이다. 계획급식은 각 고양이에게 적절한 먹이를 준비할 수 있고, 모든 고양이가 그들에게 필요한 것을 섭취하고 있는지 확인하기 위해 식사시간을 모니터링할 수 있기 때문이다. 한 고양이의 먹이가 다른 고양이에게는 거부할 수 없는 것이고, 같은 공간에서 먹이를 주는 것이 유혹이 너무 많으면, 별도의 영역에서 먹이를 제공하도록 한다. 지나치게 과체중인 고양이 또는 노묘가 있을 때와 같은 일부 경우에, 다른 고양이의 먹이를 높은 곳에 둘 수도 있다. 특별한 식이요법이 필요한 고양이(젊고 건강한 고양이의 먹이를 먹으면 안 되는)의 경우, 점프나 등반하는 것이 어렵다면 충분히 높은 곳에 배치해 접근하지 못하도록 할 수 있다. 그러나 어린 고양이가 그 장소에 올라가는 데 문제가 없는지 확인해야 한다. 이 옵션을 선택하는 경우, 혼합된 재훈련 메시지를 보내지 않도록 해당 지역이 고양이에게 일관되게 허용할 수 있는 곳인지 확인해야 한다. 고양이가 주방조리대에 올라가지 못하게 재훈련을 한 적이 있다면, 그곳에 먹이급여장소를 세팅하는 것은 피해야 한다.

비만고양이를 위한 식사시간 재훈련

과체중은 어떤 연령대의 고양이에게도 건강에 좋지 않지만, 노묘에 있어서는 더욱 심각한 영향을 미칠 수 있다. 과체중인 고양이는 심장질환, 당뇨 그리고 관절염이 발생할 가능성이 더욱 높다. 요즘은 동물병원을 찾는 고양이들 중 과체중의 비만고양이들이 점점 더 많아지고 있다. 필자는 보호자들이 적절한 체중의 고양이에게 '굶주린 것이 틀림없다'고 말하는 것을 봤는데, 엉덩이에 두툼한 살덩어리가 만져지는 고양이의 이미지에 너무 익숙해져 있는 것은 아닌가 싶다. 자신의 고양이의 몸매를 생각할 때 축구공의 이미지가 떠오른다면, 그 고양이는 상당한 과체중일 가능성이 있다.

품종에 따른 적정체중 점검

품종이 다른 고양이는 다른 체형을 가지고 있다. 고양이의 이상적인 체중은 연령, 건강, 활동수준 그리고 품종에 따라 달라진다는 것을 아는 것이 중요하다. 예를 들면, 샴(Siamese)의 신체는 페르시안(Persian)의 땅딸막하고 다리가 짧은 신체와는 매우 다르다. 메인 쿤(Maine Coon)은 덩치가 큰 고양이지만 뚱뚱하지는 않다. 덩치가 커지는 것과 과체중이 되는 것은 차이가 있다는 점을 알아야 한다. 컨설팅 도중 보호자들이 자신들의 고양이가 과체중이라는 필자의 진단에 완전히 충격을 받았던 경우가 얼마나 많은지 이루 헤아릴 수가 없다. 필자가 질문을 던졌을 때, 대부분의 보호자들은 자신의 고양이의 체중이 얼마나 나가는지 또 고양이 체중이 어느 정도 돼야 적당한지 알지 못했다.

체중감량프로그램 실시

많은 경우 수의사는 체중감량프로그램을 권장하지만, 보호자들은 이를 잘 따르지 않는다. 비만고양이에 있어서 정답은 단순히 활동증가가 필요하다는 것이다. 너무 많은 실내고양이들이 먹고 잠자는 것 외에는 절대적으로 하는 일이 없다. 보호자들은 고양이가 언제나 먹이에 끊임없이 접근할 수 있는, 따뜻하고 부드러우며 사랑스러운 환경을 만들어줬지만, 고양이의 삶에 있어서 매우 중요한 측면인 활동을 전혀 고려하지 않았다. 고양이는 '먹이를 위해 일하도록 태어난' 사냥꾼이라는 점을 명심해야 한다.

건강한 체중감량프로그램을 시작하기 위해서는, 체중증가를 일으키는 근본적인 건강문제가 없는지, 또는 증가된 체중의 결과로 건강문제가 발생됐는지 확인하기 위한 검사를 비롯해 수의사의 진단을 받는 것부터 시작해야 한다. 수의사는 고양이의 체중이 얼마가 돼야 하는지, 천천히 식단을 변경하면서 안전하게 목표체중까지 줄일 수 있는 방법이 무엇인지 설명해줄 것이다. 급격하게 식사량을 줄이면 비참한 결과를 초래할 수 있기 때문에 수의사의 지시에 따라 체계적으로 감소시켜야 한다.

고양이의 체중이 너무 급격하게 감소되면, 간에 지방이 축적되면서 간질환의 위험에 빠질 수 있다. 이는 매우 위험한 결과를 초래하게 되므로 체중조절 시에는 세심한 주의를 기울여야 한다. 급격한 다이어트의 또 다른 위험은, 너무 빨리 먹이를 먹거나 곧바로 토하고, 먹이를 훔치거나 지속적으로 울어대고, 구걸하는 행동을 하며, 불안과 관련된 과도한 그루밍 등과 같은 추가적인 행동문제를 야기할 수 있다는 것이다.

수의사는 주간 또는 월간 체중감량 목표수치를 알려주며, 급여할 먹이량에 대한 시작 지침을 제시할 것이다. 어떤 경우에는 양을 약간 줄이면서 현재 먹이고 있는 브랜드를 계속 먹이라고 지시할 수도 있다. 어떤 경우는 칼로리를 낮춘 OTC(처방전 없이 누구나 사용할 수 있는 것) 먹이 또는 처방전의 먹이를 사용하도록 지시할 수도 있다. 새로운 먹이를 사용하라는 지시가 있으면, 새로운 먹이로 쉽게 전환시킬 수 있도록 현재 브랜드에 새 브랜드의 먹이를 점진적으로 혼합한다. 이 과정은 약 5~7일 정도 소요된다.

고양이가 식단에 적응하도록 돕기 위한 가장 좋은 트릭은 더 적은 양의 먹이를 더 자주 제공하는 것이다. 하루에 먹는 양을 측정한 다음, 그것을 여러 번으로 나눠 제공하도록 한다. 고양이는 실제로 자신이 먹은 것보다 더 많은 먹이를 섭취하고 있다고 생각할 것이고, 위장이 오랜 시간 동안 비어 있는 일은 없을 것이다. 체중감량프로그램을 진행할 경우, 나중에 먹을 먹이도 없이 아침 일찍이 먹어버리는 상황을 방지하기 위해 자유급식보다는 계획급식이 더 좋다. 필자가 본 일반적인 실수는, 고양이보호자들이 칼로리를 낮춘 먹이로 전환했지만 끊임없이 공급하는 자유급식을 선택한다는 것이다. 고양이가 얼마나 먹고 있는지 모를 경우 체중감량프로그램을 성공적으로 수행할 수 없으므로 칼로리 섭취를 통제하기 위해 매일 측정된 양을 공급해야 한다.

운동을 위한 놀이요법 실시

고양이의 삶에서 먹는 것이 활동의 전부라면, 이제는 운동을 시켜야 한다. 다행히도 고양이에 있어서는 별다른 도구나 과정 필요 없이 재미있는 놀이의 형태로 운동을 할 수 있다. 놀이는 고양이의 자연스러운 본능인 사냥을 이용할 것이다. 여러분의 고양이에 있어서 사냥기술이 매우 녹슬었거나 심지어 잊어버린 것으로 보일 수도 있지만, 여전히 본능적으로 남아 있다. 적어도 하루에 두 번씩 상호교감놀이요법 과정을 수행하는 일정을 시작하도록 한다. 이와 관련한 내용은 제3장을 참고한다.

고양이의 신체능력에 맞게 기술을 사용해야 하겠지만, 어느 정도의 운동량을 세팅하는 것이 유익할 것이다. 고양이가 매우 비만한 경우, 공중제비를 하고 장난감을 추적하기 위해 놀랄 만큼 빠른 속도로 움직이는 것을 기대하지는 않도록 한다. 처음에는 소파에 누운 채로 장난감을 발로 툭툭 치는 정도만 가능할 수도 있다. 그것이 바로 시작이며, 아마도 고양이가 몇 년 동안 했던 것보다 더 활동적인 행동일 것이다. 고양이가 더 편안해지게 되면, 강력한 사냥꾼으로 태어났다는 것을 상기시키기 위한 그의 본능이 발동함으로써 놀이를 하는 동안 점점 더 많이 움직일 수 있을 것이다.

과체중고양이의 경우, 너무 혹사시키지 않도록 하루에 강도가 낮은 몇 가지 놀이요법과정을 수행하는 것이 좋다. 고양이가 감당할 수 있다 하더라도, 쉬지 않고 30분 이상 지속하는 것은 바람직하지 않다. 고양이가 활동하는 데 익숙하지 않다면, 점차적으로 일상으로 돌아가 쉴 수 있게 해준다. 먹이추적본능을 자극하는 방법을 배우기 위해 제3장에 설명돼 있는 놀이기법을 따른다. 고양이가 먹이급여장소의 빈 먹이그릇 앞에 앉아 있는 경향이 있다면, 고양이의 주의를 다른 곳으로 돌리는 방법으로 놀이요법을 사

> **M E M O 먹고 남은 먹이그릇**
> 고양이가 먹이를 먹은 후 바닥에 더러운 먹이그릇을 방치해서는 안 된다. 남아 있는 먹이의 냄새나 빈 그릇이 시야에 보이는 것은 고양이의 배고픔을 계속 자극할 수 있다.

용한다. 또한, 놀이요법과정 사이에 고양이를 분주하게 유지하기 위해 몇 가지 활동장난감과 도전과제를 세팅한다. 주변 환경을 살펴보고, 고양이를 자극하는 요인을 개선하기 위해 수행할 수 있는 것이 무엇인지 찾아본다. 자세한 내용은 제2장을 참고한다. 놀이시간 및 활동의 타이밍 또한 성공적인 체중조절에 있어서 중요한 부분이다. 야생에서 고양이는 사냥한 먹이를 즐기기 전에 신체활동을 먼저 거치므로, 그 패턴을 모방해서 고양이에게 먹이를 제공하기 전에 놀이요법과정을 수행하도록 한다.

퍼즐피더의 사용

필자는 과체중고양이를 기르고 있는 일부 보호자들에게 플레이앤트리트(Play-N-Treat)볼과 같은 퍼즐피더를 사용하도록 권장하고 있다. 플레이앤트리트볼은 두 가지 방법 중 하나로 사용될 수 있다. 보호자가 직장에 있는 동안 낮에는 고양이가 즐길 수 있도록 퍼즐피더를 세팅해둘 수 있기 때문에 먹이 없이 하루 종일 지낼 필요가 없다. 또 고양이가 퍼즐피더를 능숙하게 사용할 수 있게 되면 먹이제공 전용으로 사용할 수도 있다.

플레이앤트리트볼은 한 번에 한두 알의 사료만 나오게끔 디자인돼 있기 때문에 고양이가 천천히 먹도록 강제할 수 있다. 게다가 고양이는 먹이보상을 받기 위해 실제로 움직여야 한다. 먹이를 위해 움직이는 것은 고양이에게 자연스러운 행동이다. 그러나 고양이가 먹이보상을 받기 위해 볼을 굴리는 방법에 대한 개념을 완전히 이해하지 못하면 먹이전용으로는 사용하지 않는 것이 좋다. 또한, 먹이제공에만 사용한다면, 고양이가 찾기 어려운 곳으로 굴러갈 수 없는 공간에 배치해야 한다.

견고한 골판지상자에 고양이 발 크기와 같은 구멍을 만든 다음, 내부에 건조사료를 넣어서 자작 퍼즐피더를 만들 수도 있다. 골판지화장지 또는 종이타월의 롤 삽입물 역시 훌륭한 퍼즐피더가 된다. 골판지 롤에 사료알갱이보다 크게 구멍을 뚫고, 각 끝을 종이로 막는다. 그런 다음 골판지가 쉽게 구를 수 있도록 양쪽 끝을 부드럽게 테이프로 붙여준다. 고양이에게 제공하기 전에 바닥에 굴려서 알갱이가 쉽게 떨어져 나오는지 확인한다. 이제 매우 저렴하고 재미있는 퍼즐피더가 완성됐다.

건강한 영양계획의 수립

고양이에 대한 진정한 사랑은 먹이를 과도하게 급여하는 것이 아니라, 건강한 영양계획을 세워주는 것이다. 여러분이 샌드위치를 만들 때 여분의 치킨조각을 몰래 주는 것 또는 고양이를 위해 항상 참치 한 숟가락을 남겨두는 것은 호의를 베푸는 것이 아니다. 고양이가 아름다운 큰 눈동자로 여러분을 쳐다볼 수도 있고 죄책감이 여러분을 엄습해 올 수도 있지만, 마음이 약해져서 여분의 먹이를 몰래 주는 일이 없도록 한다. 고양이의 활동을 증가시키고 더욱 자극적인 환경을 제공하는 동안 적절한 시간에 올바른 양의 먹이를 제공하는 계획을 충실히 이행한다면, 고양이는 곧 이전에는 결코 할 수 없었던 방식으로 삶을 즐기기 시작할 것이다.

- 공격성은 이전에 보이지 않았던 부상이나 질병이 원인일 수도 있으므로 수의사의 진단이 우선돼야 하며, 수의사의 정확한 진단을 받을 때까지는 단순히 행동문제로 취급해서는 안 된다.

제장

공격성과 관련된
문제행동 재훈련

- 공격성의 유형 및 원인과 대책 -

01

공격적인 행동의 의미와 메시지

동물세계에서 공격은 자연스러운 삶의 일부다. 어떠한 형태로 나타나든 공격은, 고양이가 자기 군락을 구축하고 짝을 찾으며, 영토를 정하고, 둥지를 보호하고, 생존을 위한 먹이를 포획하는 방법이다. 가정에서 나타나는 공격적인 행동은, 그것이 동료고양이를 향한 행동이든 인간가족을 향한 행동이든 관계없이 항상 두려운 것이다. 이는 보호소에 양도되고, 유기되고, 파양되고, 야외에 방치되거나 안락사되는 두 가지 큰 이유 중 하나다. 또 다른 큰 이유는 제5장에서 다뤘던 화장실 밖에 배설하는 행동이다.

| 공격적인 행동의 의미와 원인

공격성은 종종 잘못 해석되기 때문에 교정이 어려울 수 있다. 고양이는 특정 상황 하에서만 공격성을 드러낼 수도 있고, 아니면 고양이가 공격할지 여부를 보호자가 예측하지 못할 수도 있다. 공격의 형태가 '방어적 공격'인지 '공격적 공격'인지 이해하는 것은 매우 중요하다. 고양이는 물리적 충돌을 피할 수 있기를 바라면서 자신의 의도를 표현하기 위해 자세를 취한다. 고양이가 자신이 상대해야 할 수도 있는 적이 얼마나 많은지 파악하려는 경우, 소변마킹은 또한 은밀한 공격으로 사용될 수 있다.

많은 보호자들은 이와 같은 행동들이 공격이라는 것을 인식하지 못하고 있다. 고양이가 명백한 전투의 표시를 전혀 나타내지 않기 때문에 고양이들이 서로 잘 지내는 것으로 생각할 수도 있다. 보호자들은 종종 소변마킹이 실제로 공격성으로 인한 것일 때 단순한 화장실문제로 잘못 해석할 수도 있다. 공격적인 행동에는 근본적인 건강문제가 있을 수도 있기 때문에 수의사의 정확한 진단을 받을 때까지는 단순히 행동문제로 취급해서는 안 된다. 이전에 보이지 않았던 부상이나 질병으로 인한 것일 수도 있으므로 문제가 행동적인 것이라고 확신하는 경우에도 이 단계를 건너뛰지 않도록 한다.

다른 모든 행동문제와 마찬가지로, 공격적 행동에는 여러 가지 유형들이 있기 때문에 그 원인을 찾기 위해 노력하는 것이 중요하다. 공격적 행동이 시작된 원인을 알아낼 수 있다면, 유발인자를 제거하거나 최소한 교정을 시도할 수 있다. 많은 경우에 고양이 보호자는 자신이 고양이의 공격성을 자극하지 않는다고 말하겠지만, 실제로는 그렇지 않다. 일반적으로 공격적인 행동을 유발하는 일관적인 무언가가 존재하며, 고양이는 대부분 미리 이와 관련한 경고신호를 보낸다.

| 물기(biting)가 보내는 메시지

고양이는 보호자와 놀이를 하는 동안 가볍게 깨물 수도 있으며, 피가 나도록 아프게 물 때는 그것이 진심일 수 있다. 두 경우 모두 무는 행동은 교정돼야 하며, 교정을 위해서는 먼저 계기를 파악해야 한다. 고양이와 놀이를 할 때 여러분의 손을 무는지 생각해보자. 보호자들이 흔하게 범하는 실수 중 하나는, 고양이가 놀이를 하도록 유도하기 위해 자신의 손가락을 장난감처럼 사용하는 것이다. 이는 고양이가 어릴 때는 그다지 해롭지 않은 것으로 보였을지도 모르지만, 고양이가 성장하고 성체이빨이 발달함에 따라 그와 같은 깨물기는 아마도 더 큰 상처를 입히기 시작했을 것이다.

지금까지 손가락을 장난감처럼 사용했다면, 고양이에게 여러분의 살을 물어도 좋다는 메시지를 준 것이다. 고양이의 마음속에는, 놀이를 하는 동안 보호자의 손가락을 깨무는 것이 괜찮다면 다른 것들에 대해 의사소통이 필요할 때도 깨무는 것이 좋겠다는 생각이 자리 잡는다. 어떤 고양이는 놀이시간을 간청하기 위해 보호자를 문다. 이전의 경험을 통해 고양이는 무는 것이 보호자의 반응을 얻고 장난감을 확보할 수 있는 방법이라는 것을 학습했다. 불행히도 이는 단지 깨무는 행동을 강화시키는 것이며, 결국 이런 방법으로 고양이는 보호자를 훈련시킨 것이다. 담요나 수건 등을 이용해 보호조치를 취했다 하더라도 손가락을 장난감처럼 사용했다면, 이러한 행동을 중단해야 한다. 고양이에게 더 이상 혼합된 메시지를 보내지 않도록 하며, 앞으로 보호자가 참여하는 모든 놀이시간에는 상호교감장난감을 사용해야 한다. 보호자의 손가락과 고양이의 이빨 사이에 안전한 거리를 제공하는, 전형적인 낚싯대 유형의 장난감이 적절하다.

고양이와 함께 놀이를 할 때는 작은 장난감을 사용하지 않는 것이 좋다. 작은 퍼지마우스(Fuzzy mice)와 기타 작은 장난감들은 고양이에게 단독놀이를 의미한다. 손가락을 장난감처럼 사용한 적이 전혀 없다 하더라도 상호교감놀이에 작은 단독놀이장난감을 사용했었다면, 고양이는 장난감의 끝과 손가락의 시작 부분을 구분하지 못해서 우연히 보호자의 손가락을 깨물었을 수도 있다(이때 고양이의 먹이추적본능이 발동하는 중이었고, 고양이는 먹이를 포획하는 데 집중했다). 놀이시간 동안 보호자의 손가락이 어디에 있는지 걱정할 필요가 없게 세팅해줘야 한다. 보호자의 움직이는 손이나 발이 고양이의 놀고자 하는 욕망을 충족시켜주는 유일한 자극이기 때문에 손발을 깨물 수도 있다. 고양이에게 다른 배출구가 없다면, 심지어 그것이 보호자의 맨발이라 하더라도 움직이는 것은 무엇이든 물어뜯으려는 의지가 있다는 것은 자연스러운 일이다.

고양이가 깨무는 것은 또한 보호자가 현재 무언가 하고 있는 일을 중단하기 바란다는 의사를 표현하는 것일 수도 있다. 보호자가 고양이를 쓰다듬고 있을 때 손을 깨무는 것은, 종종 보호자로 하여금 쓰다듬는 것을 멈추게 만든다. 고양이는 상호교감이 더 이상 즐겁지 않다는 것을 보호자가 알 수 있도록 다른 신호를 보냈을지도 모르지만, 보호자가 신호를 알아차리지 못하면 고양이가 할 수 있는 것은 오직 깨무는 방법뿐이라고 느꼈을 수도 있다. 고양이가 보호자가 쓰다듬는 동안 무는 것으로 보이면, 이 장의 뒷부분에 나오는 '공격을 유발하는 쓰다듬기'에 관한 섹션을 참고한다.

물기는 고양이에게 있어서 매우 효과적인 의사소통수단이 될 수도 있다. 고양이는 소파에 앉아 있는 보호자의 자리를 차지하고 싶을 때 보호자의 손을 물어 의사를 표현할 수도 있고, 또는 먹이를 먹고 싶을 때, 밖으로 나가고 싶을 때, 주목을 받고 싶을 때, 혼자 남겨두는 것을 원할 때 보호자를 물 수도 있다.

| 무는 행동 재훈련 시 유의할 점

고양이의 무는 행동을 중단시키고자 할 때는 어떠한 물리적 질책도 하지 않는 것이 바람직하다. 신체적인 체벌은 고양이를 혼란스럽게 할 뿐이며, 방어적인 반응으로 보호자를 무는 경우라면 고양이가 위협을 받는다는 느낌만 증대시킬 것이다. 놀이를 하는 동안 물면, 놀이를 중단하고 잠시 동안 고양이를 무시함으로써 무는 것은 원하는 결과를 가져오지 않는다는 점을 고양이가 알게 한다. 그런 다음, 다시 적절한 상호교감놀이로 주의를 전환시킨다. 고양이가 놀이시간을 유도하기 위해 보호자를 깨문다면, 놀이로 보상하는 행동은 하지 않도록 한다. 대신 "물지 마!"라고 말한 다음, 잠시 동안 고양이를 무시한다. 고양이가 잘 따르고 물지 않을 때 다시 놀이시간을 제공한다.

고양이가 손을 물면 즉시 빼내는 것이 당연한 것처럼 보일 수 있는데, 이때는 고양이 쪽으로 부드럽게 미는 것이 좋다. 만약 손을 빼내면, 먹잇감이 도망가기 위해 몸부림치는 행동으로 보이기 때문에 더 세게 물도록 자극할 수도 있다. 고양이 입 쪽으로 손을 밀면, 순간적으로 고양이를 혼란스럽게 만들어 물었던 것을 풀 것이다. 세게 물지 않는다면, 무는 행동으로 놀이가 중단됐다는 것을 보여주기 위해 앞쪽으로 밀어내기 전에 고정동작을 추가할 수 있다. 또한, 구두로 "물지 마!"라는 신호를 추가할 수도 있다.

많은 사람들이 고양이 코를 탁 치는 것이 깨무는(또는 잘못된 행동) 행동을 교정하는데 좋은 방법이라고 잘못된 생각을 갖고 있다. 이들은 코를 치는 행동이 어미고양이가 새끼고양이의 잘못된 행동을 바로잡는 방법을 모방한 것으로 믿는다. 어미고양이가 새끼고양이를 탁 치는 모습을 볼 수 있기는 하지만, 그와 같은 교정행동은 인간이 모방할 수 없는 특정 발성과 다른 신체언어 신호를 동반한다. 모든 형태의 신체적 질책은 비인간적이고 역효과를 가져오기 때문에 코를 치는 행동은 삼가야 한다.

02
공격성의 유형과 유형별 재훈련

고양이가 나타낼 수 있는 공격성의 유형에는 여러 가지가 있다. 적절한 행동교정기법을 적용하려면, 여러분이 교정하고자 하는 행동을 정확하게 파악해야 한다. 많은 경우 고양이는 실질적인 공격을 하기 전에 어떤 경고신호를 보낸다. 고양이가 의사소통하는 방법에 더욱 익숙해지면, 임박한 공격의 일부 경우를 피하거나 방해할 수도 있다. 고양이의 신호를 해석하는 데 대한 보충내용은 제1장을 참고하기 바란다.

| 공포에 의한 공격성

많은 보호자들이 고양이에게서 나타나는 이러한 행동에 익숙하며, 동물병원에서 고양이를 캐리어에서 꺼내려 할 때 특히 많이 볼 수 있다. 평소 유순하고 상냥한 고양이가 갑자기 악어처럼 변하는 모습을 보는 것은 매우 당황스러운 일이다.

특징 및 증상
일반적으로 고양이는 가능한 한 대결을 피하는 것을 선호한다. 고양이가 상대를 마주했을 때 취하게 되는 모든 자세는, 적이 놀라 도망가도록 크고 위협적으로 보이게 하거나, 또는 위협할 의도가 없음을 알리는 것이다. 고양이가 '공포에 의한 공격성'을 보일 때는 탈출수단이 없는 구석으로 몰린다고 느끼기 때문이다.

— M I E M I O I **공포에 의한 공격성의 특징**

공포에 의한 공격성을 나타내는 고양이는 직접적인 시선접촉을 피하려고 할 것이다. 상대를 똑바로 쳐다보는 것은 도전이나 위협으로 간주되기 때문이다.

공포에 의한 공격성은 방어적 행동이며, 이는 고양이가 잠재적인 위협에 반응하고 있다는 것을 의미한다. 고양이가 취하는 자세는 보호자가 계속 접근하는 것을 원치 않는다는 것을 나타내며, 계속 접근한다면 자기 자신을 방어할 것이다. 이러한 유형의 공격성은 동물병원에서 가장 일반적으로 볼 수 있으며, 보통은 몸 아래 발을 감싸고 최대한 벽 쪽으로 후진한다. 고양이가 캐리어 안에 있다면, 캐리어의 뒤쪽 면에 붙어서 어떠한 상호교감도 원치 않는다는 것을 보호자에게 알린다. 비록 고양이의 머리와 앞발이 상대방을 향해 있다 하더라도 뒷발은 그렇지 않다. 이 상충되는 자세는 도망칠 기회가 있으면 그렇게 하겠다는 것을 나타낸다. 고양이의 뒷발은 위험이 없는 안전한 곳으로 도망가기 위한 자세를 유지한다.

고양이의 동공은 일반적으로 팽창되고 수염은 뺨에 평평해지며, 귀는 회전해 머리와 평평하게 된다. 처음에는 귀가 T자세를 취할 수 있지만, 감지된 위협의 수준이 증가함에 따라 뒤로 돌아갈 것이다. 소리를 높여 하악거리며, 종종 으르렁거린다. 일반적으로 누군가 또는 무엇인가 계속 전진해올 때까지는 움직이지 않으며, 덤벼야 할 때가 되면 발을 번개같이 내리친다. 또한, 더 크고 더 위협적으로 보이기 위해 등과 꼬리의 털을 곤두세우거나, 가능한 한 보이지 않는 것으로 나타나게끔 최대한 몸을 단단히 구부릴 수도 있다. 어느 쪽이든 상대가 계속 전진해오면, 모든 발톱뿐만 아니라 이빨까지도 무기로 사용할 수 있도록 궁극적인 방어자세로 전환할 수 있다. 동물병원에서 고양이가 공포에 의한 공격성을 드러내면, 병원을 방문하기 전과 병원에 머무는 동안 고양이의 스트레스를 줄여주는 것이 좋다. 자세한 방법은 제10장을 참고한다.

어린 나이에 적절한 사회화훈련을 받지 못한 고양이, 또는 다양한 경험과 소리 그리고 광경에 점진적으로 부드럽게 노출된 고양이는 공포에 의한 공격성을 드러낼 가능성이 더 높다. 성묘에 있어서도 집안에 또 다른 반려동물이나 새로운 배우자가 들어오는 것과 같은 변화가 갑자기 닥치면, 이러한 행동을 나타낼 수도 있다.

대처 및 재훈련

고양이가 공포에 의한 공격성을 정기적으로 나타낼 경우, 반복되는 증상발현을 유발할 수 있는 요소가 무엇인지 조사해야 한다. 혹시 집안에 고양이를 구석으로 몰아넣는 어린아이가 있는지, 고양이와 적대관계에 놓인 또 다른 반려동물이 있는지, 공격성 행동을 유발할 수도 있는 사람이 집에 있거나 또는 정기적으로 방문하는지 등을 살펴보도록 한다. 일단 원인이 무엇인지 파악할 수 있다면(여러 가지 원인이 있을 수 있다), 고양이가 그러한 상황에 대해 위협을 덜 느끼도록 교정을 실시할 수 있다.

고양이가 공포에 의한 공격성을 나타낼 때 위로하려는 시도는 하지 않는 것이 좋다. 대부분의 경우, 상호교감을 하려는 모든 시도는 고양이의 반응을 높이기만 할 것이다. 고양이가 코너로 몰린다고 느꼈을 때, 고양이를 위해 보호자가 할 수 있는 최선의 방법은 탈출수단을 제공하거나 공격적인 계기를 제거하는 것이다. 고양이에게는 진정하고 다시 안전하다는 것을 느낄 수 있는 시간이 필요하므로 진정할 수 있도록 조용한 곳에 머물게 해준다. TV나 라디오를 꺼서 청각적 및 시각적 자극을 줄이고, 조명이 너무 밝으면 방을 어둡게 해준다. 그런 다음 고양이가 진정할 수 있도록 혼자 남겨둔다. 긴장을 풀 수 있는 기회를 준 후, 차분한 목소리로 이름을 부르면서 멀리서 고양이에게 접근할 수 있다. 고양이가 좀 더 상호교감을 할 준비가 돼 있는 것으로 보이면 방에서 나오게 할 수 있으며(다른 방에 격리된 경우), 커튼을 열거나 조명을 다시 밝힐 수 있다.

고양이가 보호자에게 다가와서 쓰다듬어주거나 안아주기를 원하면, 두려움을 강화하고 보상할 위험에 있는 과도한 애정표현 또는 지나친 목소리 톤은 피한다. 껴안고 너무 지나치게 위로하면 고양이의 공포가 정당했다는 신호를 줄 수 있으며, 그것이 나중에 동일한 상황에서 공포에 의한 공격성을 나타낼 기회를 증가시킬 것이다. 원치 않는 행동에 대해 절대 보상하지 말아야 하며, 이것이 또한 공포에 의한 공격성을 드러내는 동안 고양이를 만지고 껴안으려 해서는 안 되는 이유 중 하나다. 이러한 상황에서 고양이에게 손을 내밀지 않아야 하는 가장 중요한 이유는 당연히 부상의 위험이 있기 때문이다. 이 시간 동안 고양이에게 다가가서 달래주고 싶은 마음을 억제하기 힘들겠지만, 절대 다가가서는 안 된다. 고양이가 공포에 의한 공격성을 보이고 있을 때, 특히 극단적으로 반응하는 경우, 고양이는 보호자의 손이 다가오는지 적이 다가오는지 판단할 시간을 갖지 않는다. 고양이는 먼저 반응하고 나중에 생각할 것이다.

가정에서 일상적으로 공포에 의한 공격성을 나타내는 고양이의 경우, 집안의 특정 역학에 따라 행동교정 외에도 환경적 수정을 해야 할 수도 있다. 집에 어린아이가 있는 경우, 고양이에게는 적절한 보호구역과 탈출구가 필요하다. 공포에 의한 공격성을 일상적으로 보여주는 고양이에게는 이러한 영역이 고양이가 차지하고 있는 모든 공간에 존재해야 한다. 고양이는 숨을 수 있는 장소, 안전한 높은 장소 그리고 화장실과 먹이급여장소로 가는 분명한 통로를 필요로 한다. 또한, 고양이와 어린아이들이 공존해야 하는 영역에 펠리웨이컴포트존(Feliway Comfort Zone) 디퓨저를 사용할 수 있다. 아이가 충분히 나이를 먹었다면, 접근하면 안 되는 영역과 고양이에게 접근하면 안 되는 시간에 대해 가르쳐야 한다.

특정 대상에 의한 공격성

가정에서 공포에 의한 공격성이 특정인에 의해 일상적으로 촉발되는 경우, 고양이가 점진적으로 더 받아들이게 되고 두려움을 덜 느끼도록 하는 데 도움을 주는 기법을 사용한다. 부드러운 상호교감놀이과정을 수행하거나, 먹이를 주고 간식을 제공하거나 클리커 트레이닝을 수행하는 동안, 그 특정인을 방의 반대편에 있게 하는 것부터 시작한다. 특정인은 고양이가 공포심을 나타내지 않을 정도로 충분히 멀리 떨어져 있어야 하며, 고양이는 놀이와 먹이 또는 클리커 트레이닝에 집중할 수 있을 만큼 충분히 편안해야 한다. 몇 번의 과정을 수행한 후, 특정인은 고양이에게 조금 더 가까이 다가갈 수도 있다. 이러한 유형의 재훈련에 관한 보다 세부적인 내용은 제9장을 참고한다.

집안에 있는 개 때문에 발생되는 공포에 의한 공격성은 위에 언급한 것과 동일한 유형의 행동교정이 필요하다. 한 가지 기술은 같은 공간에서 먹이를 주되, 공포를 느끼는 고양이가 자신의 안전지대 내에 있도록 충분한 거리를 두는 것이다. 추적의 관점에서 개가 고양이에게 본격적인 위협을 가하는 경우, 설령 그것이 놀이라 하더라도 추가적인 훈련을 통해 고양이 주변에서 행동하는 방법을 개에게 가르쳐야 한다. 개와 고양이의 관계에 대한 추가적인 정보는 제9장을 참고한다. 촉발요인이 집안에 있는 또 다른 고양이 때문이라면, 이 장 후반의 고양이 사이의 공격에 대한 섹션을 참고한다.

| 쓰다듬기에 의한 공격성

'쓰다듬기에 의한 공격성'은 고양이보호자와 고양이가 친밀감을 즐기고 있는 것처럼

보일 때 발생하기 때문에 보호자들을 놀라게 한다. 이 공격성은 고양이를 쓰다듬는 동안 어떤 시점에 일어나는데, 고양이가 갑자기 뒤돌아보며 자신에게 애정을 보여주는 바로 그 손을 물거나 할퀸다. 이는 공포스럽고 갑자기 나타나는 것으로 보이지만, 일반적으로 고양이가 깨무는 지점에 도달하기 전에 드러내는 몇 가지 경고신호가 있다.

특징 및 증상

특히 쓰다듬기에 의한 공격성이 발생하는 이유와 시기는 고양이마다 다를 수 있다. 쓰다듬기를 하는 동안 고양이가 매우 편안해지기 시작하면서 발생할 수 있으며, 심지어 졸기 시작하는 시점에 발생할 수도 있다. 갑자기 고양이는 접촉을 인식하고 생존본능이 일어나서 자신을 건드리는 것이 무엇이든 방어적으로 반응한다.

필자가 가장 자주 보는 또 다른 경우는, 고양이가 처음에는 신체적 접촉을 즐기는데 그것이 너무 지나치게 되고, 이것이 바로 경고신호가 표시되기 시작하는 시점이다. 이전에는 즐거웠던 것이 지금은 과도한 자극으로 선을 넘었기 때문이다. 보호자가 쓰다듬는 특정한 방법 때문일 수도 있고, 또는 쓰다듬는 시간이 너무 길어졌기 때문일 수도 있다. 경고신호가 무시되면 고양이는 무는 것 외에 다른 옵션은 없다고 느끼게 된다. 깨문 후 고양이는 뛰어내려서 셀프그루밍을 하기 시작하거나 그냥 혼란스러워할 수도 있다. 보호자는 고양이가 문 것에 대해 나쁘다고 생각할 수도 있지만, 고양이는 공식적인 경고를 했지만 무시당했다는 사실 때문에 실제로는 불안한 상태인 것이다.

대처 및 재훈련

쓰다듬기에 의한 공격성의 대상이 되는 것을 피하기 위한 가장 좋은 방법은, 고양이를 쓰다듬는 동안 고양이가 주는 경고신호를 좀 더 잘 인식하는 것이다. 일부 전형적인 신호들은 피부경련, 꼬리 흔들기 또는 탁 치기, 울기, 그르렁거리는 소리 멈추기, 귀가 T위치로 들어가거나 뒤로 돌기, 신체자세의 변경 등을 들 수 있다. 고양이가 보호자에게서 고개를 돌리고 있는 경우라면 다시 보호자 쪽으로 힐끗 볼 수도 있으며, 고양이가 보호자를 향하고 있는 경우에는 쓰다듬기를 하는 손을 힐끗 볼 수도 있다.

이러한 경고신호는 보호자가 놓치지 않을 것처럼 생각될 수도 있지만, TV 시청이나 전화통화, 독서 또는 방안에 있는 다른 사람과 대화를 하면서 쓰다듬기를 한다면 간

— **MEMO | 쓰다듬기와 신체언어** —

고양이를 쓰다듬어주고 있을 때 처음에는 아무리 편안해 보이더라도, 쓰다듬기에 의한 공격성을 나타낸 이력이 있는 경우라면, 신체언어에 있어서의 미묘한 변화에도 주의를 기울여야 한다.

과하기 쉽다. 고양이가 쓰다듬기에 의한 공격성을 나타내는 경향이 있는 경우, 더 이상 건성으로 쓰다듬어주는 행동을 해서는 안 된다. 쓰다듬기를 하는 동안, 고양이가 나타내는 경고신호를 잘 살펴봐야 첫 번째 신호에 쓰다듬기를 중단할 수 있다. 어떤 고양이들은 특정한 정도의 쓰다듬기만 받아들이는 반면, 어떤 고양이들은 타이밍이 적합한지 여부에 따라 많은 쓰다듬기를 즐긴다. 고양이가 보호자의 무릎 위에 앉기 위해 뛰어오를 수도 있는데, 이는 포옹을 원하는 것이 아니라 고양이가 그 공간을 조사하면서 보호자의 무릎에 있음으로써 안전을 원하는 것일 수도 있다. 다묘 가정에서, 고양이는 보호자의 무릎에 올라가거나 가까이 있는 것이 가장 안전하다고 느끼기 때문에 그렇게 하고 싶어 하지만, 무릎에 앉아 있는 동안의 기분은 만족스럽지 않을 수도 있다.

자신의 고양이가 얼마나 오랫동안 쓰다듬어주는 것을 즐기는지에 대해 예측 가능하다면, 이를 이용해 첫 번째 경고신호에 도달하는 것을 피할 수 있다. 예를 들면, 고양이가 보통 물기 전에 10분 동안 쓰다듬어주는 것을 허용했다면, 5분 후에 쓰다듬기를 중단한다. 이렇게 해서 고양이를 만족한 상태로 남겨두거나, 심지어 과도한 자극 지점에 도달한 것보다 더 많은 쓰다듬기를 원하게 할 수도 있다. 경고신호 전에 또는 늦어도 첫 번째 신호를 본 바로 그때에 쓰다듬기를 중단한다면, 고양이는 다시 긴장을 풀고 보호자의 무릎에 남아 있을 것이다. 몇 분 후에 다시 여러 번 쓰다듬어줄 수도 있다.

고양이가 더 많이 쓰다듬어주기를 원하는지 확실하지 않으면, 그냥 무릎 위에 앉게 하거나 옆에 앉혀두는 것으로 만족한다. 고양이가 보호자가 자신의 신체언어를 이해했다는 것을 보는 과정이 더 많아질수록 고양이는 보호자 곁에 있는 것을 더욱 즐길 것이다. 어떤 고양이의 경우, 많은 과정 동안 쓰다듬는 횟수를 점차적으로 증가시키기 위해 노력할 수 있다. 고양이의 신체언어를 살펴보고 타이밍에 주의를 기울여야 한다.

쓰다듬기 스타일 재평가

자신의 쓰다듬기 스타일도 재평가하도록 한다. 보호자는 빠르고 짧게 쓰다듬는데, 고양이는 길고 느리게 쓰다듬어주는 것을 선호할 수도 있다. 어쩌면 고양이는 꼬리가 시작되는 부분 근처에 손길이 가면 좋아하지 않을 수도 있다. 또 건조한 환경에서 발생하는 정전기는 보호자의 손길이 닿을 때마다 고양이를 괴롭힐 수도 있다. 등을 쓰다듬을 때 고양이가 긴장한 것처럼 보일 수도 있지만, 그냥 머리 뒷부분과 턱 아래를 쓰다듬어 주는 것으로 바꾸면 다시 긴장을 풀 것이다. 고양이는 자신이 선호하는 것이 무엇인지 알려주고 있는 것이며, 주의를 기울인다면 이러한 시간을 고양이와 함께 즐길 수 있다.

| 방향전환 공격성

방향전환 공격은 고양이가 아무런 이유 없이 후려갈기려하는 것처럼 보이기 때문에 종종 정당한 이유 없는 공격으로 잘못 진단되기도 한다. 고양이 옆을 지나가면서, 심지어 고양이를 바라보지도 않았는데 갑자기 공격의 대상이 될 수도 있다.

특징 및 증상
'방향전환 공격성'은 또한 집안에 있는 다른 동료고양이나 개를 향해 나타날 수도 있다. 방향전환 공격성은 고양이를 자극했던 주요 원천에 접근할 수 없을 때 발생하기 때문에, 그 순간 가장 가까이에 있는 아무에게나 달려든다. 고양이는 고반응도 상태에 있기 때문에 자신이 가장 가까운 동료 또는 사랑하는 보호자를 방금 공격했다는 것을 깨닫지 못한다. 고양이의 불안은 더욱 커지고 훌륭한 고양이의 판단은 흐려진다.

    방향전환 공격은 실내고양이가 창가에 앉아서 실외에 낯선 고양이가 있는 것을 봤을 때 가장 흔하게 발생한다. 고양이는 대상에 다가갈 수 없다는 사실에 크게 흥분하고 좌절하게 된다. 그때 실내에 있는 동료고양이가 그 영역으로 뛰어오르거나 옆을 지나가다가 곧바로 공격을 당한다. 이때 상호교감을 시도하는 것은 고양이의 흥분을 더 증대시킬 뿐이다. 동료고양이는 수비에서 다시 공격을 하거나 피할 곳을 찾아 달아난다. 어느 쪽이든 두 고양이 모두에게 상당한 스트레스를 주며 위험한 상황이다.

    일반적으로 방향전환 공격을 나타낸 후 곧 진정되지만, 어떤 고양이에 있어서는 흥분과 혼란상태가 지속될 수 있다. 방향전환 공격은 너무 자주 정당한 이유가 없는 행동으로 잘못 진단되고 있는데, 보호자가 고양이를 흥분시킨 근본원인을 보지 못했기 때문일 수도 있다. 실외에 있는 고양이는 사라지기 직전에 순간적으로 눈에 띈 것일 수 있지만, 실외고양이를 보고 난 후에 여러분의 고양이가 오랫동안 흥분상태에 있을 수도 있기 때문에, 보호자나 다른 반려동물이 나중에 공격의 희생자가 될 수 있다.

고양이가 동료고양이에게 공격의 방향을 돌렸다면, 사건의 심각도에 따라 그들의 관계가 원래의 상태로 돌아갈 때까지는 어느 정도 시간이 걸릴 수 있다. 공격받은 고양이는 공격한 고양이 주변에서 평소와 다르게 자세를 취할 수도 있다. 그 고양이는 더 방어적인 신체언어를 보여주기 시작할 수도 있으며, 그러면 공격한 고양이가 계속해서 공격받은 고양이를 흥분의 원인과 연관시킬 수 있다. 어떤 경우에는 서로의 시야가 지속적인 공격의 원인이 될 수 있으며, 이러한 주기가 반복된다.

대처 및 재훈련

고양이가 다른 고양이를 향해 방향전환 공격성을 보일 때 취할 수 있는 가장 좋은 조치는, 둘 다 진정하고 정상으로 돌아갈 때까지 격리시키는 것이다. 두 고양이 사이에 손을 밀어 넣거나 하나를 들어 올리는 방법으로 싸움을 말리려 하는 것은 바람직하지 않다. 이 경우 보호자는 분명히 부상을 입게 될 것이다. 대신 조리대에 있는 프라이팬을 세게 두드린다거나 손뼉을 치거나 기타 소음을 만들어서 고양이들이 놀라 떨어지도록 만든다. 고양이에게 담요, 수건 또는 재킷 등을 던지는 방법을 사용하는 경우, 다른 고양이가 빠져나갈 수 있도록 한 마리에게만 덮어야 한다. 두 마리를 모두 덮는 물건을 던지면 둘을 더 가깝게 묶어 패닉에 빠지게 되며, 이는 공격의 강도를 높일 수 있다.

일단 둘이 격리되면, 한 마리는 아마도 다른 방으로 들어갈 것이다. 그렇지 않은 경우 문을 닫을 수 있는 다른 영역으로 한 마리를 유도한다(공격적인 고양이는 그대로 둔다). 방향전환 공격이 발생한 후 고양이를 격리시키는 것이 빠르면 빠를수록 그들이 정상적인 관계로 돌아갈 가능성이 높아진다. 방향전환 공격으로 인해 두 마리 사이의 관계가 심각하게 손상된 사례들을 많이 봤는데, 고양이보호자가 최대한 빨리 그들을 격리시키지 않았기 때문이다. 고양이들을 충분한 시간 동안 격리했을 때(격리시간은 심각도와 고양이의 성격에 따라 몇 시간에서 며칠 또는 심지어 몇 주일까지 걸릴 수도 있다), 점진적으로 재소개를 한다. 걸을 때, 먹을 때, 화장실을 사용할 때, 놀이를 할 때 정상적인 자세를 나타내는 것과 같이, 각 고양이가 정상적인 행동으로 돌아갈 때까지 재소개를 시도해서는 안 된다.

FOR ANIMAL'S GOOD LIFE
ADULT CAT'S BEHAVIOR PROBLEM

공격수준이 심각하거나, 또는 방금 공격이 이뤄졌고 서로에 대한 공격성이 높아지는 경우, 고양이들이 안정을 찾기에 적절한 시간을 줄 수 있도록 충분히 격리해야 한다. 점차적으로 고양이를 다시 편하게 함께할 수 있도록 훈련하는 방법에 대해서는 이 장 후반의 재소개 섹션을 참고한다. 공격의 수준이 얼마나 경미한지 또는 심각한지에 따라, 재소개과정의 일부를 수정할 수 있다. 공격이 경미하고 그저 고양이들이 서로 약간 긴장된 것처럼 보이는 경우는 재소개과정을 천천히 진행하지 않아도 된다. 만약 고양이들이 준비되지 않았다면 그 과정을 서두르지 않도록 한다. 재소개가 제대로 이뤄지지 않으면 고양이들은 무기한으로 적대감을 유지할 수도 있다.

고양이가 무언가에 흥분한 것으로 보이거나 보호자가 방향전환 공격의 희생자가 됐다면, 고양이가 진정될 수 있도록 혼자 남겨둔다. 실외에 있는 다른 고양이가 시야에 보였던 것이 원인이라면, 커튼이나 블라인드를 내리고 방을 어둡게 만들어 고양이가 진정될 수 있도록 해준다. 고양이가 식사, 그루밍(변위-變位- 그루밍이 아닌), 화장실사용 또는 수면과 같은 정상적인 행동으로 돌아갔다는 징후가 있는지 살펴본다. 이때 고양이가 진정되는 전형적인 패턴의 징후를 찾도록 한다.

그루밍에 있어서는, 방향전환 공격 사건이 발생하기 전에 수행했던 유형(시간 및 패턴)으로 돌아가야 한다. 만약 고양이가 일반적으로 먹이를 먹은 후 혹은 쓰다듬어준 후 셀프그루밍을 했는데, 오랫동안 복부와 옆구리 털을 손질하고 있거나 그루밍을 하는 동안 긴장된 것으로 보이면, 고양이가 최근 사건에서 생긴 불안감을 여전히 갖고 있는 것일 수도 있다. 고양이가 정상적으로 화장실에 배설하고 모래로 덮은 다음 곧바로 자신의 활동을 계속했는데, 지금은 화장실에서 잠을 자거나 용변을 마치기 전에 화장실에서 뛰어나온다면, 이는 스트레스 수준이 여전히 높다는 또 다른 징후다.

일단 고양이가 방향전환 공격에 민감하다는 것을 알면, 향후 사건이 발생되는 것을 막기 위해 적절하게 계획을 세울 수 있다. 불안의 첫 번째 징후에서 아이들과 다른 반려동물이 다른 방에 안전하게 있는지 확인한다. 집안에 수리기사가 방문하는 것과 같은 특정 상황이 사건을 유발할 수도 있다고 의심되면, 민감한 고양이를 다른 영역으로 옮겨서 자극에 노출되지 않도록 한다. 마당에서 다른 고양이나 기타 동물을 본 것이 원인이라면, 고양이가 자극에 노출될 가능성을 줄이기 위해 일부 환경을 개선한다. 낯선 실외고양이가 자주 보일 수 있는 창이 한두 개 있다면, 불투명한 재료 또는 흰색 포스터용지로 해당 창의 아래쪽 부분을 가린다. 이때 종이는 고양이 발톱에 쉽게 찢어지지 않을 정도로 튼튼해야 하며, 고양이가 바깥을 보지 못하도록 필요한 만큼만 가린다. 이런 식으로 창문의 상단을 가리지 않고 남겨둠으로써 적절한 채광을 얻을 수 있다.

고양이가 좋아하는 캣트리나 창문전망대가 자극을 유발하는 창가에 있다면, 중립지역으로 옮기도록 한다. 고양이에게 캣트리와 전망대를 옮기는 것이 부정적인 것이 아니라 긍정적인 이동이라는 점을 인식시키는 데 도움을 주기 위해 새로운 위치의 캣트리 주변에서 많은 놀이시간과 간식을 제공한다. 사건의 심각도에 따라 일주일 혹은 그 이상 창을 가려야 할 수도 있다. 실외고양이가 그곳에 일상적으로 나타난다면, 일종의 영구적인(그리고 더 매력적인) 차단막을 설치해야 할 수도 있다.

실외고양이에 대한 대처

정원에서 실외고양이를 쫓아내야 하는 경우를 대비해 장거리 물총을 준비한다. 고양이가 떠돌이고 포획하는 것이 쉽지 않다면, 인근에 고양이구조기관이 있는지 확인한다. 구조기관에서 고양이를 잡아 안전한 집을 찾아주는 데 도움을 줄 수도 있다. 실외고양이가 이웃의 고양이라면, 여러분의 정원에 있는 그 고양이의 존재가 여러분의 실내고양이에 대한 공격문제를 야기하고 있다는 것을 정중하게 알리도록 한다.

이웃의 고양이가 폐를 끼치고 있다는 암시를 줄 때조차도 그것이 어떤 사람들에게는 까다로운 문제가 될 수 있다는 것을 알지만, 감정을 상하지 않도록 점잖게 말한다면 이해를 구할 수 있을 것이다. 여러분의 고양이뿐만 아니라 이웃의 고양이에 대해 염려하는 모습을 보여주면, 여러분의 메시지는 거부감이 적게 받아들여질 수 있다. 이웃도 자신의 고양이를 실내에 두고 싶지만 실내생활로 전환하는 방법을 모를 수도 있다.

여러분의 마당이 집안에 있는 고양이의 공격성을 자극하는 이웃고양이나 개 또는 다른 동물들이 좋아하는 집합소가 된다면, 행동을 감지해서 작동되는 스프링클러 설치를 고려하는 것도 괜찮다. 스프링클러를 설치하는 경우, 사람들이 집 앞의 차도나 보도를 지나갈 때 작동하지 않게끔 설정해야 한다. 실외고양이가 화장실로 사용하기 위해 여러분의 정원을 찾아온다면, 토양 위에 정원그물을 덮은 다음 여분의 흙이나 짚으로 그 위를 덮는다. 또한, 조경디자인에 지장이 없다면 고양이가 땅을 파서 배설하기에 충분한 공간을 찾지 못하도록 흙 위에 커다란 돌을 배치할 수도 있다.

| 텃세에 의한 공격성

'텃세에 의한 공격성(영역적 공격성)'은 다른 동물이나 인간을 향해 나타날 수 있다. 고양이는 영역적 생물이기 때문에 텃세에 의한 공격이 두각을 나타낸다고 확신할 수 있는 특정 시기가 있다. 일반적인 사례는 새로운 고양이가 집안에 들어오고 기존 고양이가 자신의 영역이 위험하다고 느껴 공격성을 드러내는 경우다. 또한, 방문객을 향해 나타날 수도 있다. 특정인 또는 고양이를 향해 이러한 공격성이 나타나는 것은 흔한 일이다.

특징 및 증상

텃세에 의한 공격은 심지어 이전에 잘 지내던 동료고양이들 사이에서도 발생할 수 있는데, 고양이들 중 하나가 경계를 침범하면 발생한다. 사회적 성숙기(2~4세)를 거치고 있는 고양이는 동료고양이에게 텃세에 의한 공격성을 좀 더 드러낼 수도 있다. 고양이는 미묘한 형태의 의사소통에 능숙하기 때문에 이런 유형의 공격은 인간가족에게는 항상 분명하게 드러나지 않는다. 서열이 더 높은 고양이는 자기영역 주위를 지키는 방법의 일환으로 화장실이 위치해 있는 방 앞의 복도에서 어슬렁거릴 수도 있다. 이는 마치 그 고양이가 단순히 긴장을 풀고 있는 것처럼 보일 수도 있지만, 동료고양이는 지나가려고 하지 않을 정도로 충분히 위협을 느낄 수도 있다. 이때 동료고양이가 화장실보다 더 안전한 장소를 찾아야 하는 경우 부적절한 배설문제로 이어질 수 있다.

환경을 공유하는 많은 고양이들은 공간의 시간대별 점유를 정해서 평화롭게 공존한다. 그러나 어떤 고양이들은 겉으로 드러내지 않으려는 미묘하고 지속적인 의사소통을 통해, 또는 매일 공공연한 전투를 통해 갈등을 겪는다. 다묘 가정에서, 한 마리는 동물병원에 가고 동료고양이는 가지 않았을 경우, 가끔 집에 남아 있던 고양이는 돌아온 고양이에게 텃세에 의한 공격성을 나타낸다. 병원에서 돌아온 고양이는 친숙한 냄새가 나지 않으며, 사실 동물병원의 냄새는 실제로 고양이에게 위협적인 냄새를 풍긴다.

대처 및 재훈련

가정에서 두 마리 사이에 텃세에 의한 공격이 발생하고 한 마리가 상대적으로 새 식구인 경우, 적절한 소개가 이뤄지지 않았을 수도 있다. 동료 사이의 적절한 소개는, 기존 고양이가 마치 자신의 영역이 누구에게나 열려 있는 것처럼 느끼는 것을 방지하고, 새로 들어온 고양이가 마치 적진에 떨어진 것처럼 느끼는 것을 방지한다. 고양이들이 스스로 해결하게끔 놔두지 말고, 몇 걸음 뒤로 물러서서 다시 소개하도록 한다. 그들이 이미 만났다는 사실은 중요치 않다. 그들을 격리하고 진정시킨 다음, 전체과정을 끝내도록 한다. 이번에만 '처음부터 다시 시작하기' 방법으로 진행한다(적절한 소개방법은 제9장을 참고한다). 설령 공격이 오랜 동료고양이 사이에서 발생한다 하더라도, 여전히 처음부터 다시 시작할 수 있다. 수년 동안 함께 지냈다 하더라도, 재소개를 함으로써 관계를 개선시킬 수 있는 가능성이 있다. 자세한 내용은 이 장의 후반에서 확인할 수 있다.

고양이 사이의 공격행동이 지속적이지는 않거나 텃세에 의한 공격이 단지 잠재적인 것으로 보인다면 고양이들을 재소개할 필요는 없지만, 각 고양이에게 적절한 공간이 있는지 확인해야 한다. 그렇다고 해서 공간을 추가해야 한다는 의미는 아니며, 수직공간을 더 많이 사용할 수 있도록 만들어주면 된다. 이는 영역의 크기를 자동적으로 증가시킬 것이다. 또 각각의 고양이가 하나씩 사용할 수 있도록 화장실 개수를 늘려준다. 이때 화장실을 모두 같은 공간에 배치하지 말고, 한 고양이가 다른 고양이의 영역을 가로질러 가지 않아도 되게끔 배치한다. 이는 먹이급여장소에도 적용된다.

동물병원에서 돌아오는 동료고양이를 향해 공격성을 드러내는 경우, 돌아온 고양이가 스스로 그루밍하는 시간을 갖고 집안의 익숙한 냄새가 흡수될 때까지 별도의 방에 격리시킨다. 또한, 집에 머물러 있는 고양이를 문질렀던 수건으로 병원에서 돌아온 고양이를 부드럽게 문질러줄 수 있다. 이때 돌아온 고양이를 먼저 문질러주고 나서 집에 있던 고양이를 문지르면 위협적인 냄새가 퍼지게 되므로 피해야 한다. 병원에서 돌아온 고양이가 그루밍을 하고 적응하는 시간을 가진 후, 먹이 또는 간식을 제공함으로써 고양이들을 재소개할 수 있다.

재훈련 시 유의할 점

절대 고양이들이 끝까지 싸우게 모른 척 내버려둬서는 안 된다. 부상의 위험이 높고, 집안에서 발생되는 스트레스 수준은 모두에게 치명적인 영향을 지속적으로 미칠 수 있다. 고양이들이 첫 만남에서 적대적이었을 경우 절대 친구가 되지 못할 수도 있다. 한 마리는 결국 다른 고양이에 대한 두려움 속에 살며, 대부분의 시간을 침대 밑에서 보내게 될지도 모른다. 심지어 위협을 가한 고양이조차도 자신의 영역을 지켜야 한다는 끊임없는 걱정으로 스트레스를 받으며 힘겨운 삶을 이어가게 될 것이다.

| 놀이 공격성

고양이와 함께 놀이를 할 때, 갑자기 고양이의 행동이 장난스러운 것을 넘어서 좀 더 공격적으로 나타날 수도 있다. 물거나 발톱으로 보호자의 피부를 할퀼 수도 있다. 이러한 행동은 종종 한배의 새끼들과 너무 일찍 떨어진 고양이에게서 볼 수 있는데, 한배의 형제들과 사회적 놀이를 하는 동안 학습했던 교훈을 빼앗긴 것이다. 이 행동은 또한 잘못된 놀이기법을 통해 보호자가 고양이에게 무의식적으로 가르쳤을 수도 있다.

손가락을 장난감처럼 사용하고 있다면 고양이가 보호자를 물도록 허용하는 것이며, 혹은 고양이와 레슬링을 한다면 보호자를 장난감이나 먹이처럼 취급될 수 있다는 메시지를 보내는 것이다. 이러한 부적절한 기술들은 고양이가 새끼였을 때는 괜찮게 보였을 수도 있지만, 이제 성묘가 됐고 고양이는 흥분해서 공격적으로 변하게 된다. 보호자의 놀이기술이 너무 역동적이고 장난감으로 고양이를 놀리거나 얼굴 앞에서 흔들어 고양이를 좌절시키면, 놀이 공격성을 유발할 수 있다. 고양이는 놀고 싶어 하지만, 장난감의 움직임은 고양이를 자극시켜 공격성을 유발할 수도 있다.

고양이와 함께하는 여러분의 놀이방법을 수정해서 깨무는 것을 수용할 수 없다는 것을 가르쳐야 한다. 따라서 본인이 사용하는 놀이기법을 재평가해야 한다. 손가락을 장난감으로 사용하고 있거나 너무 공격적인 방법으로 놀이를 하고 있다면, 제3장에 설명돼 있는 상호교감놀이기법을 이용한다. 항상 상호교감장난감을 사용해서 손과 고양이의 이빨 사이에 안전한 거리를 유지해야 한다. 놀이시간이 끝나갈 때 너무 지나칠 정도로 고양이의 에너지가 과도하게 축적되는 것을 방지하기 위해 하루에 여러 차례 놀이과정을 수행한다. 고양이가 물면, 이 장의 앞에서 설명한 고양이의 입을 미는 기법을 사용한다. 고양이가 공격적이 될 때는 놀이를 중단하고 진정시킨 다음, 좀 더

— M I E I M I O I   놀이와 메시지 —
고양이에게 혼합된 메시지를 주지 않아먀 한다. 고양이와 놀이를 할 때 손가락, 발 또는 옷을 장난감으로 사용하지 않도록 모든 가족들을 교육해야 한다.

낮은 수준에서 다시 놀이를 시작한다. 보호자가 일관성이 있다면, 고양이는 자신이 원하는 것을 얻을 수 있는 행동과 재미를 끝내는 행동 간의 차이를 학습하게 될 것이다.

| 포식성 공격성

고양이가 실질적인 먹이나 장난감을 향해 포식성 행동을 보일 때, 이는 정상이다. 고양이가 보호자를 향해 포식성 행동을 보일 때, 이는 용납할 수 없는 것이다. '포식성 공격'으로 고양이는 보호자를 향해 몰래 접근하는 행동을 보이고, 보호자가 걸어가고 있을 때 발을 공격하거나 손이 움직일 때 갑자기 손에 달려든다. 고양이는 물체의 뒤에 숨어서 전형적인 '몰래 접근하기' 행동을 보일 것이고, 그런 다음 지면에 낮게 다가가는 동작을 취하며 나아간다. 걸을 때 머리는 그대로 있으면서 눈은 목표물에 고정된다. 이러한 행동은 재미있는 것이 아니며, 많은 경우 고양이는 피를 보이게 하고 고통스러운 부상을 입힌다. 고양이를 두려워하는 모습은 보호자가 원하는 관계가 아니다.

　포식성 공격을 드러내는 고양이는 그들의 먹이추적본능을 위한 좀 더 적절한 배출구가 필요하며, 하루에 적어도 두 번의 상호교감놀이과정이 필요하다. 이러한 유형의 행동을 보이는 고양이에게는 긴장을 풀 수 있도록 놀이과정 말미에서 활동을 서서히 줄이는 것이 절대적으로 중요하다. 놀이를 진행할 때는 먹이 또는 간식을 분배해서 제공함으로써 적절한 물건에 대한 포식성 공격에는 보상이 따른다는 것을 보여준다.

　고양이가 부적절한 포식성 공격으로 되돌아가는 결과를 초래할 수 있는 몇 가지 잘못이 있을 수도 있기 때문에, 처음 재훈련기간에는 소형분무기를 휴대하는 것이 좋다. 필자가 컨설팅한 보호자들 중 일부는 코일형 줄을 이용해 벨트에 소형분무기를 부착한다. 고양이가 여러분에게 몰래 접근하는 것을 알아차렸을 때 재빨리 분무한다. 집안에 다른 반려동물이 없는 경우 소형자전거 경적을 사용할 수도 있는데, 다른 동물들이 있을 때는 혐오스러운 소리를 사용하지 않는 것이 좋다. 이 소리는 부적절한 행동을 전혀 하지 않은 무고한 반려동물을 놀라게 할 수 있다. 상호교감놀이과정을 진행하는 동안 고양이가 정상적인 포식성 행동을 하도록 돕기 위해, 퍼즐피더와 터널을 사용하거나 상자와 종이가방에 장난감을 숨겨둔다. 고양이 목에 방울을 달아놓으면, 재훈련을 하는 동안 고양이의 위치를 좀 더 쉽게 파악할 수 있다.

고양이 간 상호공격

고양이 간에 공격을 하는 것은 큰 문제이며, 여기에는 여러 가지 원인이 있을 수 있다. 중성화수술을 하지 않은 수컷고양이가 있는 경우, 거의 확실하게 고양이 간 공격을 겪고 있을 것이다. 그 고양이는 집안에 있는 다른 고양이들과 싸움을 하거나, 밖에 나가는 것이 허용되면 다른 수컷들과 싸움을 한다. 일단 고양이가 성적 성숙에 도달하면, 그의 주요 목적은 짝짓기를 위해 암컷을 찾고 자신의 영토를 치열하게 방어하는 것이다. 특정 행동교정에 돌입하기 전에 먼저 중성화수술을 시행할 필요가 있다.

'고양이 간 상호공격'은 보호자가 그러한 공격이 없었으면 하는 최소한의 기대를 하고 있을 때 발생할 수 있다. 여러 마리 고양이를 기르고 있고 모두들 사이좋게 지낼 수도 있다. 그런데 갑자기 서로 공격하는 일이 발생한다. 2~4세에 발생하는 사회적 성숙은, 고양이가 서열에 있어서 자신의 위치에 좀 더 관심을 가지게 됨에 따라 갈등을 야기할 수 있다. 고양이 간 공격은 으르렁거리기, 털 세우기, 싸움과 같은 행동으로 분명하게 나타날 수도 있고, 단지 자세를 취하고 위협을 드러내기만 해서 분명하게 보이지 않을 수도 있다. 고양이들 간의 관계에 변화가 감지된다면, 적절한 행동교정프로그램을 적용할 수 있도록 더 많은 조사작업을 통해 원인을 파악해야 한다.

고양이에게 실외생활을 허용하고 있는 경우, 그 고양이가 고양이 간 공격에 관여하는 것을 실제로 보지 못했다고 해서 그러한 일이 발생하지 않는 것은 아니다. 고양이에게 농양이 발전될 때까지 보호자가 고양이 간에 어떤 갈등이 있다는 것을 인식하지 못하는 것은 드문 일이 아니다. 다묘 가정에서는 고양이들의 역학을 인식하고 관계의 변화에 항상 관심을 기울여야 한다. 방어, 위협, 접근, 은신 등은 모두 고양이들의 관계가 조화롭지 않다는 힌트의 일부일 뿐이다. 화장실문제는 한 고양이가 다른 고양이를 위협하는 상황에서 촉발될 수도 있다는 것을 기억하기 바란다.

고양이들에게 적절한 영역이 확보돼 있는지 그리고 그것이 경쟁과 위협을 제한하는 방식으로 세팅돼 있는지 확인해야 한다. 또한, 집안 곳곳에 여러 개의 화장실을 분산해서 배치해야 한다. 수직공간을 사용할 수 있게 만들고, 고양이들이 지위를 유지하면서 공간을 공유할 수 있도록 선반이 여러 개 있는 캣트리를 포함한다. 먹이급여장소에서 위협이 있는지 관찰하고 필요한 경우 장소를 여러 곳에 세팅한다.

M|E|M|O 놀이와 싸움의 구분

놀이를 할 때 으르렁거림, '하악' 소리, 야옹 소리 또는 비명이 없어야 한다 / 동료고양이는 일반적으로 놀이시간에 모의공격을 교대로 한다 / 공격 시 귀는 뒤로 돌아가서 머리와 수평이 된다 / 친하지 않은 동료고양이와 레슬링을 한다면, 이는 놀이가 아니다 / 낯선 고양이들은 함께 놀이를 하지 않는다 / 발톱을 드러내고 탁 내리치는 것은 공격의 신호다 / 바닥에 털뭉치가 있다는 것은 레슬링이 공격이었다는 것을 의미한다 / 고양이가 대면 후 서로 피한다면, 그것은 공격이었다 / 한 마리가 다른 고양이를 일상적으로 추적한다면, 이는 놀이가 아니다 / 모든 부상이나 출혈의 흔적은 공격을 나타낸다

    고양이 간 공격 문제를 해결하는 데는 클리커 트레이닝이 효과적이다. 일단 고양이가 개별훈련(제3장 참고)을 통해 클릭 소리가 무엇을 의미하는지 배웠다면, 공간을 평화롭게 공유하도록 훈련하면서 좋은 행동을 표시하는 데 클리커를 사용할 수 있다. 고양이들이 서로를 향해 보여주는 모든 긍정적인 행동에 대해 클릭하고 보상한다. 예를 들면, 고양이들이 복도에서 사고 없이 서로 통과하면, 클릭하고 보상할 수 있다.

    고양이들을 올바른 방향으로 유도하는 이러한 초보단계는, 좋은 행동에는 이익이 있다는 것을 지속적으로 상기시킨다. 고양이들은 결국 클릭 소리를 듣는다는 희망에 긍정적인 행동을 더 나타내기 시작할 것이다. 시간이 지나면, 그들의 관계에 긴장을 유발하는 것이 무엇이든 그것을 극복할 가능성이 있다. 고양이들이 절대 최고의 친구가 되지 못할 수도 있지만, 평화롭게 공존할 수 있는 지점에 이르기만 해도 큰 수확이다.

    한 마리가 지속적으로 공격을 한다면, 목에 방울을 달아서 다른 고양이에게 그의 존재에 대해 사전경고를 줄 수 있다. 서로 앙숙인 고양이들이 스스로 문제를 해결할 수 있을 것이라고 가정하는 것은 위험하며 종종 역효과를 가져온다. 한 마리 또는 두 마리 모두에게 부상을 입힐 위험이 있으며, 그들의 관계를 개선시키는 것이 아니라 점점 더 악화시킬 수 있다. 두 마리 모두 결국 불필요한 스트레스 하에 살아가게 된다.

    각각의 고양이가 좀 더 편안한 방법으로 공간을 식별하는 데 도움을 주기 위해 펠리웨이컴포트존(Feliway Comfort Zone) 디퓨저를 사용한다. 디퓨저를 배치할 때는 고양이들이 가장 많은 시간을 함께 보내는 장소를 선택한다. 공격수준이 상당히 심각한 경우, 또는 심지어 긴장감 없이는 동일한 공간에 함께 머물 수 없는 경우에도, 전체적인 재소개과정을 진행하기 위해 '처음부터 다시 시작하기' 기법이 필요하다. 이 장 후반에서 이와 관련된 지침을 확인할 수 있다.

| 지위와 관련된 공격성

집안에서 특정인을 향해 '지위와 관련된 공격성'을 드러낼 수 있는데, 이러한 공격성은 다른 사람에게는 드러내지 않는다. 이 유형의 공격은 또한 다묘 환경 내에서 고양이 자신의 지위에는 영향을 미치지 않는다. 고양이가 인간에게 지위 관련 공격을 드러낸다고 해서, 그 행동이 동료고양이로 하여금 그 고양이를 더 높은 서열로 간주하게 만드는 것은 아니다. 공격행동은 몰래 접근하기, 똑바로 응시하기, 특정인의 경로 차단하기 그리고 으르렁거리기를 포함할 수 있다. 고양이는 특정인의 애정표현을 받아들일 수도 있지만, 그 애정표현이 고양이에 의해 시작됐을 경우에만 가능하다. 특정인이 먼저 고양이에게 애정표현을 시도하면, 고양이는 물거나 발톱으로 할퀼 수 있다.

    이러한 행동을 보이는 고양이를 재훈련시키려면, 여러분을 빤히 쳐다보거나 도전하거나 차단할 때 좀 더 잘 인식할 수 있도록 고양이의 신체언어에 익숙해져야 한다. 고양이가 여러분이 다른 방으로 가는 길을 차단하면, 고양이를 지나서 걷되 분무기를 이용한다. 고양이가 여러분이 그 영역을 떠나게끔 협박하는 것을 허용하지 않아야 한다. 고양이가 여러분의 무릎 위로 뛰어 올라 똑바로 쳐다보는 것으로 도전한다면, 부드럽게 일어서서 고양이를 바닥에 내려놓는다. 이때 신체적 접촉은 고양이가 물도록 자극할 수 있으므로 손으로 들어 올리지 않는다. 무릎에서 고양이를 떼어놓으려는 보호자의 움직임은 고양이에게 보호자를 성공적으로 위협할 수 없다는 것을 깨닫게 한다.

    자유급식을 하는 경우 계획급식으로 전환한다. 고양이는 삶에서 공짜는 아무것도 없으며 보호자가 자신의 먹이와 안락함의 원천이라는 것을 막 배우려는 참이다. 계획급식으로 전환할 때, 고양이에게 과제를 주고 보호자가 원하는 좋은 행동에 집중하는데 도움을 주기 위해 클리커 트레이닝을 병행할 수 있다. 클리커 트레이닝 과정을 재미있게 만들고 짧게 유지해서 고양이가 좌절하지 않도록 해준다. 고양이가 행동과 결과 사이의 연관성을 학습하게 되면, 보다 나은 변화를 볼 수 있을 것이다.

    일단 고양이가 클리커 트레이닝 개념을 이해하면, 이를 이용해 쓰다듬기와 만지기를 시작할 수 있다. 보호자가 만지는 것을 수용할 때 클릭하고 보상한다. 고양이가 다른 가족구성원에게 공격성을 드러내면, 목줄과 하네스를 사용해 훈련과정을 수행할 수 있다. 목줄과 하네스를 사용할 때는 고양이를 홱 잡아당기지 않도록 해야 한다. 보호자와 고양이는 대상 가족구성원으로부터 충분히 멀리 떨어져 있어야 고양이가 그의 안전지대 내에 있게 된다. 목줄과 하네스는 단지 추가적인 안전예방조치로 사용돼야 한다.

고양이가 그 가족구성원 앞에서 조용하고 편안해할 때 간식이나 먹이 중 일부를 제공한다. 클리커 트레이닝을 진행하는 경우 무엇이든 긍정적인 행동에 클릭하고 보상한다. 그 가족구성원(나이가 들었을 경우)이 간식 또는 먹이를 제공하는 사람인 것을 인식하는 시점까지 훈련을 계속한다. 그 가족구성원이 고양이에게 간식을 던져주거나 고양이 앞에서 습식사료를 그릇에 담아주는 행동은 좀 멀리 떨어져서 수행해야 할 수도 있다. 또 그 가족구성원은 고양이에게 핸드 피딩을 시도해서는 안 된다.

고양이의 축적된 에너지를 소비할 수 있도록 도움을 주기 위해, 보호자가 고양이의 즐거움의 원천임을 알게 하는 과정을 계속하기 위해 매일 두 번씩 상호교감놀이요법 과정을 병행한다. 또 다른 가족이 공격표적이 된 경우 그 사람도 놀이요법과정을 수행해야 한다. 경우에 따라서 여러분이 놀이를 직접 시작한 다음, 공격표적이 된 가족에게 장난감을 나눠줌으로써 이 작업을 수행해야 할 수도 있다.

| 통증에 의한 공격성

'통증에 의한 공격성'은 근본적인 건강문제 및 부상이 있을 경우, 또는 고양이가 고통스러운 방법으로 취급되는 경우에 의해 발생될 수 있다. 통증에 의한 공격성은 꼬리가 잡아당겨지거나 아이들이 공격적으로 쓰다듬을 때 발생될 수도 있다.

실외생활이 허용된 고양이는 만졌을 때 통증을 유발할 수 있는, 눈에 보이지 않는 부상을 당해서 집으로 돌아올 수도 있다. 박테리아의 온상인 고양이의 날카로운 송곳니에 물린 상처가 농양으로 변하는 것은 흔한 일인데, 상처 부위가 막히고 피부 아래에서 염증이 진행돼 고통을 유발한다. 또 노묘는 쓰다듬고 그루밍을 할 때, 또는 핸들링할 때 관절염으로 인해 통증을 겪을 수도 있으며, 신장염이 있는 일부 고양이들은 등을 따라 만지는 것에 민감하다. 이러한 모든 것들이 통증에 의한 공격성을 유발할 수 있다.

고양이가 만졌을 때 공격성을 드러내면, 근본적인 건강문제를 가지고 있을 수 있으므로 수의사의 진찰을 받게 하는 것이 첫 번째 할 일이다. 쓰다듬기를 정상적으로 즐기는 고양이가 만졌을 때 갑자기 공격성을 보이기 시작했다면, 무언가가 고양이를 다치게 했을 가능성이 높으므로 행동문제로 간주해서는 안 된다. 노묘의 경우, 실제로는 건강문제가 원인임에도 불구하고 많은 보호자들은 노쇠 또는 노령의 심술로 해석한다.

| 모성에 의한 공격성

어미가 자신의 새끼들이 위협받는다고 느끼면, 인간이나 다른 동물을 겨냥하는 '모성에 의한 공격성'이 나타날 수 있다. 심지어 새끼를 낳기 전에는 매우 온순했던 고양이조차도 자신의 보금자리를 보호하기 위해 공격성을 드러낼 수 있다. 이때는 어미가 자신과 새끼들을 위한 조용하고 안전한 장소를 갖고 있는지 확인해야 하며, 다른 고양이들, 특히 수컷이 보금자리 가까이에 가지 못하게 해야 한다. 어미가 보금자리가 안전하지 않다고 느끼면 새끼들을 옮기기 시작할 것이고, 어미가 선택한 새로운 장소는 보호자가 선호하는 곳이 아닐 수도 있다. 어미가 편안한 보금자리, 화장실, 먹이와 물이 있는 장소를 갖도록 세팅해준다. 또한, 수의사와 상담해야 한다.

| 특발성 공격성

특발성(idiopathic, 特發性)[1] 공격행동은 정당한 이유가 전혀 없는 행동이며, 원인을 식별할 수 없는 것으로 보인다. 특발성 공격이 나타나는 경우는 매우 드문데, 이 공격성에 대한 행동적 원인이 없다면 일반적으로 근본적인 건강문제가 원인이다. 앞서 언급했듯이, 방향전환 공격성은 흥분의 근원이 보호자에게 항상 보이는 것이 아니기 때문에 종종 특발성 공격으로 잘못 판단된다. 특발성 공격을 드러내는 것으로 고양이에게 꼬리표를 달기 전에 일상적인 혈액검사 외에도 좀 더 광범위한 진단검사를 포함해 수의사의 정밀진단이 필요하다. 정밀진단과정을 거쳤음에도 불구하고 여전히 원인을 식별할 수 없는 경우 행동전문가의 조언을 구해야 한다.

---

[1] 특발성, 자발성, 원인불명성과 같은 뜻으로 사용하기도 한다. 질병 중 원인이 밝혀진 것과 원인이 아직도 밝혀지지 않아 불분명한 것이 있는데, 후자에 속하는 무리의 질병에 사용하는 용어로서, 원인이 불명 또는 불명확하다는 것을 뜻한다.

03

'처음부터 다시 시작하기' 재소개 기법

다묘 가정에서 고양이들이 서로 앙숙관계인 경우, 그들이 얼마나 오랫동안 싸워왔는지는 중요하지 않으며, 이제 막다른 길로 내몰리는 상황을 멈추게 해야 한다. 단지 몇 주가 됐든 또는 몇 년이 지속됐든 상관없이, 고양이들은 계속 긴장을 조장하는 부정적인 패턴을 확립해왔다. 이제 여러분이 하고 있는 일을 중단하고 모두에게 잠시 휴식을 취하게 한 다음, '처음부터 다시 시작'하도록 한다. 설령 고양이들이 몇 년 동안 서로 함께 지내왔다 하더라도, 처음으로 돌아가 재소개과정을 거쳐야 한다.

| 재소개기술의 단계별 진행

재소개를 시작하기 위해서는 싸움을 하는 고양이들을 일시적으로 격리해야 한다. 이는 각 고양이를 진정시키고 자신의 환경에서 다시 안정감을 갖게 해주기 때문에 매우 중요한 단계다. 또한, 패턴화돼 있는 파괴적 공격주기를 중단시키기 위한 과정이다.

싸움을 하는 고양이들 격리

고양이들을 어떻게 격리시켜야 하는지를 신중하게 고려해야 한다. 한 마리가 일상적으로 '공격적 공격'을 보이는 경우 그 고양이는 집안에서 프리미엄이 적은 영역에 격리시켜야 한다. 위협을 당한 고양이는 집안을 돌아다니게 하거나 선호되는 영역에 격리시켜야 한다. 공격적인 고양이를 그 선택영역에 둔다면, 희생대상 고양이를 주위에서 더 이상 볼 수 없을 때 자신의 괴롭히기 작전이 효과가 있다고 생각할 것이다. 위협을 당했던 고양이 또한 자신감을 키우고 집안에서 안전함과 편안한 느낌을 구축해야 한다. 위협당한 고양이는 습격에 대한 두려움 없이 돌아다닐 수 있다는 것을 깨달으면서 자연스럽게 행동하기 시작할 것이다. 그러나 협박을 당했던 고양이가 집안의 주요 부분에서 너무 압도되고 두려워하면, 더 작은 방에 격리할 필요가 있다. 하지만 공격적 공격자는 여전히 프리미엄이 적은 공간에 격리시켜야 한다. 두 마리의 고양이를 두 개의 다른 공간에 격리시키는 것이 불편할 수도 있지만, 이는 한 마리가 위협을 가하고 다른 한 마리가 괴롭힘을 당할 때 재소개를 하기 위한 최상의 방법이다.

격리기간은 공격자를 위한 조치여야 하는 것처럼 느낄 수도 있지만, 격리는 감옥에 가두는 것이 아니며 각 고양이를 진정시키고 안정감을 되찾게 하는 것이다. 보호자는 공격을 가하는 고양이에게 좌절감을 느낄 수도 있지만, 고양이의 행동은 위협받는 느낌으로 인한 것이며, 이는 매우 스트레스를 받는 것이다. 두 마리 고양이 모두 사랑의 행동교정이 필요하고, 결코 어떠한 처벌도 받아서는 안 된다. 격리된 고양이는 '보호구역'에 두도록 한다. 이 공간은 화장실, 먹이, 물, 장난감, 스크래칭 포스트와 같은 기본적인 모든 용품을 갖추되, 필요하다면 은신처와 전망대 영역도 마련한다. 가족들이 정기적으로 방문해서 고양이가 처벌을 받는다는 느낌이 들지 않게 해야 한다.

위협받는 고양이가 선택영역에 격리돼 있다면, 상대방이 자신을 공격하기 위해 모퉁이에서 기다리고 있지 않다는 사실을 깨닫는 데는 어느 정도 시간이 걸릴 수도 있다. 고양이가 가장 편안하게 느끼는 장소에서 시작해서 좀 더 긴장할 수도 있는 집안의 영역으로 진행하는 상호교감놀이요법으로 고양이를 격려한다. 결국 고양이가 안정을 찾기 시작하는 것을 볼 수 있어야 한다. 경계선 주변보다 좀 더 방의 중앙에서 걷기 시작할 수도 있다. 이 과정은 급하게 서두르지 말고, 재소개의 다음 단계로 들어가기 전에 고양이가 자유롭고 편안한 느낌을 즐길 수 있도록 시간을 줘야 한다.

펠리웨이 사용 및 환경수정

집안의 주요 영역에 펠리웨이컴포트존(Feliway Comfort Zone) 디퓨저를 사용한다. 또한,

실질적인 재소개 전에 일부 환경수정이 필요할 수도 있다. 두 마리가 다시 공간을 공유하기 시작할 때 탈출 옵션이 충분한지 확인한다. 소파 뒤에 터널을 배치하기 위해 소파를 벽에서 약간 옮겨야 할 수도 있다. 현재 캣트리가 있는 경우, 모든 고양이가 공유할 수 있는 공동영역에 배치돼 있는지 확인하기 위해 위치를 재평가한다. 이러한 방법으로 서열이 높은 고양이는 공격에 의지하지 않고 모든 고양이들에게 누가 보스인지 보여줄 필요성을 느낄 때 그곳에 올라갈 수 있다. 이는 또한 고양이들이(더 사이가 좋을 때) 서열을 유지하면서 더 가까운 공간을 공유하도록 허용할 수 있다.

고양이가 방에 들어갔을 때 탁 트인 공간에 완전히 내버려졌다고 느끼지 않도록 하기 위해 적절한 은신처가 있는지 확인한다. 고양이침대를 구입하는 경우, 고양이가 가장 안전하게 느끼는 곳을 결정할 수 있도록 일부가 밀폐된 것과 개방형을 선택해 제공하면 좋다. 고양이는 낮잠을 자는 동안 동료로부터 습격받을 염려가 없다는 안도감을 필요로 한다. 어떤 고양이들은 밀폐된 침대에 숨겨져 있다고 느끼고 싶어 하는 반면, 어떤 고양이들은 여러 개의 탈출경로가 있는 옵션을 선호한다. 선택권을 갖는다는 것은 고양이에게 훨씬 많은 안도감을 준다는 것을 기억하기 바란다.

놀이 및 냄새인식단계

위협받은 고양이가 좀 더 자신감을 갖게 되면 재소개과정의 다음 단계를 시작할 수 있다. 위협받은 고양이를 일시적으로 다른 방에 놓고, 다른 고양이를 나오도록 해서 집안을 간단하게 둘러볼 수 있게 허용한다. 위협한 고양이가 희생자를 찾기 위해 집안을 걸어 다니지 않도록 이 시간을 이용해 약간의 상호교감놀이과정을 수행한다. 상호교감놀이요법과정은 또한 고양이가 이러한 영역과의 연관성을 바꾸는 데 도움이 될 수 있다. 이전에는 협박을 당했던 고양이의 경우와 마찬가지로 집안의 주요 부분은 근본적으로 전쟁터였다. 상호교감놀이시간과 그곳에 촉발요인이 되는 다른 고양이가 없다는 사실을 통해 그 영역은 재미있고 안전한 장소가 되기 시작한다.

즐거운 놀이과정 및 냄새를 맡고 자신의 냄새를 축적하는 시간을 가진 후, 고양이를 자신의 보호구역에 다시 놓은 다음 협박당한 고양이를 데리고 나온다. 공격적인 고양이에 대한 이 간단한 외출은, 피해고양이의 신선한 냄새를 맡는 것 외에 그 영역에 자신의 신선한 냄새를 남길 수 있는 과정이다. 각 고양이에게 다른 고양이가 아직도 주변에 있지만 직접적인 대결이 없다는 사실을 안다는 것은 중요하다. 고양이들이 냄새인식단계를 거치는 데 도움을 주기 위해 하루에 여러 번 이 훈련을 반복한다.

짧은 소개 및 먹이주기단계

각 고양이들이 단계를 잘 수행하고 있다면 다음 단계로 넘어갈 수 있다. 이 단계는 고양이들이 이전에 전혀 만난 적이 없는 것처럼 다뤄야 하는데, 핵심은 안전한 거리에서 매우 짧은 시간 동안 서로를 만나게 하는 것이다. 고양이들이 서로에게 절반만 집중하도록 유지하기 위해 주의를 전환시킨다. 집안에 다른 가족구성원이 있다면, 가족들이 각각 고양이 한 마리에게 집중할 수 있으므로 재소개과정이 훨씬 쉬워질 것이다.

각각의 고양이에게 줄 소량의 맛있는 먹이를 준비해서 보호구역의 문을 연다. 고양이들이 서로의 시야 내에서 간식을 먹게 하되, 자신의 안전지대 내에 머물 수 있도록 충분히 멀리 떨어져 있는지 확인해야 한다. 또한, 긴장감이 도는 상황이 되면 문을 닫을 수 있는 시간을 갖도록 충분히 멀리 떨어져 있게 한다. 보호자는 공격적인 고양이에게 또는 두 마리 모두에게 목줄을 사용할 수 있다. 이전에 목줄훈련을 받지 않은 고양이와 목줄을 불편해하는 고양이에게는 사용하지 않는 것이 좋다. 이들에게 목줄을 사용하는 경우 반응수준이 높아져 상황을 악화시키게 되므로 주의를 요한다.

한 마리가 으르렁거리거나 먹는 것을 멈추고 다른 고양이를 똑바로 쳐다본다면, 둘이 너무 가깝게 있거나 이 단계를 위한 준비가 아직 되지 않은 것이다. 이때는 문을 닫거나 고양이 한 마리를 그 영역 밖으로 내보낸다. 공격적인 고양이는 부상을 당할 위험이 있으므로 다루지 않도록 하고, 식사가 끝나자마자 보호구역의 문을 닫는다. 항상 과정을 긍정적으로 끝마쳐야 한다. 이 단계를 여러 차례 수행해서 고양이들이 함께 있으면 언제나 먹이를 얻거나 여분의 간식을 얻을 수 있다는 것을 알게 한다. 클리커를 사용해서 긍정적인 행동의 모든 징후에 클릭하고 보상한다.

이 단계가 잘 진행되면, 점차 먹이그릇을 가까이 위치하도록 이동시킬 수 있다. 고양이들을 자신의 안전지대 내에 유지해야 하기 때문에 이 과정은 까다로울 수 있는데, 바로 그릇을 가까이 배치하려는 시도는 바람직하지 않다. 지금 당장 달성하려는 목표는 고양이들이 서로 대면했을 때 공격적인 모드로 들어가지 않게 하는 것이다.

하루에 소량의 먹이를 여러 번 나누어 제공하는 것과 클리커 트레이닝을 병행하는 방법을 사용함으로써 서로를 익숙해지게 만들 수 있으며, 고양이들은 위협 또는 도전적인 자세를 보이지 않으면 먹이라는 보상이 있다는 것을 학습하게 된다.

그룹놀이요법단계

먹이주기 일상이 순조롭게 진행될 때, 그룹놀이요법으로 나아갈 수 있다. 제3장에서 2개의 장난감을 사용해 집단놀이를 하는 방법을 설명했는데, 이 방법은 재소개를 할 때 특히 중요하다. 다른 가족이 있으면 그 사람은 방의 한쪽에서 한 마리를 데리고 있고, 보호자는 다른 쪽에서 다른 고양이를 데리고 있어야 한다. 보호자 혼자인 경우, 고양이들이 가까이 함께 있어도 괜찮겠다는 확신이 들지 않으면 이 단계로 옮겨가지 않는다.

    과정은 짧고 긍정적으로 유지해야 하며, 상황이 잘 진행된다고 해서 진행시간을 늘리지 않도록 한다. 한 마리가 장난감에 흥미를 잃고 다른 고양이를 노려보는 위험에 빠질 수 있다. 고양이들이 서로의 존재에 좀 더 편안해질 때, 식사나 놀이과정을 끝낸 후 함께 머물게 할 수 있다. 고양이들을 예의주시하되, 보호자가 고양이들 주변을 따라다니는 것처럼 보이지 않도록 무관심한 방법으로 수행한다. 그렇지 않으면 고양이가 보호자의 불안을 눈치 챌 것이고, 그것이 고양이들도 불안하게 만들 수 있다.

    고양이들이 다시 나다니면, 필요한 경우 서로에게서 주의를 전환시킬 때 사용할 수 있도록 몇 개의 상호교감장난감을 여러 방에 보관해둔다. 또한, 주의를 전환시킬 필요가 있을 때 던져줄 수 있도록 장난감쥐나 탁구공을 주머니에 휴대한다. 클리커와 간식도 준비해서, 고양이들이 어떠한 공격성도 보이지 않고 서로 가깝게 지나가거나 같은 공간에서 의자 위에 앉아 있는 것과 같은, 무언가 긍정적인 행동을 보일 때 클릭하고 보상할 수 있다. 이렇게 해서 그들이 함께 보내는 시간을 점차적으로 늘려나갈 수 있다. 고양이들이 잠시 서로 잘 지냈다고 해서 오랜 시간 잘 지낼 것이라는 보장은 없으므로, 여러 번의 과정을 통해 시간을 점차적으로 늘려나가야 한다.

주의분산과 방향전환

고양이들이 더 많은 시간을 함께 보내기 시작할 때 주의분산과 방향전환이 주요 도구가 될 것이다. 재훈련을 하는 동안, 필요할 경우 쉽게 사용할 수 있도록 다양한 공간에 장난감을 준비해야 한다. 필자는 캣댄서(Cat Dancer)를 선호하는데, 캣댄서는 서랍 안이나 소파 쿠션 아래에 말아서 숨겨두기 쉽다는 점과, 가격이 매우 저렴해서 부담없이 여러 개를 구비해둘 수 있다는 점 때문이다. 고양이가 자주 머무는 공간마다 하나씩 보관해두면, 주의분산과 방향전환이 필요할 때 장난감을 찾으려고 다른 공간으로 달려갈 필요가 없다. 주의분산과 방향전환이 작용하는 방법은 다음과 같다.

고양이들이 집안의 주요 공간에 함께 있고 한 마리가 다른 고양이에게 슬그머니 접근하거나 응시하기 시작하는 것으로 보일 때, 장난감으로 주의력을 분산시키고 그 고양이가 의도하는 희생대상 고양이로부터 다른 곳으로 방향을 전환시킨다. 전형적인 사례는, 한 마리가 의자 위에서 잠을 자고 있고, 다른 한 마리가 갑자기 달려들려는 자세를 취한 채 잠자는 고양이를 향해 걸어가고 있는 경우다. 장난감으로 그의 주의를 분산시키면 먹이추적본능을 자극할 것이고, 이는 공격모드에서 벗어나 사냥꾼의 긍정적인 자세로 전환시키게 된다. 비록 그 고양이가 동료고양이를 공격하려는 의도가 있었다 하더라도, 먹이를 추적하는 편을 택할 것이다. 즉흥적인 약간의 상호교감놀이과정을 진행해서 잠자는 고양이로부터 멀리 이동시키고, 공격적인 방식이 아닌 긍정적인 방식으로 긴장감을 풀어주도록 한다. 희생대상 고양이는 안전하게 남고, 가해고양이는 모든 불안감을 해소할 수 있다. 두 고양이 모두에게 행복한 결과다.

주의분산과 방향전환 기법에 있어서 좋은 점은, 그것이 재훈련의 긍정적인 방법이라는 것이다. 여러분이 이전에 사용했던 방법은 한 마리가 다른 고양이를 공격한 후 그 고양이를 질책하고 둘을 격리하는 것이 포함됐을 수 있다. 이러한 방법이 잠시 동안 싸움을 멈추게는 하겠지만, 서로를 좋아할 이유를 주지는 않는다. 새로운 방법은 고양이들이 세팅한 부정적인 행동패턴을 깨고, 다른 고양이가 있을 때 간식, 먹이, 놀이시간, 긍정적인 관심을 얻게 되기 때문에 고양이들에게 서로를 좋아할 이유를 주게 된다.

클리커 트레이닝의 적용

클리커를 사용해서 좋은 행동을 구체적으로 표시하고 인식시킴으로써 진행과정을 효과적으로 가속시킬 수 있다. 이 방법이 갖고 있는 또 다른 좋은 점은, 만약 한 고양이가 다른 고양이에게 몰래 접근하려 했다는 보호자의 가정이 틀렸을 경우, 일어날 수 있는 가장 최악의 상황이 보너스 놀이과정을 얻는다는 것이다. 보호자가 부정적인 방법을 사용하고 있었고 고양이가 막 몰래 습격하려 한다고 생각해서 질책한 경우, 실제로 그러한 행동을 하지 않았다면 보호자는 그 고양이의 불안과 혼란을 가중시킨 것이다. 이 방법에서 한 가지 중요한 주의사항은 타이밍이다. 공격하려는 고양이가 공격을 개시하기 전에 주의분산과 방향전환을 시도해야 한다. 다른 고양이와 접촉을 한 뒤에 장난감을 향하도록 방향전환기법을 사용하면, 실제로 보호자가 원치 않는 바로 그 행동을 강화시키게 된다. 잘못된 행동은 빨리 잡을수록 좋다. 자신의 고양이에 대해 알고 있고, 고양이의 신체언어와 행동패턴을 정말로 잘 알고 있다면, 다른 고양이를 습격하려는 생각을 하자마자 보호자는 그것을 분명히 알 수 있을 것이다.

　고양이의 주의를 분산시킬 타이밍을 잡지 못하고 그 고양이가 다른 고양이와 접촉했다면, 소음을 만들어 싸움을 방해한다. 물리적으로 떼어놓으려 하면 부상을 입게 될 것이므로 삼가도록 하고, 박수를 치든지 프라이팬 두 개를 소리 나게 부딪쳐서 고양이들이 떨어질 수 있도록 일종의 혼란을 일으킨다. 그런 다음 일단 고양이들이 떨어지면, 격리된 공간에서 진정시킨다. 싸움이 매우 심각한 경우, 재소개과정에서 몇 단계 뒤로 돌아가야 할 것이며, 어쩌면 다시 격리시켜놓고 식사나 놀이시간에만 대면시켜야 할 수도 있다. 고양이들의 반응 정도, 공격을 촉발했던 원인(어쩌면 너무 오래 함께 있게 했을 수도 있다) 그리고 싸움의 심각도에 근거해 판단한다.

재소개과정에서 많은 보호자들이 실패하는 주요 원인은, 그 과정을 너무 서두르기 때문이다. 고양이들이 수 년 동안 앙숙으로 지냈다면, 재소개는 매우 점진적으로 진행돼야 할 필요가 있다. 1주일만의 재소개과정으로 몇 년 간의 싸움을 중단시키지 못할 것이다. 재소개과정은 과거의 실수를 잊고 모든 것을 다시 시작하는 것으로 생각해야 한다. 보호자의 생활에서 더 많은 시간과 노력 그리고 불편을 감수해야 하겠지만, 고양이들의 관계에 있어서 두 번째 기회를 주는 멋진 선물을 제공하는 것이다. 이러한 과정에 투자된 시간은 평화로운 공존의 일생을 보장하는 데 도움이 될 것이다.

| 재소개기술에 대한 다른 사용법 및 변형

일단 재소개의 기본사항을 알고 고양이의 신체언어에 더욱 기민해지면, 다른 상황에서 재소개기술을 변형해 사용할 수 있다. 일반적인 사례는 한 마리가 동물병원에 가고 다른 한 마리는 집에 있는 경우다. 텃세에 의한 공격 섹션에서 고양이를 일시적으로 격리시키고 서로가 다시 친숙해질 수 있도록 냄새를 사용하는 방법을 설명했다. 공격성이 더욱 심각하고 다시 예전의 관계로 돌아갈 것으로 보이지 않으면, 간단한 재소개과정을 진행한다. 장기간에 걸친 공격문제가 있었다 하더라도 재소개하는 데 걸리는 시간은 짧을 수도 있다. 방향전환 공격의 경우에 고양이들이 트라우마 사건을 극복하는 데 도움을 주기 위해 재소개기법을 사용할 수 있다.

때로는 고양이들이 서로에 대해 매우 공격적이고, 심각한 부상의 두려움 없이 같은 공간에서 서로를 보게 하는 단계에 도달할 수 없는 경우, 완충지대를 만들어줘야 할 필요가 있다. 완충지대는 이 시점에서 고양이를 신체적으로 안전하게 유지해주는 장치가 된다. 한 고양이가 격리된 방에 임시 스크린도어를 설치할 수 있는데, 이렇게 해주면 고양이들이 서로를 안전하게 바라볼 수 있을 것이다. 좀 더 불편하지만 저렴한 방법은, 출입문 위에 세 개의 견고한 베이비게이트를 포개어 설치하는 것이다.

이렇게 하는 경우, 고양이가 방 밖에 앉아 하루 24시간 내내 격리된 고양이를 응시하게 그냥 내버려둬서는 안 된다. 먹이를 먹는 동안 서로의 시야 내에 있는 곳에서 여전히 행동교정을 수행해야 하며, 보호자와 가족은 여전히 한 마리는 방안에서 한 마리는 방밖에서 집단놀이과정을 수행할 수 있다. 이 임시단계는 단순히 부상의 위험을 없애주는 것이며, 고양이는 여전히 서로를 좋아할 이유를 찾는 데 도움이 필요하다.

04

전문적인 도움이 필요한 경우

공격이 보호자를 향한 것이든 다른 고양이를 향한 것이든, 고양이가 공격행동을 드러내는 상황을 접하는 것은 무서운 일이다. 보호자가 그 원인을 알지 못할 때 특히 두렵다. 공격수준이 심각하거나 어떤 유형의 행동교정을 사용해야 할지 확실하지 않은 경우, 전문가의 도움을 받을 수 있다. 공격행동이 나타날 때 분명히 부상을 당하지 않아야 하며, 이 행동패턴이 고양이의 완전한 습성이 돼서도 안 된다. 가정에 어린아이나 노인이 있는 경우, 그들의 안전 또한 고려해야 한다. 공인된 전문가는 고양이의 공격행동의 원인을 찾아서 효과적인 행동교정계획을 수립하는 데 도움을 줄 수 있다.

| 공인 행동전문가의 도움

스스로 이 분야의 전문가라고 칭하는 많은 사람들이 있지만, 전문적인 지식이 없고 윤리를 고려하지 않는다면 도움이 되기보다 상황을 더 악화시킬 수 있다. 전문가의 도움을 얻을 수 있는 길을 찾는 안전한 방법은 수의사와 상담하는 것이다. 수의사는 보호자에게서 상세한 행동이력을 들은 후 공인된 행동전문가에게 소개해줄 수도 있다.

 수의사가 해당 지역의 행동전문가를 모르는 경우 몇 가지 옵션이 있다. 가까운 수의과대학의 행동부서에 문의를 하는 것이 한 가지 방법이다. 또한, 국제동물행동상담협회(International Association of Animal Behavior Consultants)에 연락해서 지역에 공인 고양이상담전문가가 있는지 확인할 수도 있다. 동물행동학회(Animal Behavior Society)를 통해 공인된 동물행동전문가를 찾을 수도 있고, 미국수의행동심리대학(American College of Veterinary Behaviorists)을 통해 수의행동심리학자를 찾을 수 있다. 거주하는 지역에 따라, 행동전문가들이 왕진을 하거나 보호자가 고양이를 데리고 직접 병원을 방문할 수도 있다. 가까운 곳에 공인전문가가 없는 경우, 전화상담을 할 수 있는 사람들도 있다.[1]

공인된 행동전문가와 상담한다는 생각은 이상하게 보이거나 심지어 보호자를 겁주는 것으로 보일 수도 있다. 많은 사람들은 고양이행동 관련 전문상담이 이용 가능한지조차 모른다. 어쨌든 고양이를 훈련시킨다는 것은 가능하며, 동물행동에 공인된 자격을 갖춘 전문가의 도움으로 고양이의 생명을 구할 수 있다.

| 정신약리학적 개입

요즘에는 이웃이나 친척으로부터 반려동물에게 프로잭(Prozac, 우울증치료제) 또는 기타 정신병치료제를 사용한다는 소리를 자주 듣게 되는 것 같다. 격리불안이 있는 개든, 화장실 이외에 배설을 하는 고양이든, 답은 최대한 빨리 처방전을 받아야 한다는 것이다. 우리는 현재 '행동교정문제' 분야에 있어서 큰 발전을 이뤘으며, 정신약리학의 사용은 적절히 처방해서 사용될 때 엄청난 도움이 됐다. 효과적인 행동교정을 할 수 있도록 고양이를 충분히 진정시키기 위해 특정 약물을 사용해야 하는 때가 있다.

문제는 수의사가 행동의 이력을 철저하게 살펴보지 않고 너무 성급하게 처방을 한다는 점과, 어떤 보호자들은 고양이에게 단지 약물만 제공하고 행동교정을 완전히 생략한다는 점이다. 필자는 수의사가 고양이에게 주는 것이 어떤 종류의 향정신성 약물인지, 잠재적인 부작용이 무엇인지, 약물이 어떤 작용을 하는지, 또는 고양이가 약물을 끊어야 할지에 대해 전혀 알지 못하는 고양이보호자들을 너무나 많이 봤다. 이러한 것들은 모두 고양이에게 약물을 제공하기 전에 보호자가 알아야 할 사항이다.

---

1 미국(다른 선진국의 경우도 마찬가지로)에는 고양이전용 동물병원뿐만 아니라, 고양이를 비롯해 다양한 반려동물들의 행동과 심리를 연구하고 관련된 도움을 줄 수 있는 연구기관과 공인행동전문가 및 컨설턴트들이 매우 많다. 우리나라의 실정과는 다소 거리가 있으므로 이 부분은 참고만 하도록 한다. 우리나라도 앞으로 반려동물산업의 다양한 분야에 있어서 높은 수준의 발전을 이루고, 이와 같은 선진국 수준의 의료 및 관련 서비스가 가능해지기를 간절히 바란다.

고양이가 행동문제로 약을 처방받았다면, 보호자가 행동교정을 진행하는 동안 수의사 및 공인된 행동전문가와 계속 연락을 유지해야 한다. 정신약리학적 개입은 필요 시 취할 수 있는 여러 단계 중 심각한 단계이며, 고양이보호자로서의 책임은 행동교정에 대한 정보를 얻고 그것을 충실히 따라야 한다는 것이다. 그렇지 않으면 단순히 원치 않는 행동을 일시적으로 억제시켜서 잠재적으로 고양이의 건강을 위험에 빠뜨리게 된다는 점을 명심하기 바란다.

- 고양이와 집안의 모든 가족들이 행복하게 지낼 수 있도록 하기 위해서는, 보호자가 배우자의 의사소통법, 고양이의 의사소통법, 개의 의사소통법 등에 대해 배우고 이해할 수 있어야 한다.

제장

모두가 행복한
유대관계 쌓기

- 고양이와 다른 가족들 -

01

고양이에 대한 공포가 있을 때

    고양이가 집안의 다른 동료 및 인간가족과 좋은 관계를 유지하게 만드는 것은 어려울 수도 있으며, 더구나 여러 종이 함께 생활해야 하는 경우 고양이는 그 분위기에 완전히 압도될 수 있다. 고양이가 다른 가족들(인간가족 또는 반려동물동료)과 행복한 유대관계를 쌓을 수 있도록 돕기 위해 보호자가 알아야 하고 배워야 할 것들이 많다.

    보호자는 배우자가 의사소통하는 방법, 고양이가 의사소통하는 방법 그리고 개가 의사소통하는 방법 등을 이해해야 한다. 페럿, 새, 햄스터 등 집안의 모든 반려동물을 언급할 필요는 없다. 아이들을 생각할 수 있지만(아이들을 이해한다고 생각할 때, 그들은 나이를 한 살 더 먹고 전혀 다른 단계로 접어든다), 그들을 다루는 것은 이 책의 범위를 벗어난다. 비록 여러분과 인간가족의 관계는 필자가 도움을 줄 수 없는 부분이지만, 스트레스 많은 과도기가정에서 고양이를 좀 더 편안하게 해주기 위한 도움을 줄 수는 있다.

    여러분은 가능한 한 고양이에게 스트레스가 적은 환경을 만들어주기 위해 노력하겠지만, 삶의 어느 시점엔가 집안에 스트레스를 유발하는 특정한 변화가 발생할 것이다. 어쩌면 두 번째 고양이를 새 식구로 맞아들이면서 영역전쟁이 벌어지고 있는 상황에 처하거나, 아기가 태어났을 수도 있다. 이미 자녀가 있는 배우자가 새 가족으로 들어왔을 수도 있다. 이러한 변화가 꽤 오래 전에 발생했든 곧 일어날 예정이든 상관없이, 적절한 행동교정을 시행하면 변화로 인해 발생하는 스트레스의 대부분을 완화시키고 고양이와 새로운 가족들과의 관계를 개선시킬 수 있다.

| 새로운 고양이를 들이는 문제

대부분의 고양이에 있어서 동료란 것은 훌륭한 관계가 되지만, 일부 고양이들은 혼자 지내는(집안에서 유일한 고양이가 되는) 것이 나은 경우도 있다. 고양이가 예외적으로 텃세를 부리고 공격적이거나, 혹은 대부분의 것에 대해 매우 두려워하는 경우, 그 고양이는 자신의 영역을 다른 고양이들과 공유하는 것에 잘 적응하지 못할 수도 있다.

새로운 고양이를 들일 경우 거의 모든 고양이에 있어서 처음에는 부정적으로 보이는데, 고양이가 자신의 삶에서 다른 변화에 적응하는 데 어려움을 겪었다면, 얼마나 점진적으로 소개시켰는지에 상관없이 서로 동료가 되지 못할 수도 있다. 새 고양이를 입양하기로 결정하기 전에, 자신의 고양이에게 어떤 것이 가장 좋은 선택인지 주의 깊게 생각해야 한다. 고양이들끼리 잘 어울리지 못하면 일생 동안 스트레스와 행동문제를 겪을 수도 있으므로 두 번째 고양이를 들이는 것은 충동적으로 결정해서는 안 된다.

고양이가 현재 화장실 밖에 배설하기, 낯선 사람에 대한 공포감 또는 물어뜯기와 같은 행동문제를 가지고 있다면, 또 다른 고양이를 들임으로써 스트레스를 가중시키기 전에 이러한 문제들을 바로잡는 작업이 선행돼야 한다. 자신의 고양이가 외로워하거나 지루해해서 동료고양이를 들이고 싶은데 잘 어울릴 수 있을지 걱정이 된다면, 이 책에 설명돼 있는 행동교정기법을 이용해 좀 더 자극적인 환경을 조성하고 놀이기회를 늘리며, 가족을 동원해 고양이가 적극적으로 활동하고 집중할 수 있도록 돕는다.

| 새 고양이에 대한 적절한 소개

기존 고양이를 위해 동료를 만들어주기로 결정했을 때 여러분의 의도는 최고였다. 여러분은 고양이가 외롭고 떠들썩하게 함께 뛰어노는 놀이친구를 갖게 되는 것을 좋아할 것이라고 생각했다. 그러나 새로운 고양이에 대한 반응을 접하고 여러분의 결정을 심각하게 의심할 수도 있다. 어쩌면 아직 새 고양이를 들이지 않았지만, 주변에서 고양이를 추가로 집안에 들였던 때의 공포스러웠던 이야기를 전해 듣고 새 고양이를 집에 데려오는 순간을 두려워하고 있을 수도 있다. 비록 고양이들이 얼마 동안 함께 있었고 새 고양이를 잘못 소개했다는 것을 지금 깨달았다 하더라도, 아직 늦은 것은 아니다.

― MEMO ― **새로운 고양이를 들일 때**

새 고양이를 집에 데려오기 전에 전염성 질병, 예방접종, 기생충감염에 대한 검사를 받았는지 확인해야 하며, 그렇지 않으면 건강상태가 양호한지 확인하도록 한다. 만약 건강하지 않다면 기존 고양이에게 노출시키기 전에 건강해질 때까지 격리시켜야 한다. 새 고양이 또한 낯설고 적대적인 고양이에게 스트레스 없이 적응하기 위한 시간이 필요하다. 새 식구를 들여오기 전에 기존 고양이 또한 최근에 예방접종은 받았는지, 건강은 양호한지 확인한다.

마치 그 둘이 전혀 만난 적이 없었던 것마냥 초기단계로 돌아가서 '처음부터 다시 시작(Starting from Scratch)'하도록 한다. 잘못된 길을 계속 가는 것보다 지난 것은 전부 잊어버리고 올바른 방법으로 새로이 시작하는 것이 훨씬 낫다. 고양이들이 아직 서로 만나지 않았든 몇 시간 또는 며칠, 몇 주 혹은 몇 달 동안 서먹하게 지내왔든 상관없이, 스트레스가 발생하는 관계라면 적절한 재소개를 통해 관계를 개선시켜줘야 한다.

새 고양이를 소개하는 방식은 고양이들이 서로를 보는 방법에 대한 기초를 만드는 것이다. 새 고양이를 그냥 집안에 들이는 경우 보호자는 둘 모두에게 위협, 스트레스, 두려움, 적대감을 조장하게 되는 것이다. 기존 고양이가 사회성이 뛰어난 성격이라 하더라도, 낯선 고양이를 소개하는 것은 기교와 감수성을 이용해야 한다. 고양이는 영역적 동물이므로 성공적인 소개를 하기 위해서는 그들의 영역 안전에 대한 필요성을 이해할 필요가 있다. 그때조차도 소개과정은 영역적 안전감을 증대시킬 수도 있고 낮출 수도 있으며, 기존 고양이는 새로운 상황이나 새로운 가족에 대해 의구심을 품을 것이다. 그러나 적절하게 소개된다면 그와 같은 두려움을 최소한으로 줄일 수 있다.

새 고양이의 보호구역 마련

기존 고양이와 새로운 고양이에 대한 소개는 두 고양이의 욕구를 충족시킬 수 있도록 점진적이고 긍정적으로 진행돼야 한다. 기존 고양이는 잘 확립된 영역을 가지고 있으며, 만약 보호자가 새 고양이를 그 공간에 그냥 방치한다면 기존 고양이는 자신의 집이 침범당하는 것으로 느낄 것이다. 새 고양이를 침입자로 보고 낯선 침입자를 쫓아내려고 하거나, 이제 자신의 영역이 더 이상 안전하지 않다는 공포심에 잠기게 된다. 새로 들어온 고양이의 입장에서도 완전히 낯선 환경에 들어서는 것이기 때문에 점진적이고 긍정적인 소개가 필요하다. 이미 그곳에 다른 고양이가 있다는 사실은, 새로운 고양이의 관점에서 보면 적대감을 느끼게 하는 것이다.

아무런 준비 없이 집안 한가운데 새로운 고양이를 둔다면, 그 고양이는 상대가 얼마나 적대적인지 판단하고 점유되지 않은 안전한 영역을 찾아야 한다. 그 임무에 실패하면 선제공격을 감행할 가능성이 높으며, 기존 고양이에게 적대감을 보이게 된다. 두 고양이 모두에 있어서 갑작스런 소개는 그들을 생존모드로 돌입하게 만들 것이고, 서로에게 적대적인 관계를 맺기 시작할 것이다. 어떤 경우에는 적대감이 시간이 지남에 따라 완화될 수 있지만, 종종 그 시점부터 적대관계가 확립될 수도 있다. 두 고양이는 마주칠 때마다 적대감을 갖기 때문에 서로 편안하게 지내지 않는 경우가 종종 있다.

두 고양이를 이와 같이 불필요한 스트레스를 경험하도록 내버려두는 것은 바람직하지 않다. 이러한 문제를 해결할 수 있는 훨씬 쉬운 방법이 있으며, 두 고양이 모두 이미 전쟁상태에 들어가 있다 하더라도 관계를 충분히 회복시킬 수 있다. 우선 새로운 고양이를 위한 보호구역을 마련하는 것으로 시작한다. 이상적으로는 새 고양이가 집에 오기 전에 준비가 완료돼야 한다. 방의 한쪽에 화장실을 준비하고 다른 쪽에는 먹이그릇과 물그릇을 배치한다. 이때 화장실과 먹이그릇은 서로 가깝지 않아야 한다.

보호구역에는 스크래처도 비치해야 한다. 이미 기존 고양이를 위한 스크래처가 갖춰져 있다 하더라도, 새 고양이를 위한 새로운 스크래처가 필요하다. 소개가 완료된 후에도 고양이는 별도의 스크래처에 스크래칭하는 것을 여전히 선호할 수도 있다. 새로운 고양이가 수평면 스크래칭을 즐기는 경우 그의 보호구역에 골판지 스크래칭 패드를 배치할 수 있다. 새로운 고양이의 공간에 펠리웨이컴포트존 디퓨저를 설치하거나 물건의 모서리에 펠리웨이스프레이를 뿌려주면, 새로운 고양이가 낯선 환경을 좀 더 빨리 편안하게 느낄 수 있게 하는 데 도움이 된다.

높은 영역과 은신처 제공

새 고양이에게 높은 영역과 은신처를 제공한다. 높은 영역을 제공해주면, 새 고양이가 높은 곳에 올라가는 것을 더욱 안전하게 느끼거나, 또는 창밖을 보기 위해 어딘가에 앉을 수 있을 만큼 긴장이 풀렸을 때 사용할 수 있다. 은신처는 새 고양이가 낯선 환경에 완전히 압도당해 숨어 있는 것을 선호할 경우를 위한 것이다. 고양이 옆에 상자를 놓고 수건을 깔아서 은신처를 만들어줄 수 있다. 고양이가 완전히 은신한 것으로 느낄 수 있도록 상자를 거꾸로 뒤집어놓고 개구부를 잘라내 제공하는 것도 좋다.

보호자의 침실에 보호구역을 세팅한 경우, 고양이가 하루 종일 침대 아래 숨어서 시간을 보내지 않게끔 추가적인 은신처를 제공하는 것이 중요하다. 고양이가 매우 긴장하고 있다면, 방의 한쪽에서 다른 쪽으로 더욱 편안하게 옮겨갈 수 있도록 방 가운데에 두 개의 터널을 설치해주면 좋다. 이렇게 해주면 고양이는 화장실이나 먹이그릇으로 걸어갈 때 더욱 안전하게 느낄 수 있다. 종이가방이나 상자를 연결해서 터널을 직접 만들 수 있으며, 측면이 부드러운 고양이터널을 구입해 제공할 수도 있다.

장난감도 잊지 말고 준비한다. 새 고양이가 처음에는 방 주위에서 장난감을 툭툭 치며 놀 만큼 편안하게 느끼지 못할 수도 있지만, 그렇다 해도 고양이가 거부할 수 없는 매력적인 장난감을 준비해야 한다. 방안에 라디오가 있는 경우, 문밖에서 들리는 불안한 소음을 완충시킬 수 있도록 부드러운 음악을 틀어준다. 다른 고양이가 문밖에서 울고 있을 경우 고양이의 울음소리를 아주 조금은 완화시킬 수 있다.

집안에 새 고양이를 데려왔을 때, 기존 고양이에게 보여주기 위해 멈춰 선다거나 복도에 서서 가족에게 인사시키는 행동 등은 하지 말아야 하며, 곧바로 보호구역으로 데리고 가야 한다. 그냥 평소처럼 자연스럽게 집안으로 들어가서 새 고양이를 방으로 데려간다. 이때 고양이를 캐리어에 넣어야 하며, 방으로 가는 동안 뛰어내리는 위험을 방지하기 위해 단단히 붙잡아야 한다. 일단 방안으로 들어가면, 문을 닫고 캐리어를 내려놓는다. 캐리어의 문을 열어주되, 고양이를 잡아당기거나 캐리어를 뒤집어 강제로 끌어내는 행동은 피하도록 한다. 고양이가 두려워하는 경우, 문을 열어놓은 채 당분간 캐리어 안에 그대로 있게 놔둔다. 고양이가 편안함을 느끼게 되면 캐리어에서 스스로 나올 것이다. 낯선 주위상황을 살핌으로써 자신의 입장을 파악할 수 있도록 시간을 줘야 하며, 일반적으로 안전한 캐리어 내에서 그러한 시간을 가질 수 있다.

고양이가 매우 겁에 질려 있다면 방안에 혼자 남겨두도록 한다. 고양이는 보호자의 존재에 대해 걱정할 필요 없이 캐리어 밖으로 나오는 모험을 시작할 수 있다. 고양이가 얼마나 겁에 질려 있는지에 따라, 그날 남은 시간 동안 캐리어에 머물 수도 있고, 보호자가 방을 떠나자마자 나올 수도 있다. 고양이가 새로운 주변 환경을 확인하고 조심스럽게 화장실을 사용하며, 약간의 먹이를 먹을 수 있는 시간을 주도록 한다. 고양이가 전혀 두려워하지 않으면, 바로 캐리어에서 걸어 나올 수도 있다. 그럴 경우 고양이와 함께 몇 분간 시간을 보낸 다음, 자신의 보호구역을 확인할 수 있게 혼자 남겨둔다.

> **MEMO** 성묘를 새로 들일 경우
>
> 이전에 다른 가정 또는 보호소에 있던 성묘를 데려왔다면, 한 번에 너무 많은 변화로 고양이를 압도하는 것을 피하기 위해 처음에는 그 고양이가 사용했던 동일한 유형의 화장실모래를 사용한다. 그런 다음, 현재 브랜드에 보호자가 선호하는 모래를 한 번에 조끔씩 추가함으로써 점진적으로 전환시켜 나갈 수 있다. 먹이에도 동일한 방법을 적용한다. 고양이가 특정 유형의 먹이에 익숙해져 있다면, 배탈이 나거나 스트레스가 증가하는 것을 방지하기 위해 그 먹이로 급여를 시작하고 점차 다른 먹이로 전환시켜 나간다.

새로운 고양이에게는 자신이 익숙해져야 하는, 완전히 낯선 환경을 갖게 된 것이기 때문에 지금 그 공간에 혼자 남겨둔다고 해서 그것이 잔인한 처사는 아니다. 고양이는 한동안 주변 환경을 파악하느라 분주할 것이다. 그 시간 동안, 보호자는 문 반대편에서 상황을 감시해야 한다. 기존 고양이가 문밖에 앉아서 도대체 안에서 무슨 일이 벌어지고 있는지 궁금해하고 있을 수도 있다.

보호자의 평상심 유지

비록 새 고양이의 냄새를 완전히 제거할 수는 없지만, 기존 고양이를 만나기 전에 손을 깨끗이 세척해 냄새를 없애야 한다. 새 고양이를 팔에 안았다면, 셔츠를 갈아입는다. 필자가 보호자들에게 항상 제공하는 한 가지 팁은, 새 고양이를 안을 때 냄새가 배지 않게끔 옷 위에 걸쳐 입을 수 있도록 보호구역에 목욕가운을 두라는 것이다. 목욕가운을 입는다 해도 새 고양이의 냄새가 여전히 남아 있겠지만, 기존 고양이를 압도할 정도의 수준은 아닐 것이다. 이 팁은 기존 고양이가 보호자에게서 낯선 고양이의 냄새가 약간만 나도 공격적으로 반응하는 경우 매우 중요하다. 기존 고양이의 환경, 특히 보호구역의 문 근처에 디퓨저 또는 스프레이 형태의 펠리웨이(Feliway)를 사용한다.

기존 고양이를 만날 때 평소의 패턴을 그대로 유지한다. 고양이를 안고 평소와 다른 지나친 애정표현을 하지 않으며, 새 고양이가 없을 때 평소 집에 들어오던 것처럼 인사를 한다. 기존 고양이가 새 고양이의 소리나 냄새에 매우 흥분할 경우, 보호자를 향해 방향전환 공격성을 보일 수도 있다는 점을 명심한다. 징후를 살펴보고, 으르렁거리고 하악 소리를 내거나 공격적 몸자세를 취하는 경우, 쓰다듬으려고 손을 뻗거나 잡으려는 시도는 하지 않는 것이 좋다. 그 상황에서 보호자가 할 수 있는 최선은 고양이로부터 멀리 떨어져 진정하도록 내버려두는 것이다.

고양이가 단지 경미하게 동요하는 경우라면, 주방으로 가서 먹이를 준비하거나 낮은 수준의 상호교감놀이과정을 시행해 보호구역의 문으로부터 주의를 돌릴 수 있다. 기존 고양이가 흥분한 정도 및 새 고양이가 반응하는 정도에 따라 잠시 동안 이 격리단계를 유지해야 할 수도 있다. 고양이마다 차이가 있기 때문에 이 초기단계에서 여러분의 고양이가 다른 고양이에 비해 심한 반응을 보인다 하더라도 낙담할 필요는 없다.

후각적 정보 수집단계

두 고양이가 보호구역 문 반대편에 무언가 있다는 것을 알았을 때의 초기충격을 극복한 후에는 다음 단계로 넘어갈 수 있다. 고양이에게 냄새소통은 매우 중요하기 때문에, 이제 고양이들이 안전하고 통제된 방법으로 서로에 대한 정보를 수집할 수 있게 해줄 것이다. 우선 깨끗한 양말을 준비해서 새 고양이의 입과 머리 주위를 부드럽게 문지른 다음, 양말에 펠리웨이를 분사한다. 다른 양말을 준비해서(같은 양말을 사용하지 않는다), 같은 방법으로 기존 고양이를 문지른 다음 역시 펠리웨이를 양말에 분사한다.

 기존 고양이의 공간에 새 고양이의 냄새를 함유하고 있는 양말을 배치하는데, 고양이가 잠을 자는 공간이나 화장실이 있는 장소와 같이 소중한 곳 말고, 비교적 중립적인 공간에 배치한다. 비슷하게 중립적인 지역에 있는 새 고양이의 보호구역에 기존 고양이의 냄새가 배어 있는 양말을 배치한다. 고양이 중 한 마리 또는 둘 다 가벼운 호기심을 갖고 반응을 보이거나, 킁킁거리며 양말 냄새를 맡는 동안 공격성 또는 두려움을 보일 수도 있다. 이는 실제 충돌의 위험을 피하면서 정보를 수집할 수 있도록 해주는 중요한 단계이다. 고양이의 입 주위를 문질러서 양말에 모인 페로몬은 친화적이고 위협적이지 않은 것들이다(펠리웨이의 추가로 더욱 그렇다). 따라서 고양이들은 그들이 다른 고양이의 소변마킹을 접했을 때와 같은 정보(적대감)를 수집하지 않게 된다.

 냄새를 함유하고 있는 양말은 또한 소개과정을 얼마나 천천히, 또는 얼마나 빨리 진행할 수 있는지에 대한 아이디어를 얻을 수 있기 때문에 가치 있는 정보를 제공해준다. 고양이 중 한 마리가 격하게 반응한다면 새 고양이의 소개과정을 아주 느리게 진행해야 한다는 것을 알게 될 것이다. 고양이가 좀 더 편안하게 보일 때까지 양말 단계를 계속 진행한다. 그런 다음, 기존 고양이의 화장실에서 오염된 모래를 조금 가져다가 새 고양이의 화장실에 넣는다. 이 단계는 새 고양이가 냄새가 함유된 양말에 비교적 편안

FOR ANIMAL'S GOOD LIFE
ADULT CAT'S BEHAVIOR PROBLEM

해졌을 경우에만 진행한다. 기존 고양이의 화장실에도 동일하게 진행하는데, 오염된 모래를 너무 많이 넣으면 화장실혐오문제를 일으킬 수 있으므로 소량만 사용해야 한다. 모두가 다음 단계로 나아갈 준비가 된 것으로 보일 때, 기존 고양이를 별도의 방에 격리하고 새 고양이에게 집안을 소개하기 시작할 수 있다.

통제된 방법으로 이 단계를 시행해야 고양이가 편안함을 느낄 수 있으며, 이것이 기존 고양이를 어딘가에 격리해야 하는 이유다. 일단 기존 고양이를 안전하게 격리시켰으면, 보호구역의 문을 열고 새 고양이가 집안의 나머지 부분을 탐색하게 한다. 새 고양이는 문지방을 넘어 몇 발자국만 걸을 수도 있고, 모든 것을 탐색할 만큼 자신감이 생겼을 수도 있다. 집이 큰 경우에는 고양이가 가는 곳을 통제할 수 있도록 몇 개의 문을 닫아둔다. 이렇게 하면 고양이가 압도되거나 침대 밑에 숨는 것을 막아줄 것이다.

고양이가 긴장하는 경우, 보호구역의 바로 바깥 지역으로 탐색을 제한하고 상호교감장난감을 사용해 주의를 분산시키거나, 놀고 싶어 하지 않는다면 약간의 먹이나 간식을 제공하도록 한다. 조용하고 평온한 분위기를 유지하되, 너무 긴장하거나 스트레스를 받기 시작한 것으로 보이는 경우 과정을 짧게 끊는다. 한 번에 집안 전체를 탐색하게 하는 것보다 짧은 과정을 수행하고 침착하게 끝내는 것이 좋다. 한 번에 집안 전체를 탐색하게 하면 고양이를 공황 또는 흥분상태에 빠뜨릴 수 있다.

이러한 탐색은 안전하게 물건을 조사할 수 있게 해주기 때문에 새 고양이에게 중요하며, 또한 다른 가치 있는 기능들을 제공한다. 새 고양이가 새로운 환경을 탐색할 때, 기존 고양이의 냄새에서 더 많은 정보를 수집하고 자신의 냄새를 집안 곳곳에 남기게 된다. 새 고양이가 주변을 조사할 때 물건에 자신의 얼굴을 비비지 않는 경우, 보호자가 이를 도와줄 수 있다. 고양이가 자신의 보호구역에 있을 때 부드러운 양말로 뺨과 입가를 따라 부드럽게 문지른 다음, 그 양말을 들고 집안 주요 구역에 있는 물건의 모서리를 문지른다. 이때 냄새를 쉽게 맡을 수 있도록 고양이의 코 높이 정도 위치를 문질러준다. 고양이의 보호구역 가까이에 있는 물건들을 몇 개 골라서 문질러준다.

펠리웨이스프레이를 사용하고 있는 경우에도, 새 고양이가 스스로 문지르지 않으면 보호자가 그 고양이의 페로몬을 흡수한 양말을 문질러줘야 한다. 이것은 기존 고양이가 새 고양이에 대한 정보를 수집하게 해주고, 새 고양이가 자신의 영역을 확장하기 시작했다는 사실에 익숙해지게 해주는 냄새를 남기게 된다.

새 고양이와 기존 고양이가 탐색작업을 진행하는 방법에 따라 다음 단계로 넘어가기 전에 이 과정을 얼마나 자주 수행해야 하는지 판단해야 한다. 다시 말하지만, 각각의 고양이는 차이가 있기 때문에 특정 시간대에 대해 염려하지 않아도 된다. 이 단계는 하루, 며칠, 일주일, 한 달 또는 그 이상 지속될 수도 있다. 주변 상황의 특성, 고양이의 성격, 사회화 수준 그리고 보호자가 입양하기 전에 새 고양이가 겪었던 트라우마 등이 있다면 이러한 것들을 모두 고려해야 한다.

시각적 정보 수집단계

냄새단계가 끝나면 시각단계로 이동한다. 음식은 훌륭한 동기부여요인이므로 이 과정에서 행동교정도구의 하나로 먹이를 사용한다. 보호구역의 문을 조금 열고 고양이들에게 각각 먹이를 제공할 때 서로를 보게 한다. 집안에 다른 가족구성원이 있는 경우, 한 사람은 보호구역에 있고 다른 한 사람은 기존 고양이와 함께 방 밖에 있도록 한다.

보호자 혼자 있는 경우라면, 필요할 때 신속하게 문을 닫을 수 있도록 기존 고양이와 보호구역의 문 사이에 위치하는 것이 좋다. 이때 고양이들은 충분히 멀리 떨어져 있어야 각자 편안한 지대 내에 머물 수 있고, 보호자는 그들이 서로 접촉하기 전에 문을 닫을 시간을 확보하게 된다. 식사가 끝나자마자 문을 다시 닫는다. 매 식사 때마다 이 연습을 한다. 이 과정은 계획급식을 하는 경우 효과적인데, 훈련과정을 수행할 때마다 고양이들이 배가 고픈 상태일 것이기 때문이다. 먹이를 소량 비율로 나눠서 일일훈련과정 수를 늘릴 수도 있으며, 고양이가 서로를 쳐다볼 때 간식을 사용할 수도 있다.

고양이가 서로에게 좀 더 편안해지면, 식사를 하는 동안 문을 더 오래 열어둘 수 있고, 먹이그릇을 더 가까이 둘 수 있다. 그러나 그릇을 얼마나 가까이 둘지는 신중하게 결정해야 한다. 보호자들이 흔히 범하는 실수는 그릇을 너무 급하게 가까이 둠으로써 고양이가 공격성을 띠도록 유도한다는 것이다. 그릇을 서로 가까이 뒀고 고양이가 먹기를 중단했다면, 너무 빨리 진행한 것이다. 고양이가 서로의 시야 내에서 먹이를 먹는 것은, 다른 고양이가 주변에 있을 때 좋은 일이 일어난다는 것을 가르친다. 이 긍정적인 연합은 그들이 서로를 좋아해야 하는 이유를 찾는 데 도움을 주는 시작이다.

먹이단계를 성공적으로 마친 후에는, 장난감단계를 추가할 수 있다. 우선 고양이가 서로를 볼 수 있도록 보호구역의 문을 연다. 긴장감이 생기기 시작할 경우 어느 한쪽의 주의를 분산시킬 수 있도록 상호교감장난감을 손에 들고 준비한다. 필자는 고양이들을 소개하는 동안 한 고양이의 주의를 다른 고양이로부터 멀리 분산시키기 위해 특정 방향으로 굴릴 수 있도록 탁구공 2개를 항상 준비해둔다. 필자는 고양이가 원목이나 타일 바닥과 같은 단단한 표면에 있을 때 탁구공을 사용하는 것을 특히 좋아하는데, 탁구공이 바닥에 구를 때 고양이의 주의를 끄는 흥미로운 소리를 내기 때문이다.

주의를 분산시키기 위해 쪼글쪼글한 마일라(Mylar) 공을 사용할 수도 있다. 마일라 공을 던지기 전에 매력적인 소리(뽀드득 뽀드득 하는 소리)를 만들기 위해 손가락 사이에 끼우고 문질러준다. 주의분산뿐만 아니라 각 고양이가 더욱 긍정적인 시선을 유지하게 만드는 데도 상호교감장난감을 사용한다. 고양이가 서로의 시야를 잘 처리하고 있다면 각 손에 장난감을 가지고 그룹놀이과정을 아주 짧게 진행할 수 있고, 보호자가 한 마리와 놀이를 하는 동안 다른 가족이 다른 한 마리와 놀이과정을 진행할 수도 있다.

장난감단계에서 각 과정은 짧고 긍정적이어야 하는데, 실질적으로 필요하다고 생각하는 것보다 짧게 끝내는 것이 바람직하다. 이 과정이 순조롭게 잘 진행되면 고양이에게 던져줄 수 있도록 항상 간식을 준비한다. 필자는 필요한 경우 간식과 장난감을 편리하게 사용할 수 있도록 소개과정을 진행할 때는 훈련용 간식가방(또는 지퍼 달린 작은 가방)을 휴대한다. 사전에 계획을 세우고 기존 고양이에게 클리커 트레이닝을 시켰다면, 긍정적인 행동을 할 때마다 클릭하고 보상할 수 있다.

주의분산용 장난감 구비

고양이가 집안의 주요 장소에서 더욱 많은 시간을 함께 보내기 시작할 때 그들의 주의를 분산시키기 위해 장난감을 가까이 보관해둔다. 하악 소리를 살짝 내거나 한 마리가 너무 가까이 다가가서 다른 한 마리가 후퇴하더라도 당황하지 않도록 한다. 고양이들은 결국 서로를 알기 시작해야 하므로 보호자는 그저 침착하게 상호교감을 유지하는 것이 좋다. 결국 고양이들이 다른 고양이의 존재가 먹이와 놀이시간을 의미한다는 것을 알게 되면, 좀 더 긍정적인 연합으로 발전시키기 시작할 것이다.

처음에는 단순한 관용으로 시작될 수도 있지만, 고양이들이 이 짝이루기를 선택하지 않았다(보호자는 선택했지만)는 것을 고려할 때 대단히 성공적인 단계다. 우리는 그들의 동료가 누가 될지, 그들이 공유해야 하는 공간이 얼마나 작거나 커야 할지를 결정할

> **M E M O   보호구역**
>
> 새 고양이가 자신의 보호구역에서 나왔을 때 절대 고양이 뒤로 문을 닫아서는 안 된다. 고양이는 언제든지 그곳으로 되돌아갈 수 있다는 것이 보장되는 안전함을 필요로 한다.

때, 고양이에게 많은 것을 요구한다. 그들은 누가 집안의 특정 가구 또는 공간을 차지할 것인지, 보호자와 어떻게 시간을 공유할 것인지, 서로가 얼마나 가까워져야 하는지 등을 협상하는 면에서 많은 것들을 협력해야 한다. 고양이들이 서로에게 편안해졌다는 것을 확신할 때까지, 새 고양이가 자신의 보호구역에서 나왔을 때 감독하기 위해 항상 그곳에 있어야 한다. 고양이들이 더 많은 시간을 함께 보내기 시작하면서, 긴장감이 지나친 경우 그저 무심히 지켜볼 필요가 있을 수도 있다.

그 시점에서 고양이들을 격리시킬 필요는 없을 수도 있으며, 그냥 주의를 조금 분산시켜야 할 필요가 있을 수 있다. 이것이 바로 쉽게 꺼내서 사용할 수 있도록 모든 방에 상호교감장난감을 숨겨둬야 하는 이유다. 주의분산과 방향전환에 대한 자세한 정보는 제8장을 참고한다. 서로를 좋아할 만한 이유를 찾도록 돕는 것과 올바른 고양이예절에 따라 일부 협상을 처리하도록 하는 것 사이에서 건전한 균형을 유지해야 한다. 두 마리가 놀고 있는 것인지, 서로가 공격을 하는 것인지 혼란스러울 때가 있다. 때로는 레슬링 놀이가 공격적으로 보일 수도 있고, 처음에는 친근하게 시작했던 것이 공격으로 변할 수도 있다. 이에 대한 일반적인 지시는 제8장을 참고한다.

고양이들이 오랜 시간 함께 지내는 시점에 도달한 후에도, 새 고양이가 더 이상 보호구역이 필요하다고 느끼지 않는다는 확신이 들 때까지는 잠시 보호구역 세팅을 그대로 유지한다. 고양이들이 공간을 공유한 후에도, 새 고양이는 여전히 자신의 장소로 지정된 공간을 확보할 수 있는 안전함을 즐길지도 모른다. 보호구역에 있는 화장실 또한 새 고양이가 그것을 사용하는 한 계속 거기에 남겨둬야 한다. 보호구역의 필요성을 느끼지 않는 시점에 도달한 후에도, 고양이들은 여전히 두 개의 화장실을 필요로 한다(두 마리 이상의 고양이가 있는 경우에는 더 많은 화장실이 필요하다).

화장실을 같은 공간에 두지 않아야 하며, 하나는 새 고양이가 분명히 편안하게 느끼는 장소에 비치해야 한다. 그 위치는 결국 새 고양이의 보호구역으로 원래 세팅됐던 방이나 그 공간의 바깥이 될 수도 있다. 보호구역에서 화장실을 옮기게 되는 경우, 고양이가 화장실로 가는 경로를 잊어버리거나 자신의 화장실을 구별하지 못하는 결과를 초래하지 않도록 하루에 조금씩 점진적으로 이동시켜야 한다.

02 개에 대한 공포가 있을 때

필자는 "고양이와 개처럼 싸운다"는 말을 싫어한다. 이 말은 많은 사람들로 하여금 두 종이 원수로 태어난 것처럼 믿게 만들기 때문이다. 고양이와 개는 적절히 소개하고 올바르게 훈련시킨다면 서로에게 매우 훌륭한 관계가 될 수 있다. 그런 까닭에, 개별훈련과 적절한 소개를 하지 않았다면, 여러분은 자신의 집을 전쟁터로 변하게 할 수도 있다. 고양이든 개든 상관없이 훈련되지 않은 동물은 그 자신과 주변에 있는 다른 가족에게 스트레스를 줄 수 있으며, 부상을 당하거나 부상을 입히는 위험에 처하게 된다.

| 개와 고양이의 현재 상태 확인

공격성이나 두려움 또는 두 가지 모두를 다룰 때, 첫 번째 단계는 고양이와 개의 관계를 악화시키는 원인이 되는 행동을 허용하지 않는 것이다. 먼저 개별교육과 훈련을 시킬 수 있도록 개와 고양이를 격리한다. 고양이가 개를 보면 절대적으로 패닉상태에 빠지고 자신의 환경에 있는 모든 것에 대해서도 두려움에 빠진다면, 안도감과 자신감을 심어주기 위해 개별교육을 진행할 필요가 있다. 고양이가 이처럼 모든 것들에 대해 두려움을 느끼고 매우 혼란스러워한다면, 개와 평화롭게 공존하기를 기대할 수 없다. 두려움이 많은 고양이를 다루는 재훈련방법은 제4장을 참고하도록 한다.

고양이에게 공격성 문제가 있는지, 자신에게 가까이 다가오면 누구에게나 으르렁거리거나 하악 소리를 내는지 생각해보자. 그렇다면 개동료와 함께하는 삶에 대한 생각을 펼칠 수 있도록 전반적으로 위협을 덜 느끼는 환경을 만들어줘야 한다. 필요한 행동교정을 실행하기 위해 공격의 근본적인 원인을 파악하는 것은 제8장을 참고한다. 개에게도 동일한 방법을 적용해야 한다. 개가 신경과민이거나 성미가 급한 경우, 고양이에게 우호적으로 반응하지는 않을 것이다. 바로 이 점이 개와 고양이 두 동물을 재소개하기 전에 개별훈련을 시키는 것이 중요한 이유다.

개와 고양이의 개별적인 성격과 욕구를 재평가하기 위해 그리고 둘의 훈련에 차이가 있었는지, 또는 전혀 훈련이 없었는지 판단하기 위해 격리시키는 시간을 갖는다. 개가 음성명령에 반응하도록 훈련을 받았는지, '이리와', '앉아', '기다려', '엎드려', '저리 가' 또는 함께 살기 위해 잘 훈련된 개가 갖춰야 하는 기타 기본적인 명령어를 알고 있는지, 목줄을 하고 잘 걷는지 아니면 끌어당기고 힘껏 잡아당기는지, 덩치가 큰 종류의 개를 신체적으로 제지할 수 없는지 생각해보자(음성명령에 순종하도록 반드시 훈련시켜야 한다). 덩치가 조그마한 개가 짖고 뛰어다니며 에너지가 넘치는지, 하루 24시간 누구에게나(특히 고양이) 달려드는지 생각해보고, 두 동물이 잘 지내는 것을 기대하기 전에 개별적으로 행동에 있어서 어떠한 개선이 필요한지 살펴봐야 한다.

개와 고양이가 잘 어울리지 않는 이유 중 일부는, 그들이 동일한 언어를 사용하지 않고 서로의 신호를 잘못 읽기 때문일 수 있다. 고양이는 종종 좀 더 개별적인 공간이 필요하며, 개는 그 선을 넘었다는 것을 인식하지 못할 수도 있다. 개와 고양이는 또한 동일한 놀이기술을 공유하지 않으며, 이것이 서로에게 오해를 불러일으킬 수 있다. 개는 추격과 레슬링 놀이를 하는데, 만약 고양이가 두려움에 달아난다면 개는 그것을 놀이신호로 해석해 고양이가 달아날수록 점점 더 추적한다. 어쩌면 개는 고양이에게 접근할 때마다 코를 강타당하는 상황을 겪었기 때문에 고양이를 두려워할 수도 있다. 특정 기본규칙이 설정되지 않고 훈련이 실시되면, 두 동물 모두에게 혼란스러울 수 있다.

| 개에 대한 기본훈련 실시

행동교정은 개에 대한 기본훈련을 하는 것으로 시작한다. 훈련전문기관에 위탁하거나 전문가를 집으로 초빙을 하든, 아니면 이 책에 설명돼 있는 지침을 따라 직접 수행하든,

── MEMO ── **소개과정 시 보상**

개와 고양이의 소개과정을 진행하는 동안 보호자가 긴장을 느낄 때 잘못된 훈련방법으로 돌아가기 쉽다. 한 마리가 공격성을 드러내거나 두려움을 보일 때 재빨리 간식을 제공함으로써 쉽게 해결하고 싶은 유혹을 받을 수도 있는데, 이 경우 원치 않는 행동을 강화시키게 된다는 점을 명심한다. 보호자가 원하는 행동을 파악하고 성공을 촉진시키는 환경을 조성한 다음, 긍정적인 단계에 보상하도록 한다.

기본훈련을 시행하는 것이 필요하다. 여러분이 강아지를 다루고 있는지 또는 성견을 다루고 있는지 여부는 중요하지 않으며, 원치 않는 행동을 교정하기에 늦지 않았다. 여러분의 개는 여러분을 즐겁게 해주기를 원하고, 매우 영리하다. 따라서 훈련이 제대로 실시되고 사랑과 인내심을 가지고 있다면, 개는 잘 받아들일 것이다.

고양이와 마찬가지로 개는 페로몬에 반응하며, 신경과민 또는 불안감이 있는 개에게 도움을 주기 위해 가정에서 사용할 수 있는 제품이 있다. D.A.P.(dog-appeasing pheromone, 개를 진정시키는 페로몬)는 개를 위한 펠리웨이제품으로 수유 중인 암컷의 페로몬합성물질을 포함하고 있다. 이 제품은 분리불안이 있는 개를 돕기 위해 만들어졌으며, 반려동물용품점과 동물병원 그리고 온라인쇼핑몰에서 구입할 수 있다. 개가 고양이를 두려워하거나 또는 일반적으로 과민한 경우, D.A.P.를 사용해서 개가 안정감을 찾는 데 도움을 줄 수 있으며, 스트레스를 덜 받게 소개과정을 진행할 수 있다. D.A.P.는 플러그인 디퓨저로 사용할 수도 있다. 개와 고양이를 소개하는 공간뿐만 아니라 개가 대부분의 시간을 보내는 장소에도 D.A.P.를 사용하면 도움이 된다.

개와 고양이를 재소개시킬 때 필자는 클리커 트레이닝을 실시하는 것을 좋아한다. 클리커 트레이닝 이면에 숨어 있는 의미는, 긴장을 풀고 고양이에게 관심을 기울이지 않을 때 보상을 얻는다는 것을 개에게 보여주는 것이다. 개가 긍정적인 행동을 보일 때마다 클리커와 간식을 사용하도록 한다. 보내고자 하는 메시지는, 좋은 행동에는 이익이 있다는 것이다. 개가 고양이에게 쏟고자 하는 관심이 그의 관점에서 놀이라 하더라도, 고양이에게 환영받지 못하면 개는 적절한 고양이행동규칙을 학습해야 한다.

개가 고양이의 언어를 배워야 한다는 것이 공평하게 보이지 않을 수도 있지만, 대부분의 고양이들은 개별공간에 대한 필요성이 더욱 크기 때문에 개가 그것에 적응한다면 개와 고양이 모두에게 훨씬 편안한 삶을 만들어줄 수 있다. 이러한 재훈련과정 동안 고양이가 받는 메시지는 개가 같은 공간에 있을 때 두려워할 필요가 없다는 것이다.

> **— M│E│M│O│ 개와 고양이 훈련 시 주의할 것**
>
> 필요한 모든 훈련을 수행했고 개와 고양이가 잘 지낸다는 확신이 들 때까지는, 보호자의 관리감독 없이 둘을 함께 둬서는 절대 안 된다. 어떤 경우에는 적절한 훈련을 실시했음에도 불구하고, 개와 고양이는 절대로 함께 있게 남겨둘 수 없을 수도 있다. 확실하지 않은 경우 평가를 위해 공인 트레이너 혹은 행동전문가와 상담하도록 한다.

이후 과정을 통해 고양이는 개가 자신의 공간에 침입하지도 그에게 짖지도 않으며, 또는 어떤 식으로든 위협이 되지 않는다는 것을 알게 될 것이다. 결과적으로, 고양이는 개를 향해 방어적 행동을 보여줄 필요가 없다는 것을 알게 되고, 곧 개와 고양이는 새로운 시각으로 서로를 보기 시작할 것이다. 보호자가 필요로 하게 될 도구는 맛있는 개간식과 고양이간식, 장난감 그리고 믿음직한 클릭커뿐이다.

재훈련과정을 시작하기 전에 고양이와 개 모두의 발톱을 최근에 손질했는지 확인한다. 과도한 에너지를 소비하고 재훈련과정 동안 좀 더 긴장을 풀 수 있도록 개를 밖으로 내보내서 놀이를 시킨다. 일단 개를 약간 피곤하게 만들었으면, 고양이가 있는 방으로 데려간다. 이때 목줄을 채워서 고양이가 있는 방의 반대쪽으로 데려간다. 개를 편안하게 해주고 고양이가 아닌 보호자에게 집중하게 하는데, 개에게 목줄을 채우면 좀 더 제어하기 쉬워진다. 그런 다음 고양이를 방에 자유롭게 풀어주도록 한다. 대부분의 경우 고양이는 방의 다른 쪽에 그대로 머물 것이다.

고양이가 절대적으로 겁에 질려 방안에 그대로 있지 않거나 너무 공격적이어서 개를 보자마자 공격한다면, 고양이를 캐리어에 넣는다. 각 고양이에 따라 캐리어에 넣을 것인지 여부를 결정해야 한다. 어떤 고양이들은 캐리어 안에서 더 안전하게 느끼는 반면, 어떤 고양이들은 갇혀 있는 것으로 느낄 수도 있다. 고양이를 자유롭게 풀어놓는 경우, 캣트리나 상자 또는 뒤집어놓은 종이가방과 같은, 어느 정도 보호받는다고 느낄 수 있는 안전한 장소가 있는지 확인해야 한다. 다른 가족구성원이 있는 경우, 보호자가 다른 동물에게 집중하는 동안 그 사람은 한 동물에게 집중하도록 한다.

개에게 앉으라는 신호를 주거나 앉혀놓는다. 개가 똑바로 응시하고 있다는 것을 고양이가 느끼지 않도록 약간 옆으로 고양이를 보게 한다. 개가 긴장을 풀고 고양이에게 집중하지 않을 때 간식과 칭찬으로 보상한다. 만약 개가 고양이를 향해 달려들고 목줄을 잡아당기거나 으르렁거리면, 가볍게 행동을 교정하고 다시 보호자에게 집중하게 유도한다. 클리커 트레이닝을 시행하고 있다면, 보호자의 신호에 반응할 때 클릭하고 보상한다. 개가 편안한 모습을 보여주고 조용하거나, 보호자가 불렀을 때 다가온다면 언제든지 클릭하고 보상한다. 씹는 장난감이 있는 경우, 개가 그 장난감을 가지고 보호자 옆에 웅크리고 앉는 것을 즐긴다면 사용할 수 있다. 개가 씹는 장난감으로 긴장을 풀고 흥분, 소유욕 또는 공격성을 보이지 않는 경우에 한해 이 방법을 사용한다. 개가 요란하게 짖거나 목줄을 잡아당기는 것을 절대적으로 통제할 수 없는 경우, 초기과정을 수행하는 동안 이동장에 넣어놔야 한다. 진정하고 잠잠해지면 클릭하고 보상한다.

| 고양이에 대한 기본훈련 실시

개는 문제가 없고 가만히 앉아 있지만 고양이가 공격적인 경우, 고양이에게 위에서 설명한 기술을 사용한다. 먼저 고양이가 긴장을 풀 수 있도록 개와 고양이 사이를 충분히 떨어뜨려놓는다. 캐리어에 있는 것부터 시작하고, 조용하거나 침착한 행동을 보이면 클릭하고 보상한다. 향후 과정에서는 둘 사이의 거리를 점차적으로 줄일 수 있다.

고양이가 목줄에 훈련돼 있는 경우 다음 과정에서 목줄을 채워 방의 반대편으로 데리고 갈 수 있다. 고양이가 너무 겁에 질려서 캐리어 안에 있어야 한다면, 몇 번의 과정을 진행한 후에 캐리어 문을 여는 것을 시도할 수 있다. 클리커 트레이닝을 시행하고 있다면, 지시봉을 사용해서 고양이가 코를 내밀게 유도한다. 그렇지 않으면, 캐리어의 문턱에 간식을 두거나 하루 식사 분량 중 일부를 제공한다. 고양이가 캐리어 안에 있는 것을 선호하면, 캐리어 밖으로 너무 멀리 나오도록 강요하지 않는다. 이 과정은 매우 느리게 진행돼야 하며, 둘 중 좀 더 두려워하는 동물의 속도에 맞춰 움직여야 한다.

여러분의 중간 목표는 개와 고양이가 서로에게 집중하지 않고 같은 방에 머물 수 있는 시점에 도달하는 것이다. 서로 바라볼 수는 있지만, 응시하거나 상대에게 집중해서는 안 된다. 상호교감장난감을 사용해서 고양이의 주의를 다른 곳으로 돌리고, 클리커 트레이닝 또는 다른 장난감을 이용해서 개의 주의를 다른 곳으로 돌린다.

| 평화로운 공존을 위한 환경수정

평화롭게 공존하는 데 도움을 주기 위해 일부 환경적 개선이 필요할 수도 있다. 고양이

가 배설을 하는 동안 개가 얼굴을 들이밀어 놀라는 일이 있어서는 안 되기 때문에 고양이화장실은 개에게 철저하게 출입금지구역이 돼야 한다. 개의 의도가 친근하더라도, 고양이가 배설을 하는 동안 개가 들여다보는 것은 고양이 입장에서는 달갑지 않을 것이다. 어떤 개들은 단단한 고양이배설물에 맛을 들여서(이상하지만 사실이다), 식사 사이 간식으로 취하기 위해 고양이화장실을 찾는 것으로 알려져 있다. 개가 화장실을 파헤쳐 바닥을 포함한 곳곳에 흩뿌린 배설물을 발견하는 것은 고양이에게 지극히 불쾌할 뿐만 아니라, 개에 있어서도 건강상 좋지 않다. 고양이가 화장실모래로 자신의 배설물을 덮은 경우, 모래가 묻은 배설물을 먹는 것은 개의 건강에 좋지 않다. 따라서 여러 가지 이유로, 고양이의 화장실은 개친화적인 장소가 아니라고 할 수 있다.

개에 대한 재훈련과정의 일부는 화장실에서 멀리 머물게 하는 훈련을 포함해야 한다. 이때 우회적인 훈련방법으로 덮개가 있는 화장실을 사용하는 것은 피해야 한다. 덮개가 있는 화장실은 고양이에게 좋지 않다(제5장 참고). 또한, 많은 대형견들이 화장실 입구에 자신의 머리를 박거나 덮개를 두드리거나, 모래에 묻혀 있는 배설물을 취할 때까지 발을 이용해 바닥에서 간단하게 모래를 퍼내는 것을 봤다. 개가 화장실에는 가까이 가지 않지만 고양이의 안전지대에 여전히 너무 가까이 앉아 있다면, 개가 접근할 수 없는 고양이전용 공간을 만들어 그곳에 화장실을 배치한다. 그런 다음 그 공간에 접근하는 것이 허용되지 않는다는 것을 개가 알도록 훈련시킨다.

출입구에 베이비게이트를 설치할 수도 있다. 베이비게이트의 반대쪽에 중간 크기의 무거운 상자나 다른 물건을 배치해주면, 고양이가 게이트를 뛰어넘을 때 발판 역할을 하게 된다. 게이트를 쉽게 뛰어넘을 수 있는 큰 개가 있다 하더라도, 훈련과 병행해서 사용하면 그곳이 출입금지구역이라는 것을 개가 알 수 있다. 열려 있는 출입구에서보다 막혀 있는 게이트의 반대쪽에 있는 개를 볼 때 고양이에게 추가적인 안도감을 제공할 수 있다. 고양이보다 더 큰 개가 있는 경우, 출입구에 베이비게이트를 설치하고 문의 중간 또는 아래쪽에 고양이 크기의 사각 구멍을 뚫는다. 구멍의 크기는 개가 머리를 들이미는 것을 방지하기 위해 개의 머리보다 훨씬 작아야 한다. 이에 대한 구체적인 지침은 제5장을 참고한다. 이 방법으로 고양이는 드나들 수 있고 여전히 시각적 경고시간이 많으며, 보호자가 정확하게 측정했다면 개는 그 구멍을 통과할 수 없다.

식사시간은 고양이와 개 사이의 관계에서 또 다른 걸림돌이 될 수도 있다. 고양이먹이는 개먹이보다 지방과 단백질이 높으며, 어떤 개는 고양이의 먹이가 자신의 먹이그릇에 있는 것보다 훨씬 더 식욕을 돋운다는 것을 알아챈다. 개가 고양이를 고양이의 먹이그릇에서 밀어내고 있다면 그들의 관계에 도움이 되지 않는다. 계획급식을 하는 경우 이것을 훈련기회로 사용한다. 개와 고양이가 있는 방에 머물면서 보호자는 모두를 자신의 위치에 유지할 수 있다. 식사시간은 또한 그들이 서로 긍정적인 관계를 계속해서 형성할 수 있도록 돕는 데 사용될 수 있다. 고양이가 두려워하면, 고양이가 먹기에 안전한 장소를 가질 수 있도록 먹이그릇을 높은 곳에 둔다. 이때 고양이가 먹이에 쉽게 접근할 수 있는지 확인해야 하며, 또는 격리된 영역에서 먹여야 한다.

 자유급식의 경우, 개가 고양이의 먹이에 접근하지 못하게 해야 한다. 고양이의 먹이급여장소를 높은 곳에 설치하거나 개의 접근이 금지된 장소에 먹이그릇을 둔다. 개의 접근이 금지된 장소에 고양이화장실을 세팅하고 먹이그릇도 그곳에 두고 싶은 경우, 화장실과 식기 사이의 거리를 충분히 멀리 떨어뜨려야 한다. 먹이와 물은 방의 반대편에 위치하도록 배치한다. 방이 매우 작은 경우, 거리를 좀 더 늘릴 수 있도록 먹이급여장소를 높이되 고양이가 접근하기 쉬워야 한다. 특히 고양이가 노쇠, 비만 또는 다른 이유로 이동이 자유롭지 않은 경우 접근이 쉬워야 한다.

| 새, 햄스터, 기타 작은 반려동물

고양이는 사냥꾼이며, 그의 본능은 새, 햄스터, 작은 토끼 또는 다른 작은 동물을 잠재적인 먹이로 인식한다. 고양이는 심술궂거나 질투하는 존재가 아니며 그냥 고양이다. 포식자와 먹이가 평화롭게 함께 공존하기를 기대하는 것은 어렵다. 비록 고양이가 새장이나 햄스터 케이지에 도달할 수 없다 하더라도, 이처럼 작은 생물에게 근처의 포식자로부터 끊임없는 위협을 받으며 살아가야 한다는 것은 엄청난 스트레스가 된다.

 고양이나 작은 반려동물들을 함께 살아가도록 시도함으로써 그들에게 불필요한 스트레스를 유발해서는 안 된다. 비극은 눈 깜짝할 사이에 발생할 수 있다. 잠재적인 고양이먹이로 간주될 수 있는 반려동물과 환경을 공유하고 있다면, 고양이가 접근할 수 없는 완전히 분리된 공간에 그들을 유지해야 한다. 가족 모두가 이러한 반려동물들은 따로 두는 것이 중요하다는 것을 이해할 수 있게 한다.

03

아기의 탄생이 위기를 초래할 때

소중한 아기가 태어나는 것은 여러분의 인생에서 가장 행복한 시간일 수 있지만, 그것은 또한 피로와 스트레스가 발생하는 시간이기도 하다. 여러분은 고양이가 위기상황에 처해지고 새로 태어난 가족에게 부정적으로 반응하는 것을 결코 원치 않을 것이다.

| 아기의 출생 전 준비해야 할 것

다행히 고양이와 아기가 처음으로 만나기 전에 약간의 시간적인 여유가 있다면, 고양이가 변화될 환경에 보다 쉽게 적응하는 데 도움을 주기 위해 몇 가지 사전에 준비할 것들이 있다. 아기방 장식과 가구구입을 점차적으로 진행하는 것부터 시작해서 고양이가 각 변화에 익숙해질 시간을 갖도록 한다. 아기방으로 사용할 예정인 곳이 현재 고양이가 '자기 것'이라고 생각하는 방이라면 이 과정은 특히 중요하다.

화장실과 낮잠공간의 변경
필자가 컨설팅한 보호자들 중 많은 수가 기존에 고양이화장실을 비치했던 손님방을 아기방으로 바꿀 계획을 갖고 있었다. 만약 여러분이 그와 같은 경우라면, 아기방 장식을 시작하기 전에 또 다른 장소에 두 번째 화장실을 배치한다. 그런 다음 기존화장실을 새 화장실이 있는 장소로 하루에 조금씩 점진적으로 옮긴다. 기존화장실이 두 번째 화장실 옆의 새 위치에 도달했을 때 둘 중 하나를 제거할 수 있다. 고양이가 손님방에서 낮잠 자는 것을 좋아한다면, 집안의 다른 어딘가에 낮잠장소를 세팅해준다. 햇볕이 잘 드는 창가에 둔 캣트리 또는 창문전망대는 일반적으로 고양이가 유혹을 뿌리치기 어려운 장치다. 일단 고양이가 화장실이 위치한 새 장소와 아늑한 낮잠공간에 완전히 익숙해지면, 그때부터 육아준비를 시작할 수 있다.

아기용 가구의 배치와 적응

한 번에 모든 것을 바꾸는 것은 바람직하지 않다. 페인트칠을 하거나 벽지를 바르는 경우, 카펫을 걷어냈거나 깔았던 날이 포함된 주에 하지 않는 것이 좋다. 고양이가 한 번에 하나의 변화에 적응할 수 있게 해줘야 한다. 아기방을 장식하는 도중에 고양이와 상호교감놀이시간을 갖기 위해 여러 번 휴식을 취한다. 고양이가 집안에 새로 들여온 가구에 적응하는 데 어려움이 있다면, 아기침대 또는 다른 아기용 가구의 모서리에 펠리웨이를 뿌려준다. 또한, 깨끗한 양말을 손에 끼고 고양이 입 주변을 부드럽게 문지른 다음 고양이 코 높이 위치에서 가구 모서리에 양말을 문질러준다.

그네 또는 보행기와 같이 움직이거나 소음을 내는 대형 아기용품은 일부 고양이의 경우 불안감을 안겨줄 수 있다. 고양이가 이러한 물건들에 대해 겁이 많은 것으로 보이면, 고양이가 차분하게 탐색할 수 있도록 아기가 도착하기 최소 2주 전에 용품들 중 일부를 먼저 배치하는 것이 좋다. 방의 다른 편에서 고양이와 상호교감놀이를 하는 동안, 그네의 전원을 켜서 부드럽게 앞뒤로 흔들리게 한다. 보행기 또는 일부 장난감들의 경우 부드럽게 만지면 소리를 내기도 하는데, 고양이가 그 소리를 편안하게 느낄 수 있도록 아기가 만지는 것보다 훨씬 더 가볍게 만져야 한다.

아기의 우는 소리는 고양이에게 매우 무섭게 느껴질 수 있다. 아기가 있는 이웃 또는 친구에게 아기 울음소리를 녹음해줄 수 있다면 부탁해서, 상호교감놀이과정을 진행하는 동안 배경음으로 부드럽게 재생해주면 고양이가 울음소리에 익숙해지는 데 도움이 된다. 또한, 유아가 있는 친구를 집으로 초대해서 고양이가 아기의 모습, 소리 그리고 냄새에 익숙해질 수 있는 기회를 제공해주는 것도 좋다. 고양이의 경험이 부정적인 것이 아닌 긍정적인 것이 될 수 있도록, 아기가 행복하게 잠을 잘 때 또는 조용할 때 이 과정을 수행하는 것이 바람직하다.

아기침대를 낮잠공간으로 사용할 때

일단 아기침대를 설치하고 나면, 고양이가 그것을 낮잠 자는 곳으로 사용하려고 할 수도 있다. 아기가 도착하기 전에 이러한 행동을 재훈련시키기 위해 다음과 같은 방법을 사용한다. 빈 탄산음료 캔과 플라스틱 병을 몇 개 구해서 각각에 몇 개의 동전을 넣는다. 캔 입구를 안전하게 봉하고 병뚜껑은 단단하게 조인다. 캔과 병을 아기침대 안에 배치해두면, 고양이가 아기침대 위에서 편안하게 몸을 웅크릴 수 있는 자리를 찾기 위해 캔과 병을 건드리면서 소음을 만들게 된다. 고양이의 움직임에 밀리지 않도록 캔과 병의 개수를 충분히 준비한다. 아기가 집에 오기 바로 전까지 이러한 방법으로 침대를 유지한다. 캔과 병 대신 엑스매트(X-Mat)를 배치할 수도 있으며, 엑스매트의 융기가 아기침대의 매트리스 위에서 걸어 다니는 것을 불편하게 할 것이다.

또 다른 방법은 아기침대 텐트를 사용하는 것인데, 필자는 이것이 여러 가지 이유로 좋은 아이디어라고 생각한다. 코지 아기침대 텐트(Cozy Crib Tent)는 매우 잘 만들어진 텐트 중 하나이며, 나중에 아기가 침대에서 기어 나오기 시작할 때도 쓸모가 있을 것이다. 필자의 아들은 아주 어린 나이에 아무것에나 기어들어가고 기어 나오는 능력을 보여줬는데, 아기침대 텐트는 필자에게 엄청난 마음의 평화를 가져다줬다. 이 제품은 소매점이나 온라인쇼핑몰에서 쉽게 구입할 수 있다.

고양이가 신생아에게 적응하는 데 도움을 주기 위한 또 다른 고전적인 방법은, 병원에서 아기냄새가 배어 있는 담요나 옷가지를 집으로 가져와 집안에 두는 것이다. 가족들 모두 새 아기의 탄생에 대한 흥분으로 옷가지를 챙기는 것을 잊어버리기 쉽지만, 매우 도움이 될 수 있는 방법이다. 이 방법을 사용할 때는 고양이의 얼굴에 억지로 담요를 갖다 대서는 안 된다. 그냥 아기방의 카펫 위나 아기방 주변에 놔두면 된다. 고양이가 냄새를 맡을 때, 침착하게 반응하면 간식으로 보상한다. 고양이가 냄새를 맡고 침착하게 있으면 클릭하고 보상할 수 있도록 클리커를 휴대하는 것도 좋다.

고양이가 그의 삶에서 다가올 변화에 적응하는 데 도움을 주기 위한 또 다른 방법은, 예비엄마(보호자)가 미리 베이비파우더와 베이비로션을 사용해서 아기냄새에 익숙해지게 만드는 것이다. 보호자의 몸에서 아기가 곧 갖게 될 냄새를 풍기기 시작하면, 고양이가 새 식구를 가족구성원으로 더 빨리 인식하는 데 도움이 될 수도 있다.

| 아기가 태어난 후의 변화와 대처

아기가 도착하기 전에 고양이를 위해 잘 준비하려고 노력했다 하더라도, 아기가 그냥 방문한 것만이 아니라는 것을 고양이가 깨달았을 때(아기가 낮이고 밤이고 항상 존재한다), 보호자가 기대했던 것만큼 고양이가 받아들이지 못할 수도 있다. 어떠한 사전준비도 하지 않았다면, 고양이는 이 '사건'으로 완전히 혼란스럽게 된다. 고양이는 급격한 변화를 좋아하지 않으며, 새 아기의 탄생은 많은 변화를 수반하는 큰 사건이다.

이 새로운 작은 사람은 낯선 소리와 냄새가 나며, 고양이가 울부짖는 아기의 소리에 익숙하지 않다면 매우 불안해할 수 있다. 새 아기의 탄생은 또한 일반적으로 고양이의 정상적인 일상에서 절대적인 변화를 나타낸다. 보호자가 이전에 고양이에게 헌신했던 시간이 이제는 아기에게 헌신된다. 산모가 임신 중에 고양이에게 과도한 애정과 관심을 표현하는 선의의 실수를 했다면, 아마도 고양이는 지금 갑자기 보호자의 관심이 줄어들어 매우 혼란스러워하고 있을 것이다.

아기에 대한 접근 제한

고양이의 일상에서 중요한 부분이며 보호자와 고양이가 함께 보내는 놀이시간은, 이제 상당부분이 중단되거나 심지어 전부가 중단될 수도 있다. 아기와 관련된 일정으로 인해 고양이의 식사시간이 늦어지거나 화장실청소가 제대로 되지 않을 수도 있다. '고양이와 아기'와 관련된 두려움 때문에, 여러분의 고양이는 과격한 방식으로 여러분의 삶에서 쫓겨날지도 모른다. 어떤 사람들은 고양이가 아기 주변에 있어도 될 만큼 더 이상 깨끗하지 않다고 믿는다. 그래서 고양이가 익숙한 방에서 추방하고, 지하실이나 차고와 같은 보이지 않는 곳에 가둬두거나 심지어 완전히 실외고양이로 바꿔버린다.

고양이를 추방하지는 않는다 하더라도, 아기나 아기침대에 접근했을 때 두려움에서 고양이를 질책했다면, 아기의 등장으로 고양이가 불안해하고 불행해진 것에 대해 고양이를 탓할 수 없다. 고양이는 아기침대에서 포근하고 귀엽게 잠자는 아기에 대해 자연스럽게 호기심이 생길 수 있고, 아기 옆에 웅크리고 앉아 있는 것을 즐길 수도 있다. 이때 부모가 공포와 분노를 드러내면, 고양이에게 혼란만 일으킬 뿐이다. 아기를 확인하려고 하는 것이 마치 고양이가 잘못 행동한 것처럼 느끼게 할 필요는 없다.

그러나 아기를 아기침대에서 안전하게 지켜야 하는데, 이때는 상식이 우선돼야 한다. 고양이가 막고 있는 경우 아기가 뒤척일 수 없기 때문에 고양이를 아기침대에 들어가지 못하게 해야 한다. 또한, 아기가 고양이에게 실수로 긁히는 위험을 당하지 않도록 미리 예방해야 한다. 많은 고양이들은 포근하고 부드러운 환경에 있을 때 자신의 발로 꾹꾹 문지르기(일명 꾹꾹이)를 시작하는데, 이때 고양이의 발톱은 아기의 민감한 피부를 찌를 만큼 충분히 드러날 수 있다. 아기의 갑작스러운 움직임 또한 고양이를 놀래게 할 수 있으며, 이때 고양이가 실수로 아기에게 스크래칭을 할 수도 있다.

참고로 아기침대에 있어서는 안 되는 것이 고양이만은 아니다. 질식의 위험이 있기 때문에 아기침대에는 아무것도 없어야 한다. 심지어 담요, 베개 또는 장난감조차도 침대 안에 둬서는 안 된다. 고양이가 아기침대에 자꾸 들어가려고 하는 것이 문제라면, 아기침대 위에 텐트를 설치하는 것이 쉽다. 필자의 집에서는 고막이 찢어질 듯한 아기의 우는 소리가 고양이를 침대에 올라가지 못하게 하는 데 가장 효과적인 방어수단이었다.

아기의 모습과 소음

고양이를 불안하게 만드는 것은 아기의 탄생뿐만이 아니라, 이 시끄럽고 털이 없는 존재에 따라오는 스트레스를 유발하는 여러 가지 사건들이다. 아기와 함께해야 할 모든 것들을 생각해보자. 점진적인 변화의 방법을 통해 고양이를 진정시킴으로써 이 새로운 변화에 대해 준비시키지 않았다면, 고양이의 불안은 아기가 나타나기 몇 달 전부터 시작됐을 수도 있다. 아기를 위한 준비를 하는 데 있어서 스트레스나 흥분 때문에 보호자는 그와 같은 고양이의 불안을 인식조차 하지 못했을 수도 있다.

고양이를 아기방에서 완전히 쫓아냈거나 고양이가 모든 변화에 대해 약간 불안해하는 징후를 알아채지 못했다면, 아기가 태어났을 때 고양이는 정신적인 붕괴로 이어질 준비가 돼 있던 것일 수도 있다. 고양이가 갑작스러운 소음에 민감하거나 잘 놀라는 경향이 있고, 보호자가 보행기나 소리 나는 장난감과 함께하는 생활에 대해 준비를 시

— M E M O   **아기가 태어난 후의 관심** —

많은 사람들이 임신 중에는 고양이에게 과도한 관심을 보이지만, 아기가 태어난 후 그와 같은 관심을 지속적으로 유지하지 못하는 실수를 범한다. 이러한 반응은 고양이에게 매우 혼란스럽고 스트레스를 준다. 아기가 태어나서 집에 왔을 때 고양이에 대한 가족들의 애정, 관심 그리고 놀이시간표를 그대로 유지해야 한다.

키지 않았다면, 아기가 있는 생활은 고양이에게 큰 불안감을 안겨줄 수 있다. 아기가 아기용의자에 앉아서 앞뒤로 흔들리는 그네를 걷어차거나, 또는 시끄러운 딸랑이를 바닥에 던질 때 그 옆을 지나가야 하는 고양이를 얼마나 기겁하게 할지 상상해보기 바란다. 고양이가 이전에 보호자와 함께 지낼 때는 그와 같은 일을 한 번도 겪어보지 않았다. 이제 고양이는 순간순간 무슨 일이 일어날지 전혀 예측할 수 없다.

낯선 방문객의 증가

아기가 태어나면서 수반되는 또 다른 현상은 갑자기 방문객이 많아지는 것이다. 고양이가 손님을 두려워하거나 방문객에 공격적인 성향이었다면, 이는 매우 스트레스를 주는 상황이다. 고양이가 잘 놀라거나 신경질적인 경우, 방문객들이 머무는 동안 인적이 드문 조용한 방에 고양이를 두도록 한다. 앞으로 며칠 또는 몇 주 동안 많은 손님이 방문할 수도 있기 때문에, 고양이를 위해 아늑하고 매력적인 방을 준비해주는 것이 좋다. 고양이가 햇볕 아래에서 낮잠 자는 것을 즐긴다면, 오후 햇살의 따뜻함을 즐길 수 있도록 창문전망대를 설치하거나 높은 영역에 부드러운 고양이침대를 배치한다.

방문객들의 시끄러운 소리가 고양이에게 들리지 않게 고양이가 있는 방안에 부드러운 톤으로 라디오를 틀어놓는다. 약간의 활동성 장난감을 세팅해주거나 작은 캣닢파티를 열어줄 수도 있다. 격리돼 있는 동안 즐길 수 있도록 몇 가지 새 장난감(또는 정기적인 순환용으로 준비해놓은 장난감)을 꺼내 제공하고, 방에 텔레비전이 있는 경우 고양이용 오락 DVD를 틀어서 쥐와 다람쥐를 볼 수 있게 해주는 것도 좋다. 방문객들이 모두 돌아가고 나면, 보호자나 배우자는 고양이와 잠시 시간을 보내면서(단지 몇 분이라도) 고양이를 칭찬하고 쓰다듬어준다.

아기와 보내는 시간의 공유

고양이가 아기에게 너무 가까이 가거나 상처를 입히지는 않을까 두려워하는 경우, 보호자의 신체언어 또는 목소리 톤이 고양이에게 불안감을 일으킬 수도 있다. 고양이가 아기를 확인하기 위해 가까이 접근하려고 시도했거나 보호자에게 가까이 접근하려고 시도했을 때 '쉬잇' 하고 쫓거나 소파를 밀어냈다면, 이는 고양이가 이 새로운 아기의 출현을 자신의 삶에 있어서 부정적인 변화로 보는 또 다른 이유가 된다.

이를 방지하기 위해서는 보호자가 아기와 함께 보내는 시간을 고양이가 공유할 수 있게 허용해줘야 한다. 보호자가 아기를 안고 있고 고양이가 가까이 오고 싶어 하면, 보호자 옆에 웅크리고 앉을 수 있게 해준다. 그렇게 하는 것이 마땅치 않은 경우, 최소한 고양이의 이름을 부르면서 말을 걸어준다. 아기가 있는 방 안에서 고양이와 함께 상호교감놀이요법 과정을 진행하는 것은, 아기와 고양이 사이에 긍정적인 관계를 구축하는 데 도움이 되는 중요한 방법이다. 놀이과정을 진행하는 동안 고양이가 표현하는 여러 가지 익살스러운 몸짓을 아기에게 보여줄 수 있다.

정기적인 상호교감놀이시간 제공
고양이에게 매일 정기적인 상호교감놀이 일정을 제공하고 있는지 확인한다. 물론 힘든 줄 알지만, 고양이가 의존하는 일상에 관한 한 고의로 누락시켜서는 안 된다. 적어도 여러분이 아기를 돌보느라 바쁜 동안 고양이가 약간의 놀이시간을 즐길 수 있도록 패닉마우스(Panic Mouse)와 같은 장난감을 세팅해주는 것이 좋다. 고양이용 오락DVD를 좋아한다면, 여러분이 아기와 함께 아기방으로 향할 때 생쥐와 새를 볼 수 있도록 DVD를 틀어준다. 집안에 다른 가족구성원이 있는 경우, 상호교감놀이요법에 시간을 할애할 수 있는 좋은 기회가 될 수 있다. 고양이 또한 보호자와 1대1의 시간이 필요하므로 아기가 낮잠을 자고 있을 때 고양이를 안아주기도 하고 함께 놀 시간을 갖는다. 고양이가 그의 삶에서 모든 것이 엉망이 된 것은 아니라는 것을 알 수 있게 해줘야 한다.

고양이가 아기를 향해 무언가 공격의 징후를 보이고 있는 경우 고양이와 아기가 같은 공간에 함께 있을 수 있는 시간은, 보호자가 고양이와 상호교감놀이를 하거나 고양이에게 먹이를 줄 때, 또는 아기로부터 매우 안전한 거리에서 고양이를 쓰다듬어줄 때로 제한해야 한다. 이렇게 하면 아기와 함께 방에 있을 때 놀이시간, 먹이, 간식 그리고 애정표현과 같은 좋은 일이 생긴다는 것을 고양이에게 보여줄 것이다.

고양이가 안전지대 내에 머물러 있어야 긍정적으로 반응한다. 고양이가 아기울음소리나 장난감소음에 동요되지 않도록 아기가 조용할 때, 또는 잠을 자고 있을 때 이 과정을 수행해야 한다. 보호자가 차분하고 편안해지는 것도 중요하다. 고양이는 보호자로부터 그곳에는 어떤 위협도 없다는 신호를 받아야 한다. 클리커 트레이닝을 이용해서 고양이가 진정하거나 긍정적인 행동의 징후를 보이면 클릭하고 보상할 수 있다.

아기의 출현으로 인해 고양이가 스프레이 행동을 보이기 시작한 경우, 고양이가 아기방과 관련된 냄새에 에워싸여 보다 편안하게 느낄 수 있도록 아기방에서 놀이과정을 수행한다(처음에는 아기가 없는 상태에서 실시). 고양이가 스프레이를 하는 장소에서 놀이과정을 수행하고, 그 지역에 펠리웨이를 분사한다. 자세한 지침은 제5장을 참고한다. 아기용품들로 가득한 방에 고양이 자신의 영역이 있는지 확인한다.

거실에 여러 가지 장난감과 아기용품들이 있으면, 고양이가 높은 곳에서 아기의 활동을 안전하게 볼 수 있도록 거실에 캣트리를 배치해도 좋다. 고양이가 화장실에 가기 위해서는 아기가 놀고 있는 거대한 장난감을 지나가야 한다면 화장실의 위치를 재고하고, 화장실로 가는 길이 깨끗하고 안전하며 조용한지 확인해야 한다. 여분의 화장실을 추가하거나, 고양이가 아기에게 너무 가깝게 지나가는 것을 원치 않는 경우, 더 많은 옵션을 제공하기 위해 집안의 다른 곳에 두 개를 추가한다.

먹이급여장소 점검

고양이에게 먹이를 급여하는 장소가 어디에 있는지, 아기가 아기용의자에 앉아 있을 때 고양이가 먹이를 먹는 경우 불안감을 느끼는지 여부에 주의를 기울여야 한다. 필자의 어린 아들은 아기용의자에 딸린 트레이를 두드리는 것을 좋아했는데, 주방이 매우 시끄러워지는 저녁시간이면 그야말로 정신이 없을 정도로 요란스러웠다. 너무 시끄러워서 고양이가 먹이를 먹거나 물을 마시는 것을 즐길 수가 없었다. 필자는 아들과 고양이가 각자 평화롭고 조용하게 식사를 할 수 있도록 집안의 다른 공간에 2곳의 먹이급여장소를 추가로 설치했다. 필자의 아들이 나이가 들고 스스로 식사하는 법을 가르치기 시작했을 때, 이와 같은 행동은 더 많은 문제가 됐다. 시피 컵(Sippy cup, 빨대로 빨아 마실 수 있게 만든 컵)과 스푼은 항상 바닥에 내동댕이쳐졌으며, 이때 발생하는 갑작스러운 소음은 아무런 의심 없이 그릇에 있는 먹이를 먹으려던 고양이를 깜짝 놀라게 했다.

고양이 만지는 법 가르치기

아기가 더 많이 움직이게 되면 고양이에게 더욱 불안감을 일으킬 수 있다. 갑자기 이 이상한 작은 생물이 스스로 움직일 수 있게 되고, 아기는 일반적으로 고양이의 방향으로 향하는 것으로 보인다. 아기가 기어 다니는 방안에 고양이를 위한 높은 탈출구가 충분히 있는지 항상 확인한다. 아기가 고양이를 쫓지 않도록 가르치기 시작하는 것이 좋다. 아기는 보통 아무 생각 없이 고양이를 만지려고 할 것인데, 이는 보호자의 지도 하에서만 허용해야 한다. 손바닥으로 고양이를 부드럽게 쓰다듬어주는 방법을 아기에게 보여준다. 아기는 보호자가 고양이와 어떻게 상호교감하는지 지켜볼 것이므로 보호자가 고양이를 대하는 모습을 보고 배울 수 있도록 해준다. 털이 자라는 방향으로만 쓰다듬되, 꼬리와 배 그리고 수염에서 멀리 떨어진 부위를 쓰다듬어준다.

| 어린아이와 고양이

아이들과 고양이는 서로 좋은 관계가 될 수 있지만, 이를 위해서는 보호자의 적절한 가르침이 필요하다. 고양이의 성격과 기질의 유형에 주의를 기울여서, 자녀에게 고양이가 어느 정도의 상호교감을 원하는지 그리고 상호교감을 용인할 것인지 여부에 대해 이해하고 존중하도록 가르칠 수 있다.

고양이 안는 기술 가르치기

어린아이에게는 고양이가 움직이는 장난감처럼 보일 수도 있기 때문에, 처음부터 고양이의 몸이 얼마나 섬세하고 민감한지 설명해주는 것이 중요하다. 고양이의 움직이는 꼬리는 아이의 호기심을 자극하는데, 이때 꼬리를 절대 잡아당기지 않도록 주의를 줘야 한다. 아이가 고양이를 잡아서 다루는 방법조차도, 고양이로 하여금 어린아이의 얼굴만 봐도 두려워하게 만들 수 있다. 필자는 아이들이 고양이의 배 부위를 잡고 온 집안을 질질 끌고 다니는 것을 본 적이 있다. 그 고양이는 거의 숨을 쉴 수 없을 정도로 괴로워했다. 만약 여러분의 자녀가 고양이를 잡을 정도로 충분히 자랐다면, 몸 뒷부분을 받치는 것을 포함해 고양이를 안는 적절한 기술을 가르쳐야 한다.

　어떤 고양이들은 아직 혼자인 어린아이에게 붙잡히는 것을 싫어한다. 고양이가 선호하는 것을 파악해서 고양이에게 접근하는 방법과 고양이가 좋아하는 것 및 싫어하는 것에 대해 자녀에게 지도한다. 고양이가 턱 밑이나 머리 뒷부분을 부드럽게 긁어주는 것을 좋아한다면, 자녀에게 그것을 보여준다. 고양이가 무릎 위에 앉아 있는 것을 좋아한다면, 자녀가 고양이를 쓰다듬고 만지는 방법을 배우기 시작할 때 무릎이 고양이에게 안전한 장소가 될 수 있다. 고양이를 보호자의 무릎에 앉히고 자녀를 보호자 옆에 앉도록 한 다음, 손바닥으로 쓰다듬는 방법을 보여준다. 고양이가 긴장하거나 초조해하기 시작하면 보호자는 그것을 느낄 수 있을 것이다.

기본적인 신체언어 가르치기

고양이는 상대방과 대립하는 상황이 되면 대부분의 경우 탈출을 선택한다. 따라서 고양이가 긁거나 문다면 탈출구가 없는 궁지에 몰렸기 때문일 수도 있다. 자녀들은 기본적인 고양이 신체언어를 판독하는 방법을 배워야 한다. 귀가 T위치에 있거나 또는 평평해지면 그 순간에 행복하지 않다는 것을 의미한다는 점을 알아야 한다. 고양이는 집안에 혼자 있을 수 있는 영역이 필요하며, 자녀는 고양이가 있는 곳을 알아야 한다.

    캣트리와 전망대 또는 낮잠을 즐기는 장소는 자녀의 출입이 금지돼야 한다. 고양이가 먹고 배설을 하는 장소 또한 혼자 있게 해줘야 할 곳이다. 고양이가 어디에 있든지 잠을 잘 때는 아이에게 방해를 받아서는 안 된다. 높은 톤의 목소리, 빠른 발자국 소리 그리고 아이와 함께 수반되는 기타 모든 어수선한 소동은 고양이를 불안하게 할 수 있다. 고양이에게는 조용하고 조심스럽게 접근해야 한다는 것을 자녀에게 가르친다. 자녀가 친구를 초대한 경우, 고양이를 다른 방에 있도록 하는 것이 가장 좋다.

연령에 맞는 책임감 부여하기

많은 부모들은 고양이의 존재를 아이에게 책임감을 가르치는 기회로 이용하는데, 고양이의 건강과 복지문제를 자녀에게 온전히 맡겨서는 안 된다. 자녀에게 고양이 관련 임무를 부여하는 경우, 연령이 적당한지 확인하고 어린아이의 태만으로 인해 고양이가 고통을 받는 일이 생기지 않도록 모니터링해야 한다. 예를 들어, 자녀가 고양이의 물그릇을 채워주는 책임을 맡고 있다면, 보호자는 여전히 그것을 매일 확인해야 한다.

    십대 미만의 자녀에게 고양이화장실을 청소하는 임무를 담당시키는 것은 좋지 않다. 어린 자녀는 화장실의 모래를 퍼낸 이후 적절한 위생조치를 취하지 못할 수도 있다. 게다가 화장실청소는 보호자가 고양이의 건강을 모니터링하기 위한 중요한 과정이다. 고양이의 화장실을 청소하는 사람은 설사, 변비, 소변량의 증가 또는 감소와 같은 잠재적인 문제들을 인식할 수 있을 정도로 나이가 들어야 한다.

고양이의 나이가 많거나 건강문제가 있는 경우, 물과 먹이 그리고 화장실 관리에 대한 책임을 어른이 맡아야 하며, 또는 어른이 그 임무를 감독해야 한다. 고양이가 먹고, 마시고, 배설하는 양은 고양이의 건강을 모니터링하는 데 있어서 중요한 정보들이다. 자녀가 먹이급여를 책임지고 있다면, 고양이가 먹는 양을 정확하게 확인할 수 있도록 미리 정해진 양을 사용하게 해야 한다. 물을 제공할 때는 미리 채워진 플라스틱 병을 사용해 제공하게끔 하면 고양이가 얼마나 마셨는지 여러분이 모니터링할 수 있다.

아이들이 있는 가정에서는 현관문을 출입할 때도 주의를 기울여야 한다. 고양이가 완전한 실내고양이인 경우, 여러분의 자녀는 문을 활짝 열어둔다거나 열린 문간에 서 있으면 안 된다는 것을 배워야 한다. 만약 고양이가 실외로 탈출했을 경우, 그것이 고양이에게 얼마나 무서운 일인지, 가족에게는 얼마나 슬픈 일인지 설명해준다. 참고로, 자녀가 그 규칙을 기억하는 데 어려움이 있을 경우에는 현관문에 그림이나 기호를 달아 두고 이를 상기시킬 수 있게 해주는 것도 좋다.

공격성을 드러내는 경우

꼬리를 밟거나 문을 열고닫다 문틈에 끼게 하는 경우와 같이, 아이가 실수로 고양이에게 부상을 입힐 수 있다. 이때 생기는 트라우마는 고양이에게 아이에 대한 두려운 느낌을 남기거나 심지어 '공포에 의한 공격' 패턴을 유발할 수 있다. 고양이의 이러한 행동은, 부상이 치료된 후에도 오랫동안 여전히 두려워하는 이유를 자녀가 이해하지 못한다면, 자녀가 원래 사고에서 느끼는 죄책감과 슬픔을 더욱 가중시킬 수 있다.

이 경우 고양이가 자녀를 긍정적인 경험과 다시 연관시킬 수 있도록 몇 단계 뒤로 돌아가서 재소개과정을 시작해야 한다. 보호자가 고양이에게 먹이를 주고 간식을 제공하거나 낮은 수준의 상호교감놀이과정을 수행하는 동안, 자녀는 방 한쪽에서 독서 및

M E M O 부모가 확인해야 할 사항

고양이를 들어 올리고 안는 방법을 가르친다 / 손바닥으로 고양이를 쓰다듬는 방법을 보여준다 / 자녀가 고양이의 '혼자 있는' 영역에 대해 인식하고 있는지 확인한다 / 자녀에게 고양이를 돌보는 데 있어서 연령에 맞는 책임만을 부여하고 임무를 감독한다 / 고양이의 신체언어를 판독하는 방법을 가르친다 / 절대 손가락을 장난감처럼 사용하지 않도록 주의를 준다 / 고양이와 음식을 공유하지 않도록 가르친다 / 고양이가 탈출구역을 갖고 있는지 확인한다 / 화장실과 먹이급여장소에 어린아이의 접근을 금지시킨다 / 고양이와 어린이의 관계를 계속 모니터링한다

TV 시청을 하거나, 조용히 놀게 한다(요점은 조용히). 후속과정을 통해 점차적으로 가까이 이동할 수 있으며, 결국 자녀를 먹이와 간식 또는 놀이시간을 제공하는 사람으로 삼는다. 이때 서두르지 말고 고양이의 속도에 맞춰야 한다. 또한, 자녀가 고양이에게 간식을 제공할 때, 간식을 손가락 사이에 잡지 않고 손바닥에 놓고 주는 방법을 보여준다. 고양이가 간식 대신에 손가락 끝을 무는 실수를 하도록 놔둬서는 안 된다.

고양이가 아이와 함께 잘 지내왔지만 지금은 아이를 향해 두려움이나 공격성을 드러낸다면, 아이가 놀이 및 핸들링을 하는 과정에서 고양이를 거칠게 다뤘다거나, 또는 심지어 학대를 가했을 수도 있다. 필자가 컨설팅한 사례 중에서, 보호자의 어린 딸이 고양이를 인형옷에 강제로 넣고 유모차에 태우려고 함으로써 고양이(발톱을 제거한 매우 소심한 고양이였다)에게 극심한 두려움을 일으켰던 문제를 연구한 적이 있다. 당시 고양이는 공포에 질려 집안 곳곳을 뛰어다니면서 옷에서 벗어나려고 몸부림을 쳤다.

또한, 자녀를 향한 고양이의 두려움이나 공격성이 어린아이의 학대행위 때문이었던 경우도 있었다. 겉으로 보기에 설명할 수 없거나 정당한 이유가 없는 고양이의 공격행동이, 정말로 설명할 수 없거나 정당한 이유가 없는 것은 드물다. 고양이의 관점에서 삶을 볼 수 있도록, 연령에 적합한 방법으로 자녀를 돕는 것이 바람직하다. 어떤 어린이들은 동물이 고통, 두려움, 슬픔 등을 느끼는 것을 완전히 이해하지 못할 수도 있다.

상호교감놀이과정의 공유

자녀가 고양이와 진행하는 상호교감놀이시간에 참여할 정도로 충분히 성장했을 때, 상호교감놀이를 함께하는 것은 고양이와 자녀가 신뢰를 쌓고 유대관계를 맺을 수 있는 훌륭한 방법이 된다. 여러분의 자녀에게 여러분이 고양이에게 재미있고 보상이 되는 방법으로 놀이과정을 수행하는 방법을 보여주는 것이 필요하다. 이때 고양이가 낚싯대 장난감의 막대기에 눈이 찔릴 위험은 없는지 감독하고 확인해야 한다.

낚싯대 장난감을 사용할 경우 막대가 짧고, 긴 줄 또는 표적장난감이 달린 유형의 제품으로 시작해야 고양이가 막대 끝에서 멀리 떨어져 있게 할 수 있다. 캣차머(Cat Charmer)는 짧은 막대와 길고 얇은 양털 '뱀' 장난감이 부착돼 있기 때문에 어린이가 훈련을 시작하기에 좋은 제품이다. 장난감의 움직임은 처음부터 어린이가 조절하기 쉽다. 자녀가 좀 더 나이가 들거나 숙달됐을 때, 다른 낚싯대 장난감으로 전환할 수 있다.

04
두 가족의
결합으로 인한 관계

여러분의 고양이가 배우자의 고양이를 싫어할 수도 있고, 배우자의 고양이가 여러분의 고양이들을 괴롭힐 수도 있다. 또 배우자의 강아지가 여러분의 고양이를 두려워할 수도 있고, 강아지와 고양이 모두가 다른 가족구성원들을 싫어할 수도 있다. 재혼가족에 있어서 두 가정을 한 가정으로 원활하게 합치고자 할 때 많은 어려움에 직면하게 된다. 고양이는 말할 것도 없고, '석양의 두 총잡이'와 같은 아이들을 평화롭게 공존할 수 있도록 노력하는 과정은 매우 힘들 수 있다.

| 고양이의 상황에 대한 이해

이러한 문제를 아직까지 해결하지 못하고 있다면, 상황개선에 도움이 되는 몇 가지 기본적인 지침을 참고한다. 여러분이 새로운 배우자의 집으로 이사를 가는 경우, 여러분의 고양이는 보호구역에 있어야 하고 새로운 고양이로 간주되는 존재가 된다. 반대로 여러분의 배우자가 여러분의 집으로 이사를 오는 경우, 배우자의 고양이가 보호구역에서 시작하는 동안 여러분의 고양이는 집안을 마음대로 돌아다닌다. 그렇다면 이 장의 첫 번째 섹션에서 설명되는 지침을 따르기 바란다. 명심해야 할 추가사항은 기존 고양이는 낯선 고양이를 접할 뿐만 아니라, 적어도 한 명의 낯선 사람과 그 사람에 속한 모든 물건을 추가로 만나게 될 것이라는 점이다.

어린아이가 포함돼 있는 경우, 고양이는 많은 것들에 익숙해져야 하기 때문에 여러분은 각각의 개별문제에 대해 필요한 행동교정단계를 거쳐야 한다. 여러분의 고양이는 어린아이뿐만 아니라 배우자의 개나 고양이를 두려워할 수도 있다. 설령 여러분의 고양이가 이전에 배우자와 편안한 관계가 됐다 하더라도, 배우자가 더 이상 집으로 가지 않고 그의 모든 물건이 이제 가정의 일부가 됐을 때는 문제가 완전히 달라질 수 있다.

| 변화에 대비한 계획 세우기

두 가정을 하나로 결합한다는 것은, 현재 가정에 있는 고양이와 새로운 환경에 들어가야 하는 고양이 모두에게 혼란스러움을 주는 큰 '사건'이다. 여러분이 이 새로운 삶을 조정하는 동안, 두 가정의 모든 반려동물이 이러한 변화들을 극복할 수 있도록 적절한 행동교정을 실시해야 한다는 것을 잊지 말아야 한다. 보호자가 재혼가족의 시작에 대한 흥분과 혼란을 겪는 동안, 고양이가 느낄 수도 있는 불안감을 간과하기 쉽다. 사전에 전략을 수립하고 모든 가족이 해야 할 일을 알고 있는지 확인한다.

고양이와 함께 생활해본 적이 전혀 없던 개, 또는 고양이를 추적하는 것이 허용됐던 개가 포함돼 있으면, 소개를 시키기 전에 개에 대해 약간의 훈련과정을 완료해야 한다. 여러분이 나이가 든 고양이를 기르고 있고 이제 아주 어린 고양이가 가정에 합류할 예정이라면, 미리 고양이들에게 적합하게 환경을 수정해야 한다. 단지 기존 고양이가 전기코드나 화분에 더 이상 관심이 없다고 해서, 배우자의 어린 고양이도 그와 같은 위험한 물건들에 관심이 없다는 것을 의미하지는 않는다. 두 가정이 결합하는 것은 모두에게 큰 변화이므로 미리 계획을 세워야 한다. 집을 준비하고, 필요한 보호구역을 세팅하고, 모두가 행동교정계획에 대해 잘 숙지하고 있는지 확인해야 한다.

| 소개와 상황에 적합한 환경수정

한 배우자는 고양이 한 마리를 기르고 있고, 다른 배우자는 두 마리 또는 그 이상의 고양이를 기르고 있는 상황인 경우, 한 번에 모든 고양이를 알게 해야 한다는 생각으로 한 마리를 압도하는 방식을 취해서는 안 된다. 가장 잘 수용할 것으로 보이는 고양이부터

시작해서 일대일로 소개를 하는 방법이 바람직하다. 만약 앞서 언급한 방식을 이미 시도했고 그래서 상황이 더 악화됐다면, 현재 하고 있는 것을 중단하고 동물들을 분리시킨 다음 처음부터 다시 시작한다. 진정기간이 지나고 재소개를 하는 것이 지속적인 악화를 중단시키고 긍정적인 관계 구축을 시작할 수 있는 가장 좋은 방법이다.

    새로운 동료가 고양이인 경우, 일단 공식적으로 소개를 시킨 다음 모두가 적절한 공간을 확보할 수 있도록 환경을 수정한다. 기존 고양이가 사용했던 캣트리는 새로운 고양이와 공유하고 싶어 하지 않을 수도 있기 때문에 두 번째 캣트리가 필요할 수도 있다. 하나 이상의 화장실이 필요할 것이며, 하나 이상의 먹이급여장소도 필요할 수 있다. 그들이 무언가를 공유하거나 자신만의 공간을 유지할 것인지 선택할 수 있도록 더 많은 옵션을 제공하는 것이 중요하다. 반려동물동료가 개와 고양이라면 추가적인 환경수정을 해야 할 수도 있다. 이 장의 앞 섹션에서 설명한, 화장실 접근을 방지하고 먹이장소를 모니터링할 수 있는 베이비게이트 설치 및 기타 수정이 필요할 수 있다.

05
고양이와 배우자와의 관계

| 고양이를 싫어하는 배우자

여러분이 이 세상에서 가장 사랑하는 사람이, 여러분이 이 세상에서 가장 사랑하는 고양이를 싫어한다면 어떻게 해결할 것인지 생각해보자. 또 여러분이 그토록 소중히 여기는 고양이가 여러분이 사랑하는 배우자를 보기만 해도 하악거리고 으르렁거린다면 어떻게 해야 할까. 어떤 보호자는 이 경우 둘 중 하나를 선택하도록 강요받기도 한다(얼마나 자주 사람들이 고양이를 선택하는지 알면 놀랄 것이다). 같은 가정의 일원으로서보다는 스파링 파트너로서 존재하는 배우자와 고양이, 그 둘과 함께 나머지 가족들이 이를 악물고 긴장 속에서 살아가게 되는 경우도 있다.

고양이에 대한 배우자의 인식 확인
현재 사랑하는 사람이 있고 결혼 또는 동거라는 큰 도약을 고려하는 시점이라면, 이러한 변화가 여러분의 고양이가 살아왔던 방식에 어떠한 영향을 미칠 것인지에 대해 배우자와 대화해야 한다. 여러분의 인생에서 소중한 사람이 여러분의 고양이를 극도로 싫어하는 경우, 일단 '그 사람이 고양이를 알게 되면 모든 일들이 개선될 것'이라는 가정은 하지 않는 것이 좋다. 이는 여러분의 배우자나 고양이에게 도움이 되지 않을 것이다. 차분히 앉아서 여러분의 배우자가 갖고 있는 우려, 기대 그리고 감정에 대해 이야기를 나눠야 하며, 배우자는 여러분의 이야기를 진지하게 들어야 한다. 곧 배우자가 될 그 사람이 여러분의 고양이를 절대적으로 싫어하고, 여러분이 고양이를 없애기를 원하지만 여러분에게 고양이는 모든 것을 의미할 정도로 소중하다면, 생활방식을 바꾸기 전에 먼저 그 문제를 해결하는 과정이 필요하다. 모든 사람들이 개, 물고기, 새 등의 반려동물을 좋아하지는 않는 것처럼, 모든 사람들이 고양이를 좋아해야 하는 것은 아니다. 그러나 여러분이 누군가와 여러분의 인생을 공유하는 경우, 그 사람은 고양이가 여러분의 인생에 있어서 매우 중요한 부분을 차지하고 있다는 점을 이해해야 한다.

배우자로 하여금 여러분의 고양이를 알 수 있도록 하기 위해 노력하는 계획에 여러분과 함께 기꺼이 동참하고 있는지, 아니면 고양이가 여러분에게 중요하다는 것을 알고 적어도 고양이와 함께 평화롭게 살아갈 의지가 있는지, 배우자가 여러분의 고양이를 재분양할 것을 요구하는지 생각해보자. 이사를 하기 전에 이 문제에 대해 진지하게 토론해야 한다. 여러분에게 소중한 고양이의 삶이 달려 있는 일이다.

부적절한 행동 및 문제에 대한 교정

고양이가 훈련이 잘 돼 있다면, 훈련이 덜 된 고양이에 비해 미움을 받을 가능성이 상대적으로 적어진다. 고양이가 보여주는 행동들을 살펴본다. 여러분은 고양이와 함께 사는 법을 배웠지만, 그것이 적절하지 않거나 혹은 고양이의 이익에 부합하지 않을 수도 있다. 고양이에게 화장실문제가 있는 경우, 지금 당장 그 문제를 해결해야 한다. 새 가족이 된 배우자가 하루 종일 현장에 있으면 문제가 악화되기 때문이다. 먹이 훔치기, 가구 스크래칭 등과 같은 부적절한 행동은 지금 바로 교정해야 한다.

훈련문제 외에도, 배우자에게 덜 매력적으로 보이게 할 수도 있는 건강 및 위생문제를 가지고 있을 수도 있다. 이와 같은 문제들은 어쨌든 해결돼야 하는 것들이지만, 여러분이 소홀히 했을 수도 있다. 예를 들어, 고양이에게 벼룩은 없는지, 고양이를 정기적으로 그루밍해주고 있는지 아니면 엉망이 된 걸레처럼 보이지는 않는지, 사방에 고양이털이 떨어져 있지는 않은지, 고양이 발톱을 정기적으로 손질해주고 있는지, 헤어볼(hairball, 고양이가 삼킨 털 덩어리) 문제를 지속적으로 나타내고 있는지, 화장실은 얼마나 청결하게 유지하고 있는지 세심하게 점검해야 한다.

이러한 것들은 즉시 해결돼야(그렇다고 배우자에게 고양이를 더욱 매력적으로 보이게 하는 것은 아니지만) 할 문제들이며, 고양이를 기피하는 사람들이 중점을 두는 공통점들 중 일부다. 배우자 또는 곧 배우자가 될 사람과 상의를 할 때, 그 사람이 고양이에 대해 특별히 싫어하는 것에 대해 터놓고 차분하게 이야기할 수 있는 시간을 갖도록 한다. 배우자의 잘못된 생각을 바로 잡기 위해 이 기회를 사용할 수 있다. 필자는 고양이를 싫어하는 사람들이 대부분의 경우 실제로 고양이에 대해 아는 것이 아무것도 없거나, 그들이 이전에 경험한 고양이는 훈련이 잘 되지 않았다는 사실을 발견했다.

이러한 문제를 겪고 있는 보호자를 컨설팅한 적이 있는데, 필자는 그 보호자의 남편이 고양이를 싫어하는 이유가, 어릴 적에 그의 집에서 항상 고양이소변과 비슷한 냄새가 났기 때문이었다는 것을 알았다. 더 많은 대화를 하면서, 그의 부모님이 중성화수술을 하지 않은 수컷고양이(실내생활과 실외생활을 겸하고 있던 고양이)를 기르고 있었다는 것이 밝혀졌다. 남편이 고양이를 싫어했던 또 다른 이유는, 고양이가 친근하지 않고 자신을 여러 차례 할퀴었다는 사실이다. 결과적으로 남편이 살아오면서 경험한 고양이에 대한 생각은, 고양이가 있는 집은 소변냄새가 나고 고양이가 스크래칭을 한다는 것이다. 그의 부모가 고양이를 중성화시키지 않았고 적절한 훈련을 시키지 않았다는 사실이, 이 점잖은 신사에게 고양이에 대한 부정확한 인상만 심어준 것이다.

배우자의 우려에 귀를 기울이고, 그들을 묵살하거나 그들에게 방어적으로 대응하지 않도록 한다. 배우자는 여러분의 고양이와 관련해서 몇 가지 근거가 확실한 문제를 안고 있을 수 있으며, 이 경우 모두가 행복해질 수 있는 가정을 만들기 위해 필요한 일을 두 사람 모두 기꺼이 수행할 수 있는 의지가 요구된다.

타협이 필요한 사항 논의 및 대처

배우자가 여러분의 고양이와 함께 살아갈 의지가 있지만 너무 가까워지거나 침대에서 함께 자는 것을 원치 않는다면, 둘 다 약간의 타협을 할 필요가 있다. 여러분의 고양이를 위한 삶은 분명히 변화돼야 하겠지만, 최악으로 변화돼서는 안 된다. 여러분과 고양이 사이에는 유지 및 양육될 필요가 있는 관계가 형성돼 있다. 배우자가 주변에 있을 때 고양이를 무시하거나, 더 나쁜 경우 방에 가두거나 바깥으로 내보내거나, 또는 차고나

지하실에 살도록 강요함으로써 고양이를 덜 거슬리는 존재로 만들려는 시도는 하지 않는 것이 좋다. 배우자와 타협이 필요한 것을 미리 결정하고, 고양이가 점진적으로 전환에 익숙해질 수 있도록 적절하고 인도적인 행동교정을 시작하기 바란다.

■ **잠자리를 함께하는 문제** : 예를 들어, 고양이가 침대에서 잠자는 것을 더 이상 허용하지 않기로 결정을 내렸다면, 일단 고양이에게 침대를 대체할 매력적인 장소를 마련해줘야 한다. 그런 다음 고양이가 변경된 수면장소를 배우자와 연관시키지 않도록, 배우자가 이사를 오기 전에 새로운 장소에서 잠을 자는 것에 익숙해지게 만들어야 한다. 필자는 고양이를 침실 외의 다른 곳에서 재우려고 시도하는 고양이보호자들에게, 집안에 보호자가 없는 경우조차도 침실 문을 항상 닫아둘 것을 권장한다. 그래야만 고양이는 자신이 어디서 낮잠을 자고 있는지 계속 상기하지 않기 때문이다.

고양이가 수면장소로 선택할 수 있는 아늑한 캣트리와 몇 개의 아늑한 은신처를 세팅해준다. 날씨가 더 추워지면 히터장치가 있는 창문전망대의 설치를 고려해볼 수도 있다. 고양이가 벽난로 옆에 있는 의자 또는 소파에 놓인 베개에서 잠자는 것을 좋아하면, 여러분의 냄새가 배어 있는 셔츠나 수건을 배치해서 그곳을 부각시킨다.

몇 가지 새로운 수면옵션을 세팅할 때, 그곳을 고양이에게 간식과 애정을 제공하는 특별한 장소로 만든다. 고양이가 가장 좋아하는 장소에서 턱 밑을 약간 긁어주거나 쓰다듬어주기 위해 고양이를 그곳으로 부른다. 그 위치가 캣트리인 경우, 캣트리에서 약간의 놀이를 할 수도 있다. 정기적인 상호교감놀이시간 외에도, 잠자리에 들기 직전에 보너스 놀이시간을 제공하고, 놀이 말미에 행동을 서서히 줄이며 끝낸 다음 하루 먹이의 일부 또는 간식을 제공한다. 이 방법으로, 고양이는 여러분과 즐거운 시간을 보내고 에너지를 소비하며, 편안하고 만족스러운 느낌을 갖게 될 것이다.

여러분이 잠자리에 들 때 고양이를 방밖으로 내보내려 한다는 사실에 대해 유난스럽게 굴지 않는 것도 중요하다. 여러분이 마치 오랫동안 집을 비우는 것처럼 보이게 만드는 극적인 장면을 연출하지 않도록 하고, 고양이와 평소와 같이 자연스럽게 인사를 나눈다. 고양이는 여러분이 갖고 있는 불안감을 쉽게 감지할 수 있는, 정서적 스펀지와도 같은 동물이라는 것을 기억하기 바란다.

■**주방조리대 및 화장실문제** : 여러분의 배우자는 고양이의 일상 또는 행동 면에서 문제를 제기할 수도 있으며, 그와 같은 문제들의 일부 또는 전부가 근거가 확실하고 행동교정이 필요할 수 있다. 예를 들어, 배우자는 고양이가 주방조리대에 올라가는 것을 싫어하고 여러분은 이전에 그것을 허용했었다면, 그러한 행동을 바로잡기 위해 재훈련을 해야 할 필요가 있다. 다른 문제들은 배우자의 입장에서 타협이 요구될 수도 있다. 만약 배우자가 고양이화장실의 위치를 좋아하지 않고 더 먼 위치에 있기를 원한다면, 고양이에게 편리한 곳에 화장실을 두는 것이 중요하다는 점과 먼 곳으로 위치를 바꾸는 것은 화장실혐오문제를 발생시킬 수 있다는 점을 설명해야 한다. 아울러 배우자가 화장실의 존재에 대해 더 이상 반대할 이유가 없도록 항상 깨끗하게 유지해야 한다.

■**가구 스크래칭 문제** : 여러분이 배우자의 집으로 이사하고, 고양이를 데려간다는 것에 대해 배우자가 불만을 갖고 있는 경우, 고양이는 낯선 영역과 적대적인 새로운 룸메이트와 직면하게 될 것이므로 사전에 더 많은 논의를 해야 한다. 배우자에게 여러분의 고양이는 보호구역을 사용함으로써 환경에 적응돼야 한다는 것을 설명한다.

배우자가 스크래칭으로 인한 가구의 손상에 대해 염려하는 경우, 고양이가 스크래칭하고 싶어 할 가능성이 가장 높다고 생각되는 곳에 스크래처를 설치함으로써 미리 적절한 환경을 만들어준다. 골판지 스크래칭 패드는 저렴하고 집안 곳곳에 배치할 수 있기 때문에 여분으로 골판지 패드를 사용하면 좋다. 배우자가 특히 염려하는 가구가 있다면, 스티키 포(Sticky Paws)와 같은 방어도구를 이용해 가구에 억지력을 세팅하거나 가구를 완전히 덮고 바로 옆에 스크래처를 배치한다.

배우자가 고양이를 완전히 기피하는 사람이라면, 아마도 스크래처의 필요성에 대해 이해하지 못할 것이다. 따라서 스크래처가 고양이의 일상생활에 얼마나 중요한지 인식할 수 있게 설명해줘야 한다. 배우자의 집을 살펴보고 필요에 따라 스크래칭을 방지할 수 있도록 준비한다. 여러분의 고양이가 매우 활동적이고, 만약 손상될 경우 나쁜 감정을 일으키게 될 귀중한 아이템을 배우자가 갖고 있다면, 고양이가 절대 닿지 않는 곳에 보관한다. 고양이와 여러분의 배우자가 서로를 좋아할 이유를 제공해야 하며, 그들이 행복하게 공존할 수 있는 환경을 만들어주는 것이 무엇보다 중요하다.

■ **캣트리 등 고양이용품 문제** : 고양이보호자가 고양이를 싫어하는 배우자의 집으로 이사하는 경우 자주 볼 수 있는 한 가지 문제는, 고양이와 함께하는 삶에 따라오는 물건들에 대한 다툼이다. 이미 화장실과 스크래처에 대해 논의를 했지만, 거기에 더해 여러분은 덩치가 큰 캣트리나 대형 고양이장난감 바구니도 가지고 있을 수 있다. 어쩌면 여러분의 배우자는 고양이장난감이 집안 곳곳에 흩어져 있다거나 거실의 장식을 망치는 거대한 캣트리의 존재를 원치 않을지도 모른다. 거실에 비치한 캣트리는 숨기기가 쉬운 것이 아니기 때문에 배우자가 극복하기에 특히 어려운 걸림돌이 될 수 있다.

배우자는 캣트리를 복도 끝과 같이 가족들이 거의 사용하지 않는 공간에 두기를 원할 수 있고, 여러분은 집안의 전면과 중앙에 두고 싶어 할 수도 있다. 중요한 것은 고양이에게 가장 유용하게 사용될 장소에 캣트리를 둬야 한다는 점이며, 그것이 캣트리의 목적이다. 여러분은 자신의 고양이에 대해 잘 알고 있을 것이다. 고양이가 가족과 함께 같은 공간에 있기를 원한다면, 캣트리는 가족들이 대부분의 시간을 보내는 곳에 비치해야 한다. 고양이가 실외의 야생생물을 관찰하는 것을 좋아하고 서재의 창가에서 야생동물을 볼 수 있다면, 아마도 그곳이 캣트리를 두는 데 최고의 장소가 될 것이다.

배우자에게 제안할 수 있는 한 가지 좋은 협상 포인트는 고양이가 캣트리에서 더 많은 시간을 보낼수록 가구에서 보내는 시간이 적어진다는 점이다. 캣트리는 또한 익숙하지 않은 현재의 환경에서 고양이에게 안전을 제공해주는 중요한 장소다. 캣트리는 고양이의 편안한 냄새를 모두 함유하고 있고, 불안을 느낄 때 올라가 쉴 수 있는 높은 지역이 되기 때문이다. 고양이가 이 새로운 환경에서 좀 더 안전하게 느낄수록 고양이를 기피하는 배우자에게는 더욱 더 '매력적'으로 다가갈 수 있을 것이다.

고양이에 대한 긍정적 인식 심어주기

고양이를 싫어하는 배우자에게 고양이와 친해지도록 억지로 강요하지 말고, 고양이를 매력적으로 보이게 만들어줘야 한다. 배우자가 고양이와 함께하는 삶에 대해 부정적인 면에 집중해왔다면, 고양이의 긍정적인 면을 보여준다. 고양이가 클리커 트레이닝이 돼 있는 경우, 몇 가지 재미있는 행동이나 트릭을 보여주면 좋다. 많은 사람들이 고양이를 훈련시킬 수 있다고 생각하지 않기 때문에, 고양이가 훌라후프를 뛰어넘고 장애물 코스를 통과하거나 뒹구는 것을 보여준다면 매우 인상적일 것이다.

특별한 훈련을 시키지 않았으면, 그냥 재미있는 상호교감놀이시간을 진행한다. 고양이가 가짜 먹이에 몰래 접근해서 물고 늘어지는 것이 얼마나 강렬한지, 거기에 매료되지 않거나 심지어 웃음을 참는 것은 어렵다. 배우자에게 고양이의 운동신경이 얼마나 발달했는지, 그의 반사신경이 얼마나 빠르게 반응하는지 보여주도록 한다.

　가정에서 고양이를 싫어하는 사람을 다루는 경우 컨설팅과정에서 필자가 하는 것 중 하나는, 고양이의 감각이 얼마나 놀라운지 그리고 얼마나 우아하고 아름다우면서도 강렬하게 걷는지에 대해 이야기하는 것이다. 필자는 또한 고양이가 얼마나 영리한지, 고양이를 훈련시키는 것이 얼마나 쉬운지 고양이 기피자에게 보여주기 위해 초기 클리커 트레이닝 시범을 진행한다. 고양이를 싫어하는 사람이 놀이과정으로 흥미를 돋운 것이 보이면, 그 사람에게 장난감을 아무렇지 않게 넘겨준다. 이것이 바로 여러분이 필요로 했던 분위기전환방법이라는 것을 알 수 있다.

| 배우자를 싫어하는 고양이

컨설팅 과정에서 매우 자주 접하는 경우인데, 이와 같은 상황을 개선하기 위해 할 수 있는 일들이 많이 있다. 지금 여러분이 이러한 문제에 직면해 있다면, 당황하지 않아도 된다. 여러분은 이제 수많은 행동교정도구들을 보유하고 있다.

하지 말아야 할 것

먼저 하지 말아야 할 것들을 살펴보자. 고양이에게 여러분의 배우자를 받아들이게끔 강요하지 않아야 한다. 고양이를 배우자의 무릎에 앉히거나 배우자가 고양이를 쓰다듬을 수 있게 안는 방법은 피하도록 한다. 억지로 강요하면 둘 사이의 관계를 더 악화시킬 수 있다. 또한, 하악거리는 행동과 스프레이 행동 또는 모든 부정적인 행동표현에 대해 고양이를 질책하지 말아야 한다. 고양이가 여러분의 배우자를 좋아하길 바란다면, 고양이가 항상 질책을 당하는 이유가 아니라 고양이의 삶에 보탬이 된다고 생각할 만한 이유를 제공해야 한다. 아울러 배우자에게 고양이를 똑바로 바라보거나 접근하지 않도록 당부한다. 만약 여러분의 고양이가 배우자와의 사이에서 간격을 좁히길 원한다면, 고양이가 스스로 다가갈 수 있도록 내버려두는 것이 좋다.

FOR ANIMAL'S GOOD LIFE
ADULT CAT'S BEHAVIOR PROBLEM

먹이제공담당 역할 맡기기

여성하고만 살았던 일부 고양이들은, 남성들의 무거운 발걸음과 굵직한 목소리를 처음에는 다소 불편하게 느낄 수도 있다. 남성에게 익숙한 고양이는 높은 톤의 여성음성 등에 불편을 느낄 수도 있다. 여러분의 배우자는 자신이 방으로 어떻게 걸어 들어가는지, 또는 어떻게 말을 하는지 인식해야 한다. 필자가 컨설팅한 한 여성보호자의 고양이는 그녀의 남자친구를 두려워했는데, 그가 과장된 성격과 매우 큰 목소리를 가지고 있다는 점이 매우 크게 작용했다. 그 남자친구는 유쾌한 사람이었지만, 고양이는 매우 조용하고 차분한 환경에서 살았기 때문에 처음에는 겁을 먹었다. 고양이에게 남자친구의 특징에 대해 인식시키는 과정을 거쳐 편안하게 적응하도록 해야 했다.

"남자의 마음을 사는 방법은 음식을 대접하는 것이다(The way to a man's heart is through his stomach)"라는 속담을 알고 있을 것이다. 이 속담은 고양이에게도 적용되며, 배우자가 고양이에게 모든 먹이를 제공하는 사람이 되면 고양이의 마음을 얻는 데 도움이 된다. 계획급식을 하는 경우, 고양이는 먹이가 어디서 나오는지 직접 보게 되므로 더욱 효과적이다. 자유급식을 하는 경우라도 배우자가 그 임무를 책임지게 하면 좋다. 고양이는 배우자가 먹이를 주는 것을 종종 볼 수 있을 것이고, 또 배우자가 만지는 그릇에 배우자의 냄새가 배어들기 때문에 결국 누가 먹이를 주는지 알게 된다.

배우자를 싫어하는 고양이는 먹이를 먹는 동안 배우자가 그릇 바로 옆에 서 있는 것을 좋아하지 않을 수도 있기 때문에, 일단 먹이를 제공하면 배우자는 방해가 되지 않도록 물러서 있어야 한다. 고양이가 편안해한다면 배우자가 방안에 머물 수 있지만, 역할을 마쳤으면 그 자리를 떠나야 한다. 새로운 배우자가 먹이급여담당자가 됐을 때 고양이가 먹이를 잘 먹지 않을 것이라고 판단되는 경우, 계획급식으로 점진적으로 전환한다. 이 과정은 배우자가 이사를 오기 전에 미리 시행하는 것이 좋다. 이 방법으로 여러분의 배우자가 이사를 오면 먹이의 주 제공자가 될 수 있다. 또한, 고양이의 긍정적인 행동을 식별하고 이를 표시하기 위해 클리커 트레이닝을 실시할 수 있다.

신뢰구축과 쓰다듬어주기

어느 시점에서든 고양이가 배우자를 탐색하기 위해 가까이 다가가려고 시도한다면, 방해하지 말고 그렇게 하도록 고양이를 내버려둔다. 이때 배우자는 고양이를 쓰다듬어주기 위해 가까이 다가가거나 안으려고 시도해서는 안 되며, 직접 눈을 맞추는 것도 피해야 한다. 고양이에게는 냄새를 조사하고 신뢰를 쌓기 시작할 시간이 필요하다.

 신뢰구축을 위한 시간을 갖고 나면, 여러분의 배우자는 검지를 펴서 고양이가 킁킁대고 냄새를 맡게 허용할 수 있다. 이는 고양이들이 서로 처음 인사할 때 '코를 맞대고 냄새를 맡는 것'과 비슷한 행동이다. 고양이는 냄새를 맡기 위해 가까이 접근하거나 뒤로 물러설 것이다. 고양이가 가까이 접근한다면, 신뢰구축과정에서 진전을 보이고 있는 것이다. 냄새를 맡고 나서 뒤로 물러설 수도 있는데, 이는 지금 당장 더 이상은 진행할 준비가 돼 있지 않다는 것을 의미한다. 한편, 냄새를 맡은 다음 자신의 뺨을 배우자의 손가락에 비비거나 심지어 더 가까이 다가갈 수도 있다. 이는 상황이 향상되고 있다는 좋은 신호다. 이러한 과정이 몇 번 지나고 나서, 배우자 손의 냄새를 맡고 비비고 기대거나 더 가까이 다가가면, 쓰다듬어줘도 괜찮다고 말하고 있는 것이다.

 여러분은 고양이가 어느 부위를 쓰다듬어줄 때 좋아하고 싫어하는지 알고 있지만, 배우자는 그것을 알지 못한다. 배우자는 고양이라는 동물에 대해 잘 모르고 있기 때문에 이와 관련해 약간의 지도가 필요하다. 배우자를 기피하는 고양이의 경우, 신뢰구축의 초기단계에서 좋은 반응을 얻을 수 있는 부위를 짧게 쓰다듬어줘야 한다. 일반적으로 머리 뒤쪽이나 턱 밑을 쓰다듬어주는 것이 가장 좋으며, 여러분이 확신하는 적절한 부위를 배우자에게 알려주도록 한다. 너무 오래 쓰다듬지 말고 긍정적인 상태에서 과정을 마무리할 수 있도록 지시한다.

배우자와 함께하는 상호교감놀이

놀이요법은 배우자를 기피하는 고양이를 돕는 데 중요한 도구다. 배우자가 고양이의 시야 내에 있지만 고양이가 여전히 자신의 안전지대 내에 있을 만큼 충분히 멀리 떨어져 있을 때, 고양이와 상호교감놀이요법과정을 진행하는 것으로 시작한다. 후속과정을 진행하는 동안 배우자는 조금 더 가까이 다가갈 수 있지만, 라디오를 듣거나 TV를 보는 등 다른 곳에 집중하는 것으로 보이게 한다. 고양이에게 주의를 집중하지 않고 고양이의 시야 내에 있는 것은, 배우자가 가까이에 있어도 결코 위험하지 않다는 것을 보여줌으로써 고양이가 안도감을 갖게 하는 데 도움이 된다.

상호교감놀이요법과정을 진행하는 동안 여러분과 배우자가 나란히 앉아 있을 수 있는 시점까지 진행해야 한다. 이 시점까지 모든 단계에서 고양이에게 분명한 안도감을 제공했다면, 결국 배우자에게 장난감을 넘겨줄 수 있다. 이 과정을 시도하기 전에, 배우자에게 놀이를 수행하는 방법에 대해 지도해야 한다. 일이 순조롭게 진행되면, 다음 놀이 과정은 여러분이 시작하고 나서 배우자가 나머지 시간을 책임질 수 있다. 그 다음 과정에서는 배우자가 놀이과정의 모든 것을 진행할 수 있다. 분명 여러분이 같은 공간에 없어도 되는 시점까지 도달하게 될 것이다. 여러분이 그 자리에 존재하는 것이 고양이에게는 안전의 원천이기 때문에 점진적으로 이러한 시점에 도달해야 한다.

배우자가 앉으려고 하는 의자에서 어슬렁거린다거나, 배우자에게 당장 필요한 서류더미 위에 고양이가 앉아 있는 경우 어떻게 할 것인가. 여러분이 집에 있다면, 여러분이 고양이를 옮겨줘야 한다. 배우자 혼자 고양이와 함께 있는 경우라면, 고양이를 들어 올리거나 쫓아내려고 시도해서는 안 되며, 대신 장난감이나 간식으로 유혹해 그 자리에서 내려오게 해야 한다(고양이에게 부정적인 이미지를 심어주지 않도록). 모든 것을 긍정적으로 유지해야 한다는 점을 명심하고 배우자에게도 당부해둔다.

배우자를 기피하는 고양이가 있는 보호자들에게 필자가 자주 권장하는 한 가지 트릭은, 다소 비전형적인 방식으로 펠리웨이스프레이를 사용하는 것이다. 배우자에게 바지 하단에 펠리웨이를 살짝 뿌리도록 한다. 배우자가 신발을 신고 있으면, 바지 대신 신발의 끝부분에 뿌릴 수 있다. 이는 펠리웨이의 원래 목적이 아니지만, 필자는 이와 같은 방법을 이용해 배우자를 기피하는 고양이가 긍정적인 연관성을 만들기 시작하는 데 종종 도움이 된다는 것을 확인했다.

- 낯선 곳으로의 여행은 모든 고양이에게 엄청난 스트레스를 주는 일이다. 고양이와 함께 여행을 하려고 할 때는, 고양이에 있어서 여행이 의미하는 것이 무엇인지 이해하는 것이 중요하다.

제 10 장

즐거운 여행을 위한
올바른 행동교정

- 여행에 대한 인식과 적응 -

01

고양이의 관점에서 여행 생각하기

이 책의 전반에 걸쳐 고양이를 활동에 참여시키고 더 많은 자극을 만드는 것에 대해 이야기했다. 고양이는 영역적 동물이며 자신의 환경이 안전할 때 편안함을 느끼기 때문에, 지금까지는 '친숙한 가정환경의 안전'을 추구하는 데 중점을 뒀다. 고양이에게는 안전지대의 둘레 내에 머무는 것이 완벽하게 행복하다. 심지어 실외고양이조차도 사냥과 사회화를 위한 친숙한 행동범위를 구축한다. 미지의 영역으로 떠난 암컷을 찾아 헤매는 것은 일반적으로 중성화수술을 하지 않은 수컷뿐이다.

| 고양이에 있어서 여행의 의미

영역적 동물에게는 익숙하지 않은 장소가 매우 두려운 느낌을 안겨줄 수 있다. 낯선 장소에서 고양이는 안전한 은신처가 어디에 있는지, 누군가에게 공격받을 위험에 처해 있는지 여부를 알지 못한다. 시야, 소리, 냄새 그리고 질감이 모두 생소하다. 이러한 우려는, 대부분의 고양이의 여행목적지가 일반적으로 그 자체로서 스트레스를 많이 준다는 사실에 의해 더욱 심각해진다(동물병원 가기, 이동캐리어 타기, 새집으로 이사, 새 가족에게 재분양되기, 가족이 휴가를 보내는 동안 친척집에 머물기 등에 상관없이).

여행의 개념은 결코 고양이의 발상이 아니다. 유감스럽게도 고양이는 좋아하든 싫어하든 탈것에 태워져 이동해야 한다. 심지어 고양이가 여행에 함께하지 않는 경우라 하더라도, 가족들이 집을 비울 것이고 고양이는 혼자 집안에 남게 되거나, 또는 익숙하지 않은, 어쩌면 좋아하지도 않는 다른 사람에게 맡겨져야 하기 때문에 여행이란 여전히 스트레스를 수반하는 개념이다. 우리 인간에게 있어서 여행은 일반적으로 흥분과 재미 그리고 모험을 뜻하는 긍정적인 개념이다. 설령 여행과정에서 스트레스가 발생된다 하더라도(특히 짐을 싸고 푸는 과정에서), 일반적으로 즐거운 마음으로 그 시간을 손꼽아 기다린다. 자, 이제 흥분, 모험, 재미라는 말을 끄집어내고 그것을 혼란, 두려움, 스트레스, 미지라는 단어로 대체해보자. 그것이 고양이가 여행을 보는 방식이다.

고양이를 어렸을 때 여행과정에 노출시켰고, 고양이가 변화에 적응하고 여행을 무언가 긍정적인 것으로 볼 수 있도록 도움을 주기 위해 행동교정기법을 사용했다면, 휴가나 이사 또는 동물병원에 가야 할 때 이동하는 것이 훨씬 쉬울 것이다. 그러나 대부분의 사람들은 고양이가 어릴 때 이러한 과정을 거칠 생각을 하지 않는다. 게다가 성묘였을 때 입양했다면, 설령 여러분이 그렇게 하고자 원했다 하더라도 여행에 노출시키고 행동교정을 진행할 기회가 없었을 수도 있다. 그러나 지금도 절대 늦지 않았다. 물론 이동 중에 겪었던 이전의 경험을 중화시키는 데 도움을 주기 위해 약간의 사전작업을 수행해야 하겠지만, 여행과 관련된 불안을 확실히 줄일 수 있다.

02

캐리어에 대한
인식 심어주기 재훈련

고양이를 어딘가로 옮겨야 한다는 생각 때문에 이마에 구슬 같은 식은땀이 솟아난다면 누군가의 도움을 받을 수도 있겠지만, 굳이 그렇게 할 필요는 없다. 고양이가 현재 느끼는 스트레스를 받지 않고도 여행을 견딜 수 있도록 고양이를 재훈련시킬 수 있다. 이는 여행을 기대하거나 얼싸안고 기뻐한다는 것이 아니라 견딘다는 것을 말한 것이다.

| **적절한 캐리어 준비**

만약 여러분의 고양이가 오랜 시간 동안 여행을 '동물병원에 가기', '불안해지는 것' 또는 '차 안에서의 고통'과 연관 지어왔다면, 여행에 견딜 수 있게 하는 훈련은 힘든 단계가 될 것이다. 고양이가 어렸을 때부터 다양한 여행경험에 노출됐고, 그것들 중 대부분이 긍정적이고 짧은 경험이었다면, 여행에 어려움을 겪는 현재 상황에 처하지는 않았을 것이다. 여러분과 고양이가 어떻게 이러한 상황에 이르게 됐는지에 상관없이, 고양이를 위해(결과적으로 여러분을 위해) 편안한 과정이 되도록 만들 수 있다.

그러나 그것이 하룻밤에 이뤄지는 것은 아니기 때문에 부드럽고 점진적인 행동교정과정을 진행할 수 있게 스스로 준비해야 한다. 캐리어를 이용해서 고양이를 옮겨본 적이 전혀 없든, 캐리어를 이용해봤고 고양이가 그것을 싫어했든 상관없이, 이 시점부터는 캐리어가 필요할 것이다. 고양이를 자동차 안에 풀어두고 여행을 시도하는 것은 위험하다. 고양이가 사고를 일으키기 쉬우며, 자유롭게 풀어두는 것은 대부분의 고양이에 있어서 불안감 수준을 높이게 된다. 또한, 자동차가 도로 위에서 고장이 나거나 사고가 난다면, 고양이를 안전하게 꺼낼 수 없기 때문에 캐리어를 반드시 준비해야 한다.

견고한 캐리어

캐리어는 여러 종류가 있지만, 여행을 싫어하는 고양이에게 사용하는 경우 가장 좋은 것은 플라스틱으로 된 켄넬 타입의 제품이다. 이러한 유형의 캐리어는 상단과 하단을 분리할 수 있다. 입구는 금속 또는 플라스틱 격자문으로 된 안전한 잠금장치가 있다. 켄넬 유형 캐리어는 쉽게 파손되지 않으며, 고양이가 배설했을 때 청소가 용이하고, 겁이 많은 고양이에게 높은 수준의 안도감을 줄 수 있다. 좋은 품질의 제품과 값싼 제품이 있으므로 캐리어를 선택할 때는 견고하고 잘 만들어졌는지 확인한다.

    이 유형의 캐리어는 고양이가 안에 있는 동안 보호받는다는 느낌을 줄 수 있으며, 입구에서 스스로 뒷걸음질 칠 수 있기 때문에 안전감도 제공한다. 고양이가 심하게 긴장한 경우 완전히 숨겨졌다고 느낄 수 있도록, 여행하는 동안 상자 위를 가벼운 수건으로 덮어줄 수 있다. 캐리어의 견고한 뼈대는 여러분이 캐리어를 다루면서 생기는 흔들림 등의 변화에도 안정감을 느끼게 해준다. 측면이 부드러운 캐리어는 일부 고양이에게는 좋지만, 견고한 캐리어와 대등한 수준의 안정감을 제공하지는 못한다. 골판지 캐리어는 장시간 사용하기에는 적절하지 못하며, 고양이가 배설한 경우 폐기해야 한다.

크기가 적당한 캐리어

캐리어는 적당한 크기의 것이어야 한다. 고양이가 새끼일 때 사용했던 캐리어는 성묘가 된 지금은 너무 작을 수도 있다. 그렇다면 이제 업그레이드할 때가 됐다. 캐리어가 너무 크면 이동 중에 여기저기 부딪칠 수 있기 때문에 적당한 것을 사용해야 고양이가 더 안전하게 느낀다. 필자는 고양이에 비해 너무 큰 캐리어를 구입하는 고양이보호자들을 여러 번 봤는데, 이는 결국 고양이가 여행하는 것을 더욱 두렵게 만든다.

    또한, 캐리어가 너무 크면 보호자가 다루기가 매우 어렵다. 현재 보유하고 있는 캐리어가 너무 크다면, 나중에 장거리 자동차여행을 할 때(고양이가 다리를 편하게 뻗을 수 있는 여분의 공간을 좋아할 때) 사용하도록 보관해두고, 매일매일 사용하는 데 적합한 크기의 캐리어를 구입한다. 플라스틱 켄넬 유형의 캐리어는 여러 가지 크기로 나오므로 여러분의 고양이에게 가장 적합한 것을 찾을 수 있다. 짓눌리거나 갑갑한 느낌을 받지 않고 편안하게 정착할 수 있어야 하며, 고양이가 기댈 때 한 쪽에서 다른 쪽으로 자신의 무게를 옮길 수 있는 충분한 공간이 확보돼야 한다. 고양이가 완전히 일어설 수 있을 정도까지는 필요 없지만, 머리를 편하게 들어 올릴 수 있는 공간이 필요하다.

플라스틱 켄넬 유형 캐리어의 매우 중요한 특징은, 동물병원 진료대에 고양이를 올려놓을 때 상단부분을 분리하고 하단부에 고양이를 남아 있게 할 수 있다는 것이다. 캐리어의 익숙한 부분에 그대로 있도록 두면, 고양이의 스트레스 수준을 다소 낮은 상태로 유지하는 데 도움이 된다. 이는 또한 수의사가 캐리어에 다가가서 하악 소리를 내며 으르렁거리는 고양이를 꺼내는 것보다 더 쉽게 접근할 수 있는 방법이기도 하다.

| '처음부터 다시 시작하기' 재훈련과정

이미 캐리어를 가지고 있든 아니면 새로 구입해야 하든, 이전 여행(동물병원 또는 기타 생소하고 잠재적으로 불쾌한 냄새가 있는 장소로 향한)의 모든 잔류물을 제거하기 위해 깨끗이 청소해야 한다. 캐리어 상단부를 분리해 문을 떼어낼 수 있으며, 세척한 다음 캐리어를 다시 조립하면 된다. 행동교정과정의 첫 번째 부분은, 고양이가 그 안에서 모험을 해야 할 때 '문이 닫힐까봐 걱정할 필요 없는 캐리어' 자체가 포함된다.

캐리어에 익숙해지게 하기

거실이나 가족실과 같이 여러분과 고양이가 많은 시간을 보내는 공간에 캐리어를 배치한다. 마치 고양이를 위해 아늑하고 작은 은신처를 만들고 있는 것처럼 방안의 어딘가에 캐리어를 내려놓는다. 너무 구석진 곳에 두지 않도록 하되, 정면과 중앙에 배치하지도 않는다. 이 연습의 첫 번째 부분은, 고양이가 캐리어를 무서운 이동식 감옥에서 거실에 있는 편안한 물건으로 생각하게 바꿈으로써 캐리어와의 관계를 변화시키는 것이다. 지금 당장은 캐리어의 모습만 봐도 침대 밑으로 숨을 수도 있다. 이와 같은 현상이 나타나는 것은 대부분의 가정에서 동물병원에 갈 때만 캐리어를 꺼내기 때문이다. 캐리어를 항상 내보인다면, 그 연관성(의 일부)을 상실하게 될 것이다.

캐리어의 모습을 좀 더 우호적이고 덜 위협적으로 보이게 만들기 위해서는 캐리어 안쪽에 수건을 덧대주는 것이 좋다. 또한, 캐리어 내부의 각 모서리에 펠리웨이를 살짝 뿌려주면 도움이 된다. 처음에는 고양이가 거실(또는 방)에 있을 때 캐리어에 가까이 걸어가는 것을 피할 수 있지만 괜찮다. 고양이가 캐리어의 존재에 익숙해질 때까지 다른 것은 신경 쓰지 말고 그냥 그곳에 두기만 한다.

캐리어에 들어가게 만들기

다음 단계에서 간식이나 식사 중 일부를 사용한다. 캐리어에 가까이 그러나 너무 가깝지 않은 곳에 간식을 둔다. 간식이 얼마나 멀리 떨어져 있어야 하는지는 고양이가 캐리어의 존재에 어떻게 반응하는지에 따라 결정할 수 있다. 고양이가 캐리어 근처까지 가는 데 아무런 문제가 없으면, 캐리어 바로 앞에 간식을 둘 수 있다. 고양이가 여전히 의심을 품은 채 캐리어를 본다면, 캐리어에서 조금 먼 곳에 간식을 둬야 한다.

만약 식사 중 일부를 사용한다면, 캐리어 근처 영역에서 건조사료 몇 알을 제공하거나 약간의 습식사료를 먹이그릇에 담아 그곳에 둔다. 고양이가 먹지 않는 경우, 먹이를 캐리어에 너무 가깝게 둔 것이다. 고양이가 안전지대에 여전히 머물러 있도록 충분히 멀리 먹이를 비치해야 하지만, 캐리어가 시야 내에 있을 정도로 가까워야 한다. 고양이가 이 단계에서 확실하게 편안해질 때까지 하루에 두 번씩 연습을 실시한다.

다음은 간식이나 먹이그릇을 캐리어에 더 가까이 배치하고, 고양이가 편안해졌을 때 캐리어 바로 입구에 간식을 둔다. 그곳에 간식이 있다는 것을 고양이가 자연스럽게 발견하게 놔두고, 캐리어 내에 간식을 던져 넣을 수 있는 단계까지 진행한다. 캐리어 입구에서 중간까지, 그런 다음 뒷부분까지 조금씩 이동해야 할 수도 있지만, 고양이가 간식을 취하기 위해 캐리어 안으로 자유롭게 걸어가는 시점까지 이르러야 한다. 식사의 일부를 사용하는 경우, 먹이그릇을 그 안에 두도록 한다. 고양이의 속도에 맞춰 조금씩 앞으로 이동해가는 것이 중요하다. 고양이가 불안해하는 경우, 캐리어에 들어가는 모험을 할 준비가 될 때까지 이전 단계로 돌아가서 다시 진행한다.

고양이가 캐리어 안을 편안하게 드나들게 됐을 때 문을 다시 닫을 수 있지만, 열어둔 상태로 유지한다. 일단 문이 한동안 열려 있고 고양이가 그것에 편안해졌다면, 캐리어 안에 간식을 던져주고 고양이가 그것을 집으러 안으로 들어갈 때 문을 닫는다(걸쇠는

— M|E|M|O| **클리커 이용해서 캐리어에 들어가도록 하기** ─────

클리커를 사용하고 있다면, 훈련을 확장시킬 수 있는 좋은 기회다. 고양이가 캐리어에 들어가기 바라는 시점에 사용할 신호를 만든다. 예를 들어 '켄넬(또는 하우스 등)'과 같은 말도 괜찮으며, 어떤 단어라도 사용할 수 있다. 고양이가 캐리어에 발을 들여놨을 때, 고양이가 캐리어와 연관성을 만들기 시작할 수 있도록 '켄넬'이라고 말한다. 그러고 나서 클릭하고 보상한다.

───────────────

걸지 않아야 한다). 즉시 문을 다시 열고, 침착하고 낮은 톤의 음성으로 고양이를 칭찬해준다. 다음 단계는 문을 닫고 걸쇠를 채운 다음, 열까지 세고 다시 문을 여는 것이다. 그러나 고양이가 캐리어에 들어갈 때마다 이 방법을 취하지는 말아야 한다. 왜냐하면, 고양이가 갇혀 있다는 느낌 없이 웅크리고 낮잠을 자고 싶을 때 캐리어가 조용한 작은 은신처가 될 수 있다고 느껴야 하기 때문이다.

캐리어에 들어간 채로 이동하기

다음 단계에서는 캐리어를 들고 이동할 것이다. 고양이가 캐리어에 들어갔을 때 문을 닫고 캐리어를 들어 올린다. 방안을 왔다 갔다 걸어 다닌 다음, 캐리어를 원래 자리에 내려놓는다. 문을 열고 고양이를 칭찬해준다. 고양이가 캐리어에서 나올 때, 준비한 간식을 주거나 놀이과정을 진행한다. 클리커를 사용해 캐리어 안에서 조용히 있던 것에 대해 클릭하고 보상한다. 점차적으로 집안에서 조금씩 더 멀리 이동거리를 늘려나가는데, 과감하게 진행하고 다른 방으로 들어갔다 나왔다 한다. 캐리어를 들고 집안 곳곳을 돌아다니며 고양이에게 말을 할 수 있는데, 이때 목소리 톤을 평소와 같게 유지한다. 훈련과정이 끝나면 고양이를 원래 자리로 데려온다. 간식, 식사 중 일부, 칭찬, 쓰다듬기 또는 놀이시간을 제공함으로써 모든 과정을 긍정적인 분위기로 종료하도록 한다.

짧고 긍정적인 여행 시도하기

이제 정말로 큰 걸음을 내디딜 준비가 됐다. 자동차를 이용할 시간이다. 차에 태워 집 주변을 짧게 돌아다닌 다음 집으로 돌아온다. 과정을 긍정적이고 보람 있게 끝내야 한다. 고양이가 이전에 자동차 탑승을 동물병원 내원하고만 연관시켰다면, 쿡쿡 누르고 쑤시고 바늘로 찌르는 일이 없는, 이와 같이 짧은 여행은 아주 즐거운 놀라움이 될 것이다. 고양이가 차멀미를 한 이력이 있으면, 고양이의 내성을 키우기 위해 주변을 짧게 드

FOR ANIMAL'S GOOD LIFE
ADULT CAT'S BEHAVIOR PROBLEM

라이브하는 것이 크게 도움이 될 것이다. 고양이를 캐리어에 넣기 약 30분 전에 캐리어 안쪽 모서리에 펠리웨이를 살짝 분사한다. 드라이브를 끝내고 집으로 돌아왔을 때 고양이에게 약간의 놀이시간을 제공한다. 고양이의 위장은 먼저 안정될 시간이 필요할 수도 있기 때문에 곧 바로 먹이를 주지 않는 것이 좋다.

드라이브스루(drive-through, 차에 탄 채로 이용할 수 있는 식당, 은행 등)를 이용할 때 고양이를 태워서 데려가는 것과 같은, 좀 더 긴 여행을 준비한다. 여행은 무리하지 않되, 고양이가 자동차 캐리어에 있다는 것이 결코 나쁜 것이 아니라는 점을 배우기 시작할 수 있도록 충분하게 진행한다. 이를 위해 점진적으로 고양이의 내성을 길러나간다면, 고양이와 함께 장거리여행을 해야 하는 경우 훨씬 쉽게 적응할 수 있을 것이다.

고양이가 캐리어에 편안해진 후에도, 여분의 수면공간으로 사용할 수 있도록 꺼내 놓는 것이 좋다. 또한, 캐리어를 꺼내놓고 항시 준비하는 데는 매우 실용적인 이유도 있다. 비상사태가 발생할 경우, 겁에 질린 고양이를 팔에 안고 대피하는 위험을 감수하고 싶지는 않을 것이다. 비상시에 동물병원에 고양이를 데리고 가야 하는 경우, 또는 집을 신속하게 빠져나가야 하는 경우를 대비해 캐리어를 꺼내둔다.

고양이가 여행을 동물병원이 아닌 다른 것들과 연관 짓는 것을 배우는 데 도움이 되는 이러한 효과적인 행동교정작업을 모두 완료했다 하더라도, 동물병원이 목적지가 되는 것을 피할 수 없는 때가 올 것이다. 그와 같은 경험이 스트레스를 덜 받도록 만드는 데 사용할 수 있는 기술은 이 장 후반에 설명된다.

| 비상 시 캐리어에 들어가게 하는 기술

무언가 일이 생겨서 지금 바로 고양이를 캐리어로 이동시켜야 하는데, 아직 '캐리어에 들어가게 하는 재훈련'과정이 완전히 끝나지 않은(성공하지 않은) 상태일 수도 있다. 그렇다면 이 상황에서 가장 좋은 방법은 무엇일까. 여러분이 이전에 사용했던 방식은 부상의 위험이 클 수도 있으며, 여러분과 고양이 모두에게 많은 스트레스를 주는 것이었을 수도 있다. 고양이가 가고 싶어 하지 않는 장소에 가야 할 때, 고양이를 캐리어에 넣으려고 하면 대개 고양이가 얼마나 빠르고 완고한지 다시금 깨닫게 된다. 최근에 발톱을 손질하지 않았다는 사실을 종종 상기시키기도 한다.

분초를 다투는 위급상황에 처했을 때 트라우마 없이 고양이를 캐리어에 들어가게 하는 확실한 방법이 있다. 우선 출입구가 위를 향하도록 캐리어의 뒷부분을 바닥에 세운다. 고양이가 캐리어를 보고 두려워한다면, 고양이의 시야에서 멀리 떨어진 방에서 이 작업을 진행한다. 한 손으로 고양이의 목덜미를 부드럽게 잡은 다음 다른 손으로 뒷다리를 잡는다. 고양이를 캐리어에 놓을 때 뒷다리를 잡고 있는 손으로 후반신을 지탱하는데, 이때 목덜미를 잡고 있는 손에 고양이의 체중이 실리지 않게 한다.

고양이의 목덜미를 잡는다는 것에 익숙하지 않은 보호자도 있을 것이다. 목 뒤쪽에 느슨한 피부가 있고, 그곳을 부드럽지만 단단하게 붙잡을 수 있다. 비상시에 캐리어에 넣을 때 고양이가 물려고 하는 경우, 목덜미를 잡는 것이 가장 안전한 방법이다. 그러나 고양이가 탈출하려고 필사적으로 몸부림을 칠 때 떨어뜨리지 않도록 뒷다리를 잡고 엉덩이를 받쳐주는 방법을 병행해야 한다. 고양이의 후반신을 똑바로 세워둔 캐리어에 조심스럽게 내려놓는다. 충분히 내려갔을 때 먼저 뒷다리를 잡고 있는 손을 놓고, 그 다음에 목덜미를 잡은 손을 놓는다. 이 과정은 매우 신속하게 수행돼야 한다.

일단 고양이가 안에 들어가면 문을 닫고, 즉시 걸쇠를 잠근 다음 손을 뗀다. 캐리어를 천천히 조심스럽게 똑바로 세운다. 이 과정이 충분히 빠르게 진행된다면, 고양이의 정서적 트라우마를 최소화시키고 여러분과 고양이 모두 부상 없이 캐리어에 고양이를 안전하게 넣을 수 있다.

03
장거리 자동차여행 시 필요한 용품들

고양이가 캐리어에 익숙해지게 만들었다면, 이제 장거리 자동차여행을 위한 연습이 필요한 시간이다. 고양이가 점차 자동차를 타고 다니는 경험에 익숙해질 때까지는 장거리 자동차여행에 데려가는 시도는 하지 않는 것이 좋다. 앞서 설명한 행동교정기법을 사용해 짧은 여행을 하면서 자동차의 움직임에 적응하게 만들어야 한다.

여행을 위해 진정제나 항불안제 등 어떠한 형태로든 약물을 투여하는 방법에 대해서는, 필자의 경우 권장하지 않는다. 고양이를 점진적인 방법으로 자동차여행에 익숙해지게 했다면, 어떠한 약물 없이도 잘 적응해야 한다. 고양이는 자동차에 탔을 때, 개의 경우처럼 신체적으로 탈이 나는 경향은 없지만 매우 불안해하는 경향이 있다. 그것이 바로 사전계획과 행동교정이 엄청난 차이를 만들 수 있는 이유다. 또한, 고양이를 캐리어에 넣었을 때 처음에는 흥분하며 울 수도 있지만, 결국에는 진정해야 한다.

어떤 약물은 고양이가 방향을 잡지 못하고 비틀거리게 만들기도 한다. 수의사가 고양이에게 약물을 복용시키는 것이 낫겠다는 조언을 한 경우, 고양이가 약물에 대한 부작용이 있을 경우를 대비해서 사전에 복용량을 투여한다. 그렇지 않으면 도로 위에서 비상상황을 맞이할 수도 있다. 그러나 필자가 언제나 권장하는 방법은 '약물사용을 피하고 행동교정에 충실하라'는 것이다.

| 목걸이(인식표) 착용

설령 고양이가 캐리어에 타고 있다 하더라도, 현재의 식별정보가 담긴 목걸이를 착용해야 한다. 이동 중인 경우 목걸이에 새 위치의 연락처에 대한 정보가 있어야 하며, 휴대전화번호를 기입하는 것이 완벽하다. 혹시라도 고양이를 잃어버릴 경우를 대비해서 캐리어에도 인식표를 부착한다. 이렇게 해두면 누군가 여러분의 고양이를 발견했을 때 캐리어를 열지 않고도 여러분의 연락처 정보를 얻을 수 있다.

고양이가 리드줄(leash)과 하네스(harness)에 훈련돼 있으면, 차에 태울 때 하네스도 착용시킨다. 하네스를 착용시켜두면, 예기치 않은 사고가 발생했을 경우 필요한 식별정보(목걸이와 인식표로써)를 알리는 것에 더해 화장실을 사용하도록 하기 위해, 혹은 다른 이유로 고양이를 캐리어 밖으로 꺼내야 할 때 적절하게 통제할 수 있다. 고양이가 목걸이 또는 하네스를 착용하거나 리드줄을 하고 걷는 것에 대한 훈련을 받지 않은 경우, 이 장 후반의 훈련기법을 참고한다. 고양이가 실내에서만 생활하고 있다 하더라도 최소한 목걸이를 착용하는 것에 익숙해지게 하는 것이 좋으며, 장거리여행을 해야 하는 경우를 대비해 리드줄과 하네스에 대한 훈련을 시켜두면 유용할 것이다.

| 장거리여행에 맞는 캐리어

평소 사용하던 켄넬 타입의 캐리어를 여행 시에도 사용할 수 있지만, 만약 한 번에 장시간 차로 이동해야 한다면 좀 더 큰 캐리어나 크레이트(Dog crate)를 고려해야 할 수도 있다. 크레이트는 쉽게 조립할 수 있고, 보관을 위한 분해가 용이하다. 고양이를 SUV 자동차 뒤쪽에 태우고 장거리를 이동할 경우 크레이트가 효과적이다. 고양이가 다소 숨겨진 것처럼 느낄 수 있도록 수건이나 시트로 크레이트의 상단을 감싸준다. 갇혀 있는 느낌이 들 수 있으므로 정말로 겁먹지 않는 한 완전히 덮지 않는 것이 좋으며, 이런 식으로 크레이트 안에서 가족들을 엿보게 하면 약간의 안도감을 갖게 할 수 있다.

사고 시 충격을 완화시킬 수 있는 약간의 여유가 생기도록 캐리어나 크레이트에 수건을 덧대고, 나중에 더러워진 수건을 담을 수 있는 비닐봉투를 준비한다. 고양이털뿐만 아니라 캐리어 내부의 오염물질을 깨끗하게 닦아내는 데 사용할 수 있도록 유아용 물티슈를 준비하면 편리할 것이다. 유아용 물티슈를 구입할 때는 무향 및 알코올 함유 여부를 확인해야 하며, 신생아용으로 특별히 제조된 민감성 제품이 가장 효과적이다.

　장거리여행에 일반 캐리어를 이용하고 있는 경우, 고양이가 화장실을 사용할 수 있게 중간중간 휴식을 취해야 한다. 이때 고양이에게 다리를 스트레칭하고 물을 몇 모금 마실 수 있게 하는 것도 좋다. 이 부분이 리드줄과 하네스에 숙달시킨 것이 도움이 되는 지점인데, 고양이를 캐리어 밖으로 나오게 할 때 통제하기가 좀 더 쉽기 때문이다. 화장실을 사용할 수 있도록 해주기 위해, 또는 물을 마실 수 있도록 하기 위해 고양이를 캐리어 밖으로 나오게 할 때는 자동차의 문과 창문이 닫혀 있는지 확인해야 한다. 대형 캐리어 또는 크레이트를 사용하고 있다면, 케이지 또는 여행용 화장실을 함께 넣어줄 수도 있다. 플라스틱이나 일회용 골판지를 화장실로 사용할 수도 있다.

| 화장실모래 및 관련 도구

장거리여행을 할 때, 평소 고양이가 사용하는 브랜드의 모래를 충분히 가져가도록 한다. 목적지에서 같은 브랜드의 모래를 찾을 수 있을 것이라는 생각은 하지 않는 것이 좋다. 새로운 환경에 적응해야 하는 것 외에 생소한 유형의 화장실모래에 적응하게끔 강요해서는 안 된다. 모래 외에도 구멍이 뚫린 삽, 모래를 담을 용기 또는 비닐봉지를 가져간다. 또한, 화장실에 신선한 모래를 채워줄 때 사용하기 위한 모래주걱도 챙기면 좋다. 이동 중에 화장실에서 퍼낸 모래를 담을 수 있는 튼튼한 비닐봉지도 필요하다. 소변 덩어리와 분변을 옥외용 쓰레기통에 버려서는 안 된다.

| 적절한 먹이와 물

고양이에게 제공할 먹이를 적절하게 준비해서 가져가도록 하며, 특히 처방된 먹이를 먹고 있거나 다른 곳에서 구하기 어려운 먹이의 경우 반드시 챙겨야 한다. 목적지에서 동일한 것을 구할 수 있다고 생각해서는 안 된다. 건조사료를 사용하면 주걱을, 습식사료를 사용하면 스푼을 가져간다. 또한, 먹이그릇과 물그릇도 필요하다. 여분의 종이타월과 비닐봉투를 가져가면 청소할 때 도움이 될 것이다. 통조림먹이를 급여하고 있는 경우, 필요하다면 깡통따개도 가져가야 한다. 또한, 물이 바뀌면 위장장애를 일으킬 수 있으므로 고양이에게 먹일 여분의 물도 준비한다. 고양이가 변화에 민감한 경우, 물맛이 달라진 것을 쉽게 감지하므로 안전책을 강구하고 여분의 물을 준비해야 한다.

바뀐 물에 좀 더 쉽게 적응하게 하려면, 여행을 떠나기 전에 고양이가 정기적으로 먹는 물에 시판용 생수를 한 번에 조금씩 혼합함으로써 전환과정을 시작한다. 평상시에 일반 수돗물을 제공하는 경우 이 전환과정을 통해 적응시킨 생수를 가져갈 수 있을 뿐만 아니라, 여행 도중 필요할 때마다 쉽게 구입할 수 있다(널리 사용되는 주요 브랜드의 생수를 사용해야 한다). 이렇게 하면 항상 고양이에게 일관된 맛의 신선한 물을 제공할 수 있을 것이다. 다른 지역으로 이주하는 경우의 장거리여행이라면, 일단 새로운 장소에 정착한 다음 천천히 현지 수돗물로 다시 전환할 수 있다.

| 그루밍 도구 및 처방약

고양이의 털이 중모 또는 장모이고 여행이 하루 이상 걸리는 경우, 털이 엉겨 붙는 것을 방지하기 위해 적절한 시점에 약간의 그루밍을 해줄 필요가 있을 것이다. 따라서 그루밍 도구를 잊지 말고 챙겨야 한다. 고양이가 약을 복용하고 있는 경우라면, 미리 계획을 세우고 모자란 약은 다시 처방받도록 한다. 여행 중에 고양이가 치료를 필요로 할 경우를 대비해 처방약은 원래 용기에 담아가야 한다. 약품의 종류와 복용량에 관한 한 여러분의 기억에 의존해서는 안 된다.

| 상호교감놀이용 장난감

목적지에 도착했을 때 고양이와 상호교감놀이요법 일정을 계속 수행할 수 있도록 약간의 장난감을 챙기는 것도 잊지 않는다. 놀이는 아주 훌륭한 스트레스 완화제이며, 여러분의 고양이가 새로운 장소에 적응하는 것을 돕는 데 편리하게 적용할 수 있는 도구다. 놀이시간을 제공하는 것은 또한 장시간 차에 갇혀 있던 고양이의 근육을 풀어주는 데 매우 도움이 되는 좋은 방법이다.

| 고양이의 의료기록사본

이사를 하는 경우, 미리 계획을 세우고 현재 다니고 있는 동물병원에서 새로 이주한 지역의 수의사에게 제시할 고양이의 의료기록사본을 받아놓도록 한다. 의료기록사본에는 모든 X레이결과 또는 검사결과를 포함시켜야 한다. 고양이가 일반수의사 외에 전문 수의사에게 진료를 받은 적이 있다면, 그러한 기록들도 사본을 챙겨놓는다.

고양이를 데리고 휴가를 가거나 장거리여행을 하는 경우, 응급상황에 대비해서 고양이의 의료기록사본을 휴대하는 것도 도움이 된다. 고양이가 질병이나 부상으로 수의사의 치료를 받고 있는 중이라면, 의료기록사본은 매우 중요하다. 설령 현재 수의사의 연락처를 갖고 있다 하더라도, 언제 어느 때에 비상사태가 발생할지 모를 일이다. 예상치 못했던 일이 발생해서 고양이를 잃어버리는 경우 고양이를 찾을 때, 사람들에게 보여주고 즉시 전단지를 만들 수 있도록 의료기록지에 고양이사진을 부착한다.

| 호텔에 숙박할 경우

모텔이나 호텔에서 하룻밤을 묵는 경우, 또는 휴가지에서 호텔숙박을 할 경우, 여러분이 선택한 호텔이 반려동물을 허용하는지 사전에 확인해야 한다. 점점 더 많은 호텔들이 반려동물을 허용하고 있으며, 심지어 일부 호텔은 반려동물을 동반할 경우 유용하게 사용할 수 있도록 방문을 특별하게 만들기도 한다. 호텔에 도착했을 때, 객실담당직원들에게 경고할 수 있도록 프런트 데스크 직원이 고양이의 존재에 대해 확실하게 메모를 했는지 확인한다. 일부 호텔의 경우 방문 잠금장치 주위에 작은 자석 표시판이 있어서 객실 안에 반려동물이 있다는 것을 객실담당직원에게 알려준다. 호텔이 이러한 서비스를 제공하지 않으면, 직접 작은 표시판을 만들어 달아놓는다.

객실청소는 여러분이 객실 내에 있을 때 진행하게끔 예약해두는 것이 좋다. 그래야 그 시간 동안 고양이를 캐리어에 넣어둘 수 있다. 고양이를 캐리어나 크레이트에 안전하게 두지 않는 한, 여러분이 객실을 비웠을 때 누군가가 객실에 들어가게 하는 것은 피한다. 객실서비스시간에 객실에 남아 있을 수 있도록 프런트 데스크 직원에게 특정 시간대에 대한 서비스예약을 요청할 수 있다.

호텔 객실에 고양이를 혼자 남겨둘 때는 문에 '방해하지 마시오'라는 경고문을 붙여놓는다. 고양이에 대해 잠재적인 위험이 없는지 객실을 자세히 점검하고, 가능한 한 최선의 안전조치를 취해야 한다. 고양이가 문밖으로 탈출할 경우를 대비해 연락처가 포함된 목걸이(인식표)를 고양이에게 착용시킨다. 막힌 복도가 있는 호텔에서는 고양이가 탈출했을 경우 추적하는 것이 그다지 어렵지는 않겠지만, 객실이 실외로 직접 연결된 모텔이나 호텔에 머무는 경우, 식별 가능한 목걸이는 매우 중요하다.

몇 가지 상호교감장난감 외에도 재미있는 단독놀이장난감을 객실 내에 배치해둔다. 자동차로 여행하고 있는 경우, 고양이가 스크래칭을 할 수 있도록 골판지 스크래칭 패드를 준비해 제공하는 것도 좋다. 또한, 호텔 객실에서 나는 냄새는 고양이에게 완전히 생소한 것이기 때문에, 펠리웨이를 가져가서 플러그인 디퓨저 또는 스프레이를 사용하면 고양이가 주변 환경에 적응하는 데 좀 더 도움이 될 수 있다.

객실담당직원을 배려하는 것도 중요하다. 고양이의 배설물을 버릴 때는 비닐봉지에 안전하게 싸서 쓰레기통에 넣어야 한다. 이렇게 하면 객실냄새를 신선하게 유지할 수 있으며, 객실담당직원이 고양이배설물을 접촉하게 되는 것을 피할 수 있다. 호텔 객실에 있는 동안 고양이가 야옹거리거나 울부짖는 경우, 다른 손님에게 방해가 될 수 있다는 것을 알아야 한다. 고양이와 함께 놀이과정을 수행하고 펠리웨이를 사용하며, 고양이에게 최대한 편안한 방식으로 객실을 세팅한다. 객실을 비울 때는 라디오나 TV를 조용하게 틀어놓는다. 여러분의 고양이가 고양이용 오락DVD를 좋아하는 경우, 방을 나가기 전에 DVD를 틀어서 고양이가 집중할 수 있도록 해준다. 캣닢 또한 고양이가 생소한 환경에 잘 적응하지 못하는 경우 도움이 될 수 있다. 품질 좋은 캣닢을 가져와서 부스러진 잎을 약간 제공하거나 몇 가지 장난감에 문질러줄 수 있다.

필자의 고양이는 양털 패드를 매우 좋아하기 때문에 여행을 할 때는 항상 한두 개씩 챙겨간다. 호텔 객실에서 침대나 의자 위에 덮어 놓으면 보통 필자의 고양이에게 즉시 편안함과 안정감을 만들어줄 수 있다. 여러분의 고양이가 웅크리고 앉을 수 있는 유형의 물건이나 고양이침대를 선호하는 경우 고양이를 위해 함께 가져가도록 한다. 필자는 또한 고양이가 캐리어를 잠을 자기 위한 안전한 은신처로 사용할 수 있도록 캐리어를 바닥에 놓고 문을 열어둔다. 크레이트를 사용하는 경우, 고양이가 보호를 받거나 숨겨졌다고 느낄 수 있도록 수건이나 다른 옷가지로 덮어준다.

04

비행기를 이용할 때
필요한 사항들

고양이를 캐리어에 익숙해지도록 훈련시키기 전까지는 비행기여행은 절대적으로 불가능하다. 설령 고양이가 항공기화물칸에 실리는 것이 아니라 여러분과 함께 기내에서 있을 계획이라 할지라도, 반드시 캐리어에 넣어야 한다. 기내반입이 허용된 캐리어는 일반적으로 자동차여행에서 사용할 수도 있는 캐리어보다 더 작기 때문에 고양이가 캐리어에 편안하게 적응할 수 있는 과정을 거쳐야 한다.

| 적절한 행동교정 실시

비행기여행을 위한 행동교정을 하는 데는 매우 중요한 두 가지 이유가 있다. 첫째는 여행을 하는 동안 고양이가 겪게 될 스트레스와 불안을 줄이기 위한 것이다. 둘째(종종 간과되는 큰 요소)는 공항에서 보안검색을 하는 동안(매우 혼잡하다) 고양이가 캐리어에서 나와야 한다는 점 때문이다. 이 과정은 피할 수 없기 때문에, 캐리어 안에서 고양이가 흥분하거나 극도로 공격적으로 변한다면 고양이를 진정시켜야 한다. 따라서 행동교정과정을 건너뛰면 끔찍한 결과를 초래할 수 있다. 캐리어와 시끄러운 장소에서 고양이가 편안하게 느끼도록 재훈련을 시행해야 하며, 리드줄 훈련 또한 필요하다. 이러한 방법으로 여러분이나 안전요원이 고양이를 캐리어 밖으로 꺼낼 때(일부 공항에서는 개인이 고양이를 꺼내는 것을 허용하지 않는다), 리드줄을 연결해서 안전을 확보해야 한다.

| 비행기예약 및 증빙서류 준비

비행기여행은 또한 예약 및 적절한 증빙서류를 갖추는 것과 관련해 더 많은 사전계획이 필요하다. 일부 항공사들은 소형동물의 기내반입을 허용하지만, 일부 항공사들은 화물칸에만 허용한다. 여러분은 가능하다면 고양이를 꼭 기내에 데리고 가고 싶을 것이다. 이때는 고양이 좌석을 별도로 예약해야 하며, 일부 항공사들은 추가요금을 청구하지만 일반적으로 그렇게 비싼 것은 아니다. 항공기 당 허용되는 반려동물의 숫자가 한정돼 있기 때문에 여행일정이 계획되면 최대한 빨리 예약을 해야 한다. 고양이가 캐리어에 있어야 하는 시간을 줄일 수 있도록 직항노선을 선택하는 것이 좋다.

| 반려동물반입 제한사항 확인

고양이가 화물칸을 이용해야 하는 경우, 항공사에서 날씨와 관련한 제한사항을 두고 있다는 점을 명심해야 한다. 매우 무덥거나 추운 날씨일 때는 고양이의 탑승을 거부할 수도 있다. 이는 비행 중 및 항공기탑승을 대기하면서 실외에서 보내게 될 반려동물의 안전을 보장하기 위한 것이다. 날씨와 상관없이 1년 중 특정 달은 반려동물반입을 제한하는 항공사도 있고, 사우스웨스트(Southwest)와 같은 일부 항공사는 반려동물반입을 전혀 허용하지 않는다. 여러분이 특정 항공사를 자주 이용한다고 해서, 고양이도 그 항공사를 이용할 수 있는 것은 아니므로 사전에 미리 확인해야 한다.

고양이를 기내에 반입하기 위해서는 특정 서류가 필요하다. 항공사에 따라 추가적으로 요구하는 고유의 문서들이 있을 수도 있지만, 일반적으로 필요한 기본양식은 출발일로부터 10일 이내에 발행된 건강증명서다. 건강증명서에는 수의사의 서명이 있어야 하며, 현재 다니고 있는 동물병원에서 증명서를 발급받을 수 있다.

| 항공사승인 캐리어 확인

고양이를 기내에 반입하려면 특정 크기 요건을 충족하는 항공사승인 캐리어를 사용해야 한다. 이 캐리어는 좌석 아래 고정시킬 수 있어야 하며, 대부분의 반려동물용품점에

서 항공사승인 캐리어를 구입할 수 있다. 단단한 플라스틱 또는 측면이 부드러운 버전으로 제조돼 시판되므로 고양이가 캐리어 안에서 가장 편안하게 머물 수 있는 유형을 선택한다. 측면이 부드러운 캐리어가 매력적으로 보일 수 있는데, 캐리어를 좌석 아래에 둘 때 주변이 찌그러질 수도 있다는 단점이 있다. 측면이 견고한 캐리어는 갑작스러운 충격이 발생한 경우 고양이에게 좀 더 안전하다. 고양이의 안전 및 편안함을 고려해서 항공사승인 캐리어 중 어떤 것이 가장 적합한지 판단한다.

캐리어는 식별이 가능해야 하기 때문에 외부의 어딘가에 'LIVE ANIMAL(살아 있는 동물)'이라고 표기해야 한다. 화물칸을 이용하는 경우 또한 항공사승인 캐리어를 사용해야 하는데, 이때는 좌석 밑에 넣지 않기 때문에 작아야 할 필요는 없다. 화물칸을 이용하는 경우 견고한 캐리어를 사용해야 한다. 캐리어에 'LIVE ANIMAL'이라는 표시뿐만 아니라 여러분의 이름, 주소, 전화번호가 기재돼야 한다. 또한, 캐리어의 상단 위치를 올바르게 표시하는 화살표가 명확하게 보여야 하며, 먹이그릇과 물그릇은 캐리어의 격자문 안쪽에 단단하게 부착해야 한다. 참고로 비행기에 탑승하기 4~6시간 전에 가벼운 먹이를 주고, 비행기에 탑승할 때까지 약간의 물을 먹을 수 있게 해준다.

한편, 고양이의 보안검색에 걸리는 시간을 감안해서 공항에 일찍 도착하는 것이 좋다. 국제여행을 하는 경우 몇 개월 전에 목적지 국가에 연락해서 반려동물의 입국이 허용되는지, 검역기간 및 추가서류가 필요한지 여부를 확인해야 한다.

05

펫시터에게 맡기는 경우 주의해야 할 것들

고양이가 펫시터(pet sitter, 반려동물돌보미)를 싫어하고 여러분은 하루 이틀 집을 비워야되는 경우, 고양이를 집에 혼자 남겨두면 전체적인 문제를 피할 수 있다고 생각할 수도 있다. 고양이가 건조사료를 먹고 자유급식을 한다면 이러한 방법이 쉽다고 생각할지도 모른다. 많은 사람들이 이틀 정도는 고양이를 홀로 남겨두는데, 이론적으로 하루나 이틀 동안 고양이를 혼자 남겨둘 수는 있지만 필자의 경우 권장하지 않는다. 그 시간 동안 고양이가 아프거나 부상을 당했는데 도움을 줄 사람이 아무도 없다면, 얼마나 끔찍할지 상상해보기 바란다. 가족들이 갑자기 어디론가 사라져버렸을 때, 여러분의 고양이가 '외롭거나 우울하거나 불안하지 않을 것'이라고 어떻게 장담할 수 있겠는가.

고양이는 산책을 시킬 필요가 없고 적절한 양의 먹이(조금씩 자주 먹는다)를 남겨놓을 수 있기 때문에 기르기가 매우 쉽다는 평판을 얻고 있지만, 이는 고양이의 정서적 욕구를 완전히 무시한 평가다. 약간의 행동교정으로 여러분이 집을 비우는 동안 누군가가 집에 와서 확인하게 함으로써 고양이를 편안하게 만들 수 있으며, 여러분은 고양이가 집에서 안전하게 있다는 것을 알고 좀 더 안심하고 휴가를 보낼 수 있다.

이웃에게 고양이를 확인해 달라고 부탁을 하든 전문펫시터를 고용하든 상관없이, 고양이가 그 사람을 싫어하거나 현관문 열쇠소리만 들어도 패닉상태에 빠진다면 고양이를 남겨두고 집을 나서는 것은 악몽이 될 것이다. 사전에 미리 계획을 세우고 고양이와 펫시터 사이에 일종의 유대감을 형성해준다면 그와 같은 악몽을 피할 수 있다.

| 잘 아는 사람에게 부탁하라

필자가 자주 보는 실수는, 보호자가 고양이를 전혀 만난 적이 없거나 잠깐 본 것이 전부인 사람에게 자신의 고양이를 돌봐달라고 부탁하는 데서 비롯된 것이다. 펫시터가 세상에서 둘도 없이 다정하고 고양이를 무척 좋아하는 사람일 수도 있지만, 고양이가 평소 낯선 사람에게 부정적으로 반응하는 경우라면 여러분이 없는 집에 생소한 사람이 들어왔을 때 두려운 느낌이 얼마나 증대될지 상상해보라. 집에 들어온 사람이 자신을 해치지 않으리라는 것을 고양이가 어떻게 알 수 있겠는가.

게다가 이 낯선 사람은 화장실 및 먹이급여장소와 같은 고양이 전용공간으로 곧바로 향하며, 고양이를 쫓기도 하고 원치 않는 상호교감을 시도하기도 한다. 생소한 사람에 대한 두려움이 없는 고양이의 경우 방문자의 행동이 아무렇지 않을 수도 있지만, 그렇지 않은 고양이에게 낯선 사람의 행동은 스트레스 수치를 위험한 수준으로 끌어올리게 된다. 펫시터가 이전에 여러 번 방문한 적이 있는 친구 또는 이웃이라고 해서, 여러분이 집에 없을 때 찾아와도 고양이가 편안해할 것이라고 생각해서는 안 된다. 일반적으로 낯선 사람이 방문했을 때 어딘가에 숨을 수 있다는 점이 고양이의 안전을 보장해주는 것인데, 펫시터의 경우에는 고양이가 방문목적이기 때문이다.

| 고양이의 성격과 특성을 고려하라

전문펫시터를 고용하는 경우, 여행을 떠나기 전에 먼저 그 사람을 면접하고 집안 곳곳을 소개해주고 나면 모든 것을 잘 처리한 것으로 생각할 수도 있다. 그러나 고양이의 성격에 따라 이와 같은 짧은 면접은 펫시터가 고양이의 신뢰를 얻기에 충분하지 않을 수도 있다. 누군가를 펫시터로 결정할 때는 자신의 고양이의 성격과 기질을 고려해야 한다. 고양이가 오랫동안 혼자 남겨졌을 때 우울해하거나 불안해하는 경향이 있다면, 화장실을 치우고 먹이를 주기 위해 펫시터가 하루에 한 번씩 방문하는 것이 충분하지 않을 수 있다. 또한, 앞서 언급했듯이 펫시터의 성별이 영향을 미칠 수도 있으므로 그 부분도 염두에 둬야 한다. 여러분이 없는 동안 가능한 한 고양이가 받게 될 스트레스를 최소화시키기 위해 미리 계획을 세워야 한다.

| 관리 특이사항에 대해 알려주라

고양이를 돌보는 펫시터를 선택할 때, 여러분이 화장실모래와 먹이를 관리하는 방법을 보여줄 수 있는 시간을 갖도록 하고, 고양이에게 도움이 되는 관리사항에 대해 구체적으로 설명한다. 필자가 컨설팅한 보호자의 고양이 중에, 펫시터가 먹이그릇을 내려놓은 후 주방에 남아 있었던 탓에 펫시터에게 매우 나쁘게 반응했던 경우가 있었다. 고양이는 펫시터가 주방에 있는 것에 대해 매우 불안해했고 먹기를 거부했다.

심지어 겉보기에 사소한 것도 고양이의 편안함 수준에 크게 영향을 미칠 수도 있다. 예를 들면, 고양이를 위해 습식사료가 담긴 그릇을 놓고 다음 방문 때까지 바닥에 그릇을 그대로 남겨둔 몇몇 펫시터들을 우연히 마주친 적이 있다. 고양이는 바닥에 놓인 더러운 그릇을 좋아하지 않을 수도 있으며, 특히 고양이가 먹이를 모두 먹지 않고 남은 먹이가 그릇에 말라붙었다면 더욱 그렇다. 만약 여러분이 고양이의 물을 아침 저녁으로 갈아준다면 펫시터가 그 사항을 잘 인지하도록 주의를 줘야 하며, 물을 약간씩 보충하는 것에 그치지 말고 필요할 때마다 신선한 새 물로 교체하도록 지시해야 한다.

| 고양이의 신뢰를 얻도록 하라

펫시터를 면접할 때, 고양이가 심하게 두려워하지 않으면 고양이와 함께 상호교감놀이 과정을 진행한다. 이 방법으로 펫시터에게 여러분이 놀이시간에 사용하는 기술을 보여줄 수 있다. 이는 펫시터가 고양이의 신뢰를 얻을 수 있는 좋은 기회가 될 수 있다. 고양이가 긍정적인 반응을 보이면, 펫시터가 즉석에서 약간의 놀이과정을 진행할 수 있도록 장난감을 펫시터에게 건네준다. 펫시터에게 상호교감장난감을 어디에 보관하는지 보여주고, 놀이과정이 끝나면 그곳에 보관하도록 당부한다.

고양이가 단순히 집안에 누군가 있는 것을 두려워한다면, 펫시터에게 고양이를 추적하려 하지 말고 숨어 있는 곳에서 고양이가 밖으로 나오게 유도하라고 지시한다. 펫시터는 고양이가 안전한지 확인하기 위해 고양이를 살펴봐야 하지만, 하루에 짧은 시간 또는 하루 2회 방문으로 고양이의 신뢰를 얻지 못할 것이다. 따라서 가장 좋은 방법은 고양이가 자신의 안전지대 내에 머물게 해주는 것이다. 이것이 고양이가 펫시터에게 좀 더 친숙하고 편안해지는 데 도움이 될 수 있도록 행동교정을 통해 사전에 준비해야 하는 지점이다. 설령 고양이가 펫시터를 맞이하기 위해 문으로 달려가지는 않는다 하더라도, 긍정적이거나 심지어 중립적인 사람과 과거에 만난 경험이 있다면, 적어도 그 사람이 있는 환경에서 안전하다고 느낄 것이다.

| 고양이의 일상을 일관되게 유지하라

대부분의 고양이들이 일반적으로 보호자가 여행을 하는 동안 반려동물호텔보다 집안에 남을 수 있는 것을 선호한다 하더라도, 자신의 영역에 누군가가 들어오는 것은 여전히 스트레스를 주는 경험일 수 있다. 고양이는 이미 가족의 갑작스런 부재로 인해 혼란을 겪고 있기 때문에 고양이의 일상생활이 가능한 한 정상적으로 유지되게 해주는 것이 중요하다. 고양이에게 계획급식을 하고 하루에 두 번씩 먹이를 먹는다면, 펫시터는 매일 두 번씩 방문해야 한다. 그것이 불가능하면 타이머가 부착된 먹이공급기를 구입하는 것이 좋다. 타이머가 달린 먹이공급기는 반려동물용품점과 온라인쇼핑몰에서 쉽게 구입할 수 있으며, 고양이의 정상적인 먹이급여주기를 유지할 수 있다.

| 다른 동물의 냄새가 나지 않게 하라

펫시터에게서 나는 냄새가 고양이의 불편함을 유발하는 데 영향을 미치는 요인일 수도 있다. 여러분의 집에 오기 전에 여러 집들을 방문하는 전문펫시터는 자신의 옷에 다른 동물의 냄새를 묻혀오게 된다. 그 냄새가 어떤 고양이에 있어서는 그다지 영향이 없을 수도 있지만, 일부 고양이들에게는 매우 불쾌하게 느껴질 수도 있다. 여러분의 고양이는 자신의 영역 내에서 생소한 동물의 냄새에 위협을 느끼는 고양이일 수도 있다.

다른 고양이의 냄새가 배어 있는 사람이 방문했을 때 여러분의 고양이 좋지 않은 반응을 보인 이력이 있고 여러분이 펫시터를 선택했다면, 펫시터에게 방문하기 전에 옷을 갈아입을 것을 당부한다. 필자는 컨설팅을 진행하는 동안, 고양이가 필자에게서 다른 고양이의 냄새를 감지하면 불편할 수도 있는 상황에 대비해 차 안에 항상 여러 벌의 갈아입을 옷을 준비해두고 있으며, 한 보호자를 만나고 나면 손을 철저하게 씻는다.

펫시터는 보호자의 특별한 요청에 대비해야 한다. 고양이가 매우 민감하다는 것을 알고 있다면, 펫시터가 여러분의 집을 방문하기 전에 옷을 갈아입도록 요구하는 것은 당연한 것이다. 또 다른 작은 트릭은 펫시터의 구두와 바지자락에 약간의 펠리웨이를 분사하는 것이다. 훌륭한 펫시터는 모든 동물이 편안해하는 수준이 다르다는 것을 이해하며, 가능한 한 긍정적인 경험을 만들기 위해 여러분과 함께 노력할 것이다.

| 고양이가 공격적인 경우

펫시터가 도착했을 때 고양이가 두려워하지 않고, 오히려 한 발짝도 물러나지 않으며 공격성을 드러낼 수도 있다. 고양이가 멀리서 집에 있는 방문자에게 공격적인 자세를 드러내지만 더 이상의 행동을 취하지 않으면, 집에 들어올 때 어떻게 행동해야 하는지 펫시터에게 지시하는 것이 절대적으로 중요하다. 펫시터가 똑바로 바라보지 않거나 고양이를 향해 움직이지 않을 때 고양이가 뒤로 물러나면, 펫시터는 고양이를 무시하고 상호교감하려는 시도를 하지 않으며 그저 모른 척 자신의 일을 해야 한다.

06
반려동물호텔에 맡기는 경우 주의해야 할 것들

고양이의 성격이 공격적이고 실제로 집안에서 누군가를 추적하는 경향이 있다면, 펫시터를 고용하는 일은 여러분의 고양이를 돌보게 될 사람에게 안전한 것이 아니다. 이는 또한 고양이에게 위협받는다는 느낌을 갖게 만들고, 여러분(안전 제공 및 행동교정을 수행하는)이 그 자리에 없다면 펫시터가 돌아간 후에도 계속 불안해할 수도 있다.

다묘 가정에서는 이것이 방향전환 공격으로 이어질 수도 있다. 공격적인 성향이 강한 고양이의 경우, 최선의 선택은 여러분이 집을 비우는 동안 반려동물호텔에 위탁하는 것이다. 필자는 거의 항상, 보호자가 집을 비우는 동안 고양이를 익숙한 환경에 남겨두는 것을 선호하지만, 펫시터나 그 환경에 있는 다른 고양이에게 부상의 위험이 있을 때는 그다지 좋은 생각이 아니다. 게다가 어떤 경우에는 자신의 영역에서 적대적인 고양이가 반려동물호텔이라는 환경에서는 공격적이지 않을 수도 있다.

| 반려동물호텔의 특징 및 현황

고양이가 여행에 익숙하고 다른 고양이들이 주위에 있었으며 생소한 환경에서 괜찮으면, 반려동물호텔에 맡기는 것은 문제가 없을 것이다. 집을 떠나는 데 익숙하지 않고 케이지 환경에서 스트레스를 받거나, 또는 다른 고양이들의 존재를 무서워하거나 적대적인 경우, 반려동물호텔에 위탁하게 되면 스트레스를 많이 받을 수 있다.

일반적으로 반려동물호텔은 고양이를 안락하게 하고 안전하게 해주는 모든 것이 제거된 곳이다. 다정한 보호자가 없고 자신에게 익숙한 환경도 없으며, 이제는 위협적인 소리와 냄새 및 광경으로 가득 찬 환경에 있게 된다. 케이지에 있는 것은 숨을 곳도 없고 도망갈 능력도 상실되기 때문에 극도로 스트레스를 받을 수 있다. 고양이의 화장실, 먹이그릇과 물그릇은 모두 한 곳에 가까이 배치돼 있다. 어떤 것도 고양이의 관점에서 긍정적으로 보이지 않는다. 그러나 모든 부정적인 면에도 불구하고 반려동물호텔은 고양이보호자들에게 매우 실용적인 옵션이며, 많은 경우 유일한 선택이 된다.

    삶에 있어서 다른 모든 것과 마찬가지로, 좋은 곳이 있는가 하면 나쁜 곳도 있다. 사육장이라기보다는 온천 같은 반려동물호텔도 있는데, 대형콘도와 놀이를 위한 많은 공간 및 직원들과 함께하는 상호교감놀이시간을 제공하는 곳도 있으며, 고양이용 오락 DVD 최신작을 갖추고 있을 수도 있다. 반려동물호텔에 위탁하는 것은 고양이와 보호자 모두에게 불안감을 주는 일이기 때문에 많은 업체들이 이러한 점을 충분히 고려하고 있다. 가까운 지역에서 예산범위 내의 좋은 반려동물호텔을 찾을 수 있다면, 여러분이 집을 비우는 동안 고양이가 갖는 불안감을 덜어주는 데 도움이 될 수 있을 것이다.

반려동물호텔 선택 시 살펴볼 것

물론 여러 가지 훌륭한 시설을 갖춘 반려동물호텔을 이용하는 것이 좋겠지만, 사정상 부득이하게 전형적인 케이지 환경을 갖추고 있는 반려동물호텔에 위탁해야 하는 경우, 고양이의 불안감을 줄이는 데 도움이 될 수 있도록 보호자가 해야 할 일이 있다. 일단 고양이를 위탁하기 전에 항상 위탁할 곳에 대해 세심하게 조사해야 한다.

    직원들이 얼마나 잘 훈련돼 있는지, 동물들이 어떻게 모니터링되는지 알아본다. 시설은 얼마나 청결하고 조용한지, 고양이가 개와 완전히 분리된 영역에 있는지, 응급절차는 무엇인지, 반려동물호텔이 동물병원에 소속된 것이 아니라면 갑작스러운 질병과 부상은 어떻게 처리되는지 조사한다. 직원들과 동물들이 어떻게 상호교감하는지, 직원들은 자신이 하는 일을 즐기고 위탁된 동물들과 잘 어울리는지 확인한다. 필자는 엄격하게 업무를 수행하는 반려동물호텔에 있어봤는데, 놀랍게도 그곳의 직원들은 동물들이 더 편하게 느끼도록 만들려는 어떠한 열정도 보이지 않았다.

| 반려동물호텔에 위탁 시 가지고 갈 것

반려동물호텔에 위탁할 경우 고양이가 평소 사용하던 물품(모래 등)을 가져가면, 갑작스러운 변화로 인해 고양이가 느끼게 될 스트레스를 줄여주는 데 도움이 될 것이다. 아울러 고양이의 기질과 성격에 따라 추가적으로 필요한 것들을 챙겨가는 것도 좋다.

모래와 먹이
고양이를 반려동물호텔에 데려갈 때 고양이가 평소 사용하던 브랜드의 모래와 먹이를 가져가도록 한다. 위장장애를 피하고 갑작스러운 식단변화로 인한 스트레스를 방지하기 위해 고양이 자신이 정기적으로 먹던 먹이를 먹어야 한다. 심지어 모래의 변화는 트라우마를 유발할 수도 있기 때문에 반려동물호텔에서 모래를 제공하는지 여부와 상관없이 고양이에게 익숙한 브랜드의 모래를 가져가는 것이 좋다. 고양이에게 적절한 크기의 화장실이 제공되므로 고양이가 사용하던 화장실은 가져가지 않아도 된다.

장난감
반려동물호텔의 직원들이 위탁된 고양이에게 어떤 유형의 일상적인 운동 또는 상호교감을 제공하는지 확인한다. 여러분의 고양이가 매일 상호교감놀이시간을 위해 케이지에서 나올 수 있다면, 이는 매우 유익할 것이다. 많은 반려동물호텔이 놀이시간에 고양이를 한 마리씩 데리고 노는 특별한 놀이공간을 마련해놓고 있다. 이러한 공간에서 청결을 위해 어떠한 예방조치가 취해지는지 알아보도록 한다.

  직원이 놀이과정을 수행할 수 있으면, 캣댄서 또는 드래곤플라이와 같은 장난감은 보관이 용이하고 자리를 많이 차지하지 않으므로 함께 가져가도 좋다. 집에서 사용하던 장난감을 가져갈 수도 있고, 반려동물호텔에서 사용한 후 냄새가 밴 것을 다시 집으로 가져오고 싶지 않은 경우에는 새로운 장난감을 구입해 가져간다.

은신처
고양이가 소심하거나, 또는 케이지에서 겁을 먹는 경우, 케이지 구석에 반밀폐형 침대를 배치할 수 있는 공간이 있는지 알아본다. 최소한 은신처로 사용할 종이가방 몇 개를 준비해가면 좋다. 종이가방을 열고, 케이지에 맞도록 충분히 작게 만들기 위해 테두리를 필요한 만큼 여러 번 접어 올린다. 종이가방 가장자리를 접어 올리면 더 튼튼해지고 찌그러질 가능성도 낮아진다. 가방을 옆으로 눕히고, 그 안에 작은 수건이나 셔츠를 깔아 침대처럼 만든다. 가방의 열린 부분이 케이지 문과 직접 마주보지 않도록 비스듬하게 또는 옆으로 배치한다. 이렇게 해주면, 고양이가 완전히 노출됐다고 느끼는 경우에 고양이에게 좀 더 안전함을 제공할 수 있을 것이다.

펠리웨이

고양이가 반려동물호텔에 위탁돼 있는 동안 불안감으로 매우 혼란스러워하는 경우, 신문지로 케이지 앞면을 가려주는 것이 좋다. 이는 고양이가 너무 긴장해서 화장실을 사용하거나 먹이를 먹을 때조차도 밀폐형 침대 또는 종이가방에서 나오는 모험을 하지 못하는 경우 도움이 될 수 있다. 겁에 질려 있는 고양이에게 좀 더 안전함을 제공하기 위해 직원들이 수행하는 작업이 무엇인지 알아보도록 한다.

일부 반려동물호텔은 케이지에 사용하기 위해 펠리웨이를 준비해두고 있다. 여러분이 선택한 반려동물호텔에서 펠리웨이를 준비해두지 않았다면, 집에서 가져가서 고양이를 케이지에 넣기 전에 케이지의 안쪽 모서리에 펠리웨이를 분사한다. 펠리웨리를 직원에게 맡겨두고 케이지를 청소할 때마다, 또는 고양이를 다른 케이지로 옮겼을 때마다 하루에 한 번씩 모서리에 살짝 분사하도록 당부한다. 건조될 시간을 주기 위해 고양이가 케이지에 없을 때 펠리웨이를 분사하는 것이 좋다. 분사하기에 가장 좋은 시간은 청소나 놀이시간을 위해 고양이를 케이지에서 빼냈을 때다. 여러분의 냄새가 배어 있는 셔츠나 수건을 몇 장 준비해서 고양이 케이지에 넣어주면, 스트레스가 많은 환경에서 고양이에게 조금이나마 편안함과 친숙함을 제공할 수 있다.

처방약

고양이가 약물을 복용하고 있는 중이라면 약을 가져가야 하고, 반려동물호텔 측에 지시사항을 알려줘야 한다. 예를 들면, 하루에 한 번 알약을 투여해야 하는 경우, 평상시와 같은 시간에 알약을 복용시키도록 직원들에게 당부해야 한다.

| 반려동물호텔 직원들에게 알려줄 것

여러분의 고양이에게 효과가 있는 특별한 진정기술이 있다거나 부작용을 유발하는 특정 사항이 있다면, 직원들에게 미리 알려주는 것이 좋다. 예를 들어, 여러분의 고양이는 턱 밑을 긁어주는 것을 완전히 좋아할 수도 있고, 그렇게 하면 고양이를 즉시 그르렁거리게 만들 수 있다. 또 한편으로는, 여러분의 고양이는 머리 뒤쪽만 쓰다듬어주는 것을 좋아하고 턱 밑이나 목 앞을 만지면 일상적으로 물려고 시도했을 수 있다. 이 경우 고양이는 여러분이 손을 올려 머리 위로 바로 접근하지 않고 머리 뒤쪽을 조용히 쓰다듬어준다면 이를 받아들이고 절대적으로 좋아했을 것이다. 여러분이 고양이를 마주하고 있는 동안 머리 위를 쓰다듬으려 시도한다면, 발로 내리치려고 하거나 물려고 했을 것이다. 이러한 사항들은 직원들이 고양이에 대해 미리 알아야 하는 중요한 정보다.

 필자의 고양이들 중 야생에서 구출한 두 마리의 경우, 지금은 잘 적응해서 행복하게 살고는 있지만, 몇 년 동안 그 고양이들에게 사용해야 했던 몇 가지 특별한 쓰다듬기기술이 있었다. 필자는 고양이를 반려동물호텔에 맡겨본 적이 없지만, 병원에 입원시켜야 했을 때가 있었고 병원직원들이 고양이를 다루는 방법을 알고 있는지 확인해야 했다. 병원직원들이 고양이를 쓰다듬기 위해 케이지에 다가가는 것은 자연스러운 일이지만, 필자가 그들에게 적절한 지침을 주지 않았다면 부상을 입었을지도 모른다.

| 반려동물호텔에 두 마리 이상 위탁할 경우

고양이를 두 마리 이상 반려동물호텔에 위탁하는 경우, 비록 집에서는 최상의 친구관계일지라도 위탁환경이 주는 스트레스가 둘 사이에 적대감을 유발할 수 있다는 점을 명심해야 한다. 고양이들을 같은 케이지에 함께 위탁하기를 원하는 경우, 고양이들끼리 싸움이 벌어지는 상황이 발생했을 때 격리시킬 수 있는 공간이 확보돼 있는지 확인하도록 한다. 또한, 고양이들 중 한 마리가 방향전환 공격성을 드러내는 경향이 있는 경우, 특히 실외에 있는 낯선 고양이를 봤을 때 같은 케이지에 있는 동료고양이를 향해 이와 같은 공격성을 드러낼 가능성이 높다는 점을 염두에 둬야 한다.

| 반려동물호텔에서 집으로 돌아왔을 때

고양이를 반려동물호텔에서 집으로 데려왔을 때, 집안 환경에 다시 정착할 수 있는 시간을 줘야 한다. 포옹이나 입맞춤 등의 상호교감은 고양이가 허용하기 전에 시도하지 않는 것이 좋다. 바로 지금 고양이에게 가장 중요한 것은, 자신이 떠날 때와 같은 곳인지 확인하기 위해 집안 환경을 탐색하는 것이다. 이러한 환경조사가 필요하다면 그 과정을 방해하지 말고, 고양이가 자신의 영역에 대한 안도감을 되찾을 수 있도록 그대로 둔다. 안도감을 찾은 다음, 여러분에게 관심을 돌리게 될 것이다. 집에서 멀리 떠나 있다가 돌아오는 전체적인 경험에 대해 아직도 약간의 불안감이 남아 있을 수 있으므로 환영의미로 과도한 먹이를 제공하는 것은 피한다.

반려동물호텔에서 사용했던 수건이나 옷가지는 물론 캐리어에 넣었던 것을 모두 즉시 세탁한다. 캐리어를 분해해서 철저히 세척하고 건조시킨 다음, 모서리에 펠리웨리를 몇 번 분사하고 캐리어를 원래의 위치에 다시 보관한다(열어둔 채 놔둬야 한다). 집으로 돌아온 후 얼마 동안 고양이가 여전히 불안해하고 불안정해 보이면, 긍정적인 방법으로 이러한 불안감을 제거할 수 있도록 상호교감놀이요법시간을 갖는 것이 좋다.

07

성묘에 대한 리드줄 훈련

고양이를 실외에 내보낸 적이 전혀 없고 향후에도 그럴 계획이 없다 하더라도, 리드줄 훈련을 시켜놓는 것이 좋다. 최소한 고양이가 하네스를 착용하는 것에 편안해지게 할 수 있을 것이고, 이는 앞서 자동차여행과 비행기여행에 대한 섹션에서 설명한 바와 같이 고양이와 함께 여행을 하는 경우 매우 유용하다. 리드줄 훈련은 고양이가 어릴 때 시행하면 훨씬 더 쉽게 완료할 수 있다. 나이가 든 성묘에게 리드줄 훈련을 시키려는 경우 느슨하게 진행해서는 안 되며, 훈련과정의 모든 단계별로 계획하고 시간을 할애해야 한다. 리드줄 훈련이 고양이에게 스트레스를 주거나 힘거운 싸움이 돼서는 안 된다.

고양이에 있어서 리드줄 훈련의 의미

리드줄 훈련을 시킨다고 해서 고양이를 밖으로 데리고 나가야 한다는 의미는 아니다. 심지어 잘 통제된 상황일지라도 모든 고양이들이 실외환경에 문제없이 적응하는 기질을 가지고 있는 것은 아니다. 겁 많은 고양이는 리드줄을 매고 실외에서 돌아다니는 데 적합하지 않으며, 생소한 환경에서 공격적으로 변하는 고양이 역시 적합하지 않다. 집 주변의 실외환경 유형 또한 고양이에게 리드줄을 매고 걷기에 도움이 되지 않을 수도 있다. 그러나 훈련을 실행하는 것은 여전히 가치가 있으며, 여행이 필요한 경우 고양이를 안전하게 보호하기 위해 하네스가 필요한 상황이 발생할지 알 수 없는 것이다.

고양이에게 리드줄을 매고 산책하는 것은 개를 데리고 산책하는 것과 결코 같지 않다는 점을 명심해야 한다. 리드줄을 매고 산책을 위해 실외로 데리고 나가는 시점에 이르면, 고양이는 아마도 멈춰 서서 실외에 존재하는 꽃들, 잎사귀 또는 잔디를 조사하고 싶어 할 것이다. 고양이는 자신의 환경에 잘 적응된 사냥꾼이기 때문에 실외에 나갔을 때는 감각이 매우 예민해지게 된다. 고양이에게 리드줄 훈련을 시키는 경우, 개를 데리고 산책할 때와 마찬가지로 여러분의 고양이와 함께 인도를 따라 종종걸음으로 나아갈 수 있을 것이라고 기대했다면, 그러한 기대는 버리는 것이 좋다.

| 훈련 전 올바른 장비 갖추기

우선 리드줄 훈련을 시작하기 전에 올바른 장비를 갖춰야 한다. 고양이가 현재 목줄을 착용하고 있을 수도 있는데, 목줄은 리드줄 훈련에는 적합하지 않으며 하네스가 필요하다. 고양이 하네스는 두 가지 유형의 디자인이 있다. 하나는 목을 감은 다음 겨드랑이 바로 뒤 몸통을 감싸는 8자 모양의 디자인이고, 다른 하나는 몸통에 H자 모양으로 꼭 맞는 디자인이다. 하네스의 대안으로는 고양이 워킹재킷이 훌륭하다.

워킹재킷은 고양이의 몸통에 맞게 제조된 나일론 재킷이다. 필자는 워킹재킷을 사용하는 것을 선호하며, 고양이가 이 워킹재킷을 더 빨리 받아들이고 더 편안해하는 것을 발견했다. 또한, 올바르게 조절하기만 하면 고양이가 빠져나오는 것은 사실상 불가능하다. 필자는 고양이가 하네스에서 벗어나는 것을 봤지만, 올바르게 조절된 워킹재킷에서 벗어나는 것은 본 적이 없다. 가능하다면 하네스와 워킹재킷 두 가지를 준비해서, 고양이가 한쪽을 싫어하면 다른 것을 시도해보는 것도 좋다. 하네스와 워킹재킷은 여러 가지 크기로 나오기 때문에 잘 맞는 것을 구입하는 것이 중요하다.

리드줄을 구입할 때는 가벼운 나일론 제품이 효과적이다. 사슬이나 가죽끈을 구입할 필요는 없으며, 고양이에게는 얇고 가벼운 나일론 리드줄이 가장 적합하다. 안으로 말려들어가는 자동 리드줄도 사용하지 않도록 한다. 한편, 고양이를 실외로 데리고 나가는 경우 고양이가 여러분 앞으로 멀리 걸어 나가지 못하게 해야 한다. 위험이 도처에 도사리고 있을 수 있고, 또는 고양이가 갑자기 겁을 먹을 수도 있기 때문에, 필요할 경우 즉시 고양이를 들어 올릴 수 있도록 바로 옆에서 걷게 하는 것이 바람직하다.

| 하네스에 익숙해지게 하는 훈련

고양이가 하네스(또는 워킹재킷)에 편안해지도록 돕기 위해 사용할 기술은 여러분의 인내심을 필요로 한다. 이 기술은 짧고 차분하며 긍정적인 단계에서 수행돼야 한다. 또한, 실제로 실외로 데리고 나가기 전에 적어도 2주 동안 실내에서 행동교정을 수행해야 한다. 비록 고양이가 집안에서는 잘 적응한다 해도, 실외에서도 리드줄을 하고 잘 걸을 수 있을 것이라고 장담할 수는 없다는 점을 명심한다.

이 과정을 진행하면서 고양이의 기질, 안락수준, 건강을 항상 염두에 둬야 한다. 첫 번째 단계는 고양이가 하네스의 모습에 익숙해질 수 있도록 그냥 바닥에 두는 것이다. 펠리웨이가 있으면 하네스에 살짝 분사할 수 있다. 또 다른 방법은 깨끗한 양말을 손에 끼고 고양이 입 주변을 부드럽게 문질러서 안면페로몬을 채취한 다음, 그 양말로 하네스를 위아래로 문질러주는 것이다. 하네스를 며칠 동안 바닥에 둔 다음, 고양이에게 느슨하게 착용시키고 즉시 맛있는 먹이로 고양이의 주의를 분산시킨다. 너무 느슨하게 착용시켜서 걸을 때 흔들거리거나 성가시게 해서는 안 되며, 처음에는 너무 단단하게 조여서도 안 된다. 고양이의 기질에 따라 처음 몇 번은 하네스를 착용시킨 다음 전혀 고정시킬 수 없을지도 모른다. 과정은 짧게 유지하도록 한다.

보상으로 준 먹이를 먹자마자 하네스를 벗긴다. 이 단계에서 달성하고자 하는 목적은 하네스를 착용하는 것에 대한 내성을 점차적으로 향상시키는 것이다. 이 과정을 수행하기 위한 가장 좋은 방법은 무언가 긍정적인 것으로 고양이의 주의를 분산시키는 것이다. 며칠 동안 하루에 여러 차례 시도한 다음, 점차적으로 착용하는 시간을 늘려나

─ M I E M I O I 리드줄 훈련 시 주의할 것

- 고양이가 훈련경험을 차분하고 편안하며 재미있게 유지할 수 있도록 주의한다.
- 여러분의 몸가짐이 편안해질지라도, 항상 잠재적인 문제에 대해 주의 깊게 살펴보도록 한다.
- 실외로 나가기 전에 하네스나 재킷이 제대로 착용됐는지 확인하기 위해 재차 점검해야 한다.
- 고양이가 개의 경우처럼 행동할 것으로 기대하지는 않도록 한다.
- 벼룩이나 진드기로부터 고양이를 보호하기 위해 철저한 예방조치를 취해야 한다.
- 실외로 나가기 전에 모든 예방접종을 최신까지 완벽하게 마쳐야 한다.
- 실외에서 실내로 돌아왔을 때 하네스 또는 재킷을 벗기도록 한다.
- 고양이를 통제하기 위해 어딘가에 리드줄을 묶어두는 행동은 삼간다.

> **— MEMO 하네스의 착용 —**
> 고양이가 높은 곳에 있으면 하네스나 재킷을 착용시키는 것이 좀 더 쉬울 수도 있다. 이는 또한 잠금장치를 보다 쉽게 볼 수 있게 해주기 때문에 올바르게 장착됐는지 확인할 수 있다.

갈 수 있다. 하네스를 착용했을 때 클리커를 사용하고 보상한다. 하네스를 착용하고 고양이가 진정할 때마다 클릭하고 보상한다. 하네스 훈련과정 동안 고양이의 그날 먹이 중 일부를 보상으로 제공하지 않을 경우, 주머니에 간식을 휴대하고 있다가 클릭하고 보상한다. 매일 고양이가 하네스를 착용하는 시간을 늘리되, 아직은 리드줄을 부착하려는 시도는 하지 않는 것이 좋다.

이 첫 번째 단계에서 고양이가 익숙해지려면 많은 시간을 들여야 하며, 고양이가 아무 문제없이 하네스를 착용할 수 있을 때 짧은 시간 동안 리드줄을 부착할 수 있다. 고양이에게 리드줄을 부착했을 때 리드줄이 고양이 뒤를 따라 늘어지도록 놔둔다(아직 리드줄을 붙들지 않는다). 만약 이 시점에서 리드줄을 잡아당기려고 한다면 고양이를 패닉에 빠지게 할 것이다. 리드줄을 부착할 때 클릭하고 보상하는 시스템을 이용한다. 가벼운 리드줄에 연결돼 있다는 것을 받아들일 때 먹이 중 일부 또는 준비한 간식을 조금 제공할 수 있다.

| 하네스 및 리드줄 착용 후 실내훈련

다음 단계에서는 리드줄을 잡고 고양이보다 약간 앞에 서서 고양이가 여러분 옆에서 걷도록 신호를 준다. 구두신호는 어떠한 단어라도 상관없으며, 고양이의 이름 뒤에 바로 붙인다. 예를 들면, "나비야, 걸어", 또는 "나비야, 따라와"라고 말할 수 있다. 신호를 줄 때, 상체를 구부리고 손에 간식을 들고 있다는 것을 보여준다.

리드줄 훈련의 이 단계에서 필자는 스푼에 클리커를 붙이고 스푼 끝에 습식사료를 약간 찍어놓는다. 이 방법으로 한 손에는 리드줄을 잡고 다른 한 손에는 클리커/스푼을 잡기 때문에, 클리커를 찾으려고 더듬거릴 필요가 없고 결국 늦지 않게 그 행동을 표시할 수 있다. 스푼에 있는 먹이 또는 간식을 고양이에게 보여준 다음, 먹이를 향해 걸어갈 때 클릭하고 보상한다. 이 단계를 수행할 때 리드줄을 잡아당기지 말고 움직이는 대로 놔두는 것이 좋다. 몇 차례 훈련을 반복한 후, 자신에게 리드줄이 부착돼 있다는 사실에 익숙해졌을 때 아주 가볍게 리드줄을 잡아당기기 시작할 수 있다.

만약 실외로 나갔을 때 고양이가 리드줄이 부착된 것에 부정적인 반응을 나타내면 위험해지므로 안전한 집안에서 적응을 완료해야 한다. 고양이와 함께 걸을 때 보호자의 바람직한 위치는 고양이 옆이나 바로 뒤쪽이며, 이 위치에 서면 올바르게 장착되지 않았거나, 또는 고양이가 몸부림을 치는 경우 하네스나 재킷에서 벗어날 수 있는 가능성이 줄어들게 된다. 고양이는 뒷걸음질 치며 하네스에서 빠져나오려 하기 때문에 탈출시도를 막기 위해 고양이의 옆이나 뒤에 서는 것이 중요하다. 고양이가 리드줄에 매어 있는 것에 완전히 적응됐다는 확신이 들고, 리드줄을 부드럽게 당겼을 경우 부정적인 반응을 전혀 보이지 않을 때까지 실내훈련과정을 계속 진행하도록 한다.

| 하네스 및 리드줄 착용 후 실외로 나가기

고양이에게 리드줄을 채워 실외로 데리고 나갈 예정이라면, 최신 예방접종을 마쳐야 한다. 고양이 또한 기생충감염의 위험이 있다는 것을 명심해야 하며, 따라서 벼룩과 진드기에 대한 예방이 필요하다. 만일의 경우를 대비해 고양이를 식별할 수 있는 조치를 취하는 것도 매우 중요하다. 설령 리드줄을 매고 있다 하더라도 언제든 실수가 발생할 수 있으며, 고양이가 여러분의 손길을 벗어날 수 있다는 것을 명심해야 한다.

실외로 나갈 때 클리커와 간식도 챙긴다. 훈련용 간식가방이나 패니백(fanny pack, 벨트에 매는 지퍼달린 작은 가방)을 사용해왔다면, 습식사료를 담은 작은 용기(필자는 필름통과 비슷한 작은 플라스틱용기를 사용한다), 스푼, 약간의 간식 그리고 클리커와 같이 필요할 수도 있는 모든 도구를 가방에 담도록 한다. 옆면이 부드러운 캐리어도 휴대하며, 더플백(duffle bag, 천으로 만들어 윗부분의 줄을 당겨 묶도록 돼 있는 원통형 가방)처럼 어깨에 메고 가져갈 수 있다. 이렇게 하면 걷는 도중에 방해가 되지는 않으면서, 무언가 또는 누군가가 고양이를 겁먹게 할 경우를 대비해 가까이에 두고 준비할 수 있다.

성을 잘 내는 고양이를 팔에 안고 집으로 돌아가려고 하는 것은 여러분과 고양이 모두에게 위험하다. 캐리어를 휴대함으로써 항상 특정 상황에 대한 준비가 될 것이고 모두가 안전할 수 있다. 고양이와 함께 외출을 할 때는 최소한 나가기 전에 어깨에 두꺼운 수건을 걸친다. 비상시에 안전한 방법으로 고양이를 꺼내고, 집으로 돌아오면서 팔에 안전하게 가둘 수 있을 것이다.

고양이를 데리고 실외로 나갈 때는 너무 멀리 가지 않도록 한다. 고양이에게는 모두 생소한 영역이라는 것을 기억해야 한다. 고양이에게 먼 거리를 걷게 할 필요는 없으며, 집 주변을 가볍게 산책하거나 데크 또는 마당을 걷는 것만으로도 충분하다. 여러분의 집 마당에서 멀어질수록, 갑자기 무언가가 고양이를 위협할 경우 집으로 안전하게 데려오는 것이 더 어려워진다. 멀리 나갈수록 다른 고양이나 개를 만날 위험도 높아진다.

고양이를 실외로 데리고 나가기 시작한 후에 발생할 수 있는 일 중 한 가지는, 문이 열리면 언제든지 그 문을 통해 걸어 나갈 수 있다고 생각한다는 것이다. 일단 고양이에게 실외환경을 맛보이고 나면, 실외로 나가기 위해 리드줄을 채울 때까지 기다리지 않을 수도 있다는 사실을 모든 가족구성원이 인식하게 해야 한다. 고양이가 언제 어느 때고 임의로 밖으로 나가려고 시도할 수도 있으며, 이는 매우 위험한 상황을 초래할 수 있다는 점을 명심해야 한다.

08
새 집으로 이사하는 경우
주의해야 할 것들

이사를 한다는 것은 사람에 있어서도 많은 스트레스를 받는 경험이므로 그것이 고양이에게 얼마나 큰 스트레스가 될지 염두에 둬야 한다. 고양이는 이사할 일이 있을 것이라고는 상상조차 하지 않았다. 고양이가 알고 있는 전부는, 우선 상자가 들어오고 물건들이 포장되고 정리되는 등 자신의 세계가 급격하게 변화하기 시작했다는 것이다.

한바탕 소동이 지나간 다음, 완전히 생소한 환경에 처해지게 됐다. 고양이는 영역적 생물이며 주변 환경이 친숙하다는 사실에 편안함을 느끼기 때문에, 이러한 경험은 고양이를 굉장히 혼란스럽게 하고 어리둥절하게 만들 수 있다. 나이가 몇 살인지에 상관없이 이사는 대부분의 고양이에게 혼란스럽고 많은 스트레스를 주는 '사건'이지만, 일생을 같은 환경에서 살아왔던 노묘에 있어서는 특히 힘든 일이다.

| 이사 준비단계에서 주의할 것

이사를 준비할 때, 고양이의 욕구를 고려해야 하고 가능한 한 부드럽게 전환할 수 있게 해줘야 한다. 비록 할 일이 많고 전환과정을 진행할 시간이 충분하지 않다 하더라도, 이사 후 잠재적으로 심각한 행동문제를 다루는 것보다 지금 이 과정을 통해 고양이가 편안해지도록 돕는 것이 모두에게 훨씬 쉬운 일이다.

구매자의 방문과 이에 대한 대처

이사에 있어서 첫 번째 큰 불안유발단계는 집을 파는 과정을 포함한다. 이는 낯선 사람들이 집으로 들어와서 고양이의 영역을 침범할 것이라는 점을 의미하며, 이 과정에서 고양이의 기질을 염두에 두고 대처해야 한다. 고양이가 매우 사교적이고 집안에 낯선 사람이 들어오는 것에 문제가 없다면, 염려할 것이 없다. 그러나 고양이가 방문객을 두려워한다면, 매매과정을 거치면서 고양이의 복지문제가 해결됐는지 확인해야 한다. 매수자들이 언제든 방문해서 볼 수 있도록 집을 개방하고 있다면, 고양이를 낮 동안 반려동물호텔에 맡기거나 이웃에 머물도록 부탁하는 것이 더 나을 수도 있다.

어쩔 수 없이 고양이를 집에 남겨둬야 한다면 일단 조용한 방에 있도록 해준다. 그런 다음 가족구성원을 고양이가 있는 방에 함께 머물게 함으로써 낯선 사람이(잠재적인 구매자) 고양이와 마주치거나 너무 가까이 오지 못하게 한다. 방안에는 고양이를 위한 여러 개의 은신처를 비치해야 한다. 고양이가 스트레스를 극도로 받거나 방문객을 향해 공격성을 드러내는 경우, 고양이를 대형 크레이트에 넣고 화장실, 물, 먹이 그리고 포근한 침대를 갖춰주도록 한다. 고양이가 숨어 있을 수 있도록 가벼운 수건으로 크레이트나 케이지를 덮어놓되, 바깥을 볼 수 있게 하단에 작은 공간을 남겨둔다.

고양이를 반려동물호텔에 위탁하거나 이웃집에 머물게 했든, 또는 집에 남아 있었든 상관없이, 집을 공개하고 난 다음 고양이를 진정시키는 시간을 갖는다. 고양이가 다시 익숙한 느낌을 가질 수 있도록 물건 모서리에 펠리웨이를 분사한다. 카펫에 방문객들의 흔적이 많이 남았다면, 고양이를 다시 데려오기 전에 진공청소기로 청소를 하고, 주요 영역 몇 곳에 펠리웨이를 분사한다. 고양이가 캣닢에 잘 반응하는 경우 작은 캣닢파티를 열어주고, 우울해하면 상호교감놀이를 통해 불안감으로부터 주의를 분산시킨다. 이때 지나치게 껴안으면 공포심만 더욱 강화시키게 되므로 주의를 요한다. 고양이가 익숙하지 않은 냄새를 조사하며 집안을 걸을 때 편안함과 침착함을 유지한다.

집을 개방해두지 않지만 여러분이 없을 때 부동산중개인에게 집을 보여주도록 했다면, 집안에 고양이가 있다는 것을 분명히 확인시켜서 실수로 고양이가 집 밖으로 뛰쳐나가는 일이 생기지 않게 해야 한다. 보호구역을 만들어 고양이를 들어가게 한 다음 문을 닫아놓고, 문을 열 때 고양이를 밖으로 내보내지 않게끔 조심하도록 사람들에게 경고하는 안내문을 문에 붙여놓을 수 있다. 그렇게 하면 고양이가 방문 밖으로 달려 나가더라도 현관문 밖이 아니라 집안에 남게 될 것이다. 또한, 부동산중개인이 집에 들어오기 전에 집안에 고양이가 있다는 것을 상기시키는 안내문을 현관에 붙여놓을 수 있다. 부동산중개인과 잠재매수자가 집을 나갈 때 볼 수 있도록 현관문 안쪽에도 안내문을 붙여놓는다. 고양이가 낯선 사람들 주위에서 매우 불안해한다면, 부동산중개인이 집을 보여줄 때 가족이나 이웃의 누군가가 집에 남아 있는 것이 좋다.

짐 꾸리기와 이에 대한 대처
일단 집이 팔리면, 다음 불안유발단계는 짐 꾸리기다. 이 단계는 집안에 있는 물건들이 옮겨지고 상자에 포장되기 때문에 고양이가 여러분이 이상해진 것은 아닌지 궁금해지기 시작할 때다. 이 단계에서 인간가족들은 평소 고양이와 함께하는 일상적인 놀이시간을 따르지 않으며 심지어 저녁식사가 늦어질 수도 있다. 상자부터 시작해보자.

놀이시간을 위해 고양이에게 제공하는 몇 개의 상자는 여러 가지 재미와 탐험의 기회가 될 수 있지만, 이사를 위해 집안으로 들어오는 수많은 상자더미들은 혼란을 줄 수 있다. 따라서 짐을 포장하는 동안 때때로 시간을 내서 고양이와 놀이과정을 수행하는 것이 좋으며, 특히 고양이가 변화에 대해 불안해하는 것이 보이는 경우 더욱 그렇다. 어떤 고양이들은 상자더미들을 거대한 놀이터로 볼 수도 있지만, 어떤 고양이들은 두려워할 수도 있다. 고양이의 신체언어에 주의를 기울여서 그 방식에 따라 조정할 수 있도록 한다. 고양이의 정상적인 일정을 최대한 유지할수록 좋다. 고양이가 집에 있는 생소한 모든 상자에 대해 부정적으로 반응한다면, 고양이가 어느 정도 친숙한 편안함을 느끼는 데 도움을 주기 위해 상자 모서리에 펠리웨이를 분사한다.

실내외 고양이와 이에 대한 대처
실내와 실외를 오가는 고양이의 경우, 이사 전 시간은 고양이가 이전 집으로 돌아갈 수 없다는 경고를 충분히 전달할 수 있다. 이사날짜가 가까워짐에 따라, 이사 상황이 고양이에게 특히 스트레스를 많이 준다면, 이사날짜에 앞서 미리 고양이가 실내에서 지내도록 유지하고 밖으로 나갈 기회를 주지 않는다. 이사는 해야 하는데 고양이가 어디에 있는지 찾을 수 없다면 끔찍한 일이므로 항상 집으로 돌아올 것으로 생각해서 밖으로 나가게 해서는 안 된다. 이사하는 날 고양이가 밖으로 나가게 됐다가 이사차량이 떠날 준비가 됐을 때 고양이를 찾는다고 절망적인 시간을 보낸 고양이보호자들을 본 적이 있다. 이들 중 일부는 고양이를 찾았지만, 애석하게도 일부는 찾지 못했다.

이사 전 준비시간은 또한 고양이가 캐리어에 있는 걸 편안하게 느끼도록 만들고 최신의 예방접종도 해야 할 때다. 캐리어가 없으면 구입한다. 다른 도시로 이사를 하거나 현재 이용하던 동물병원을 더 이상 이용하지 못할 정도로 멀리 이사를 하는 경우, 새 동물병원에 제시할 수 있도록 기존 의료기록사본을 준비한다. 새 연락처 정보로 업데이트된 인식표를 준비하고 이사 당일에 고양이에게 부착한다.

이사 당일 주의할 것

현재 사는 동네에서 가까운 곳으로 이사하는 경우, 이삿짐센터 직원들이 짐을 차에 싣는 동안 동물병원이나 반려동물호텔에 고양이를 위탁해야 할 수도 있다. 누군가 큰 가구를 옮길 때 고양이가 문틈으로 빠져나가기가 매우 쉽다. 이사를 준비하면서 어수선한 동안 고양이가 매우 두려워할 것으로 보인다면, 동물병원에 위탁하는 것이 스트레스를 최소화할 수 있는 가장 좋은 선택이 될 수도 있다. 또 다른 방법은 이웃에게 짐을 싣는 동안 잠시 고양이를 좀 맡아달라고 부탁하는 것이다.

먼저 방 하나의 짐을 모두 옮긴 다음 고양이를 그곳에 두고 문을 닫아놓는 방법도 있다. 그렇게 하면 사람들이 집안을 들락날락하는 동안 고양이가 그곳에서 안전하게 머물 수 있다. 이 방법을 선택하는 경우, 방안에 가구가 없고 고양이가 그 안에 있다는 것을 모두에게 알릴 수 있도록 문에 커다랗게 안내문을 붙여놓는다. 방 하나를 먼저 비울 수 없다면, 그 방에 있는 가구를 제일 마지막에 옮길 수도 있다. 다른 모든 짐들이 차에 실리는 동안 고양이를 그곳에 안전하게 머물게 해준다.

그런 다음 그 방에 있는 가구를 옮길 시간이 되면, 고양이를 캐리어에 넣어서 마지막 방이 비워지고 가구를 차에 옮기는 동안 조용한 장소에 둔다. 집에 욕실이 두 개 이상 있는 경우, 이삿짐을 옮기는 동안 고양이를 그곳에 두는 것도 좋다. 특정 상황이 무엇이든, 여러분의 마음이 다른 것들에 쏠려 있게 될 것이므로 고양이를 위해 안전하고 스트레스를 최대한 적게 받는 대기지역을 세팅해야 한다.

| 새 집에 도착 후 주의할 것

이사를 하자마자 돌아다니는 것을 허용해서는 안 되기 때문에, 실제로 이사하기 전에 여러분이 새 집에 있을 수 있다면 그 시간을 이용해 고양이의 보호구역으로 세팅할 곳을 마련한다. 한꺼번에 새 집 전체를 알아야 하고 먹이와 화장실이 어디에 있는지 기억해둬야 한다는 것은 고양이에게는 엄청난 부담이 될 것이다. 고양이를 집안으로 데려오기 전에 미리 둘러보고 상황이 안전한지 확인해야 한다.

따뜻한 날씨에 이사를 하고 창문을 열어둘 수도 있다면, 방충망이 안전하고 튼튼한지 확인한다. 같은 동네로 이사를 하는 경우, 집안에 고양이친화적 환경을 조성하기 위해 어느 정도 사전작업을 할 수 있다. 사전에 가구를 가져올 수 있고, 그러면 준비가 되고 고양이를 기다리고 있는 보호구역을 세팅할 수 있다. 새 집으로 고양이를 옮길 때, 보호구역에 있는 물건과 모든 문틀에도 펠리웨이를 분사한다. 보호구역의 한쪽에는 화장실을 배치하고 다른 쪽에는 물그릇과 먹이그릇을 배치해야 한다. 또한, 고양이가 낮잠을 잘 수 있는 안전한 장소를 제공하는 은신처도 있어야 한다. 여분의 은신처로 사용할 수 있도록 캐리어를 열어둔 채 남겨두는 것도 좋다.

이전 동물의 냄새 제거

이사할 집에 이전 주인이 거주하고 있었고 그곳에 현재 카펫이 그대로 있다면, 그 집의 반려동물의 냄새가 잔류해 있을 수도 있다. 블랙라이트(Black Light, 불가시광선)를 가져가서, 이전에 살던 고양이가 스프레이를 했을 수도 있는 영역을 체크하기 위해 집안을 점검한다. 오래된 고양이소변의 냄새를 감지할 수 있다면, 여러분의 고양이가 부정적인 반응을 보일 수 있다. 행동문제를 유발하는 불안유발계기를 줄일 수 있도록 미리 제거한다. 얼룩과 냄새가 얼마나 심한지에 따라, 효소세척제가 효과가 있을 수도 있고 아니면 결국 그 부분의 카펫을 잘라내고 교체해야 할 수도 있다.

보호구역과 영역의 확장

이사를 한 후 고양이가 편안해하고 더 이상 무서워하지 않는 것으로 보일 때까지 보호구역에 둔다. 고양이의 기질에 따라 몇 시간에서 며칠이 걸릴 수도 있으므로 고양이가 적응하는 속도를 따르면 된다. 고양이가 여전히 숨어 있다면 아직 자신의 시야를 확장할 준비가 되지 않은 것이다. 고양이에게 집안의 나머지 부분을 소개할 때가 됐다고 생각되면, 단계적으로 시행한다. 한꺼번에 집안 전체를 알아야 하는 압도적인 방법으로 고양이의 영역을 확립하게끔 강요하는 것은 바람직하지 않다.

보호구역의 문을 열기 전에 다른 방들의 문을 닫는다. 집안의 모서리와 새로 구입한 모든 가구에 펠리웨이를 분사하고, 상호교감장난감뿐만 아니라 클리커와 간식도 휴대한다. 보호구역의 문을 열고, 고양이가 자신의 속도로 걸어 나와서 얼마나 멀리 나가고 싶은지 스스로 결정하도록 둔다. 고양이가 조금 더 멀리 모험을 하면 클릭하고 보상할 수 있다. 집안의 주요 영역으로 나왔을 때 불안해하는 것으로 보이면, 상호교감장난감을 이용해 주의를 분산시킨다. 고양이가 계속해서 불안해하거나 의심스러운 눈치로 머뭇거리는 경우 상호교감놀이과정을 짧게 유지한다. 하루에 여러 번 짧은 놀이과정을 수행하고, 점차적으로 새로운 환경을 알아가도록 해주는 것이 좋다.

고양이가 자주 보호구역에서 나오더라도, 필요할 때 후퇴할 수 있는 안전한 장소를 여전히 확보하고 있도록 보호구역을 그대로 유지한다. 보호구역에 설치한 화장실 외에도 영구적인 장소로 여러분이 선택한 영역에 하나 또는 그 이상의 화장실을 설치한다. 이러한 방법으로 고양이는 보호구역에 있는 화장실의 안전함을 여전히 유지하면서 다른 지역에도 화장실이 있다는 것을 알 수 있다. 이전에 살던 집보다 더 큰 집으로 이사한 경우, 더 많은 화장실이 필요하다는 것을 명심하도록 한다. 단층에서 2층 이상의 주택으로 이사를 한 경우에는 각 층마다 화장실을 비치하는 것이 좋다.

고양이가 이전 집에서 실외생활을 했다면, 완전히 실내생활로 전환할 수 있는 절호의 기회가 될 것이다. 여러분이 실외생활을 절대적으로 고집한다면, 이사 후 적어도 한 달 동안은 실외에 내보내지 않는 것이 바람직하다. 그리고 나서 고양이가 실외로 나가는 것을 허용하기 시작할 때, 새로운 환경을 조사하는 데 도움이 될 수 있도록 리드줄을 착용시킨다. 이사간 지역의 실외에는 고양이에게 이것이 자신의 영토라고 상기시키는 것은 아무것도 없다는 점을 명심한다. 사실, 고양이는 그 영역에서 만나고 싶지 않은 다른 고양이를 만나야 할 수도 있고, 결국 이웃의 고양이와 싸워야 할 수도 있다. 고양이에게 실외생활을 계속 허용해야 할지 여부를 진지하게 재고해야 한다.

09

동물병원 방문에 대한 스트레스 줄이기

여행목적지에 관한 한, 고양이에게 동물병원은 절대 최우선순위가 될 수 없다. 두려운 캐리어가 보관장소에서 나오는 것을 보게 되는 시점부터 스트레스가 시작되며, 고양이는 그것이 결코 좋은 징조가 아니라는 것을 안다. 집안에서 이리저리 쫓기다가 결국 잡혀서 캐리어에 들어가게 되고, 자동차에 태워지기 위해 휑하니 들려간다.

| 동물병원에 대한 두려움

그동안 고양이가 자동차에 타는 유일한 시간이 동물병원으로 향할 때였던 경우, 병원 방문에 대한 사전불안은 이때부터 이미 진행되고 있는 것이다. 결국 목적지인 동물병원에 도착하고, 고양이는 익숙하지 않은 동물들의 냄새와 소리, 광경들로 가득 찬 건물 안으로 들어간다. 대기실 안에 남아 있는 유일한 좌석은, 캐리어에 숨어 있는 작은 털뭉치 같은 것에 잔뜩 호기심을 갖고 킁킁거리는 덩치 큰 개의 옆자리일 수도 있다.

낯선 동물의 냄새, 소리, 광경에 더해 진료실 문 뒤에서 다른 고양이의 간헐적인(어쩌면 그렇게 간헐적이지 않은) 비명소리 또는 고통에 찬 개의 캥캥거리는 소리가 들리고, 아마도 하악 소리, 으르렁거리는 소리, 신음소리, 짖는 소리 등이 수반될 것이다. 고양이가 동물병원에서 진료를 받은 경험이 있다면, 곧 손으로 쿡쿡 누르고 주사바늘에 여기저기 찔리게 될 것이라는 사실을 알고 있다.

| 고양이전용 동물병원 선택하기

고양이가 동물병원에 가는 것에 대해 왜 이토록 두려워하는지 필자는 상상할 수 없다. 동물병원 방문이 고양이에게 엄청난 스트레스를 준다는 사실은 바뀔 수 없겠지만, 고양이가 느끼는 스트레스를 어느 정도 줄여주기 위해 보호자가 취할 수 있는 것들이 있다. 아주 사소한 것이라도 도움이 된다. 고양이를 동물병원에 정기적으로 데려가지 않았거나 현재 이용하고 있는 동물병원에서 다른 곳으로 옮길 생각이라면, 먼저 거주지역에 고양이전용 동물병원이 있는지 알아보도록 한다. 개와 함께 대기실에 앉아 있을 필요가 없다면, 이는 고양이의 편안함 수준에 큰 차이를 만들어줄 수도 있다.

고양이전용 동물병원은 일반적으로 환묘를 위해 스트레스를 최소화하는 방식으로 세팅되며, 직원들은 고양이를 핸들링하는 기술에 매우 능숙하다. 거주지역에 고양이전용 동물병원이 없는 경우, 고양이 대기실과 개 대기실이 분리돼 있는 병원을 찾아볼 수도 있다. 그러나 동물병원을 선택할 때 가장 중요한 것은 수의사와 직원들이다. 수의사가 마음에 들지 않거나 직원들이 무례하게 보이거나 병원이 더럽게 보일 경우, 고양이를 위해 분리된 대기실이 있다는 이유만으로 그 병원을 선택하지 않도록 한다.

대기시간을 최소화시키기 위해서는(특히 대기실에 개가 있을지도 모르는 경우를 대비해) 아침이나 의사의 점심시간 직후로 약속을 잡는다. 긴급한 경우가 아닌 한, 토요일이나 평일 5시 이후 약속은 피하는 것이 좋다. 접수처에 전화를 해서 가장 한가한 시간이 언제인지 물어보고, 여러분의 일정에 융통성이 있다면 그 시간을 선택할 수 있다.

| 캐리어 및 자동차에 대한 재훈련

스트레스를 최소화시킬 수 있는 또 다른 방법은, 고양이와 캐리어 및 자동차탑승과의 관계에 대해 이 장의 앞부분에서 설명했던 행동교정을 시행하는 것이다. 이 두 가지는 중요한 부분이며, 특히 캐리어가 시야에 나타날 때 고양이가 매우 짜증을 내거나 겁을 먹는 경향이 있는 경우 그렇다. 우선 고양이를 캐리어에 넣기 30분 전에 펠리웨이를 캐리어에 분사한다. 동물병원의 진료대에도 분사하기 위해 펠리웨이를 가져간다. 일부 동물병원에서는 이미 이러한 방법을 실행하고 있거나 최소한 입원한 고양이들을 위해

케이지에 분사할 펠리웨이를 비치해두고 있다. 여러분의 고양이가 캣닢에 잘 반응하는 경우 소량을 준비해가서 진료대에 뿌려줄 수도 있다. 고양이가 대기실에서 소란을 피운 이력이 있다면, 접수인에게 수의사가 고양이를 진료할 준비가 되면 연락해달라고 요청하고 약속시간이 될 때까지 고양이와 함께 자동차 안에서 대기한다. 고양이가 여러분과 차 안에 머물 수 있고 대기실 트라우마를 완전히 피할 수 있다면, 진료하는 시간 동안 좀 더 감당할 수 있는 수준으로 불안감을 낮추는 데 도움이 될 것이다.

| 기회의 시간대 확인

많은 고양이들이 기회의 시간대(window of opportunity, 절호의 기회, 어떤 일을 성사시킬 수 있는 시간)라 부르는 것을 가지고 있다. 일부 고양이들은 처음에는 매우 불안해하고, 수의사가 진찰을 할 수 있도록 진정할 시간이 필요하다. 어떤 고양이들의 경우, 기회의 시간대가 짧고 빠르기 때문에 진찰실에 머무는 시간이 길수록 불안감이 점점 더 높아진다.

여러분의 고양이에 있어서 이러한 기회의 시간대를 안다면, 수의사에게 알리도록 한다. 기회의 시간대가 짧고 빠르면, 수의사는 먼저 모든 검사와 진료를 끝낸 다음 나중에 상담을 진행해야 한다. 필자에게 친한 수의사 친구가 있었는데, 그는 필자가 진료실에 들어서면 항상 필자의 가족이 어떻게 지내고 있는지 알고 싶어 했다. 필자 고양이의 기회의 시간대는 매우 짧고 빨랐기 때문에 우선 진찰을 끝내고 고양이를 캐리어에 돌려보낸 후에 개인적인 대화를 나눌 수 있도록 이러한 사실을 알려야 했다.

일부 다묘 가정에서 한 마리만 병원에 데려가는 경우, 그 고양이가 다시 집으로 돌아왔을 때 약간의 '영역적 공격성(텃세에 의한 공격성)'이 나타날 수도 있다. 냄새는 고양이에 있어서 매우 강력한 인식신호이며, 고양이가 병원에서 돌아왔을 때는 그 고양이 특유의 냄새가 나지 않는다. 설상가상으로 그 고양이는 고양이들이 위협적이라고 생각하는 장소의 냄새를 풍긴다. 병원에서 돌아온 후 적대감을 방지하는 데 도움이 될 수 있는 행동교정기술에 대해서는 제8장의 영역적 공격 섹션을 참고한다.

- 그루밍 시간이 보호자와 고양이 모두에 의해 두려운 과정이 돼버렸다 하더라도, 그 과정에 대한 보호자의 접근방식과 고양이의 인식을 변화시키면 전혀 두렵지 않은 시간이 될 수 있다.

제 11 장

그루밍 적응을 위한
단계별 행동교정

- 브러시와 브러싱에 대한 적응 -

01

고양이와 그루밍에 대한 이해와 적응

모든 고양이는 품종, 나이, 털의 유형, 심지어 성격과 상관없이 어느 정도의 그루밍을 필요로 한다. 어떤 고양이들은 상대적으로 더 많은 그루밍을 필요로 하기도 하지만, 보호자들은 전투처럼 돼버리는 큰 소동 없이 때때로 고양이를 그루밍해줄 수 있어야 한다. 비록 그루밍하는 시간이 보호자와 고양이 모두에 의해 두려운 과정이 돼버렸다 하더라도, 그 과정에 대한 보호자의 접근방식과 고양이의 인식을 변화시키면 전혀 두렵지 않은 시간이 될 수 있다.

| 고양이 관점에서 현재 그루밍 방법 살펴보기

장모종의 고양이를 기르고 있다면 매일 시간을 내서 그루밍을 해줘야 한다. 이를 소홀히 할 경우, 어쩌다 빗질을 해주려고 살펴봤을 때 여러 개의 털뭉치가 생긴 것을 발견하게 될 것이다. 매일 빗질을 해주지 않으면 금세 털뭉치가 생성될 수 있으며, 이를 계속해서 방치할 경우 간단한 빗질로는 제거하기 힘들 정도로 단단하게 뭉쳐 잘라내야 한다. 결국 고양이는 그루밍(털이 잡아당겨지고 잘리기도 하는) 시간을 불쾌하게 여기게 될 것이다. 하루에 한 번씩 약간의 브러싱만 해주면 털뭉침의 대부분을 방지할 수 있다.

그루밍이 보호자나 고양이 모두에게 즐거운 일이 아니라면, 따로 털손질하는 시간을 세팅할 때 간격을 너무 멀리 잡을 수도 있다. 어떤 보호자는 일단 고양이를 제압하면

한 번에 모든 것을 다 끝내야겠다고 생각하는데, 이러한 방식은 그루밍 과정을 고양이에게 긴 고문의 시간으로 만들게 된다. 고양이가 빗질하는 것을 싫어할수록 보호자는 지나치게 제압하게 되고, 좌절감을 느끼고 화를 내며, 도구를 너무 거칠게 다루게 된다. 혹은 그냥 그루밍을 포기하고 내버려두게 된다. 고양이가 어렸을 때 발이나 귀 등 신체의 민감한 부위를 접촉해서 점차적으로 익숙해지게 하는 과정을 거치지 않았다면, 그루밍을 위한 시도는 공포와 두려움을 자아내고, 심지어 공격성을 유발할 수도 있다.

그루밍 도구가 눈에 보인다는 것이, 이미 오래 전에 고양이에게 '보호자의 손에 잡히지 않는 곳으로 도망쳐야 한다'는 신호로 인식됐을 수도 있다. 빗질 및 그루밍 과정이 두려움으로 보여서는 안 되는 것인데, 아직까지 많은 고양이들과 보호자들은 오랫동안 둘 사이의 유대관계를 파괴하는 '의식'을 치르고 있다. 보호자와 고양이가 얼마나 오랜 기간 이 '의지 테스트'에 참여해왔는지, 심지어 이미 그루밍을 하려는 어떠한 시도도 하지 않게 됐는지에 상관없이, 지금부터라도 충분히 상황을 개선시킬 수 있다.

고양이가 얼마나 사회화가 잘 돼 있는지, 또는 털뭉침을 없애기 위해 얼마나 많은 노력을 들여야 하는지에 따라, 보호자 혼자 그루밍을 완전하게 마무리하는 것이 어려울 수도 있다. 심한 경우에는 전문가에게 그루밍을 의뢰하는 것이 최선일 수 있다. 고양이 털을 손질하지 않고 오랫동안 방치해뒀다면, 먼저 전문가에게 의뢰해 깔끔한 상태로 되돌려놓게 한 다음 보호자가 매일 유지관리를 해주는 것이 수월하다.

고양이가 야생 및 반야생이거나, 또는 사회화가 되지 않아서 인간과 접촉하는 것을 받아들인 적이 전혀 없다면, 발톱손질 및 귀청소와 같은 필수과정은 수의사에게 맡겨야 다른 사람에게 부상을 입히지 않고 신속하게 진행할 수 있다. 이때도 여전히 이 책 전반에 걸쳐 설명한 대로 신뢰구축을 위한 행동교정작업을 계속해야 한다. 신뢰구축을 위한 행동교정을 실시하면서, 브러싱 또는 발을 다루는 것에 고양이가 편안해지도록 하기 위해 이 장의 후반부에 설명한 기술들 중 몇 가지를 시작할 수도 있다.

| 고양이와 보호자가 그루밍 시간을 보는 방법

이 시점에서 그루밍 시간을 상상하는 것이 보호자에게는 지루하겠지만, 그루밍 과정은 신뢰할 수 있는 시간이어야 하며, 즐겁지 않다면 적어도 고양이에게 쉽게 용인돼야 한

다. 털을 빗질하고 털뭉치를 제거하는 것 외에도, 발톱을 확인하고 다듬어줄 때다. 귀는 청소가 필요한지 살펴봐야 하며, 이빨은 칫솔질을 해주거나 구강스프레이를 사용해서 청결을 유지해야 한다. 일부 품종의 경우 일상적인 눈 관리도 해줘야 한다.

그루밍 과정은 또한 고양이 신체의 이상유무를 확인할 수 있는 기회가 된다. 보호자가 빗질을 하는 동안 고양이의 몸을 만지면서 덩어리나 혹, 부상 또는 약해진 부위가 있는지 확인할 수 있다. 이는 또한 감염이나 문제의 징후가 없는지 귀와 눈을 검사할 수 있는 시간이기도 하다. 칫솔질을 하거나 구강스프레이를 사용하는 동안 잇몸이 붉거나 염증이 있는지, 또는 이빨이 흔들리거나 부러진 것은 없는지 확인할 수 있다.

그루밍은 마사지와 쓰다듬기가 동반되기 때문에 고양이에게 휴식과 즐거움의 시간이 될 수 있다. 고양이가 그다지 즐거워하지 않는 것으로 보이면, 적어도 그루밍이 빨리 끝날 것이라는 점을 인식하고 그 과정을 견딜 수 있어야 한다. 마지막으로, 다음에 다시 빗질하고 발톱을 손질하며 깨끗하게 다듬는 과정을 견딜 수 있는 강한 동기부여가 되도록, 모든 과정이 끝났을 때 고양이를 기다리는 보상이 있어야 한다.

| 그루밍 재훈련을 위한 준비

'처음부터 다시 시작하기(Starting from scratch)'는 바로 보호자가 해야 할 일이다. 행동교정을 통해 그루밍 과정에 대한 고양이의 인식을 변화시켜야 한다.

그루밍 장소의 선택

우선 고양이를 그루밍해줄 장소를 결정해야 한다. 초기 재훈련 및 신뢰구축을 위해서는, 보호자의 무릎에 올려두거나 보호자와 고양이가 가장 편안하게 느끼는 장소에서 시작할 수 있지만, 곧 일정하게 사용할 수 있는 곳을 선택해야 한다. 그루밍을 하는 동안 보호자의 등 쪽이 편해지도록 테이블이나 기타 높은 장소를 선택할 수도 있다. 그루밍을 할 때는 고양이를 그곳에 놔두다가 같은 날의 다른 시간에는 쫓아버림으로써 혼합된 메시지를 보내지 않도록, 고양이에게 허용된 영역인지 확인해야 한다.

고양이가 장모종이고 털뭉치를 확인해 제거해야 하는 경우, 높은 장소가 훨씬 더 쉬울 것이다. 크게 관리가 필요하지 않은 단모종 고양이의 경우, 무릎에 앉혀놓고 그루

밍을 하는 것이 더 쉽다고 생각할 수도 있다. 높은 장소를 선택한 경우, 고양이가 표면을 안전하게 붙잡을 수 있도록 고무매트를 깔아주는 것이 좋다. 지금 당장은 고양이에게 테이블 위나 보호자의 무릎에 앉혀지는 것이 긍정적인 경험임을 보여주는 것에 국한한다. 클리커를 준비해서 고양이가 무릎이나 테이블에 앉을 때 클릭하고 보상하며, 클리커를 사용하지 않는 경우 고양이가 올바른 자리에 있을 때 약간의 간식을 제공한다.

신뢰구축을 위한 쓰다듬기

첫 번째 과정은 단지 쓰다듬는 것으로 진행하는 신뢰구축의 경험이다. 고양이가 보호자의 손에 만져지는 것을 불편해하거나 특정 부위가 만져지는 것에 대해 민감한 경우, 일단 손가락으로 편안하게 쓰다듬는 것부터 시작해야 한다. 쓰다듬기와 애정표현의 연장선상에서 귀나 발끝을 부드럽게 만져준다. 특정 부위에 매우 민감한 경우에는 살짝 건드리기만 하고, 그런 다음 고양이가 쓰다듬어주는 것을 즐기는 부위로 이동한다.

발을 만지는 것에 대해 불편해하면 발을 한 번 부드럽게 쓰다듬은 다음, 턱 밑을 긁어주거나 머리 뒤를 쓰다듬는다. 다시 발쪽으로 조용히 이동해 가볍게 쓰다듬어준 다음 또 한 번 턱이나 머리를 쓰다듬는다. 귀와 같이 민감한 다른 부위에 대해서도 동일한 방법으로 진행한다. 후속과정에서는 그냥 발을 쓰다듬는 것에서부터 손 안에 2초 동안 가볍게 발을 잡고 있는 것까지 진행한다. 그런 다음 고양이가 좋아하는 부위를 쓰다듬는 과정으로 돌아간다. 여기서도 클리커를 사용할 수 있으며, 고양이의 발을 잡았을 때 클릭하고 보상한다. 다른 민감한 부위에도 같은 방법으로 진행한다.

발의 경우 부드럽게 눌러서 발톱이 드러날 수 있도록 엄지손가락은 발등에, 두 손가락은 발바닥에 대고 발을 잡는 것부터 시작한다. 이렇게 발을 잡는 것을 고양이가 수용하면 클릭하고 보상한다. 또 고양이가 좋아하는 부위를 쓰다듬어주는 것을 포함해서 전체적인 경험이 긍정적으로 보이게 한다. 귀의 경우도 귓바퀴를 터치하는 것에서부터 가볍게 잡는 것까지 진행하고, 귀를 잡았을 때 침착하면 클릭하고 보상한다.

이빨을 닦아주는 일(최소한 수의사가 권장하는 경구용 스프레이를 사용하는 것)은 구강건강을 위해 중요한 부분이기 때문에 손가락을 이빨에 접촉했을 때 고양이가 편안해해야 한다. 머리를 부드럽게 쓰다듬는 것으로 시작하고, 가끔씩 얼굴 옆면을 따라 쓰다듬어준다. 항상 털의 결을 따라 쓰다듬어줘야 한다. 입가를 따라 손가락을 부드럽게 움직인다.

다음 과정에서, 입술 안쪽으로 손가락을 밀어 넣어 잇몸을 부드럽게 마사지해준다. 긍정적으로 반응하는 각 단계에 대해 클릭하고 보상한 다음, 고양이가 좋아하는 부위를 쓰다듬어주는 것으로 돌아간다. 안아주고 쓰다듬는 등 일상적으로 애정표현을 하는 동안 이 과정을 수행한다. 고양이를 무릎에 앉히고 소파에 앉아 있을 때, 약간의 재훈련 연습을 병행한다. 이때는 고양이가 편안하고 차분한 상태이기 때문에 재훈련 연습을 할 수 있는 완벽한 시간이 된다. 이 과정을 수행하는 동안 보호자의 태도는 침착하고 부드러워야 한다. 재훈련을 애정표현의 연장으로 생각하면 보호자의 신체언어가 그것을 반영할 것이고, 고양이도 긴장하지 않을 것이다. 또한, 차분하고 편안한 태도로 고양이에게 말을 걸어주는 것이 좋다.

그루밍 장갑을 이용한 쓰다듬기

고양이가 실제 브러싱 과정을 싫어한 이력이 있는 경우, 쓰다듬기과정에서 그루밍용 장갑을 사용하면 도움이 된다. 그루밍용 장갑은 고양이의 털에 보호자의 부드러운 손이 아닌 무언가 다른 것이 닿는 느낌을 수용하도록 재훈련하기 위한 좋은 방법이다.

겨드랑이나 배와 같이 민감한 부위를 브러싱해줄 필요가 있는 장모종 고양이의 경우, 고양이가 이전에 이러한 부위에 접근하는 것을 허용하지 않았다면 그에 대한 내성을 키워주기 위한 작업을 해야 한다. 한 손에 그루밍 장갑을 끼고 다른 손으로 한 발을 살짝 들어 올린 다음, 장갑을 낀 손으로 부드럽고 신속하게 겨드랑이를 쓰다듬는다. 클릭하고 보상한다. 클리커는 발을 들어 올렸던 손으로 잡는다. 같은 방법으로 한 손으로 앞발 두 개를 잡은 다음, 그루밍 장갑을 낀 손으로 배를 부드럽게 쓰다듬는다.

모든 고양이에게 배는 가장 민감한 부위이지만, 장모종 고양이의 경우 복부에 털뭉치가 형성될 수 있기 때문에 이 과정을 편안하게 느끼게 만들어야 한다. 필자가 사용하는 기술은 다음과 같다. 고양이가 다른 곳을 쳐다보도록 테이블 위에 앉힌 상태에서, 앞발을 들어 올리고 고양이 쪽으로 몸을 기울여서 고양이가 자신의 등을 지지하는 느낌이 들 수 있도록 해준다. 그때 다른 손으로 복부를 그루밍한다. 그러나 당장은 그루밍용 장갑으로 그냥 가볍게 몇 번 쓰다듬은 다음 다시 앉히도록 한다. 클릭하고 보상한다. 단모종 고양이의 경우 복부의 털을 브러싱하는 것은 중요하지 않지만, 장모종 고양이에 있어서는 필수적이다.

02
즐거운 그루밍을 위한 행동 재훈련

일단 고양이가 신체의 다른 부위를 만지는 것에 편안해지면, 그루밍 도구를 사용하는 단계로 들어간다. 그루밍을 싫어하는 고양이를 다루는 경우, 이 과정은 한 번에 한 가지 도구를 이용해서 점차적으로 부드럽게 수행해나가야 한다. 발톱손질, 털손질 그리고 귀청소 등을 한 과정에 모두 완료하려고 하지 말고 차근차근 진행하도록 한다.

| 부드러운 브러시를 이용한 브러싱

고양이가 브러싱을 싫어하지만 그루밍용 장갑으로 만지는 것은 받아들인다면, 부드러운 솔이 달린 브러시로 시작할 수 있다. 우선 고양이를 손으로 가볍게 쓰다듬어준 다음, 브러시로 한두 번 쓰다듬기를 반복하고 다시 손으로 쓰다듬어준다. 브러시를 이용해 더 많이 쓰다듬을 수 있는 단계에 도달할 때까지 가끔씩 브러싱해준다. 브러시로 쓰다듬을 때 클리커를 사용하고 보상한다. 고양이의 남은 생애 동안 이런 식으로 간식을 제공하는 것은 피해야겠지만, 그루밍에 대한 부정적인 연관성을 자신에게 이익을 주는 과정이라는 생각으로 바꿔야 하므로 재훈련과정 동안은 제공해도 괜찮다.

　클릭하고 보상하기 전에, 몇 번의 연속적인 브러싱을 할 수 있도록 점차적으로 진행해나간다. 브러싱을 할 때는 머리 뒤, 턱 밑 또는 등과 같이 고양이가 쓰다듬는 것을 선호하는 부위에서 시작한다. 그런 다음 민감한 부위에 한두 번씩 브러싱을 시작하면,

고양이가 이 작업에 대해 과도하게 집중하기 전에 즉시 선호하는 부위로 돌아가야 한다. 브러싱 횟수를 늘리는 작업은 여러 번의 과정을 통해 진행돼야 하며, 각 과정을 긍정적인 분위기로 끝내야 한다. 브러싱을 시작한 후 고양이의 인내심이 금세 약해진다면, 일단 멈추고 다른 시간을 택해 다시 계속하는 것이 좋다.

│ 슬리커 브러시를 이용한 브러싱

고양이가 부드러운 솔이 달린 브러시에 편안해지면 고양이의 털에 더욱 적합한 도구를 사용하기 시작할 수 있다. 부드러운 와이어 슬리커 브러시는 일반적으로 단모종 고양이에게 적합하다. 이 브러시는 죽은 털을 제거하는 데 매우 효과적이기는 하지만, 너무 힘을 많이 주면 고통을 유발할 수 있기 때문에 주의해야 한다. 슬리커 브러시로는 가볍게 브러싱하도록 한다. 가끔 단모종 고양이가 브러싱을 싫어하는 이유가, 이 슬리커 브러시를 이용할 때 고양이의 민감한 피부와 척추 아래 또는 엉덩이뼈를 너무 긁어대기 때문이다. 보호자의 팔뚝 안쪽 피부를 가로질러 브러시로 문질러보면 얼마나 가볍게 브러싱을 해야 하는지 느낄 수 있을 것이다. 고양이 털이 매우 짧으면, 슬리커 브러시는 피하고 부드러운 솔이 달린 브러시를 사용하는 것이 좋다.

│ 고무 브러시를 이용한 브러싱

슬리커 브러시를 좋아하지 않는 단모종 고양이의 경우, 부드러운 브러시를 계속해서 사용하거나 고무 브러시로 바꿀 수 있다. 고무 브러시는 고양이의 피부에 닿았을 때 매우 부드러운 느낌을 주는 고무 재질의 빗살을 가지고 있다. 고양이가 고무 브러시로 마사지를 받는 느낌을 좋아하는 경우, 브러시를 말빗(currycomb)처럼 원을 그리듯이 움직여 죽은 털을 제거할 수 있다. 필자는 슬리커 와이어 브러시를 싫어하는 많은 고양이들이 고무 브러시를 이용한 브러싱은 비교적 쉽게 견뎌내는 것을 봤다.

    고무 브러시를 말빗처럼 사용한 후, 털을 부드럽게 정리하기 위해 털의 결을 따라 브러싱해서 마무리한다. 고양이는 털 결을 따라 브러싱을 하는 동안만 고무 브러시를 받아들일 수도 있으며, 따라서 고양이가 고무 브러시를 말빗처럼 사용하는 것을 허용하지 않는다면 밀어붙이지 않는 것이 좋다. 또한, 다른 유형의 브러시를 말빗처럼 사용하는 방법은 피해야 하며, 다른 모든 브러시와 빗은 털의 결을 따라 사용해야 한다.

어떠한 유형의 것이든 브러시를 사용할 때는 브러싱 과정을 짧게 유지해야 한다는 것을 명심해야 하며, 고양이가 몸부림을 치거나 인내심을 잃는 단계에 도달하기 전에 끝내는 것이 좋다. 브러싱을 긍정적인 분위기로 마무리하면, 고양이가 다음에 그 과정을 기대할 수 있는 가능성이 높아질 것이다. 단모종 고양이의 경우, 브러시에 대한 내성이 점점 높아지면서 털의 결을 따라 새미가죽(chamois leather)으로 부드럽게 문질러주면 털을 윤기 나게 정리할 수 있다. 털이 매우 짧은 고양이는 새미가죽으로 살짝 문지르고 나면 정말 아름답게 정돈된 것을 볼 수 있다.

| 장모종 고양이를 위한 빗질

장모종 고양이의 경우, 털의 모양이 좋은 상태(전문가가 손질을 해서 양호한 상태로 만들어놓은 다음)에서 그루밍을 시작하는 것이 가장 좋다. 털이 심하게 뭉친 경우라면 전문가에게 의뢰해서 손질하도록 한다. 털이 뭉친 상태에서 그루밍 재훈련을 시도하는 것은 바람직하지 않다. 장모종 고양이의 경우, 빗살이 긴 빗과 중간 길이 빗 그리고 편 브러시가 필요하며, 이러한 모든 제품은 가까운 반려동물용품점에서 쉽게 구입할 수 있다.

빗살이 긴 빗을 이용해 가장 덜 민감한 부위를 부드럽게 천천히 빗어주는 것부터 시작하며, 빗질을 하면서 클릭하고 보상한다. 나중에 실제로 그루밍을 실행할 때, 털이 뭉친 곳을 확인할 수 있도록 꼬리 밑부분에서부터 진행해나가겠지만, 고양이가 빗질을 즐기는 곳에서부터 시작해야 한다. 털손질을 즐기는 곳부터 시작하면서 다른 부위도 몇 번씩 쓰다듬은 다음, 점차 원하는 바람직한 부위로 이동한다. 빗질을 세게 하면 털이 뭉쳐 있는 부위를 지날 때 휙 잡아당겨지게 되므로 부드럽게 빗질하도록 한다.

그루밍을 싫어하는 장모종 고양이의 경우 한 과정에 털 전체를 손질하려고 해서는 안 된다. 고양이가 털손질을 긍정적으로 인식할 수 있도록 휴식시간을 주면서 짧게 여러 차례 실시한다. 고양이가 그루밍 과정을 좀 더 쉽게 받아들이게 됨에 따라 빗살이 넓은 빗을 사용하고, 그런 다음 중간 빗살을 사용한다. 빗살이 넓은 빗은 털이 뭉친 것을 확인하기 위한 것이다. 일단 그 빗이 털을 부드럽게 통과하면, 중간 빗살의 빗을 사용할 수 있고 그런 다음 핀 브러시로 마무리한다. 고양이가 핀 브러시를 좋아하지 않는다면, 부드러운 브러시를 사용할 수 있다.

| 뭉친 털 풀어주기

털이 뭉친 것을 발견하면 그냥 잡아당기지 말고, 일단 손가락으로 풀어내도록 해본다. 뭉쳐진 털 위에 고양이용 디탱글링스프레이(Detangling spray)나 옥수수전분을 뿌리면 불편함 없이 엉킨 것을 풀어내는 데 도움이 될 수 있다. 그런 다음 최종적으로 뭉쳐진 털을 잘라낸다. 고양이의 피부는 매우 얇고 민감하기 때문에 털뭉치의 끝부분과 피부가 시작되는 지점을 식별하는 것이 쉽지 않다. 털뭉치를 잘라내야 하는 경우, 실수로 가위가 너무 깊이 들어가지 않도록 털뭉치와 피부 사이에 빗을 밀어 넣는다. 이때 안전을 위해 끝이 둥근 가위를 사용하는 것이 좋으며, 매트스플리터(Mat splitter)를 사용할 수도 있다. 보호자가 매트스플리터를 선호할 수도 있는데, 보호자와 고양이 모두에게 가장 효과적인 도구를 찾기 위해서는 약간의 시행착오를 겪어야 할 수도 있다.

고양이가 흥분해서 몸부림치는 경우, 뭉친 털을 자르려고 하면 부상을 입힐 수 있기 때문에 그루밍 전문가나 수의사에게 의뢰하는 것이 좋다. 실수로 피부를 자르면 고통스러울 뿐만 아니라, 고양이가 다시 한 번 그루밍 과정과 부정적인 연관성을 갖기 때문에 행동교정을 위한 재훈련과정을 다시 세팅해야 할 것이다. 단모종과 장모종 고양이 모두에게 필요한 유형의 빗은 얼레빗(fine-tooth comb, 가늘고 촘촘한 빗, 참빗)으로, 벼룩을 확인하고 벼룩뿐만 아니라 알까지 제거해야 하는 경우 얼레빗이 가장 효과적이다. 얼레빗은 또한 비듬과 먼지를 제거해서 고양이의 피모청결을 유지할 수 있다.

일단 고양이가 브러싱과 빗질을 받아들이는 횟수가 증가되면, 그루밍 일정을 일관되게 유지한다. 장모종 고양이는 매일 털손질을 해야 하며, 단모종 고양이는 죽은 털의 양을 줄이기 위해 일주일에 한두 번 정도 그루밍이 필요하다. 죽은 털을 제거할수록 고양이가 셀프그루밍을 하면서 털을 삼키는 것을 줄일 수 있다. 털손질을 자주 해주면 카펫 위에서 발견되는 헤어볼(hairball)의 양도 줄일 수 있을 것이다.

| 발톱손질

발톱손질은 고양이나 고양이보호자 모두에게 즐거운 마음으로 기다리는 과정은 아닐 것이다. 발톱손질을 진행하는 가장 좋은 방법은 신속하게 끝마치는 것이다. 고양이가 발을 건드리는 것을 싫어하거나 이전의 고통스러운 경험으로부터 부정적인 연관성을 가지고 있다면, 이제 보호자의 발톱손질방법을 재고하고 TLC(tender loving care, 다정한 보살핌) 기법에 맞춰 재훈련을 실시해야 한다.

긍정적이고 점진적인 진행
앞서 설명한 바와 같이, 발톱손질에 대한 재훈련은 고양이가 발을 만지는 것에 대해 편안해지게 하는 것으로 시작한다. 일부 고양이의 경우, 이 자체가 길고 점진적인 과정이 될 것이다. 보호자의 손에서 필사적으로 빠져나오려는 고양이를 제어할 수 없다는 이유로 이 과정을 건너뛰는 일은 없도록 한다. 고양이가 몸부림을 치는 경우, 발톱을 너무 많이 자를 수 있고 통증, 출혈, 감염가능성의 위험이 매우 높아진다.

이 과정에서 발톱에 할퀼 위험이 있으므로 먼저 TLC 발만지기기술을 시행하되, 발을 눌러 발톱이 드러날 수 있는 단계까지 진행한다. 필요할 때 클릭하고 보상할 수 있도록 클리커를 휴대한다. 실제 발톱을 자를 수 있을 것으로 느끼는 지점에 도달했을 때, 한 번에 발톱을 모두 손질하려는 시도는 하지 않도록 한다. 지금은 한두 개 정도 손질하는 것에 만족하고 나중에 한두 개 더 잘라준다. 고양이의 인내심이 사라지기 전에 긍정적인 분위기로 과정을 끝내는 것이 재훈련과정에서 매우 중요하다.

적절한 도구 사용
고양이 발톱 손질용으로 만들어진 손질도구를 사용해야 한다. 사람이 사용하는 손톱깎이는 고양이 발톱 모양을 위한 것이 아니라서 가장자리가 울퉁불퉁하게 깎이기 때문에 사용하지 않는 것이 바람직하다. 강아지용 발톱깎이도 너무 크기 때문에 사용하지 않는 것이 좋다. 고양이 발톱을 자를 때는 자르려는 위치를 정확하게 볼 수 있도록 정밀도가 높은 고양이용 발톱깎이가 필요하다.

손질 시 주의할 것

고양이의 발톱은 혈액공급장치와 발톱의 중간 정도부터 시작하는 신경을 포함하고 있기 때문에 곡선 주위의 끝부분만 다듬어야 한다. 고양이의 발톱이 밝은 색이라면, 혈액공급이 어디까지 이뤄지는지 육안으로 확인할 수 있을 것이다. 그냥 끝부분만 깎고 곡선 부위를 넘어가지 않도록 한다. 본인이 생각하는 깎기에 완벽한 선이 어느 곳이든, 발톱깎이를 끝 쪽으로 조금만 내려서 필요하다고 생각하는 것보다 약간 덜 깎는 것이 안전하다. 고양이가 이전에 발톱손질을 극도로 싫어했다면, 발톱 한 개를 깎은 다음 즉시 클릭하고 보상한다. 나중에 나머지 발톱도 동일한 방법으로 깎아준다.

한 번에 2~3개의 발톱을 손질할 수 있도록 작업하고, 고양이가 속도를 조절할 수 있게 해준다. 발톱을 손질할 때는 사람의 엄지손가락 위치에 있는 며느리발톱을 정리하는 것도 잊지 않도록 한다. 이 발톱은 지면에 닿지 않기 때문에 전혀 마모가 되지 않는다. 뒷발에 있는 발톱들은 고양이가 걸을 때 지면에 닿아서 마모될 기회가 더 많기 때문에 일반적으로 앞발의 발톱처럼 날카롭지는 않지만, 역시 트리밍이 필요하다.

정기적인 손질

고양이 발톱은 계속 자라게 내버려두면 발바닥으로 말려들어갈 수 있기 때문에 정기적으로(일반적으로 월 1~2회) 손질해줘야 한다. 발톱이 살을 파고들면 매우 고통스럽고, 감염으로 이어질 수 있다. 발톱을 너무 깊이 깎을 수도 있다는 생각에 발톱손질이 두렵게 느껴진다면, 수의사에게 손질방법을 배우는 것도 좋다. 일단 몇 번 시도하고 나면, 손질과정에 대해 좀 더 편안하게 느끼게 될 것이다. 실수가 발생했을 경우를 대비해서 반려동물용 지혈파우더를 그루밍용품 키트에 준비해놓되, 비상시에는 옥수수전분을 지혈제로 사용할 수도 있다. 고양이가 발톱제거수술을 받은 경우, 뒷발의 발톱은 여전히 손질해야 한다는 것을 명심하고, 정기적으로 점검하는 것을 잊지 않도록 한다.

| 귀청소

그루밍을 할 때, 귀 안을 들여다보고 귀지가 많이 쌓여 있지는 않은지 기생충의 흔적은 없는지 확인한다. 검은 먼지 같은 덩어리가 보이면, 귀진드기가 있을 가능성이 높으므로 수의사에게 귀진드기를 죽일 수 있는 처방약을 받아야 한다. 귀를 청소할 때는 탈지면을 사용하고, 외이도 안까지 밀어 넣지 말고 귓바퀴 내부만 닦아내야 한다. 면봉은 고막을 손상시킬 위험이 있고 귀지를 외이도 안쪽으로 밀어 넣을 수도 있으므로 사용하지 않는 것이 좋다. 시중에서 귀청소용 패드와 기타 제품들을 구입할 수 있다. 이러한 제품들은 사용하기 전에 고양이에게 적합한지 확인하고, 위험을 방지하기 위해 고양이 귀청소에 가장 좋은 제품이 무엇인지 수의사에게 문의한다.

고양이의 귀에 이상이 있다고 생각되면, 수의사의 진단을 받아봐야 한다. 귀에 염증이 보이거나 고름이 나온다면, 귀가 감염됐을 가능성이 높으므로 수의사의 진단을 받도록 한다. 귀의 한쪽 또는 양쪽이 T위치에 있거나, 머리를 심하게 흔들거나 발로 귀를 반복적으로 긁으면, 감염이 됐거나 귀진드기가 있을 수 있다. 귀청소용 액체클리너를 사용할 계획이라면, 먼저 특정 제품이 고양이에게 적합한 것인지 수의사에게 확인해야 한다.

| 치아 관리

이빨도 깨끗이 관리해줘야 한다. 치은염 및 치주질환은 고양이에게 상당한 통증을 유발할 수 있으며, 치료를 하지 않으면 세균이 혈류를 타고 들어가 심장까지 침투할 수 있다. 따라서 매일 칫솔질을 해주는 것이 좋으며, 최소한 일주일에 3~4회 시행하는 것이 바람직하다. 일단 고양이가 칫솔질과정에 익숙해지면 오래 걸리지 않을 것이다.

고양이의 이빨에 손가락을 집어넣어야 한다는 생각에 두려움에 빠질 수도 있지만, 약간의 훈련을 거치면 안전하게 진행할 수 있다. 손가락으로 고양이의 입이나 이빨을 문지를 때 고양이가 편안해지게 하는 훈련을 아직 시행하지 않았다면, 바로 시작해야 한다. 필요한 경우 고양이가 입 주위를 건드리는 것이 자신에게 이득이 된다는 것을 깨닫는 데 도움을 주기 위해 클리커 트레이닝을 이용한다.

적절한 도구 사용

칫솔질을 하기 위해서는 고양이를 위해 특별히 제조된 치약이 필요하다. 사람이 사용하는 치약은 고양이의 식도와 위장에 너무 자극적이기 때문에 사용하지 말아야 한다.

고양이는 사람이 양치질을 할 때처럼 치약을 뱉어내지 못한다는 점을 명심해야 한다. 반려동물용품점에서 반려동물용 치약을 구입할 수 있으며, 고양이용 치약은 가금류 또는 맥아와 같이 고양이가 선호하는 맛을 함유하고 있다. 또한, 반려동물용 칫솔도 필요하며, 다양한 크기의 상품들이 시판되고 있으므로 적절한 것을 선택하면 된다.

고양이의 경우 매우 부드럽고 크기가 작은 칫솔이 필요하다. 검지에 끼워서 사용할 수 있는 핑거브러시(Finger Brush, 손가락 칫솔)도 있는데, 핑거브러시는 고양이 이빨을 문지를 수 있는 약간 유연한 플라스틱 빗살을 가지고 있다. 또한, 유아용 칫솔을 사용할 수도 있다. 칫솔 외에도 이빨청소에 사용할 수 있는 패드와 스펀지가 있는데, 이러한 일회용 패드는 손잡이 끝부분에 고정돼 있으며, 칫솔을 사용하는 것과 동일한 방법으로 사용할 수 있다. 팬티스타킹 조각이나 부드러운 거즈를 손가락에 감아서 칫솔처럼 사용할 수도 있다.

긍정적이고 점진적인 진행

칫솔이나 패드를 닭고기국물 또는 참치국물(기름이 아닌)에 살짝 담근 다음, 이빨 몇 개를 부드럽게 문지른다. 이렇게 하면 고양이가 맛있는 국물의 맛에 집중할 것이기 때문에 보호자가 이빨을 문지르는 것에 대해 편안해지게 하는 데 도움이 될 수 있다.

일단 고양이가 이빨을 문지르는 것에 편안해지면, 치약을 사용할 준비가 된 것이다. 먼저 손가락에 치약을 살짝 발라서 고양이가 그것을 맛보게 한 다음, 칫솔에 소량의 치약을 묻혀 이빨의 표면 바깥쪽을 부드럽게 닦아준다. 처음 몇 번은 한 번에 모든 이빨을 다 닦으려는 시도는 하지 않는 것이 좋다. 고양이가 칫솔질과정을 용인하거나, 또는 심지어 즐기는 것을 배우도록 돕기 위해 한두 개의 이빨을 칫솔질한 다음 클릭하고 보상한다. 같은 날에 또 한 번 시도해서 두 개의 이빨을 더 칫솔질해준다.

고양이가 몸부림을 치거나 불편함을 느끼기 시작하기 전에 반복적으로 과정을 끝낸다면, 점차적으로 칫솔질에 대한 내성을 길러줄 수 있다. 몸부림을 치고 하악 소리를 내거나 탈출하려고 시도하면 보상하지 않도록 하고, 긍정적인 행동에 대해서만 보상한다. 고양이 이빨을 닦아주면서 먹이로 보상을 한다는 점이 역효과를 낳는 것으로 보일 수도 있겠지만, 이러한 초기의 과정들은 위생에 관한 것 못지않게 중요한 '칫솔질과정에 대한 재훈련'이라는 점을 기억하도록 한다.

구강세정제의 사용

고양이의 이빨을 닦아주는 것이 완전히 불가능한 경우, 수의사에게 구강세정제 사용에 대해 문의한다. 구강세정제는 입안에 분사하는 것이며, 대부분의 고양이들은 그 과정을 매우 잘 견딘다. 구강세정제가 작용할 수 있는 시간을 충분히 확보하기 위해서는 사용 후 최소한 30분 동안 먹이를 주지 말아야 한다. 정기적으로 부지런히 칫솔질을 해주면 동물병원을 방문해서 수의사의 전문클리닝을 받아야 하는 횟수를 줄일 수도 있다. 고양이 치과치료는 마취 하에 이뤄지는데, 정기적인 칫솔질은 마취가 필요한 횟수를 줄여줄 것이다.

| 목욕시키기

단모종 고양이의 경우, 평생 목욕을 할 필요가 전혀 없을 것이다. 실외로 나가서 더러워졌거나, 또는 벼룩이 생겼다면 목욕을 시켜야 하겠지만, 단모종 고양이의 대부분은 목욕이 필요없다. 고양이의 혀는 털을 깨끗하게 유지하고 모든 이물질을 제거하는 데 훌륭한 역할을 하며, 타액에는 냄새중화성분이 포함돼 있기 때문에 털을 혀로 핥고 나면 신선하고 깨끗한 냄새를 풍긴다. 목욕을 필요로 하지 않는 고양이를 목욕시키는 경우, 털과 피부의 오일을 제거시켜 건성을 유발할 위험이 있으며, 목욕은 또한 고양이에게 불필요한 불안감의 근원이 된다. 그러나 장모종 고양이의 경우 가끔 필요해질 수 있다.

올바른 목욕도구 준비

고양이를 목욕시켜야 하는데 전혀 해본 적이 없거나, 과거에 목욕을 시켜봤지만 보호자와 고양이 모두에게 끔찍한 기억을 남겼다면, 보호자의 목욕기술을 조정할 필요가 있다. 먼저 올바른 목욕도구를 준비하는 것부터 시작해보자. 고양이에게 사용하기 적합한 샴푸를 구입한다. 사람이 사용하는 샴푸를 사용해서는 절대 안 되며, 심지어 개전용 샴푸도 고양이에게 적절하지 않거나 안전하지 않은 성분을 함유할 수 있기 때문에 고양이전용 샴푸만 사용해야 한다. 장모종 고양이를 기르고 있다면 아마도 크림린스(cream rinse)나 디탱글링린스(detangling rinse)도 필요할 것인데, 이때도 고양이전용 제품을 선택해야 한다.

목욕을 시킨 후 헹궈주기 위해 욕조 또는 싱크대 수도꼭지에 부착할 호스부착장치가 필요하다. 어떤 고양이는 분무되는 물줄기를 두려워하므로 분무기 부분을 분리해 물줄기가 조용히 흘러 나올 수 있게 해주면 좋다. 호스부착장치가 없는 경우, 큰 플라스틱 컵 또는 물주전자를 사용해 헹궈주도록 한다. 분무기가 달린 호스를 사용하는 경우, 분무기를 고양이의 몸에 가까이 대고 물을 뿌리면 소음을 줄일 수 있다.

고양이의 체구가 작은 경우 싱크대에서 목욕을 시키면 좀 더 쉬운데, 주방 싱크대를 선택하든 욕조를 선택하든 목욕장소는 조용하고 따뜻해야 한다는 점을 명심한다. 필자는 욕조에서 목욕시키는 것을 선호하는데, 욕실 안은 온도가 따뜻하게 유지되고 고양이가 도망치는 것을 방지할 수 있기 때문이다. 목욕 중 고양이를 놓치면 샴푸를 뒤집어 쓴 채 집안을 휘젓고 뛰어다닐 수도 있다. 고양이에 따라 욕조를 바다처럼 느끼는 경우도 있기 때문에 싱크대가 더 좋을 수 있다. 필자는 고양이가 무언가를 잡고 있으면 불안감을 덜 느끼는 경향이 있음을 발견하고 욕조 바닥에 매트를 깔아둔다. 싱크대에서 목욕시키는 경우, 비닐 싱크대매트를 깔아주면 된다. 고양이가 싱크대로 깨지기 쉬운 것을 잡아당기는 것을 방지하기 위해 싱크대 상판에 있는 것들은 모두 치운다.

털을 말려주기 위한 브러시와 헤어드라이어가 필요하다. 헤어드라이어는 가장 낮은 온도로 설정해서 사용하도록 하고, 가능하면 비교적 소음이 적은 것을 선택한다. 흡수성이 좋은 수건을 충분히 준비하는데, 부드러운 유아용 수건이 고양이 얼굴 주위를 닦는 데 유용하다. 순한 고양이조차도 목욕을 좋아하지 않을 수 있다는 점을 명심하고, 목욕을 시킬 때는 적절한 옷을 착용한다. 고양이에게 팔을 긁히는 것을 방지하기 위해 튼튼한 긴 소매 옷을 착용하는 것이 좋다. 소매가 길면 물에 젖겠지만, 팔뚝을 긁히는 것보다는 소매가 젖는 편이 훨씬 낫다. 바지도 긴 것을 입도록 하고, 흠뻑 젖는 것을 방지하기 위해 비닐 앞치마가 있다면 착용하는 것도 좋다.

본격적인 목욕시키기

목욕 전에 브러싱을 해주는 것이 좋은데, 특히 털이 긴 고양이의 경우 꼭 브러싱을 해야 한다. 털을 적시기 전에 엉키거나 뭉친 것은 없는지 확인한다. 목욕을 시키기 전에 엉킨 털을 정리하지 않으면 단단히 뭉쳐질 수도 있으며, 젖은 후에는 제거하기가 훨씬 어려워진다. 보호자의 안전을 위해 목욕 전에 발톱을 손질해야 할 수도 있다. 귀에 물이 들어가는 것을 방지하기 위해 탈지면으로 귀를 막아주되, 고양이 체구가 작으면 각 귀에 절반씩 사용한다. 탈지면을 빼내기 위해 머리를 세게 흔들 경우를 대비해서 근처에 여분의 탈지면을 준비해둔다. 샴푸에 의한 자극으로부터 보호하기 위해 양쪽 눈에 안연고제를 소량 넣는데, 수의사가 이 연고를 제공하거나 어떤 것을 사용할지 지시할 수 있다. 안연고가 준비돼 있지 않으면 미네랄오일을 한 방울씩 사용할 수 있다.

　목욕을 시킬 때는 태도를 차분하게 유지하고 고양이를 안심시키되, 사고를 예방하기 위해 안전하게 붙잡아야 한다. 물을 뿌릴 때는 물 호스를 털에 가까이 대고 사용해야 고양이를 두렵게 하는 물소리가 적게 난다. 물의 온도가 적당한지 팔뚝 안쪽에 테스트해야 하며, 일반적으로 미지근한 물이 고양이에게는 가장 편안하다.

　목욕시킬 때 고양이를 얼마나 제압해야 하는지는 고양이의 기질에 따라 달라진다. 어떤 고양이의 경우 너무 심하게 꽉 잡지 않아야 불안감을 덜 느끼며, 처음에는 욕조에서 당황하다가 일단 안전하다는 것을 인식하면 긴장을 풀게 된다는 것을 알 수 있다. 고양이가 패닉에 빠지기 시작하거나 잡기가 너무 어려우면, 한 손으로 씻는 동안 다른 손으로 목덜미를 움켜잡아야 할 수도 있다. 이러한 이유로 모든 도구와 용품을 미리 준비해두는 것이 매우 중요하며, 목욕을 시작하기 전에 샴푸 뚜껑을 열어둬야 한다. 지나치게 제압하는 것은 삼가되, 적절하게 통제할 수 있어야 한다. 목소리로 고양이를 진정시키면서 상체를 고양이 쪽으로 기울여서 안도감을 주도록 한다.

　고양이는 얼굴과 머리가 젖는 것을 좋아하지 않기 때문에, 벼룩에 감염돼 있지 않는 한 등부터 먼저 씻고 마지막에 머리를 씻어야 한다. 벼룩에 감염돼 있으면, 벼룩용 샴푸를 사용해서 머리부터 먼저 씻어야 하며, 그렇지 않으면 물에서 빠져나온 벼룩이 고양이의 귀, 눈, 입으로 들어갈 수 있다. 얼굴 주위를 닦을 때는 부드러운 유아용 수건을 사용하는 것이 좋다. 비눗물이 얼굴에 닿으면 눈과 코에 들어갈 위험이 있으므로 얼굴은 비눗물로 씻지 않도록 한다. 고양이들은 얼굴을 깨끗하게 잘 유지하기 때문에 젖은 수건으로 닦아내는 것만으로도 충분하며, 얼굴에 물을 끼얹는 것도 피한다.

　얼굴을 씻은 다음 젖은 수건으로 깨끗하게 닦아준다. 눈물얼룩이 있는 장모종 고양이의 경우, 눈물얼룩 제거용으로 특별히 제조된 제품을 사용한다. 자극을 줄 수 있으므로 눈 부위를 문지르지 않도록 하고, 반드시 깨끗이 헹궈줘야 한다. 모든 샴푸나 크림린스 잔류물은 피부자극을 일으킬 수 있으므로 모든 흔적을 깨끗이 제거해야 한다.

목욕 후 털 말리기

목욕이 끝나면 귀를 막았던 탈지면을 제거하고 고양이를 수건으로 안전하게 감싼 다음, 블로팅기법(blotting technique, 타월을 덮어 물기가 저절로 타월에 흡수되도록 하는 방법)을 이용해 털을 말려주도록 한다. 털을 문지르면 장모종 고양이의 경우 엉키거나 뭉치게 되므로 문지르지 않는 것이 좋다. 또한, 문지를 경우 마찰로 인해 털이 부서질 수도 있다. 발에 난 털은 일반적으로 많은 양의 물을 흡수하기 때문에 잘 닦아줘야 한다. 수건이 젖으면 마른 수건으로 교체해서 다시 고양이를 감싸준다. 가능한 한 많은 물을 흡수시킬 수 있도록 계속 닦아내고, 필요한 경우 자주 수건을 교체한다.

헤어드라이어로 건조시킬 때는 저단으로 설정하고, 말리면서 부드러운 빗솔 브러시를 사용해 브러싱해준다. 털이 젖었을 때 빗질을 하면 고통을 유발하므로 빗은 사용하지 않는 것이 좋다. 헤어드라이어를 고양이 얼굴에 직접 향하게 하지 말고, 피부에서 충분히 멀리 떨어뜨려야 한다. 뜨거운 공기가 고양이의 민감한 피부를 자극하게 되므로 드라이어가 한 자리에 오래 머물지 않도록 이리저리 옮겨가며 사용한다. 털을 말리는 동안 고양이가 참기 어려워하는 경우, 또는 공격적이거나 심하게 두려워하는 경우, 털이 마를 때까지 욕실에 가둬둬야 할 수도 있다. 고양이가 젖은 채 집안을 돌아다니면 집안의 모든 먼지가 달라붙을 수도 있기 때문에 돌아다니지 못하게 해야 한다.

털이 매우 짧은 고양이는 굳이 헤어드라이어로 말릴 필요는 없고, 그냥 수건으로 물을 닦아내주면 된다. 그러나 장모종 고양이의 경우 가능한 한 헤어드라이어를 사용해 말려줘야 하며, 집안의 온도가 낮게 설정돼 있는 경우에는 감기에 걸리지 않도록 털이 짧은 고양이도 헤어드라이어를 이용해 말려주는 것이 좋다.

목욕, 브러싱 그리고 건조까지 최선을 다했음에도 불구하고, 이후 고양이가 매우 오랫동안 셀프그루밍을 하는 것을 볼 수 있을 것이다. 어렵게 목욕을 시켰는데 무언가 불만족스러운 것은 아닐까 싶어 속상해하지 않아도 된다. 고양이에게 냄새는 매우 중요하며, 이는 익숙하지 않은 향기(샴푸 및 린스냄새)를 중화시키고 자신의 체취를 되찾으려는 과정이다. 이때 여분의 털을 섭취할 수 있다는 점을 명심하고, 나중에 헤어볼 방지 젤을 제공해야 할 수도 있다.

헤어볼(hairball)

밭은기침소리와 마른기침소리는 고양이와 함께 사는 대부분의 보호자들이 잘 알고 있고 자주 듣는 소리다. 고양이를 매우 까다롭고 깨끗하게 만드는 그루밍 습관이 헤어볼이라는 불쾌한 부작용을 초래한다. 고양이가 지나치게 그루밍을 한다면, 헤어볼 문제가 심각한 수준으로 지속될 수도 있다. 다묘 가정에서는 헤어볼이 눈에 띄면 장모종 고양이에게서 나온 것으로 생각할 수도 있는데, 단모종 고양이가 털이 긴 고양이를 그루밍해주는 과정에서 나온 것일 수도 있다. 고양이가 만들어내는 헤어볼의 수를 줄이기 위해서는 정기적인 브러싱 일정을 세워 실천하는 것이 바람직하다. 정기적으로 브러싱을 해서 죽은 털을 제거해주면 고양이가 삼키는 털의 양이 줄어든다.

헤어볼의 생성과 영향

고양이 혀의 표면은 뒤로 향하는 미늘을 포함하고 있다. 이 미늘은 피부로부터 죽은 털을 제거하는 데 매우 효과적인 기능을 하지만, 미늘의 방향이 목구멍으로 향해 있기 때문에 털이 입안에 들어가면 뱉어낼 수 없으며, 결국 목으로 넘어가서 위장으로 내려갈 수밖에 없다. 이렇게 삼킨 헤어볼은 대부분 구토를 통해 제거될 수 있으며, 고양이보호자들은 고양이가 구토를 하며 헤어볼을 뱉어내는 광경에 매우 익숙해져 있을 것이다. 혹은 한밤중에 화장실에 가다 맨발에 젖은 털이 밟혀서 놀란 적이 있을 것이다. 헤어볼을 토해내지 않고 대장을 통과하면 대변에서 소량의 털이 보일 수도 있다.

헤어볼이 구토되지 않거나 장을 통과하지 않는 경우를 많이 볼 수 있는데, 이 경우 장에서 폐색을 일으키게 된다. 장폐색은 심각한 상황이며, 수술로 제거해야 할 수도 있기 때문에 동물병원을 방문해야 한다. 고양이가 먹는 것을 중단하거나 변비로 보이고, 24시간 이내에 변을 보지 못하면 헤어볼이 막힐 수 있다. 고양이가 매일 정상적인 배변을 하지 않으면, 헤어볼 막힘을 살펴보는 것이 더 어려울 수 있다. 초기단계에서 잠재적인 문제를 잡아낼 수 있도록 화장실에서 '일어나는 일'과 '일어나지 않는 일'에 대해 익숙해지는 것이 중요하다. 헤어볼을 뱉어내지 못하는 경우 다른 근본적인 원인도 있을 수 있기 때문에 즉시 수의사의 진찰을 받아야 한다.

헤어볼 방지를 위한 제품

헤어볼이 장을 더 쉽게 통과하도록 돕는 데 매우 효과적인 헤어볼 방지 제품들이 시판되고 있다. 반려동물용품점에서 헤어볼 방지 페이스트(paste, 갈거나 개어서 풀처럼 만든 상태)를 구입할 수 있으며, 동물병원에서도 이러한 제품들을 판매하고 있다. 페이스트는 미네랄오일을 기반으로 하고 있는데, 미네랄오일은 소화관을 통해 흡수되지 않기 때문에 소화관을 윤활하게 하고 헤어볼이 통과하는 데 도움을 준다. 헤어볼 방지 페이스트는 일반적으로 고양이 입맛에 더 잘 맞도록 특정 맛을 첨가해 제조된다.

미네랄오일 기반의 헤어볼 방지 제품들은 소화시스템에 흡수되지 않기 때문에 정상적인 소화에 지장을 줄 수도 있으므로 먹이와 함께 준다거나, 또는 먹이를 먹은 직후에 제공해서는 안 된다. 미네랄오일은 또한 지용성비타민의 흡수를 방해할 수도 있으므로 식사끼니 사이에만 제공해야 한다. 일반 미네랄오일은 냄새나 맛이 없어 보호자가 주는 대로 모두 섭취할 수 있기 때문에 급여 시 주의해야 한다. 버터 또는 기타 오일과 같은 민간요법은 사용하지 않도록 한다. 이와 같은 오일류는 이차적인 소화문제를 유발할 수 있으며, 필요한 윤활작용은 하지 않고 소화관에 흡수되기 때문이다.

수의사는 헤어볼 문제의 심각성을 기반으로 헤어볼 페이스트의 사용량과 사용횟수에 대해 처방해줄 것이다. 헤어볼 문제가 심각하지 않은 경우 일주일에 한두 번 헤어볼 페이스트를 제공할 수 있으며, 수의사가 권고하지 않는 한 주 2회 이상 제공하지 않도록 한다. 너무 많이 제공하면 소화문제를 유발하고 영양문제를 일으킬 수 있다. 페이스트 제품을 투여하는 방법은 검지에 약 2.5cm 길이로 붙여서 먹이는 것이다. 페이스트를 고양이 입에 넣기 위해서는 알약을 먹일 때 사용하는 것과 동일한 기술로 고양이 입을 벌린 다음, 이빨 끝을 가로질러 손가락에서 헤어볼 페이스트를 부드럽게 긁어낸다. 고양이가 스스로 입을 닫아서 페이스트를 삼킬 수 있도록 놔둔다. 보호자가 고양이의 입

--- M E M O 헤어볼과 폐색의 징후 ---

잠재적으로 심각한 폐색의 징후 : 대변 통과 불능 / 설사 / 무기력 / 식욕부진 / 복부팽창 / 웅크린 자세 / 들어 올릴 때 울음 - 이러한 징후들은 또한 다른 근본적인 건강문제를 나타낼 수도 있다.

헤어볼의 일반적인 징후 : 밝은기침과 마른기침 / 바닥에 젖은 시가(cigar) 모양의 물체가 보임 / 식욕부진 / 대변에서 털이 보임 / 무기력 / 변비

을 잡고 다물게 하는 경우, 힘을 세게 줘서 입을 너무 꽉 다물게 되면 페이스트를 삼킬 수 없으므로 느슨하게 잡아서 충분한 공간을 확보해줘야 한다.

고양이가 페이스트 맛을 싫어해서 뱉어내거나 고양이의 입을 충분히 벌리지 못하는 경우, 볼 주머니(cheek pocket) 바로 안에 있는 이빨 옆을 따라 페이스트를 문질러 발라놓을 수 있다. 털에 무언가가 묻으면 항상 그루밍을 하는 습관을 이용해 발에 페이스트를 묻혀놓는 방법을 취하는 보호자도 있는데, 이 방법의 단점은 고양이가 그루밍을 하기 전에 발을 흔들어 페이스트가 입이 아닌 다른 곳에 묻을 수 있다는 점이다.

헤어볼 페이스트 사용에 대한 대안은 헤어볼 방지 먹이를 급여하는 것인데, 효과를 보려면 오직 이 먹이만 제공해야 한다. 고양이가 처방된 먹이를 먹고 있는 경우에는 헤어볼 방지 먹이는 급여하지 않는 것이 좋다. 고양이가 일반 먹이를 먹고 있고 헤어볼 방지 먹이를 급여하고자 한다면, 고양이의 현재 먹이 브랜드에 새 먹이를 약간씩 섞으면서 점차적으로 전환하며, 전환기간은 대략 5일 이상으로 잡는다.

식이섬유의 공급 증가

고양이 식단에 식이섬유를 증가시키는 것 또한 헤어볼이 장을 더 쉽게 통과하는 데 도움이 될 수 있다. 식이섬유의 섭취를 늘리는 방법에 대해서는 수의사에게 문의한다. 대부분의 고양이에게 효과가 있는 한 가지 방법은 호박통조림을 이용하는 것이며, 습식 사료를 급여하는 경우, 먹이에 약간의 호박통조림을 혼합할 수 있다.

일반적으로 고양이의 크기에 따라 티스푼으로 1/4 또는 1/2이 적당하지만, 식단을 변경시키기 전에 수의사에게 문의해야 한다. 또한, 식이섬유가 과도하게 섭취되면 장에 심각한 결과를 초래할 수 있으므로 호박통조림이나 다른 섬유식품을 너무 많이 제공하지 않도록 주의한다. 섬유질을 증가시킬 때는 고양이의 소화시스템이 그것에 익숙해질 수 있도록 점차적으로 늘려나가야 한다. 그렇지 않으면 가스가 과도하게 차고 설사를 할 수 있으며, 이는 모두에게 불쾌한 일이다.

- 노묘에 있어서는 조기진단을 통해 건강을 유지하는 것이 그 어느 때보다도 중요하다. 조기진단은 다양한 문제와 질병에 대해 성공적인 치료를 이끄는 데 가장 중요한 부분이 될 수 있다.

제12장

노묘(老猫)와 관련된 문제행동과 대처

- 고양이의 행복한 노후 준비하기 -

⋮

01

노묘의 행동 및 신체적 변화

노묘에 있어서 행동변화는 상대적으로 포착하기 힘든 것에서부터 미묘한 것, 완전히 이중적인 것에 이르기까지 다양할 수 있다. 한때 사교적이었고 애정표현을 좋아했던 고양이가 까다롭고 심술궂은 성격을 드러내기 시작할 수도 있다. 집에서 큰 불만거리였던 고양이가 평화로운 존재로 정착하게 되고, 다른 고양이나 가족들에게 좀 더 관용을 보여줄 수도 있다. 고양이는 이제 활동량이 감소하고, 가상의 먹이를 추적하는 것보다 햇빛 아래에서 낮잠을 자는 데 더 많은 시간을 보낼 수도 있다. 스크래처나 장난감에 별 관심을 보이지 않을 수도 있고, 혹은 뻣뻣한 관절을 풀 수 있도록 스트레칭을 하기 위해 그 어느 때보다도 더 자주 스크래처를 사용하게 될 수도 있다.

| 건강의 변화 및 대처

수의학의 발전과 영양학적 개선으로 고양이의 수명은 이전에 비해 훨씬 길어졌다. 몇 년 전까지만 해도 반려동물에 대해 전례가 없었던 진단검사와 치료법을 전국 각지의 거의 모든 지역에서 좀 더 쉽게 이용할 수 있게 돼가고 있다. 조기진단과 더불어 약물투여 및 먹이섭취 면에서 고양이보호자들이 성실하게 처방을 준수한 덕분에, 한때는 10년도 살지 못했던 고양이가 이제는 평균 16년까지 살 수 있게 됐다.

— MEMO | 노묘의 연령 —
고양이는 일반적으로 각 개체에 따라, 진단하는 수의사에 따라 생후 약 7~10년 사이를 노묘로 간주한다.

고양이의 노년에는 여러 가지 것들이 건강에 영향을 미친다. 좋은 먹이를 먹지 못한 고양이, 또는 삶의 대부분을 실외에서 보낸 고양이는 최고 품질의 먹이를 먹은 실내고양이보다 노년에 더 힘든 시간을 보낼 수도 있다. 고양이의 수명에 있어서 유전학 또한 중요한 역할을 하기 때문에 보호자가 고양이를 최상의 수준으로 돌봐줬다 하더라도, 특정 질병과 장애는 여전히 피하지 못할 수도 있다. 여러분의 고양이가 젊었을 때는 정기예방접종과 검사를 위해 일 년에 한 번씩 동물병원에 데려가는 일정을 세웠을 것이다. 이제 나이가 들어 노화됨에 따라 매 6개월마다 한 번씩 방문하는 것으로 빈도수를 늘려야 한다.

조기진단은 다양한 문제와 질병에 대해 성공적인 치료를 이끄는 데 가장 중요한 부분이 될 수 있다. 수의사는 또한 나이 든 동물이 더 광범위한 진단을 받을 수 있는 노묘 복지프로그램을 운용하고 있을 수도 있다. 이러한 진단프로그램 중 일부는 보호자의 예산범위를 초과할 수 있지만, 진단이 늦어져서 더욱 악화되는 것보다 조기발견을 통해 건강을 유지하는 것이 오히려 비용이 훨씬 적을 수 있다는 점을 명심한다.

행동의 변화 및 대처

특히 밤에 슬프게 울부짖는 것은 노묘에 있어서 비교적 흔한 행동이며, 이는 갑상선기능항진증과 같은 질병, 나이와 관련된 인지기능장애 또는 감각둔화로 인한 혼란 때문일 수도 있다. 노묘가 울부짖는 행동을 보이기 시작했다면, 근본적인 건강문제를 파악하기 위해 진단검사를 포함한 세부검사를 받아봐야 한다. 고양이가 밤 시간 동안 편하게 수면을 취할 수 있도록, 잠자리에 들기 전에 낮은 강도의 놀이시간을 갖는다.

밤에 집안이 갑자기 어둡고 조용해지면 노묘에게는 종종 혼란을 줄 수 있으며, 시력이 감소되면 야간의 혼란이 더욱 심해질 수 있다. 약간의 조명을 남겨두고 타이머를 세팅하거나 야간조명을 사용해서, 편안함과 친숙함을 제공하고 고양이가 주변을 좀 더 쉽게 탐색할 수 있도록 해준다. 고양이가 밤에 슬피 울면 부드럽게 이름을 불러주는 것이 좋다. 보호자를 찾으려고 하는 중일 수도 있으며, 이때 고양이 이름을 불러주면 보호자에게 돌아오는 길을 찾는 데 도움이 된다. 또한, 고양이를 데려와서 침대 위 또는 침실에 있는 포근한 수면장소에서 잠을 재울 수도 있다. 낮 동안 집에 아무

— MEMO 노묘에게 필요한 검사 —
혈액화학검사 / 완전혈구측정(complete blood count, 백혈구와 적혈구 및 혈소판에 대한 정보 제공) / 갑상선검사 / 소변검사 / 혈압검사

도 없을 때 고양이가 우는 것 같거나 보호자가 집을 나설 때 슬퍼 우는 소리가 들린다면, 조용한 음악이 흐르도록 라디오를 틀어놓거나, 또는 비디오 캣닢(Video Catnip)과 같은 고양이용 오락비디오를 시청할 수 있도록 타이머를 설정해서 DVD를 틀어준다.

이웃에게 자주 들여다봐달라고 부탁할 수도 있다. 고양이가 이웃 아이들과 노는 것을 좋아하고, 아이도 집에 들어왔다 돌아갈 때 문 잠그는 것을 잊지 않고 책임질 수 있을 정도가 되면, 아이가 집에 와서 고양이와 놀도록 허락할 수 있다. 고양이가 주변 환경과 긍정적인 관계를 지속적으로 유지하고 물건을 식별하는 데 도움을 주기 위해 펠리웨이컴포트존(Feliway Comfort Zone)을 사용한다.

| 체중의 변화 및 대처

고양이의 체중은 나이가 들면서 변할 수도 있다. 고양이가 덜 활동적이라면 체중이 너무 많이 늘어날 수 있고, 이는 관절에 상당한 무리가 가게 된다. 또한, 체중증가는 관절염, 당뇨 그리고 심장질환의 위험을 초래하게 된다. 활동수준이 감소됐으므로 먹이비율을 조정해야 되는지 여부를 수의사와 상담해야 한다. 이제 식사량을 줄여서 좀 더 자주 제공하는 것이 좋다. 소량으로 자주 주는 것이 위장에 부담이 적고, 위장이 너무 오래 빈 상태일 때 발생하는 스트레스를 느끼지 않게 된다. 고양이가 신체적으로 양호하고 과체중일 뿐이라면, 약간의 활동증가가 필요하다. 단지 늙었다는 이유로 놀이치료, 장난감놀이활동, 풍부화환경으로부터 얻을 수 있는 혜택을 차단해서는 안 된다.

일부 노묘에 있어서 문제가 되는 것은 체중이 증가하는 경우가 아니라 오히려 감소하는 경우다. 감각이 둔화되면 식욕을 덜 느끼게 될 수도 있는데, 고양이는 음식을 먹도록 유도하는 냄새감각에 의존하기 때문에 이 감각이 둔화되면 먹이그릇으로부터 발길을 멀어지게 만들 수도 있다.

— M I E I M I O I **노묘와 놀이** —

고양이가 젊었을 때 능숙하게 보여줬던 공중제비와 도약이 이제는 불가능해졌다 하더라도, 상호교감놀이시간과 단독놀이는 고양이의 삶에서 여전히 중요한 부분이다. 필요하다면 보호자가 사용하는 기술을 수정해서 고양이가 여전히 쥐 사냥꾼이 되는 것을 즐길 수 있도록 해준다. 장난감의 움직임은 좀 더 느려져야 하고 놀이과정은 더 짧아져야 한다. 고양이는 이제 소파에 기대있는 동안 단지 장난감을 툭툭 치는 정도만 즐길 수도 있다. 단독놀이장난감과 퍼즐피더를 세팅해서 고양이의 마음을 사로잡도록 한다. 이는 그 어느 때보다도 중요한 부분이다.

식욕을 자극하는 한 가지 방법은 더 많은 냄새를 풍길 수 있도록 먹이를 따뜻하게 해서 제공하는 것이다. 또한, 수의사에게 문의해 습식사료에 약간의 닭고기국물을 추가할 수도 있으며, 고양이가 먹기를 거부하는 경우 수의사는 식욕자극제를 처방할 수 있다.

처방전 없이 그리고 처방전대로 구입할 수 있는 노묘용 유동식이 있다. 노묘용 유동식은 칼로리를 줄이고 항산화물질(비타민 C, E 등)을 첨가한 것으로 소화가 더 잘 되게끔 설계돼 있다. 이러한 노묘용 먹이의 대부분은 위장운동을 돕기 위해 섬유질을 증가시킨다. 고양이식단을 노묘용으로 전환시키기 전에 수의사와 상담을 해야 한다. 어떤 고양이들은 노묘용 식단으로 전환시킬 필요가 없는 반면에, 일부 고양이들은 전환시키는 것이 정말로 도움이 되는 경우도 있다. 식단에 있어서 사소한 변화라도 고양이에게 스트레스를 주며, 소화장애를 일으킬 수도 있으므로 수의사가 노묘용으로 전환할 것을 권장하는 경우에만 5일에서 7일 간에 걸쳐 점차적으로 바꿔주도록 한다.

노묘에 흔히 발생하는 문제행동과 대처

노묘에 있어서 가장 흔하게 나타나는 문제행동은 화장실문제와 고양이인지장애를 들 수 있다. 노묘의 화장실문제는 만성신부전이나 당뇨 등 여러 가지 질병으로 인해 쉽게 나타날 수 있고, 고양이인지장애는 노화로 인해 발생하는 심각한 질병이다.

화장실문제와 올바른 대처

질병이 있는 노묘의 경우 이와 관련된 화장실문제가 쉽게 나타날 수 있다. 만성신부전이나 당뇨를 앓고 있으면, 제시간에 화장실을 사용하지 못할 수도 있다. 관절염으로 고생하고 있다면, 옆면이 높은 화장실에 올라가거나 덮개가 덮여 있는 화장실에 앉아 있는 것이 힘겨울 것이다. 노묘는 또한 평소 원활하던 방광조절기능을 상실했을 수도 있다. 활동이 감소되고 소화기계의 효율성이 떨어지면서 변비가 생길 수 있는데, 변비로 인한 통증이나 배뇨상태를 화장실 자체와 연관시키기 때문에 화장실기피문제를 일으킬 수도 있다. 또한, 화장실이 아님에도 불구하고 현재 있는 자리에서 바로 배변을 해야만 하는 상황에 부닥칠 수도 있는데, 다묘 가정에서 노묘는 화장실에 매복해 있는 동료 고양이 또는 젊은 동료고양이에게 자신의 영역을 빼앗길 수도 있다.

고양이가 노화의 징후를 보이면 화장실상태를 재평가하고 필요한 조정을 해야 한다. 덮개가 있는 화장실이 불편을 초래하면 덮개를 제거하고, 관절염으로 인해 옆면이 높은 화장실을 넘기 어려워할 경우 낮은 것으로 교체해주도록 한다. 이때 화장실에서 모래가 흘러나오는 것이 염려된다면 화장실 앞에 모래분산방지 매트를 깔아주면 된다. 조준이 빗나가 화장실 너머에 배변할 수도 있고, 관절염이 있는 경우 쪼그리고 앉는 대신 서서 소변을 볼 수도 있다. 화장실 아래 및 주변에 캣페이퍼(Catpaper)를 붙여두면, 화장실 밖으로 벗어난 배설물이 바닥과 카펫을 더럽히는 것을 방지할 수 있다.

화장실 개수를 늘리고, 좀 더 편리하고 개방된 장소에 배치한다. 고양이가 나이를 먹을수록 화장실이 멀리 떨어져 있을수록, 화장실이 어디에 있는지 기억하지 못할 가능성이 높다. 집이 2층 이상이면, 노묘가 계단을 오르내리는 데 어려움이 있을 경우를 대비해 각 층에 하나씩 화장실을 설치해야 한다. 고양이가 요실금이 생겼거나 깊이 잠들어 수면 중 때때로 소변을 보는 경향이 있으면, 수건으로 수면구역을 덮어두도록 한다. 방광조절능력이 둔화된 경우, 털에 마른 소변이 붙어 있거나 부드러운 피부에 소변 흔적이 남을 수도 있으므로 정기적으로 세심하게 검사하는 것이 좋다. 피부에 붉은 반점이나 자극의 징후가 있는지도 확인한다.

— MEMO | **노묘 화장실의 모래점검** —

화장실모래를 청소할 때, 고양이의 건강을 모니터할 기회로 사용한다. 설사나 변비의 징후가 있는지 확인하도록 한다. 또한, 소변이 뭉친 덩어리의 크기를 확인한다. 소변덩어리의 크기가 증가하고 있는 것으로 보이면 신부전이나 당뇨에 걸린 것일 수도 있고, 소변이 뭉친 모래덩어리가 작아지면 요로장애가 있거나 물을 충분히 마시지 않았을 수도 있다. 두 가지 상황 모두 즉시 수의사의 진단을 받아야 한다.

고양이인지장애와 올바른 대처

보호자가 알고 있어야 할 또 다른 변화는 '고양이인지장애(feline cognitive disorder, FCD)'라 불리는 것이다. 고양이인지장애는 알츠하이머 질환과 마찬가지로 노화와 함께 나타나는데, 일반적인 뇌기능저하 현상에 비해 훨씬 더 심각한 증상을 보이는 질병이다. 고양이인지장애는 모든 고양이에게 영향을 미치는 것은 아니지만, 행동변화의 양상이 평범한 노화로 인한 것과 다르다고 의심되는 경우 수의사에게 진단을 받아야 한다.

고양이의 행동변화가 다른 건강문제로 인한 것일 수도 있기 때문에 FCD는 정확하게 진단해야 한다. 예를 들면, 접촉하는 것을 갑자기 싫어하는 경우 관절염 때문일 수도 있고, 화장실사용습관의 변화는 신부전 또는 갑상선기능항진증으로 인한 것일 수도 있으며, 성격의 변화는 갑상선기능항진증이 근본적인 원인일 수도 있다.

불행히도 FCD는 진행이 계속되는데, 약물치료가 진행을 느리게 하는 데 도움이 될 수 있으며, 수의사가 여러분의 고양이에게 적합한 방법을 안내해줄 것이다. 인지장애를 치료하는 동안 고양이를 돕기 위해서는 친숙한 환경을 유지해야 한다. 가구는 재배치하지 말고, 가능한 한 고양이의 생활환경에 큰 변화를 주지 않도록 한다(새로운 반려동물 입양, 집안 개조, 새 가구의 구입 등은 피한다). 고양이가 화장실의 위치를 찾는 데 어려움이 있는 경우 화장실 개수를 늘려준다. 또한, 인지장애가 있는 고양이는 야간에 가둬둬야 할 수도 있다. 적어도 고양이에게 위험할 수도 있는 방의 문은 닫아놓아야 한다. 고양이의 기억을 일깨우는 데 도움이 될 수 있도록 상호교감놀이요법을 통해 지속적으로 자극을 줘야 하며, 이때 놀이과정은 고양이의 신체적 능력과 건강에 적절한 것이어야 한다.

— M E M O   FCD의 징후들 —
과도한 발성(특히 야간) / 방향감각 상실 / 불안 / 가족구성원 인지불능 / 화장실 외부에 배변 / 정상적인 수면패턴의 변화 / 집안의 다른 반려동물들과의 관계변화 / 걸음걸이의 변화 / 신체적인 상호교감에 대한 회피 또는 혐오(평소와 다른)

02 노묘의 건강을 위한 일상적인 관리

노묘의 경우는 건강에 더욱 신경을 써서 보살펴야 한다. 보호자는 노묘의 신체적인 건강을 위해 보다 안락하고 쾌적한 환경을 만들어주도록 노력해야 하며, 동료고양이와의 관계에 있어서 노묘가 희생되는 일이 없도록 좀 더 안전한 환경을 만들어줘야 한다.

| 치아 및 눈의 건강관리

치주질환은 세균감염을 초래하고, 잇몸의 세균이 전신의 혈관을 통해 이동함으로써 결국 중요한 장기의 손상으로 이어질 수도 있다. 따라서 정기적으로 칫솔질을 해주거나 수의사가 권장하는 구강세정제를 사용하는 것이 좋다. 전문적인 클리닝이 필요할 수도 있는데, 이때 마취를 해야 하기 때문에 수의사는 치과예약을 잡기 전에 고양이의 건강상태를 확인하기 위해 일련의 검사를 시행할 것이다. 고양이의 건강상태가 양호하면 마취에 수반되는 위험이 거의 없으며, 치주질환으로 인해 발생하는 합병증이 더욱 위험하다. 전문적인 클리닝이 필요한 경우임에도 불구하고, 마취에 대한 두려움으로 고양이의 이빨을 제대로 치료하지 못하게 만드는 일이 없도록 한다.

나이가 든 고양이의 눈을 살펴보면 푸르스름한 색조를 띠거나 탁한 모습을 볼 수도 있는데, 이는 백내장의 징후일 수 있으므로 동물병원에 가서 시력을 점검해봐야 한다. 검사 결과 시력이 감퇴됐다면, 고양이의 주변 환경을 변화시키지 않는 것이 중요하며,

가구 등도 재배치하지 않도록 주의해야 한다. 가능한 한 고양이에게 익숙한 환경을 그대로 유지해야 집안 곳곳을 무리 없이 잘 찾아다니게 될 것이다.

│ 식수의 적절한 공급

식수 또한 노묘에게는 큰 문제가 되며, 실질적으로 수분섭취량을 늘려야 하는 경우에 물을 덜 마시기 시작할 수도 있다. 만성신부전 또는 당뇨가 있는 고양이는 매일 적당량의 물을 마셔야 한다. 청소습관을 강화하고 고양이의 물그릇이 깨끗한지 물그릇에 깨끗한 물이 채워졌는지 확인해야 하며, 물을 얼마나 마시는지 주의를 기울여야 한다.

고양이가 물을 충분히 마시지 않는 것으로 의심되면, 반려동물용 분수대 설치를 고려해보는 것도 좋다. 많은 고양이들이 분수대에서 뿜어져 나오는 물줄기에 관심을 보이며, 분수는 고양이가 물을 더 많이 마시도록 유도하는 효과가 있다. 고양이가 거품의 움직임을 흥미로워하는 것으로 보인다면, 거품발생기가 포함된 버블러(The Bubbler)라는 분수대를 선택할 수도 있다. 이 제품은 반려동물용품점이나 온라인쇼핑몰에서 구입할 수 있다. 반려동물용 분수대를 사용하는 경우, 항상 청결하게 유지하고 필요에 따라 적정량의 물을 채워줘야 한다. 분수대는 상대적으로 관리를 소홀히 하기 쉬워 빨리 건조해지거나 더러워질 수 있으므로 세심한 주의가 필요하다.

│ 쾌적한 환경 제공하기

단지 고양이가 전망대에 더 이상 점프해서 올라갈 수 없을 만큼 노쇠했다는 이유만으로 그곳에 접근하지 말아야 하는 것은 아니다. 고양이가 항상 선호하던 높은 전망대가 있다면 안전하게 올라갈 수 있게 만들어줘야 한다. 작은 경사로 또는 카펫이 깔린 계단을 만들어주거나 반려동물용품점에서 경사로를 구입할 수도 있다. 점점 더 많은 업체들이 노년의 반려동물을 위한 경사로와 계단을 제조 판매함으로써 햇빛이 잘 드는 창가에 앉아 휴식을 취하거나 침대에 올라 수면을 즐길 수 있는 기회를 제공하고 있다.

추위에 대한 고양이의 내성은 나이가 들면서 감소되고, 특히 고양이가 저체중인 경우 더욱 감소된다. 먹이급여장소, 화장실 및 가장 좋아하는 수면장소 주변에 외풍이 들지는 않는지 주의해서 살펴봐야 한다. 외풍이 없다 하더라도, 집안의 일상적인 온도가 고양이에게 예전처럼 편안하게 느껴지지 않을 수도 있다. 반려동물용품점이나 온라인 쇼핑몰에서 난방장치가 포함된 온열식 반려동물침대를 구입할 수 있으며, 이 제품은 고양이가 낮잠을 즐길 수 있는 훈훈한 장소를 제공해줄 것이다. 난방장치가 된 온열고양이침대 외에도, 많은 고양이들은 따뜻하고 포근한 양털 침구를 좋아한다. 고양이가 일반적으로 캣트리의 개방형 전망대나 침대커버 위에서 잠을 자는 경우, 체온을 유지하는 데 도움이 되는 포근한 도넛 모양의 양털침대를 좋아할 수도 있다.

지금까지 고양이가 실외생활을 겸하고 있었다면, 이제는 완전히 실내생활로 전환해야 할지 재고할 때다. 감각이 둔화되고 위험을 피할 수 있는 능력이 떨어지면서 더욱 높은 위험에 처하게 된다. 고양이는 이제 더 젊고 강한 상대와 필적하지 못하며, 실외에는 전염성질환과 기생충도 존재하고, 이는 노묘에 있어서 매우 취약한 환경이다. 이제는 건강과 면역시스템이 손상되면 회복이 어려워진다는 것을 명심해야 한다.

| 세심한 그루밍 관리

고양이가 한때 특별한 그루밍 습관을 가지고 있어서 털의 상태를 항상 매끄럽고 깨끗하게 유지했다 해도, 나이가 들면서 일상적인 털손질에 게을러질 수 있다. 브러싱이 필요하지 않은 단모종 고양이라 할지라도, 부드러운 빗살의 브러시를 준비해서 매일 그루밍을 해주는 것이 좋다. 그루밍은 죽은 털을 제거하는 데 도움을 주는 것 외에도, 혈액순환을 자극할 수 있는 마사지를 제공하며, 갑자기 불거진 의심스러운 덩어리를 확인할 수 있는 소중한 기회를 제공한다. 또한, 고양이가 엉덩이 부위는 세심하게 신경 쓰지 않을 수도 있기 때문에, 그루밍 시 대소변 얼룩을 깨끗이 하는 데 도움이 되도록 따뜻하고 부드러운 물수건을 사용하는 것도 좋다.

| 동료고양이들과의 관계

다묘 가정에서 노묘는 때때로 자신의 지위를 상실하며, 특히 건강문제가 발생하는 경우 더욱 그렇다. 서열이 낮은 고양이가 노묘가 더 이상 위협이 되지 않는다고 생각할 때,

지위를 탈취하기 위한 시도를 할 수도 있다. 집안에 있는 다른 동료고양이들이 노묘의 먹이그릇을 넘보거나 노묘가 선호하는 수면장소를 차지할 수도 있다. 따라서 노묘가 젊은 고양이의 희생양이 되지 않도록 돕기 위해 집안의 역학구도를 모니터링해야 한다. 노묘가 여전히 높은 곳에 접근할 수 있다면, 자신의 지위를 유지하는 데 도움이 될 것이다. 노묘가 자신이 소중히 여기는 높은 지역으로 올라갈 수 있도록 계단, 경사로 또는 다른 길을 만들어주면 좋다. 또한, 먹이급여장소에서 무슨 일이 일어나는지 지켜봐야 한다. 노묘가 조용하고 안전한 장소에서 식사를 할 수 있도록 보호자가 감시를 하거나 먹이급여장소를 추가로 설치해야 할 수도 있다.

집안에 새로운 고양이를 들여오면 노묘에게 약간의 자극을 줄 수 있다고 생각할 수도 있는데, 이 경우 입양계획을 실행하기 전에 신중하게 고민해야 한다. 많은 보호자들이 나이가 아주 많은 노묘를 위해 어린 새끼고양이를 입양하는 실수를 저지른다. 새끼고양이는 성체고양이들이 가지고 있는 영역에 대한 감각이 전혀 없으며, 결국 노묘와 자주 맞닥뜨리게 될 것이다. 노묘가 어린 고양이의 무한한 에너지를 감내해야 하는 것도 상당한 스트레스를 유발할 수 있다. 스트레스는 노묘의 가장 큰 적이며, 노묘에게는 이제 젊은 고양이가 주변에 있다는 것만으로도 스트레스를 느끼게 된다.

고양이의 노년은 새로운 고양이에 대해 걱정할 필요 없이, 보호자와 함께 편안하고 안전하게 삶을 즐길 수 있다는 것을 느껴야 하는 시기다. 노묘에게 정말로 동료가 도움이 된다고 판단되면, 제9장에 설명돼 있는 적절한 소개방법에 대한 지침을 따르도록 한다. 노묘를 새로운 동료와 어울리게 할 때는 노묘의 성격을 염두에 둬야 한다. 노묘가 앉아서 조용히 지낸다면, 새로 들여오는 고양이도 약간 나이가 들었거나 적어도 하루 종일 전속력으로 주변을 뛰어다니지는 않는 고양이라야 잘 어울릴 수 있다.

| 건강과 복지를 위한 모니터링

노묘의 운명은 무언가 잘못됐을 때 보호자가 이를 알아차릴 수 있는지 여부에 좌우된다. 고양이는 통증이 있다거나 관절염이 생겼다고 보호자에게 말할 수 없으며, 혈압상승으로 인해 끔찍한 두통을 앓고 있다고 보호자에게 알릴 수도 없다. 보호자가 아주 사소한 것이라도 놓치지 않고 발견해내는 것이 고양이의 건강과 복지에 큰 변화를 줄 수

있기 때문에 이를 평소에 세심하게 관찰해야 한다. 또한, 노묘에 있어서 흔히 발생할수 있는 화장실사고 및 기타 행동문제에 대해 관대해져야 한다. 노묘친화적인 환경을 조성하고 건강상태를 모니터링하며, 다묘 가정 내에서의 역학구도를 관찰하고, 고양이가 활동성과 생명력을 유지하도록 노력을 기울임으로써 노년을 성공적으로 보낼 수 있게 돕는 것이 고양이보호자로서 마땅히 해야 할 일이다.

| 노년 함께 즐기기

고양이의 노년은 만족, 애정 그리고 친밀감이 가득한 날들이 될 수 있다. 한때 전속력으로 뛰어다니던 고양이가 이제는 매우 느린 차선을 달리고 있겠지만, 보호자의 무릎에 웅크리고 있을 때 가장 행복한 고양이라고 불리는 데는 그만한 이유가 있다. 보호자가 잡지를 읽거나 TV를 보기 위해 소파에 앉아 있을 때, 고양이가 보호자 옆에서 늘어지게 스트레칭하는 것을 좋아한다는 사실을 즐기도록 하자.

 필자의 21살짜리 고양이에 대한 소중한 기억 중 하나는 친숙한 '그르렁' 소리다. 우리가 함께했던 긴 세월 동안, 반은 그르렁거리고 반은 소곤거리는 듯한 그의 표현은 필자에게 특별한 자장가가 돼줬다. 잠자리에 들어 소등을 하고 그르렁거리는 소리를 들었을 때, 그날의 모든 스트레스가 사라졌다. 여러분의 고양이와 함께할 수 있는 이 시간을 기꺼이 즐기기를 간절히 바란다.

FOR ALL CAT'S GOOD LIFE